| 高等职业教育旅游类专业新专业教学标准系列教材 |

酒店数字化运营

邓俊枫　主编

清华大学出版社
北京

内 容 简 介

本书以新专业目录为依据，借鉴吸收了酒店数字化运营的前沿研究成果与实际应用模式，以就业为导向，以技能为中心，以相关岗位的工作内容为主线，系统阐述了酒店数字化运营概述、前厅数字化运营、客房数字化运营、餐饮数字化管理、PMS发展与运用、酒店数字化营销、酒店数字化收益管理、CRM管理与运用、服务质量数字化管理、酒店电子商务数字化发展。

本书可作为高等职业院校酒店管理与数字化运营、旅游管理等相关专业教材，也可作为现代酒店管理人员的在职培训用书，还可供从事酒店管理工作的人士自学参考。

本书封面贴有清华大学出版社防伪标签，无标签者不得销售。
版权所有，侵权必究。举报：010-62782989，beiqinquan@tup.tsinghua.edu.cn。

图书在版编目(CIP)数据

酒店数字化运营/邓俊枫主编. —北京：清华大学出版社，2022.8(2024.7重印)
高等职业教育旅游类专业新专业教学标准系列教材
ISBN 978-7-302-61343-5

Ⅰ. ①酒… Ⅱ. ①邓… Ⅲ. ①饭店—商业企业管理—高等职业教育—教材 Ⅳ. ①F719.2

中国版本图书馆CIP数据核字(2022)第120616号

责任编辑：刘士平　强　溦
封面设计：傅瑞学
责任校对：李　梅
责任印制：宋　林

出版发行：清华大学出版社
网　　址：https://www.tup.com.cn，https://www.wqxuetang.com
地　　址：北京清华大学学研大厦A座
邮　　编：100084
社 总 机：010-83470000
邮　　购：010-62786544
投稿与读者服务：010-62776969，c-service@tup.tsinghua.edu.cn
质量反馈：010-62772015，zhiliang@tup.tsinghua.edu.cn
课件下载：https://www.tup.com.cn，010-83470410

印 装 者：三河市铭诚印务有限公司
经　　销：全国新华书店
开　　本：185mm×260mm　　　印　张：18.75　　　字　数：452千字
版　　次：2022年8月第1版　　　印　次：2024年7月第4次印刷
定　　价：54.00元

产品编号：094883-01

前 言
PREFACE

2021年年初,教育部在《职业教育专业目录(2021年)》中,将原酒店管理专业更名为酒店管理与数字化运营专业,在这一变革推动下,全国许多职业院校陆续将酒店管理专业更名为酒店管理与数字化运营专业。

数字化技术在酒店行业的广泛应用,为酒店这一古老的行业带来了新的发展机遇。酒店行业的数字化发展,促进了酒店管理专业的转型升级。酒店管理与数字化技术的结合是行业发展潮流,教育部采纳行业专家和教育专家的建议,将酒店管理专业更名为酒店管理与数字化运营专业,意味着正式确认了这一发展趋势。可以预期,随着酒店管理专业数字化转型的深化,高校酒店管理专业将迎来一场巨大的变革,这将有利于酒店管理专业突破人才培养的瓶颈。

党的二十大报告指出,高质量发展是全面建设社会主义现代化国家的首要任务。我们要坚持以推动高质量发展为主题,建设现代化产业体系,加快发展数字经济,促进数字经济和实体经济深度融合。酒店管理与数字化运营专业应紧扣经济社会发展涌现的新需求,为社会和酒店行业培养能够掌握数字化酒店管理基本理论和方法,掌握旅游与酒店大数据技术应用,具有较强竞争能力、岗位适应能力、数字化素养与创新能力,能在各类星级酒店、智慧酒店、餐饮企业及相关行业从事数字化经营、管理、服务的高素质应用型人才。酒店管理与数字化运营专业呼唤新的专业定位、新的专业人才培养方案、新的专业课程设置、新的专业教材、新的专业教法、新的专业实训室,以数字化技术为新专业赋能。

酒店管理专业数字化转型升级需要高等职业院校转变观念,深化教师、教材、教法改革,推进数字技术与教研的有机融合,这需要一个较长的时间来完善教研内容、培养学生和积累口碑。我们要按照"以就业为导向,以技能为中心"的培养方向,发挥工匠精神,一边办学,一边摸索,引进和吸取国内外酒店管理专业办学的先进经验和做法,与酒店行业紧密联系,注重校企合作、产教融合、工学交替、知行合一,坚持前瞻性布局,重塑知识结构,为国家和酒店行业培养大批实用型数字化管理人才。

酒店数字化运营是高等职业院校酒店管理、旅游管理、会展管理及现代服务业相关专业群的一门专业基础课和必修课。该课程以学生就业为导向,以行业专家对酒店数字化运营所涵盖的岗位群进行的任务和职业能力分析为依据,旨在培养学生的服务技能和管理能力。通过对本书的学习,可以使学生对酒店数字化运营有较为全面的了解,熟悉酒店数字化运营的基本业务、操作程序和服务技能,形成酒店数字化意识和服务意识,提升经营管理能力,成为富有创新精神的数字化应用型人才。

本书根据酒店管理与数字化运营专业的人才培养目标和酒店各岗位的任职要求，突出酒店服务与管理能力在专业能力中的核心地位，以应具备的岗位职业能力为依据，遵循学生的认知规律，紧密结合各岗位的技能要求，确定课程教学内容。本书按照酒店数字化运营概述、前厅数字化运营、客房数字化运营、餐饮数字化管理、PMS发展与运用、酒店数字化营销、酒店数字化收益管理、CRM管理与运用、服务质量数字化管理、酒店电子商务数字化发展等具体实践过程安排学习项目，使学生"在做中学，在学中做"，掌握各项服务的基本操作要领，熟悉数字化运营技术，加深对专业知识和服务技能的理解和应用，培养学生的综合职业能力，满足学生职业生涯发展的需要。

本书总体设计思路是根据酒店业对人才培养的需要，以就业为导向，以酒店操作程序和服务标准为依据，以能力分析为基础，以能力培养为中心，以能力形成为目标引导学生学习；根据酒店服务岗位群的工作任务和数字化服务技能的需求特点，以企业认可的能力指标体系评价学习成果。同时，本书自始至终强调酒店服务过程中的人际交流所应具备的礼貌、礼节，注重培养完成岗位工作时的合作能力、前厅服务时的心理调节和应变能力、客房服务时的服务意识、设备用品管理时的诚信精神，以及从事数字化运营时需要的责任感等，将服务意识、合作能力、心理调节、礼貌礼节等职业基本素质和职业核心能力，以及社会主义核心价值观融入教学中，潜移默化地完成课程思政。

本书以校企合作奠定课程基础，以职业能力作为课程核心，以工作项目构建课程结构，以工作任务序化课程内容，以完成任务作为教学过程，实行"教、学、做"一体化教学模式。本书以职业能力的培养为重点，以行动为导向，通过对相关岗位工作任务的分析得出应具备的职业能力，把工作过程设计成项目学习过程，以工作任务承载知识，使学生在完成工作任务的过程中进行学习，通过项目、任务培养学生的职业素养。

本书坚持产教融合，校企双元开发。作者团队与万豪酒店集团、凯悦酒店集团、洲际酒店集团、希尔顿酒店集团、香格里拉酒店集团等建立了长期的合作关系，引用了上述企业相关经营理念、管理理论和服务文化的案例，紧跟产业发展趋势和行业人才需求，及时将产业发展的新技术纳入教学内容，反映典型岗位（群）职业能力要求。

本书由邓俊枫教授担任主编，万豪酒店陈慧文总监参与了本书的编写工作，还有许多企业的管理人员、技术人员和服务人员为本书的编写提供了丰富的素材和案例，谨在此一并表示衷心的感谢！

编　者
2023 年 8 月

目　录
CONTENTS

项目一　酒店数字化运营概述　/ 1
任务1　酒店信息化　/ 2
任务2　酒店智能化　/ 7
任务3　智慧酒店概述　/ 10
任务4　智慧酒店的发展　/ 18

项目二　前厅数字化运营　/ 31
任务1　信息管理　/ 33
任务2　预订服务　/ 38
任务3　接待服务　/ 47
任务4　收银服务　/ 60

项目三　客房数字化运营　/ 68
任务1　客房智能管理　/ 70
任务2　电视与卫星系统　/ 78
任务3　空调智能控制系统　/ 80
任务4　通信系统　/ 84
任务5　背景音乐系统　/ 85
任务6　客房控制器　/ 87

项目四　餐饮数字化管理　/ 93
任务1　酒店餐饮管理概述　/ 94
任务2　餐饮管理系统　/ 103
任务3　智能预订与排队叫号系统　/ 105
任务4　自助点餐系统　/ 106
任务5　餐饮结算系统　/ 110

项目五　PMS 发展与运用　/ 114

　　任务 1　PMS 发展历程概述　/ 115
　　任务 2　国外主要 PMS 介绍　/ 119
　　任务 3　国内主要 PMS 介绍　/ 122
　　任务 4　PMS 市场发展现状及问题　/ 129
　　任务 5　PMS 未来发展趋势　/ 131

项目六　酒店数字化营销　/ 134

　　任务 1　酒店数字化营销概述　/ 136
　　任务 2　酒店数字化营销实施　/ 142
　　任务 3　酒店数字化营销策略　/ 147
　　任务 4　酒店数字化营销方式及新趋势　/ 158

项目七　酒店数字化收益管理　/ 173

　　任务 1　酒店收益管理概述　/ 174
　　任务 2　酒店收益管理指标　/ 178
　　任务 3　酒店收益管理策略　/ 182
　　任务 4　大数据与收益管理　/ 195

项目八　CRM 管理与运用　/ 205

　　任务 1　CRM 管理概述　/ 207
　　任务 2　E-CRM 的应用　/ 216
　　任务 3　酒店 CRM 管理　/ 223

项目九　服务质量数字化管理　/ 234

　　任务 1　服务质量管理概述　/ 236
　　任务 2　顾客满意与顾客忠诚　/ 244
　　任务 3　大数据与服务质量　/ 255
　　任务 4　大数据与酒店点评　/ 261

项目十　酒店电子商务数字化发展　/ 270

　　任务 1　酒店电子商务概述　/ 272
　　任务 2　酒店电子商务系统的构成　/ 276
　　任务 3　酒店电子商务模式　/ 280
　　任务 4　酒店电子商务的发展　/ 282

参考文献　/ 292

项目一

酒店数字化运营概述

知识目标

1. 了解酒店信息化的概念。
2. 了解酒店智能化的概念。
3. 熟悉智慧酒店的内涵。
4. 熟悉智慧酒店的发展。

能力目标

1. 能够理解酒店智能化的概念。
2. 能够掌握智慧酒店的评价标准。
3. 能够掌握智慧酒店的运营管理。

任务分解

任务1　酒店信息化
任务2　酒店智能化
任务3　智慧酒店概述
任务4　智慧酒店的发展

智慧酒店——杭州黄龙饭店的改造

杭州黄龙饭店是浙江历史最悠久的涉外星级酒店,如同上海的锦江饭店和北京的王府井大饭店。在改造时,杭州黄龙饭店的考虑是:改造必须与时俱进,志在打造出智能化的"智慧酒店"。

从功能上来讲,改造后的黄龙饭店在酒店功能区域的实现方式上基本是相同的,包括酒店客房、商务套房、总统套房等功能区域,但它将智能化系统解决方案应用在了饭店的各功能区域内。套房客房主要使用了Crestron智能控制系统,将家庭影院、背景音乐娱乐系统、扩声系统、控制主机集于一体。

智能灯光系统采用了大量的模块化结构设计,通过简单明了的触摸屏界面,省去了墙面安装的各式开关面板、调光面板等,使家居中墙面简单整洁,客人只需按一下按钮就可改变整个房间的室内环境。昏暗时,室内灯光可以定时自动开启,还可以通过手机或掌上计算机遥控室内环境。

智能酒店技术的背景音乐娱乐系统可以让客人在酒店中享受喜爱的音乐或选择一个房间静静地欣赏音乐,感受数字环绕立体声酒店影院。背景音乐系统的控制也集中到酒店中央控制系统里,使背景控制与其他系统融为一体,通过中央音源可以在店内的公共区域提供悠扬的背景音乐,如走廊、卫生间、餐厅等,也可以设置在客人需要的地方,用于选择不同的音源、曲目,以及控制音量的大小。

随着世界酒店管理集团加大在华的投资力度,兴建酒店,酒店间的竞争也日趋白热化,智能化系统解决方案无疑是酒店竞争中的蓝海。杭州黄龙饭店总经理说:"黄龙饭店由杭旅集团投资重金改造,目的是将其打造成'全球最聪明的酒店'。可能也是全球第一家智能化酒店、浙江第一家超五星级白金酒店。我相信这也是未来酒店业的蓝海,可以说,在智能化方面,黄龙饭店已经在酒店行业内领先了。"

任务1 酒店信息化

一、酒店信息化的概念

(一)信息的含义

信息是指音讯、消息、通信系统传输和处理的对象,泛指人类社会传播的一切内容。人们通过获得、识别自然界和社会的不同信息来区别不同事物,得以认识和改造世界。在一切通信和控制系统中,信息是一种普遍联系的形式。

信息理论奠基人香农(Claude Elwood Shannon)认为:"信息是用来消除随机不确定性的东西。"这一定义被人们作为经典定义并加以引用。

控制论创始人维纳(Norbert Wiener)认为:"信息是人们在适应外部世界,并使这种适应反作用于外部世界的过程中,同外部世界进行互相交换的内容和名称。"这一概念也被作为经典定义加以引用。

美国信息管理专家霍顿(F. W. Horton)给信息下的定义是:"信息是为了满足用户决策的需要而经过加工处理的数据。"简单地说,信息是经过加工的数据,或者说,信息是数据处理的结果。

由以上表述可知,信息就是提供决策的有效数据。

(二) 信息的属性

信息的属性包括客观性、增长性、时效性、依附性、传递性、可处理性、共享性。

1. 客观性

信息的客观性是由其实质内容决定的。信息是客观事物存在及运动状态的反映。信息的主体存在于自然界、人类社会和知识传递过程中,都是客观存在的,它的反映也是客观的,所以信息具有客观性。

2. 增长性

信息是有用的知识,它作为一种有效的社会资源在人类社会中传播。人类在不断接收信息的过程中,会对信息进行转录、加工、再接收;信息在传输和扩散的过程中,会不断丰富、增值、再生。信源和接收者的梯度越大,信息的浓度越高,增长的能力越强,对人类社会的贡献价值就越大。

3. 时效性

随着事物的发展与变化,信息的可利用价值也会相应地发生变化。随着时间的推移,有效信息可能会失去其使用价值,成为无效信息。这就要求人们必须及时获取信息、利用信息,这样才能体现信息的价值。信息的价值不是一成不变的,只有在特定的时间、地点、条件下才具有价值。因此,信息具有一定的时效性,过了时效其价值就会大幅下降甚至消失。

4. 依附性

信息不是具体的事物,也不是某种物质,而是客观事物的一种属性。信息必须依附于某个客观事物(媒体)而存在。同一个信息可以借助不同的信息媒体表现出来,如文字、图形、图像、声音、影视和动画等。信息是物质世界和精神世界的载体。在精神世界里,信息能够被收集、整理、加工或创造;在物质世界里,信息能够被接收、存储和传递。

5. 传递性

信息通过传输媒体的传播,可以实现信息在空间上的传递。例如,我国载人航天飞船"神舟九号"与"天宫一号"空间交会对接的现场直播向全国及世界各地的人们介绍我国航天事业的发展进程,缩短了对接现场和电视观众之间的距离,实现了信息在空间上的传递。

信息通过存储媒体的保存,可以实现信息在时间上的传递,如没能看到"神舟九号"与"天宫一号"空间交会对接现场直播的人,可以采用直播回放或重播的方式来收看。这就是利用了信息存储媒体的牢固性实现了信息在时间上的传递。

知识的传递需要借助信息的传输,因此人们获取知识也要依靠信息的传递。信息的可传递性,提高了人类社会改造世界的能力,促进了知识的交流,加快了社会的变化。

6. 可处理性

信息处理的过程包括接收、存储、转化、传送、发布等。信息的接收包括信息的感知、信息的测量、信息的识别、信息的获取、信息的输入等;信息的存储就是把接收到的信息转化、传送,或将发布中的信息通过存储设备进行缓冲、保存、备份等处理;信息的转化是把信息根据人们的特定需要进行分类、计算、分析、检索、管理、综合等处理;信息的传送是把信息通过计算机内部的指令或计算机之间构成的网络从一地传送到另外一地;信息的发布就是把信息通过各种表示形式展示出来。简而言之,信息的可处理性就是对信息进行收集、整理、概括、去伪存真,从而提炼出有用的信息。

7. 共享性

信息是一种资源,具有使用价值。信息传播的范围越广,使用信息的人越多,信息的价值和作用就越大。信息在复制、传递、共享的过程中,可以不断产生副本,但是信息本身并不会减少,也不会被消耗。信息不具有独占性,其共享性有利于资源的交流,促进社会的发展。

(三)信息化的概念

1. 信息化的定义

信息化是指培养、发展以计算机为主的智能化工具为代表的新生产力,并使之造福于社会的历史过程。信息化是以现代通信、网络、数据库技术为基础,将所研究对象各要素汇总至数据库,供特定人群生活、工作、学习、辅助决策等,并与人类各种行为相结合的一种技术过程。

信息化代表了一种信息技术被高度应用,信息资源被高度共享,人的智能潜力及社会物质资源潜力被充分发挥,个人行为、组织决策和社会运行趋于合理化的理想状态。同时,信息化也是在IT产业发展与IT在社会经济各部门扩散的基础上,不断运用IT改造传统的经济、社会结构,从而达到如前所述的理想状态的一段持续的过程。

2. 信息化的特性

(1)易用性。易用性对软件推广来说最重要,是能否帮助客户成功应用的首要因素,在产品的开发、设计上须重点考虑。一套软件如果不具有易用性,无论它的功能多么强大,都会因为用户的抵触情绪而难以推广。

(2)健壮性。健壮性表现为软件能支撑高并发用户数,支持较大数据量,即使使用多年其速度、性能也不会受到影响。

(3)灵活性。使用自定义平台可以实现在不修改一行源代码的前提下,通过应用人员搭建功能模块及小型业务系统,从而实现系统的自我成长。同时通过门户自定义、知识平台自定义、工作流程自定义、数据库自定义、模块自定义,以及大量的设置和开关,让各级系统维护人员对系统的控制力大幅增强。

(4)安全性。软件系统能够支持Windows、Linux、Unix等各种操作系统,对安全性要求高的用户通常将系统部署在Linux平台,流程、公文、普通文件等在传输和存储上都是绝对加密的。同时,系统本身有严格的思维管理权限、IP地址登录范围限制、关键操作的日志记录、电子签章和流程的绑定等多种方式来保证安全性。

(5)整合性。协同办公系统只是起点,后续必然会逐步增加更多的系统建设,如何将各个孤立的系统协同起来,以综合性的管理平台将数据统一展示给用户,选择具有拓展性的协同办公系统就成为今后一体化、信息化建设的关键。产品底层设计选择整合性强的技术架构,系统内预留大量接口,为整合其他系统提供了技术保障。

(6)移动性。信息化平台嵌入手机,用户通过手机也可以方便地使用信息化服务。

3. 信息化的层次

信息化共有五个层次。

(1)产品信息化。产品信息化是信息化的基础,包含两层意思:一是产品所含各类信息比重日益增大、物质比重日益降低,产品日益由物质产品的特征向信息产品的特征迈进;二是越来越多的产品中嵌入了智能化元器件,使产品具有越来越强的信息处理功能。

(2)企业信息化。企业信息化是国民经济信息化的基础,是企业在产品的设计、开发、生产、管理、经营等多个环节中广泛利用信息技术,并大力培养信息人才,完善信息服务,加速建设企业信息系统。

(3)产业信息化。产业信息化是农业、工业、服务业等传统产业广泛利用信息技术,大力开发和利用信息资源,建立各种类型的数据库和网络,实现产业内各种资源、要素的优化与重组,从而实现产业的升级。

(4)国民经济信息化。国民经济信息化是在经济大系统内实现统一的信息大流动,使金融、贸易、投资、计划、通关、营销等组成一个信息大系统,使生产、流通、分配、消费经济的四个环节通过信息进一步连成一个整体。

(5)社会生活信息化。社会生活信息化是包括经济、科技、教育、军事、政务、日常生活等在内的整个社会体系采用先进的信息技术,建立各种信息网络,大力开发与人们日常生活有关的信息内容,丰富人们的精神生活,延长并拓展人们活动的时间与空间,实现由工业社会向信息社会的过渡转变。

(四)酒店信息化的概念

酒店信息化属于企业信息化,是指酒店企业在产品的设计、开发、生产、管理、经营等多个环节中广泛利用信息技术,大力培养信息人才,完善信息服务,开发利用酒店内外部的信息资源,促进酒店员工、管理层与客人之间的信息交流与知识共享,扩充酒店服务产品的类型,提升服务质量,优化酒店资源配置与管理效率,满足客人的需求,实现酒店经济与社会效益的最大化。

酒店管理的目的是成本控制、运营控制,其最终结果表现为效率和效益。要达到这一目的,管理数据的及时性、准确性、完整性、有效性是至关重要的,这些特性恰恰是酒店信息化的特点。酒店信息化也是应用信息技术和产品的过程,可推动酒店实现由局部向全局、战术向战略应用信息技术的动态转变。

酒店信息化是运用信息技术手段对数据、信息进行有效采集、传播与储存,从而实现酒店业务流程的再造与优化管理。酒店信息化是实现酒店经营与管理模式创新的手段,通过酒店信息化可以实现酒店内外部信息的有效共享与合理利用,完成酒店经营活动中各种知识的挖掘、积累与传承,提高酒店的经济效益和社会效益。酒店信息化需要酒店服务与管理流程的创新优化,还需要员工服务与管理理念的创新,以及管理团队的重组与管理策略的创新。

酒店信息化是一项系统工程,需要管理酒店的信息流,实现酒店管理团队与员工理念的信息化、酒店服务操作与组织管理的信息化、酒店服务与管理手段的信息化和酒店服务产品设计与应用的信息化。信息时代的高速发展使酒店信息化建设成为大势所趋,但建设过程也应处理好引进、消化、吸收和创新的关系,最终实现自主创新,将技术创新、业务流程创新、管理创新与理念创新融为一体,加强建设实效,遵循实用和先进原则,循序渐进,注重可持续发展,挑选开放性、弹性适应、安全可靠的方案实现经济与社会效益的最大化。

二、酒店信息化发展

1. 单机模式管理阶段

酒店集团在规模化经营管理中,需要借助计算机设备代替传统手工业务的处理流程和工作方式,对运营中的各类管理信息,运用信息技术手段进行采集,实现人、财、物的资源整合和集中式管理,极大地简化了业务处理流程,提高了工作效率和服务质量。但受计算机管理系统开发和设计功能的限制,单机模式管理阶段的酒店信息化仅仅能满足传统业务的信息化改造,实现的只是业务流程处理手段和工具的替代与改进。

2. 网络终端管理阶段

随着计算机技术和通信技术的普及和应用,酒店企业内部网络工程的实施和建设成了一种发展潮流,借助局域技术实现各类设备和终端之间的监控和管理,典型的系统在这一阶段应运而生,如消防预警安全监控、空调温控、电梯运行监测、办公自动化、客房门禁管理、酒店预订系统等。信息技术在酒店行业中的应用越来越广,地位和作用也越来越重要。

3. 网络互联管理阶段

互联网技术的迅速发展促进了酒店信息化的进步,提高了酒店信息化的管理能力。酒店借助互联网技术,实现了酒店产品的线上营销和推广,并提供周到细致的信息咨询服务,推动了酒店电子商务的运行,加强了酒店的市场竞争力,提高了酒店的品牌知名度。

4. 网络深度融合阶段

随着国家宽带战略的不断深化,网络技术更加跃上了一个新的发展台阶。有线电视网络、计算机网络和电信网络互相渗透、互相兼容、互联互通、资源共享,逐步整合为全世界统一的信息通信网络。基于网络服务的不断创新和开发,终端消费市场的个性化需求也在不断攀升,酒店行业进入了信息化的高速发展阶段。

5. 智能化管理阶段

酒店依托日益成熟的现代网络通信技术和智能人机交互系统,构建功能更加完善、服务更加周到的网络平台,为客户提供更优质的服务,满足客户智能化的个性需求和消费体验。智慧酒店实现了从概念到思维,再到实践应用的尝试和突破,运用数字化的技术降低酒店成本,提高工作效率,优化管理程序,实现了酒店的高效运营,良性发展,扩大了酒店的市场份额,增加了酒店的营业收入。

任务 2 酒店智能化

一、酒店智能化的概念

（一）智能的定义

从感觉到记忆再到思维这一过程，称为"智慧"，智慧的结果产生了行为和语言，行为和语言的表达过程称为"能力"，两者合称"智能"。智能是感觉、记忆、回忆、思维、语言、行为的整个过程，是智力和能力的表现。

根据加德纳的多元智能理论，人类的智能可以分成九个范畴：①语言智能；②数学逻辑智能；③空间智能；④身体运动智能；⑤音乐智能；⑥人际智能；⑦自我认知智能；⑧自然认知智能；⑨存在智能。

（二）智能化的定义

智能化是指事物在计算机网络、大数据、物联网、人工智能等技术的支持下，所具有的能满足人的各种需求的属性。智能化是网络技术和信息技术相结合的产物。智能化反映出人们的物质需求和精神需求，是社会进步的标志。如今智能化技术已经在各个领域得到了广泛的应用，智能化的服务可以让人们享受到舒适的生活，满足顾客的个性化需求，优化顾客的消费体验。

（三）酒店智能化的定义

酒店智能化是指整合现代计算机技术、通信技术、控制技术等进行数字化运营，提供优质服务体验、降低人力与能耗成本，通过智能化设施，提高信息化体验，营造人本化环境，形成投资合理、安全节能、高效舒适的新一代酒店发展模式。

酒店智能化是以计算机智能化信息处理、宽带交互式多媒体网络技术为核心的信息网络时代技术，在此技术支持下，酒店将更加强调对客人的个性化服务、信息化服务。网络技术的飞速发展，为中高档星级酒店在信息时代重新打造自我形象带来新的亮点，是否装备先进的网络设施已经成为酒店服务水平的标志，也为信息化建设在酒店业的发展和服务带来前所未有的机遇和挑战。此外，智能化技术还会给酒店的经营管理方式带来巨大变革，如采用网络营销与连锁经营、采用智能采购与管理系统等。

（四）酒店智能化的应用

酒店智能化主要体现在以下三大应用领域。

(1) 直接面对顾客提供优质服务的智能化技术，如在酒店引入 iPad 智能控制系统，采用创新型模块化设计，通过 iPad 实现灯光、场景、空调等设备的自由控制，实现对客服务智能化互动，使顾客获得更舒适、更高端的体验。

（2）面对酒店管理者提供高质量经营管理手段的智能化技术，如酒店智能预订及连锁经营网络系统、后台计算机管理系统、办公自动化OA系统等，目的是使酒店经营及管理高效、先进、科学。酒店可以通过电子商务平台，让旅行社团队、会议团队、散客都可以利用计算机直接访问全球酒店分房系统，以获得酒店的详细资料，包括酒店的出租状况，并能立即进行预订和确认。酒店也可以更多地从网上信息平台获取客人的兴趣与偏好，针对客人的个性需求重新整合酒店产品，全面优化对客服务和酒店管理，不断提升客人对酒店服务的满意度。

（3）面对酒店经营成本提供高质量管理手段的智能化技术，如智能楼宇控制技术、智能采购网络、智能人员管理、智能物耗管理等，目的是使酒店物耗、能耗、人员成本等降到最低，创造效益。在日常维护方面，酒店经营采购量大，成本难以控制。通过互联网电子订货系统，酒店可以将发生的数据输入计算机，即刻通过网络连接将资料传送至经销商处，及时控制成本，提高效率。

二、酒店智能化的发展

（一）酒店智能化的发展阶段

酒店智能化进程始终随着互联网技术的发展而发展，在互联网发展的不同时期呈现出智能化运用的不同特征，大致经历了以下阶段。

1. 酒店管理软件初始阶段（1995—2004年）

这一阶段我国互联网处于窄带时期，以新浪、搜狐、网易等门户网站为代表，以搜索为主要功能。在这一阶段，国人初识计算机与互联网，与酒店智能化应用相关的软件技术逐渐得到行业认可，管理软件、电子门卡等相关技术进入酒店行业。

2. 酒店管理模块运用阶段（2005—2010年）

这一阶段我国互联网发展进入宽带时期，ADSL宽带入户直接促进了互联网的繁荣。腾讯、百度、阿里三大公司崛起，通信、搜索、游戏、社交、电商、视频等应用爆发。在此阶段，酒店智能化管理模块的开发和覆盖面逐步拓宽，行业运用也更为平常化。

3. 酒店管理系统升级发展阶段（2011—2014年）

这一阶段互联网进入移动互联网时代，苹果模式、4G等带动移动互联网发展用户和互联网公司加速向移动端转移，互联网使用频率和时间再次提升。酒店业的智能化技术运用步伐随之加快，并且不仅用在前台的经营业务，更逐渐向后勤保障系统和楼宇自动化系统发展，同时开始将酒店内部网络和互联网连接，尝试管理的智能化升级。

4. 酒店智能化形成热点阶段（2015年至今）

"互联网＋"概念的提出，带来了智能终端、企业经营、生活服务和人际关系的变化，逐渐开始影响人们的生活。由于在这一阶段，酒店行业正面临前所未有的经营困难和转型升级的巨大压力，因而对"互联网＋"的兴趣越来越大。将智能化当作降低成本、摆脱经营困境、缓解人力资源压力的一种途径，酒店智能化技术开始集中在对客服务环节发力，产生了微信入住、机器人迎宾、机器人送餐等新的服务方式。这一阶段，在智能酒店、智慧酒店等旗帜下,智能化技术、机器人运用等成为酒店行业的热潮。

(二)酒店智能化的发展趋势

酒店与智能的结合,改变酒店行业现有的运营管理模式,让每一次的住宿经历变得更愉悦便捷、个性独特、智慧有趣。未来酒店的竞争,已不再是酒店设施、装潢等之间的区别,更多的是智慧酒店智能化系统的完善与发展程度,是否拥有一个完善的智能化系统,将成为酒店极具吸引力的最大卖点之一。

智能化颠覆了传统酒店的运营模式,将物联网、语音交互、人脸识别、软硬件芯片开发等与酒店息息相关的领域结合,为每位客人提供个性化的服务。客人可直接在线选房、订房、退房,并通过智能终端控制客房内的空调、灯光、音乐、电视等设备,随意切换睡眠、阅读、浪漫等情景模式。

酒店服务正逐渐从标准化向个性化,人性化转变,智慧酒店系统也在逐步替代酒店传统、单一的设备,同时实现酒店设备的智能互联,让客人在酒店体验到更舒适、更便捷、更个性化的服务。在互联网、大数据、人工智能的发展下,酒店的智能化发展是未来酒店发展的必然趋势。

未来智能化酒店的发展主要突出表现在智能化、场景化、信息化、个性化四个方面。

1. 智能化

智能化酒店的先决要素主要是智能化,智能化主要通过人工智能技术为基础,在尽可能地满足客户的生活服务的需求的情况下,为酒店降低运营成本,提高收入。目前,酒店智能化是通过智能音箱作为智能酒店的语音入口,通过语音交互等方式控制客房内的电器,让客户完全解放双手,方便生活,体验智能化给生活带来的便利感。

2. 场景化

场景化是针对客户在客房的场景,充分体验用户住店的感觉,从各方面为客户提供最佳的服务。场景联动,为客户提供入住模式、睡眠模式、阅读模式、观影模式、起床模式,通过控制设备来为客户营造一个良好的环境,让客户体验更佳。

3. 信息化

酒店信息化对推动智能化酒店的发展起到了非常重要的作用,能很好地融合互联网线上资源和传统线下资源。酒店在线上宣传智能化酒店的全新理念,在线下推动智能化酒店布局,让更多消费者体验到智能化酒店所带来的价值,同时对这种美好的体验留下深刻的印象。

4. 个性化

酒店的产品同质化是酒店行业存在的最大弊端之一,个性化智能服务才是最能体现酒店竞争力的指标。智能服务是针对解决酒店产品同质化的问题,为酒店客人提供定制化、个性化的体验。酒店通过定制专属语音库进行个性化服务,内容包括酒店介绍、酒店信息讲解、酒店促销宣传推广介绍,以及对接酒店后台管理,包括为客户叫车、分配打扫工作、叫餐、送物、退房、续房等。例如,2018年,阿里巴巴集团在杭州推出智能酒店——菲住布渴酒店。客人可以在手机上提前预订房间,直接在手机上或者酒店终端刷脸进入,智慧电梯、无触门控将自动进行人脸识别,智能点亮入住楼层,自动开启房间门。一旦进入房间,天猫精灵智能管家可直接对室内温度、灯光、窗帘、电视等进行语音控制,还有机器人送物、送餐服务,满足了一部分消费者对科技化、体验化、个性化酒店产品的需求。

任务 3　智慧酒店概述

一、智慧酒店的概念

(一)智慧酒店的定义

智慧酒店(smart hotel)是指拥有一套完善的智能化体系,通过数字化与网络化实现酒店数字信息化服务技术的酒店,具有智能化、网络化、科学化、人性化四大特质。酒店利用云计算、物联网、智能终端和新一代移动信息技术等新技术,通过泛在网(通信网、互联网、物联网),以 PC 和智能终端等设备为载体,让客人主动感知酒店产品和服务信息,并享受这些适应自己消费习惯的信息所带来的愉悦体验。

总体而言,根据定义,智慧酒店可以归纳为,以现代科技为指引,从智慧管理、智慧营销和智慧服务三方面着手,以实现酒店资源与社会资源共享与有效利用的酒店管理变革。

与传统酒店相比,智慧酒店利用微信平台或 App,将酒店住宿流程虚拟化,从而减少客人与前台面对面的服务场景,帮助酒店实现以下内容。

1. 个性化服务

智慧酒店结合智能化的信息技术平台,构建酒店的个性化服务系统,有效整合大数据的挖掘分析,利用信息化、智能化和个性化的服务平台,重塑智慧酒店的核心价值,以技术为优势,为客人提供个性化服务,提升酒店的管理水平与服务质量。酒店通过远程网络控制,让客人在入住时就感受到宾至如归的待遇,客房的睡眠、阅读、娱乐模式的切换,更体现了智慧酒店的无微不至的人文关怀及个性化需求满足。其弱电操作面板,不仅设计美观、安装简便,而且便于酒店维护,保证客人居住安全。

2. 智能化管理

智慧酒店智能化设施的后台可以全面监测客房服务状态,当客人有清理、退房等请求时,可以及时显示传达至服务员,从而为客人提供高效便捷的智能化服务。同时系统软件还可以对服务人员的响应通过时间的长短来做出客观记录,以便酒店进行相应的考核管理。酒店智能化的管理,以新兴的信息技术与数字技术为基础,提供资源配合、数据整合、信息管控、智能处理、智能决策等,运用智能化的处理技术进行管理,构建酒店全方位的智能化管理体系。

3. 节能减排

智慧酒店客控系统通过对客房及公共区域空调终端进行智能网络远程控制,帮助酒店实现空调智能控制节能,从而达到可观的经济效益。感应式智能取电开关通过读取卡片数据,在智能云、网关的传输下将信息发射到系统,从而进行身份识别,并对持卡人身份进行判断,根据不同身份人员的控制权限进行分别设置,杜绝非法取电行为。通过对客房内温度、湿度、门窗、灯光、空调、音乐、电视、网络、电动窗帘、空气净化器等设备实现智能控制,达到降低能耗的目的。智慧酒店既实现了资源集约、低碳环保,也降低了酒店的经营成本,提高了酒店的经济效益,促进了经济、社会、生态和文化价值的综合提升,是酒店业可持续发展的必由之路。

(二)智慧酒店的设施体系

1. 智能门禁系统

智能门禁系统是新型现代化安全管理系统,它集计算机自动识别技术和现代安全管理措施于一体,涉及电子、机械、光学、计算机技术、通信技术、生物技术等诸多新技术,是解决重要部门出入口实现安全防范管理的有效设施。

2. 智能取电开关

智能取电开关通过采集取电开关卡片信息进行插卡取电、拔卡断电功能,对未经授权的卡拒绝取电。

3. 交互视频体系

交互视频体系也经历了一个发展过程,五年以前的视频体系仅有视频点播的作用,而视频点播只是视频交互技术的一个基础,并不是全部。许多酒店在淘汰楼层服务员之后,导致有的客人不适应,在这种情况之下,引进交互式的视频技术,既可以提高效率,又可以降低管理成本,更重要的是可以使酒店形成比较好的数字化品牌。

4. 计算机网络体系

入住智慧酒店的多为商旅人士,这个群体对计算机客房的需求率占95%,而出行愿带笔记本电脑的客人仅占10%左右。客房需备有计算机网络功能,满足客人进行互联网冲浪、收发邮件、Office软件办公、网络聊天、了解股市行情、网上订票等需求。

5. 展示体系

展示体系分为两类:一类是向客人展示酒店的资料与服务,如酒店的发展历程、分支网络、企业文化、酒店服务、特色菜系等,方便客人了解;另一类是向客人展示当地的地方特产、风土人情等城市信息,节省客人查阅的时间。

6. 互动体系

互动体系是指客人能够在客房内与前台服务员进行互动。例如,前台服务员发布信息,客人立刻就能在客房内查看,客人也可以在房间内进行点餐、订票、租车、退房等操作。

7. 信息查看体系

信息查看体系可帮助客人在房间内实现信息查询,如天气、航班动态、列车时刻、轮船时刻、客车时刻、市区公交、高速路况、市区路况等。

8. 酒店客房管理软件

酒店客房管理软件对所有房间是否进行空置管理和客房内的灯光、空调、门铃面板、电动窗帘、风机等设备的实时状态进行监控,使得管理更明晰,服务更周到。例如,运用酒店客房管理软件,前台员工可为房间设置"入住模式",在客人入住客房之前,房间自动调节到舒适的温度以迎接客人入住,当客人离开房间时,空调温度自动升高,客人离开超过设定时间,空调将自动关闭。

9. 服务信息系统

服务信息系统可提供的信息包括服务提醒,如请勿打扰、请清扫、订制服务、退房提醒;客房信息提示,如方便服务员的工作、避免打扰客人工作和休息;请稍后提示,如有客人来访时,提示门外等候的客人稍等;紧急求助(SOS),当客人发生紧急情况时使用,可通过紧急求助面板来通知酒店服务员,求助信息将立刻在前台计算机显示屏上弹出并发出声音警报以提醒及时处理;关门提醒,若客人进门后放行李忘记了关门,门磁开关感应到后,酒店客房系统会发出声音提示。

10. 智控客房

智控客房结合了灯光照明控制、智能窗帘、智能背景音乐、智能电视、AI智能语音声控、一键场景欢迎模式、一键场景离店模式等,给客人带来尊贵体验,使客人可以用"看到的、触摸到的、口说的"方式,轻松体验智控客房的温馨感、时尚感、幸福感、科技感和更多个性化的智慧服务。

二、智慧酒店的管理架构

(一)酒店内部管理系统

酒店内部管理系统是将酒店管理与计算机技术紧密结合起来,对酒店的日常事务进行高效管理。酒店内部管理是对人流、物流、现金流进行有效控制和科学管理,也是酒店内部运营、员工管理及运营数据处理,主要依靠酒店管理系统平台对酒店内部每天的营业数据、财务数据进行分析,对员工工资及成本、员工奖励制度核算等进行处理。

酒店内部管理系统的核心功能是智能楼宇管理系统所必须实现的集成功能,主要包括以下几个部分:先进的集中监控管理功能、最佳的流程自动化管理功能、可靠的全局事件管理功能、高效的信息集成和综合处理功能、先进的集中监控管理功能等。

酒店内部管理系统随时监视系统各设备的运行状态,在发生故障或异常时及时报警,如火灾及安全报警等;自动执行警报发生信息显示和强制画面显示,如弹出该报警点所在的建筑平面图;设定、修改并存储设备的运行参数,如启停次数、运转时间、延迟设置、禁停设置、方向设置等。

酒店内部管理系统可以集成的子系统包括楼宇自控系统、门禁控制系统、防盗报警系统、闭路电视系统、考勤系统、电梯系统等。

楼宇自控系统监控的设备包括新风机、组合空调机、吊装空调机、盘管空调、冷冻机组、生活水系统、自动喷灌系统、泛光照明点、室外照明和地下室照明等。

门禁控制系统监控内容包括各通道管制门的开关状态,通道管制门的开启、读卡机、电控锁故障报警,非法刷卡、非法闯入报警,读卡机敲击报警,长时间开关异常报警等。

防盗报警系统监控内容包括记录所有用户和防区资料,如编号、名称、所处位置、类型等;各种历史记录,如用户报警历史等;设定所有用户和防区的状态,监视所有用户的当前状态,如禁用、布防、撤防、报警、未准备等;监视所有防区的当前状态,如禁用正常、旁路、报警、未准备、故障等。

闭路电视系统监控内容包括视频矩阵主机的工作状态监视和故障报警,调用任意一台监视器和摄像机,自动切换和群组切换,控制电动云台的方位,控制电动透镜的变焦倍数、聚焦和光圈开度、视频丢失报警、视频移动报警等。

考勤系统监控内容包括记录所有考勤记录、考勤机的运行情况、运行记录、故障报警和考勤情况的查询。

电梯系统监控内容包括电梯的运行状态,上下状态和楼层号等。

(二)酒店智能化管理系统

酒店智能化管理系统是智慧酒店的基础,是一个系统体系,集成了酒店运行所需的所有系统,按功能可以分为以下八类。

1. 建筑基础设施体系

建筑基础设施体系包括中央空调系统、智能照明控制系统、火灾自动报警及联动控制系统、楼宇自控系统、通信网络系统、计算机网络系统、酒店信息管理系统、综合布线系统、安全防范系统、智能化集成系统、机房工程、UPS 电源系统和防雷接地系统等。

2. 服务管理系统

服务管理系统包括客房智能管理控制系统、智能一卡通系统、卫星接收及有线电视系统、VOD 点播系统、公共广播系统、多媒体会议系统、卡拉 OK 点播系统、多媒体查询系统、远程视频会议系统等子系统。

3. 客房智能管理控制系统

客房智能管理控制系统的建设水平反映了现代化高星级酒店的品质。成熟的酒店客房智能管理控制系统不仅能够创造优质高效的工作环境,而且能够给宾客带来满意的个性体验,给酒店带来巨大的经济效益。客房智能控制系统代表着一种科学的管理方式,已经被越来越多的酒店管理人员所认同和重视。

客房智能管理控制系统的主要设备有主控制箱、机械式开关面板、服务信息显示面板(如请勿打扰、清理房间、请稍候、门铃开关显示等)、门铃、身份识别型节电开关、门磁、紧急呼叫按钮开关、红外探测器、请稍候开关、空调控制开关、网络通信器、中继器、各管理计算机等。

客房智能管理控制系统主要具有以下特点。

(1)可方便宾客轻松入门。该系统采用电子门锁,客户持智能卡轻松接触感应即可开门进入房内,通过智能卡及门磁的感应,还能实现身份识别、安全防范及电源开关的控制。

(2)可方便宾客随手操控。该系统将客房的灯光、服务等功能的操作按其功能的不同分别排布到若干个机械式开关控制面板上,以方便宾客使用。比如,在标准间的两床之间的墙上集中了两边床灯、房灯等灯光控制按钮。

(3)设置更加人性化。该系统将红外探测器设置在卫生间浴室内,能够检测客人不可预知的危险状态,系统将会第一时间在现场、客户服务中心及前台发布报警信号,有效地保障宾客的安全。

（4）更为便捷的传输。该系统与前台、楼层客房中心、工程部、保安部等部门的计算机，经交换机和服务器连接，构成一个以太网，通过快速的信息交换和数据处理，实现计算机系统管理，将客房的实时状态及突发情况反映到各部门，以保障客人的人身安全，提高酒店的工作效率，降低运营成本。

4. 酒店一卡通系统

酒店一卡通系统采用 RFID 卡取代传统的现金、票证、纸卡等，用计算机智能管理手段提高工作效率，适用于酒店、俱乐部、会所、商场等各类场所的收费管理。在顾客的消费方面，可以作为贵宾卡、会员卡、优惠卡、员工卡等识别证，用同一张卡实现购物、娱乐、考勤、门禁电话、门锁、借书、签到、停车、桑拿洗浴等多项一卡通管理。

酒店一卡通采用与景区门票门禁同一技术体系，可以实现通用联网。该系统主要用于客人身份识别、客人消费记账管理、客人消费历史记录、打折优惠管理、客人个性化服务管理、酒店安全保卫门锁控制等。采用这一系统能够实现对客人的服务更人性化和个性化。对 VIP 客人可采用非接触式射频卡，使客人在不知不觉中享受到严密的跟踪保卫，把高级客房区控制起来，使没有射频卡的人进入以后受到监控，无法随意行动。

5. 卫星、有线电视和 VOD 点播系统

卫星、有线电视系统主要提供新闻、经济信息、娱乐片供宾客消遣，可以通过卫星接收器提供免费电视节目，利用有线电视对卫星频道进行有效补充。VOD 点播系统可以将酒店自主录制的视频结合卫星接收系统和有线电视系统，作为有偿服务提供给宾客，增添娱乐服务项目，也可增加酒店的经营收入。

6. 多媒体商务会议系统

举办各种商务会议和其他大型会议是现代高档商务型旅游接待场所的重要能力，也是酒店利润增长的重要动力。先进的多媒体商务会议系统是现代化的多媒体会议设施的重要组成部分，是衡量酒店接待能力的核心设施指标之一。

按功能划分，可以将会场分为宴会多功能厅和专业多功能厅，两者的多媒体商务会议系统在功能设计上存在一定差异。宴会多功能厅一般代表旅游接待场所的形象，举行重要的餐饮招待会、国际会餐、音乐招待会、鸡尾酒会、婚宴招待、新闻发布等重要宴会，会议系统则侧重于选用先进美观、音质优美的声、光、像系统。

专业多功能厅一般用来接待多媒体会议、网络电视会议、学术交流、技术培训、产品介绍、新闻发布、国际交流等重要会议，会议系统侧重于采用先进的通信和展示技术，主要包括以下功能和设施：一是良好的无线通信网络更新，可以让与会者便捷上网，调用资料；二是多通道媒体来源，可以随意切换音/视频源，高品质音响还原，确保语音质量；三是数字会议系统，控制会议发言；四是良好的投影系统，大屏幕显示与多个小屏幕相结合，便于与会者获取现场信息；五是远程会议系统，进行异地内外部演示与开会。多媒体商务会议系统作为中控系统，可进行集中式控制管理。

7. 中央空调计量监控节能系统

对多数酒店来说，中央空调的耗电量占总耗电量的 40%～60%，是最需要进行节能改造的部分。酒店可通过利用中央空调多个子系统的多个参量调控中央空调水系统、流体流量和风机空气流量，节省中央空调主机的能耗和各子系统的电机能量，提高主机效率，降低中

央空调系统的整体运行成本,保证中央空调整体系统稳定运行的节能控制;通过实时监测冷冻水温度、压力、冷却水浊度压力、环境温度、电力转速、电压、电流等参数,模拟人脑思维方式,自动控制压缩机组冷冻水泵、冷却水泵的电机转速,从而调节制冷量及整个系统的功率平衡,以达到整个系统相互协调,消除无用功率消耗,减少系统电耗的目的。中央空调计量监控节能系统按照计量监控到每个中央空调末端的方式实施,每台空调安装一个远程通信智能电表。通过数据集中器将每个空调末端的计量监控整合到前台,进行统一结算管理。

8. 综合布线系统

综合布线系统是所有建立在广域网、局域网上的酒店智能化系统的信息通道,是网络系统的高速公路,是整个系统的基础系统,为整个酒店的语音通信、宽带数据、图像联网、酒店管理系统及网站建设提供高质量的传输通道。酒店应遵守共用、公用、通用、互通、简洁、可靠、实用、经济的原则,以先进水平的综合布线技术、计算机技术、通信技术和自动化技术为支撑,建立一套统一规划、高度集成的布线系统,为酒店计算机网络系统数据、图像及控制信号提供统一的传输线路、设备接口和高质量传输性能。综合布线系统主要由以下几个子系统组成:工作区子系统、水平子系统、主干线子系统、管理子系统、设备间子系统和建筑群子系统。

(三) 酒店通信网络管理系统

酒店通信网络管理系统分为计算机网络通信和语音通信系统。计算机网络通信是酒店系统的重要子系统之一,该系统建立在广域网、局域网上,主要分为两部分:一是酒店预订及连锁经营网站信息系统,用于向酒店管理者提供现代化经营手段,有利于提高酒店的经营效率;二是酒店内部信息智能化管理系统,为酒店管理者提供高质量的管理手段,如智能办公系统、智能节能系统、智能采购网络、智能人员管理系统、智能物耗管理系统等,使酒店办公、物耗、能耗、人员成本等降到最低,使用效率最高,创造良好效益。

在网络的安全性方面,酒店内部网络一般分为多个不同的子系统,各个子网络之间要进行逻辑隔离或物理隔离,酒店通信网络从使用对象上可分为两部分,包括智慧办公网络平台和智慧客房网络平台,各平台与相应功能的子系统相连接。

三、智慧酒店的运营

(一) 智慧酒店营销策略

智慧酒店将构建全覆盖、多渠道的营销策略,从网站宣传到网上订房,从酒店直销网站到第三方订房平台,从自主网站订房入口到移动手机端的微信、微博订单销售。智慧酒店的营销策略是立体化、全方位、多元化和多渠道的完美结合。

1. 酒店自主网站营销模式

酒店自主网络营销模式可以是酒店集团的直销模式,许多大型酒店集团的网络营销能力非常强,为酒店的客源市场构建起了独立的营销平台。例如,洲际酒店集团、希尔顿酒店集团和万豪酒店集团的自主网站,都是酒店很好的销售渠道。

2. 酒店第三方营销平台

目前,随着旅游市场的不断细分,酒店第三方营销平台占据了较大的市场份额。酒店企业从第三方平台获取了较好的市场份额,成为企业销售的最主要的渠道来源。酒店与第三方的信息交换在网络技术架构上比较简单,只要酒店具备上网功能和浏览器即可操作实现。

酒店预订系统可以通过人工和手工操作快速获取预订信息。国内第三方酒店平台不断涌现,比较著名的如携程、艺龙、同程等。但目前这种营销模式受到了新媒体营销的不断冲击和挑战。上述营销渠道的有力整合实现了酒店企业在营销渠道的领先优势,是目前比较成熟的营销方式。

3. 酒店新媒体技术应用营销

随着移动互联网、移动终端、微信、微博的不断发展和普及,新媒体营销已悄然而至。移动终端的应用已经快速走进了人们的日常生活,如 App 移动服务、微信或二维码订房、微博及微信营销等。这些新媒体传播渠道的最大特点是在各种移动终端上的广泛应用,包括移动手机、平板电脑等,这些平台方便了用户在网络环境下,利用碎片化时间与酒店营销平台无缝对接,实现信息交流、客房预订。客人可以随时随地实现订房下单,酒店也可以将剩余客房进行碎片化的销售。

(二)智慧酒店运营管理

智慧酒店运营管理的表现是以计算机网络为基础,应用各种计算机管理软件、控制技术、通信技术等,在管理团队运作下经营酒店企业。智慧酒店运营管理包括对酒店企业的上下游企业的管理,如智慧采购、智慧渠道销售、客户关系管理等;还包括酒店应用综合技术,在管理团队的协同组织下,对酒店运营进行科学管理,如经营管理、人事管理、财务管理、安全管理和工程信息管理等。

智慧酒店运营管理不仅需要酒店综合布线和计算机系统硬件作为支撑,更需要应用各种管理软件,如酒店管理信息系统、酒店财务管理软件、客户关系管理软件、酒店安全管理软件、酒店工程信息管理软件等。智慧酒店运营管理是管理人员与计算机综合系统不断融合的过程,其目标是管理的科学化,智慧地处理各种事务。

智慧酒店建设在推进的过程中,可以采用基于云技术模式的酒店管理信息系统的应用,如酒店收益管理、市场营销数据挖掘管理、酒店决策支持系统等。这些智慧管理的应用需要大量的知识型管理人才,酒店行业更需要大量懂计算机技术、经济管理和旅游电子商务的专业人才。智慧酒店管理是人和智能系统的有机结合,主要体现在对智慧酒店的各种系统的有效的智能控制,应用这些智能控制,达到对宾客的智慧服务和优质的个性化服务。可以从以下几个方面来加强智慧酒店管理系统的应用。

1. 智慧服务

智能服务可以改变传统住店客人前台登记入住的接待模式,实现客服管理的智能化,让客人在入住过程中可以享受到更为便捷的优质服务。当客人上网或电话订房时,酒店能通过远程订房系统完成对该房间的及时预订,并及时为客人的特殊喜好做好准备,在大堂设置相应的自助入住系统和智能识别系统,等候客人的到来。

当客人到来后,客人在酒店大堂可凭相应的身份识别快速入住事先预订好的客房,凭借身份证或会员卡即可打开电子门锁;房门开启,客房走廊灯光自动亮起。如果是首次入住的客人,智能系统根据客人入住的时间,开启相应的灯光模式,夜幕降临,客房内会适时地选择相应柔和的夜景模式。如果是有入住经历的客人,系统将根据客人之前的历史习惯进入相应的智慧模式。

2. 智能客房控制

客房是客人在酒店停留最久的区域,客房的体验也成为酒店智慧产品的核心要素。酒店可以通过无线终端进行客房设施设备的控制,这些设施设备的控制包括:客房区域的温度、湿度控制,照明控制,客房视频、音频控制,服务的响应,等等。有些酒店采用客房电视机结合综合控制技术,实现多种系统并用的控制应用,包括休闲服务、客房智控、电视服务请求、商旅助手和计算机桌面应用等。

3. 酒店智能控制

酒店智能控制包括对酒店安防系统、楼宇自动控制系统、客房智能化控制系统、智能通信系统、酒店视频音频系统、智能商务系统、酒店交通系统、设备能源管理系统、智能会议系统等的控制,这里主要介绍其应用的趋势和发展。

酒店安防系统的智能控制主要体现在安防数据挖掘、智能识别、智能跟踪、云计算机的数据比对等领域,这些新技术的应用大大提升了酒店安防的智能化程度,为酒店的安防起到最基础的安全保障。

酒店楼宇自控系统用于酒店客房及公共场所的环境参数自动控制,如温度、湿度、新风、气味、除菌等自动控制,更好地为客人营造一个舒适温馨的住宿环境,提供更为优质的体验服务。

客房智能化控制系统主要用于客房的照明、音响、电视控制、服务请求、免打扰设置等。当客人进入客房,室内灯悄然开启,音乐如流水般潺潺播送,智能房卡上显示室内的二氧化碳含量,体现房间内空气的清新程度。

智能通信系统用于客人对外通信、酒店内部通信交换。良好的通信网络使客人可以进行语音、图像、数据等多媒体信息传输,可以实现网络会议、视频电话、高速上网等,让客人身在一个开放、便捷的信息社会,宾至如归。

酒店视频音频系统具有综合信息系统的特点,可以处理各种信息需求,如录像、回放、编辑和数字处理等。该系统除了有传统的卫星、有线节目之外,还为宾客提供新闻和娱乐互动节目,以及实时的机场航班、道路交通和旅游咨询等公众服务信息。

智能商务系统可以和酒店管理信息系统对接,宾客可以在酒店进行各种信息处理,如预订、消费查询、邮寄管理等。

酒店交通系统是综合电梯控制技术和其他系统技术,对酒店交通进行控制,使客人在酒店内的移动更加安全和便捷,客人进入客房区更加私密和通畅,该系统和酒店的门禁系统、管理信息系统交换信息,共同处理好为客人的服务。

设备能源管理系统既要保障宾客的舒适度,又要做到节能,使酒店的综合能耗得到较好的控制,让酒店继续满足客人的需求和体验。

智能会议系统的特点是为客人提供会议声、光、像智能服务,系统运用现代化的声、光、像技术,将会议资讯及时传递和存储等现代优质的服务。

智慧酒店目前还在不断地探索实践中,随着酒店行业提出更多先进的管理理念,技术厂商不断推陈出新,各种智慧产品系统和运作模式不断涌现,政府部门积极推广和扶持新技术,智慧酒店将会进一步得到更好的发展。

任务 4 智慧酒店的发展

一、智慧酒店发展背景

(一)时代背景

进入 21 世纪以来,信息技术革命浪潮席卷全球,推动了互联网的快速普及和发展,成为信息化和数字化的重要工具和平台。根据 We Are Social 发布的《2020 年 7 月全球网络状态报告》,全球有 45.7 亿人使用互联网,占世界总人口的近 60%。

截至 2020 年 7 月初,全球社交媒体用户总数达到 39.6 亿。这意味着世界上超过一半的人口在使用社交媒体,使用社交媒体的人比不使用社交媒体的人更多。

2021 年 2 月 3 日,中国互联网络信息中心(CNNIC)发布的第 47 次《中国互联网络发展状况统计报告》,勾勒出了我们的网络"自画像":截至 2020 年 12 月,我国网民规模达 9.89 亿,手机网民规模达 9.86 亿,互联网普及率达 70.4%。其中 40 岁以下网民超过 50%,学生网民最多,占比为 21.0%。通过报告,可以看到中国互联网发展趋势具有以下特点。

1. "健康码"助 9 亿人通畅出行,互联网为抗疫赋能赋智

2020 年,面对突如其来的新冠肺炎疫情,互联网显示出强大力量,对打赢疫情防控阻击战起到关键作用。疫情期间,全国一体化政务服务平台推出"防疫健康码",累计申领近 9 亿人,使用次数超过 400 亿人次,支撑全国绝大部分地区实现"一码通行",大数据在疫情防控和复工复产中作用凸显。

2. 网民规模接近 10 亿,网络扶贫成效显著

截至 2020 年 12 月,我国网民规模为 9.89 亿,互联网普及率达 70.4%,较 2020 年 3 月提升 5.9 个百分点。其中,农村网民规模为 3.09 亿,较 2020 年 3 月增长 5 471 万;农村地区互联网普及率为 55.9%,较 2020 年 3 月提升 9.7 个百分点。

3. 网络零售连续八年全球第一,有力推动消费"双循环"

自 2013 年起,我国已连续八年成为全球最大的网络零售市场。2020 年,我国网上零售额达 11.76 万亿元,较 2019 年增长 10.9%。其中,实物商品网上零售额为 9.76 万亿元,占社会消费品零售总额的 24.9%。截至 2020 年 12 月,我国网络购物用户规模达 7.82 亿,较 2020 年 3 月增长 7 215 万,占网民整体的 79.1%。

4. 网络支付使用率近九成,数字货币试点进程全球领先

截至 2020 年 12 月,我国网络支付用户规模达 8.54 亿,较 2020 年 3 月增长 8 636 万,占网民整体的 86.4%。2020 年,央行数字货币已在深圳、苏州等多个试点城市开展数字人民

币红包测试,取得阶段性成果。未来,数字货币将进一步优化功能,覆盖更多消费场景,为网民提供更多数字化生活便利。

5. 短视频用户规模增长超1亿,节目质量飞跃提升

截至2020年12月,我国网络视频用户规模达9.27亿,较2020年3月增长7 633万,占网民整体的93.7%。其中短视频用户规模为8.73亿,较2020年3月增长1.00亿,占网民整体的88.3%。

6. 高新技术不断突破,释放行业发展动能

2020年,我国在量子科技、区块链、人工智能等前沿技术领域不断取得突破,应用成果丰硕。量子科技政策布局和配套扶持力度不断加强,技术标准化研究快速发展,研发与应用逐渐深入。在区块链领域,政策支撑不断强化,技术研发不断创新,产业规模与企业数量快速增长,实践应用取得实际进展。在人工智能领域,多样化应用推动技术层产业步入快速增长期,产业智能化升级带动应用层产业发展势头强劲。

7. 上市企业市值再创新高,集群化发展态势明显

截至2020年12月,我国互联网上市企业在境内外的总市值达16.80万亿人民币,较2019年底增长51.2%,再创历史新高。我国网信独角兽企业总数为207家,较2019年底增加20家。互联网企业集群化发展态势初步形成。

8. 数字政府建设扎实推进,在线服务水平全球领先

2020年,党中央、国务院大力推进数字政府建设,切实提升群众与企业的满意度、幸福感和获得感,为扎实做好"六稳"工作,全面落实"六保"任务提供服务支撑。截至2020年12月,我国互联网政务服务用户规模达8.43亿,较2020年3月增长1.50亿,占网民整体的85.3%。

(二)技术背景

移动互联网、云计算、移动位置服务、物联网、人工智能等信息技术和数字技术的迅速发展,为智慧酒店提供了强大推动力。一方面传统酒店获得了更大的发展机遇,有了前所未有的发展空间;另一方面,各家酒店企业百花争艳,各显异彩,行业竞争愈发激烈。酒店要想获得竞争优势,在行业中脱颖而出,就必须依靠网络化、智能化、信息化、数字化技术调整,转变经营模式,进行智慧建设是有效途径。

以互联网信息技术为基础,随着微博、微信等手机社交工具以及微视频、微电影兴起而掀起的"微"营销浪潮,随着科学技术的进步带来的旅游相关App软件的个性化使用,随着艺龙、去哪儿、携程等旅游综合性网站带来消费者预订、出游方式的转变,传统的酒店业营销方式也发生了翻天覆地的改变,智慧酒店能很好地顺应酒店业经营方式的变化。

由于酒店业日趋激烈的竞争和不断攀升的客户期望,酒店装潢、客房数量、房间设施等质量竞争和价格竞争将退居二线,迫使业内人士不断寻求扩大酒店销售、改进服务质量、降低管理成本和提升客户满意度的新法宝,以增强酒店的核心竞争力。其中最有效的手段就是大规模应用先进的信息化技术和数字化技术,变革传统意义上的酒店业竞争方式和经营管理模式,进而赢得新的竞争优势。因此,酒店的竞争将主要在智能化、个性化、信息化、数字化等方面展开,智慧酒店悄然兴起。

智能化酒店管理系统已成为当今酒店发展的核心竞争力量之一。数字酒店客房系统提升了服务水平,通过酒店的运营管理系统与客房的空调、门锁、窗帘等自动控制装置集成起来,形成一个完整的智能化酒店网络系统;智能化系统节能减少能耗开支。例如,我国星级酒店每年的电力消耗在100万~1 000万度,电费成本通常是酒店除场地费用和人工成本以外的最大支出。空调是耗能大户,热水供应次之,而照明用电量排在第三位。智慧化设备能针对不同的人群进入调整到相应的设定状态,极大地减少能耗。

在科技进步和消费升级背景下,消费者对数字化、体验化、场景化和定制化的酒店产品需求日趋强烈。感知、认知、先知能力建设是智慧酒店的核心,突破行业传统观念,跨界共生是主要特征。不同智能科技产品技术之间具备相互感知协同能力非常重要,有助于酒店提高对客服务的效率,逐渐降低酒店运行成本。

随着数据时代的持续进步,酒店能够利用大数据实现自我认知、服务认知,大数据是酒店提升服务品质、服务体验、管理能力的核心要素。未来酒店管理的先知预判能力将是酒店的综合竞争力,酒店可通过人工智能对围绕自身即将要发生的或未来要发生的事物进行分析决策,精准管理、精准运营、精准服务对酒店企业至关重要。

智慧酒店是社会经济发展的产物,信息化、智能化、网络化技术的发展要求,成为其进一步建设的有力支撑。一方面是经济社会提供了坚实的物质基础,社会购买力、消费力及建设标准拉动智慧酒店发展;另一方面是酒店企业自身经济实力增强,引进外来优良的管理经验,自身资金运转充足推动智慧酒店内在建设。

人们物质生活水平的提高,对衣食住行也提出了更高的要求,体现科技性、智能性、信息性的更加安全舒适、高效便捷的智慧酒店成为客人的期待。客人不仅要求住得舒适、便利、健康、安全,也要求酒店有更多功能价值的体现,如电器设备的美观度、使用的高效性,空气质量的保证,美的享受等。客人强烈的意愿要求,是智慧酒店建设的另一个重要背景条件。

智慧酒店,既实现了资源集约、低碳环保,也降低了酒店的经营成本,提高了酒店的经济效益,促进了经济、社会、生态和文化价值的综合提升,是酒店业可持续发展的必要之路。

(三)政策背景

继2009年《国务院关于加快发展旅游业的意见》中提出"以信息化为主要途径,提高旅游服务效率";2011年《中国旅游业"十二五"发展规划纲要》指出"推动信息技术的广泛应用、加强旅游公共信息服务、积极发展旅游电子商务、推进信息基础设施和能力建设及加快旅游信息化管理体制机制转型"后,全国各地对智慧旅游的发展积极推进。

而在2014年,国家旅游局更是将旅游业发展主题定为"智慧旅游",要求各地引导智慧旅游城市、景区等旅游目的地建设,促进以信息化带动旅游业向现代服务业转变。同年1月15日,中国智慧酒店联盟成立大会在福州举办,标志着中国智慧酒店联盟的正式成立,我国智慧酒店建设与发展进入新阶段。

2015年,国家旅游局印发《关于促进智慧旅游发展的指导意见》,指出智慧旅游是运用新一代信息网络技术和装备,充分准确及时感知和使用各类旅游信息,从而实现旅游服务、旅游管理、旅游营销、旅游体验的智能化,促进旅游业态向综合性和融合型转型提升,是游客市场需求与现代信息技术驱动旅游业创新发展的新动力和新趋势,是全面提升旅游业发展水平、促进旅游业转型升级、提高旅游满意度的重要抓手,对把旅游业建设成为人民群众更加满意的现代化服务业,具有十分重要的意义。

智慧旅游的观念开始被大力提倡。作为旅游中的重要一环,我国主要城市的酒店企业也开始了对智慧酒店的探索。近年来,基于大数据、物联网等"互联网+"技术的蓬勃发展,智慧化、智能化技术更加发达,构建酒店智慧服务体系也日益成为提升产业发展效率、适应消费升级趋势、助推产业升级转型的路径。

2019年,国家市场监督管理总局、中国国家标准化管理委员会发布了《物联网 智慧酒店应用 平台接口通用技术要求》,简称《智慧酒店接口国家(GB)标准》,对酒店行业的网络与信息安全问题提供指导,对智慧酒店服务企业产品技术的应用及传输的安全性起到规范作用。

智慧旅游建设是国家促进旅游业经济发展和服务质量提升的一项重要举措。作为智慧旅游的一部分,智慧酒店的建设是中国酒店业产业结构调整、升级的重大契机和必然选择。智慧旅游促进了智慧酒店的建设,智慧酒店的建设推动了酒店的智能化管理和数字化运营,加快了酒店业的转型升级。

二、智慧酒店发展趋势

(一)国外智慧酒店的发展情况

国外对智慧酒店的研究基于信息化技术的发展,智慧酒店最早起源于对智能建筑的研究。随着数字化水平的不断提高,智能建筑越来越高效、节能、舒适,智能建筑的发展延伸到酒店业,引发了酒店向智慧酒店的转型。国外智慧酒店的应用最早可追溯到2006年美国宾夕法尼亚州的科波诺山度假区引入"射频识别手腕带"系统;继而2009年位于美国拉斯维加斯的City Center Las Vegas Hotel落成,该酒店应用智慧系统将客人的个人偏好设定为程序模式,提升客人的住宿体验;自此,国外智慧酒店对新一代信息技术的开发及应用不断完善,其中以美国、韩国、新加坡等国家发展较快。

2011年,IBM作为"智慧地球"理念的倡导者,首次提出"智慧酒店"的解决方案,主要包括机房集中管理、桌面云、自助入住登记和退房、无线入住登记和融合网络等模块,在酒店服务中融入了包括提供下载的酒店预订与服务的App程序、楼宇自动导航、WiFi网络、基于物联网技术的客房设备、远程会议服务等智慧科技,以减少服务流程、提高管理效率、降低运营成本,为住客提供最全面的住宿体验。

迪拜七星级帆船酒店Burj Al Arab Hotel,将高品质的智慧服务体现在房间的照明设置,可引领客人至卫生间,夜间的灯光模式、照明系统的设计都以人为本。泰国曼谷苏坤11雅乐轩酒店(Aloft Bangkok-Sukhumvit 11),利用特制的智能手机实现智能开门,转换电视频道,呼叫客房服务和调节空调等功能。W品牌和Aloft品牌已率先推行手机入住体验。半岛酒店的智能控制让顾客体验了大量的新功能,更不用说已经非常流行的餐厅智能排队、微信订餐、二维码支付。这些国际上著名的智慧酒店的智慧化建设程度和效果都给酒店带来了超高的市场人气和运营效益。

下面对国外典型的智慧酒店做一些简单的介绍。

1. 法国巴黎 Murano Resort 智慧酒店

法国巴黎 Murano Resort 酒店完美地诠释了在智能化时代，什么是真正的智能酒店。在这里有超智能化的指纹锁系统，客人进入房间之前都必须通过认证的智能指纹锁系统；在安全防御做到了极致的同时，客人不必担心忘带钥匙或没有钥匙进不了房间。而且这家酒店客房最大的亮点在于床头旁的灯光控制器，客人可依据个人生活习惯/喜好来设置多种情景模式，调节不同的灯光色彩，从而赋予每个房间不同的个性。

2. 日本东京半岛智慧酒店

日本东京半岛酒店是浪漫、魅力和时尚的代名词，为客人提供无与伦比的服务，追求每个细节的至臻完美，为宾客创造难以忘怀的住宿体验。酒店拥有全城无可比拟的美景，皇宫花园和日比谷公园就近在眼前。知名室内设计师桥本夕纪夫选用大地色、木材、漆器和大理石进行混搭，并在设计中充分考虑到各项设施的功能性，又诠释出日本丰富的文化遗产，为客人营造奢华舒适的居住环境，被赞为"国际设计闪耀日式精彩"。

酒店最大的亮点之一是酒店设有内部研发部门，20 名工程师为客人开发最人性化的智能科技服务。无所不在的按钮以"润物细无声"的方式，将酒店华丽的风格融入其中，只要客人按下房间走廊的第一个按钮，小屏幕上就会立即显示室外的天气和湿度，为客人出门穿衣提供贴心的建议。同时酒店还拥有智能电话接听系统，电话响起时房间内的广播和电视将变成静音，按下按钮就能免提接听。

3. 美国西雅图 Hotel 1000 智慧酒店

美国西雅图 Hotel 1000 智慧酒店拥有一系列全天候多用途智能外设基础设施。客人从登记入住、调节室内温度到商务工作、居住休闲等，都能通过网络平台来完成，员工可通过门铃下方的智能系统检查房间是否有客人入住，以及房间是否已提醒"请勿打扰"。隐藏在天花板的水箱提供稳定流量的淋浴，让客人在舟车劳顿的旅途中得到最大限度的放松。好的智慧酒店就是让客人永远不用担心是否会受到打扰。

4. 阿联酋阿布扎比酋长国皇宫酒店

阿联酋阿布扎比酋长国皇宫酒店极尽奢华，与古老的宫殿式外观相比较，酒店内部的高新科技绝对走在世界前沿。除了拥有美轮美奂的景点外，酒店最大的亮点就是遍布 100 公顷区域内的无线上网，以及游泳池和私人沙滩。而且住在这里的客人都可以拥有一台超级智能掌上计算机，通过它设定叫醒电话、下载电影录像、召唤服务员、购买酒店商场内的东西、结账退房等。在这里，夸张的网络构建有专员负责安全监控，包括 16 个防火墙与侵入探测系统，好的智慧酒店就是一点也不需要担心隐私的泄露。

（二）国内智慧酒店的发展情况

自 2001 年起，以上海瑞吉红塔大酒店为代表的一些高星级酒店开始发展智慧酒店的目的是减少人工操作，提高酒店的工作效率，节约人力成本，降低能耗，加强经营管理，为宾客提供更加安全、舒适、健康的生活环境，但由于种种原因的限制，一开始智慧酒店的发展并不是很顺利。

杭州黄龙饭店是中国建设完成得最早的智慧酒店。杭州黄龙饭店与 IBM 合作，以全方位的酒店管理系统与 RFID 等智能体系启动了中国首家智慧酒店的发展历程。杭州黄龙饭店、世贸君澜大饭店、歌德大酒店等少数领风尚之先的酒店早就开始了酒店低碳化、智能化、信息化的探索和布局,并取得了积极成效。

近年来,云技术、物联网、人工智能、社交和支付技术日益成熟,为智慧酒店的发展进一步注入活力。君澜、开元等酒店集团先后推出智慧酒店升级版,阿里集团重金打造的无人酒店引爆业界。智慧酒店从"先锋试验"化身为"市场宠儿",成为酒店业突破性发展的新方向。

如家酒店集团已经实现二维扫码开门(如家、锦江之星、汉庭、布丁等多连锁酒店业者正通过二维码、微信平台等新科技手段打造酒店智能客房、智能营销管理和异业合作等)。上海安达仕酒店的"数字酒店管家"实现了众多服务的自动化。杭州街町酒店拥有变身智能酒店的四大微信"神器"——自助选房、微信开门、微信客服和微信支付,这四大"神器"让街町酒店成为国内首个实现微信全自助的酒店。

香格里拉集团与腾讯合作,主要利用腾讯云人脸识别及物联网技术,帮助顾客简化入住流程。洲际酒店集团携手百度共同打造AI智慧客房,并计划在大中华区推广100间行政俱乐部套房。另外,万豪国际也于2018年7月宣布携手阿里巴巴旗下旅游平台飞猪,引入依托人脸识别技术的自助办理入住服务。

下面对国内典型的智慧酒店做一些简单的介绍。

1. 中国第一家智慧酒店——杭州黄龙饭店

2009年6月,杭州黄龙饭店与IBM合作,以全方位的酒店管理系统与RFID等智能体系启动了中国首家智慧酒店建设。除了完善的配套功能和热情的服务,建成后的黄龙饭店为客户提供了超乎想象的世界领先的智能化入住体验。

高科技住店体验包括以下方面。

(1) 无线无纸化入住/退房系统:可通过手持登记设备(Tablet PC)进行远程登记,在房内或是店外就能完成登记、身份辨识及信用卡付款手续。

(2) 自助入住/退房系统:针对35~50岁对计算机操作熟悉的商务人士,杭州黄龙饭店在大堂内设置了Kiosk机,客人可自助完成登记手续。

(3) VIP快速通道:VIP客人开车进入车库的同时完成登记入住和房卡制作。

(4) 客房智慧导航系统:客人一出电梯,系统会自动感应房卡信息,三道指示牌指引客人直至房间。

(5) 互动服务电视系统:酒店内设八国语言系统,自动选择语言欢迎客人入住,自动弹出客人上次入住时常看的频道;显示客人国家当地气候及杭州气候。

(6) 电视门禁系统:若在客人不便应答的时候有人按门铃,门外的图像会主动跳到电视屏幕上,方便客人判断以什么形象去开门。

(7) 全球通用客房智能手机:可解决国外手机无法在中国使用的问题。从技术的角度,它可以全球拨打、免费接听,现阶段杭州黄龙饭店开放了部分信号区域,可在饭店或是杭州范围内的任何地方使用。

(8) 机场航班动态显示/登机牌打印服务:此服务每15分钟更新一次,方便客人及时了解班机最新状况,只需将计算机和客房内的四合一多功能一体机连接即可打印路线图和机票登机牌。

(9) 床头音响:每套床头音响都特制了手机专用插孔,同时具备播放和充电功能。

(10) 床头耳机:安装在床头背板侧面的电视耳机插口及放置在床头柜抽屉中的耳机,

方便还尚未就寝的同行者继续享受视听服务。

（11）智能会议管理系统：包括会议/宴会自动签到系统，与会的宾客佩戴内置 RFID 卡的胸卡进入会议中心大堂后，会场导航显示屏会立即显示与会人员的姓名、照片和身份等资料，并统计已到和未到的人数；VIP 客人自动提示服务系统，VIP 客人一进入酒店大堂，该客人的信息会立刻显示到前台的计算机上和大堂经理/客户经理的移动计算设备上，同时也马上将"欢迎某某贵宾光临黄龙饭店！"的欢迎词以短信的方式发送到 VIP 客人的手机上；会议/宴会统计系统分析各类数据，并能将参会人员的具体信息汇总成报告，让每次会议的结果均可见可查。例如，智能会议管理系统会自动统计客人在不同的展区停留的时间、每个展区参观的人次等，展会主办方就能轻松地分析出哪些产品更加有市场吸引力。

2. 豪华智能酒店——厦门凯宾斯基大酒店

厦门凯宾斯基大酒店的智慧酒店系统主要分为三部分：客控系统、面板系统、灯控系统。

（1）客控系统：低碳、节能、安全、便利、舒适。客控系统设置不同温控模式，传达空调制冷制热的各项指令，使空调在不同模式时按设置温度运行，在为客人营造舒适环境的同时，达到最大节省能源效果，同时系统统计一天内客房的温度运行数据，便于更好地管理分析。

客控系统软件可对电气设备的开关进行真实反馈，形成每天使用曲线图，从而根据使用信息统计分析用电量，更好地控制各种设备的耗能情况。

酒店可通过客控软件将不同电气设备加入相应场景模式进行控制，包括日常、会客、起夜、就寝、阅读、观影等模式，具体情况根据客人需求而定。

客控智能照明，通过照度感应器与各灯光控制器的相互配套使用，将客房照度调节至最舒适状态并最大限度为酒店节能。

防盗监控及门框门磁、衣柜门磁、保险柜门磁与客控系统连接，如果在设定时间内门关异常，客控系统将发出警报提醒客人注意财产安全。

（2）面板系统：智能控制、以客为尊。进门面板、卫生间面板、床头面板、智能门口显示器面板多采用智能控制、触屏设置，方便客人使用。

（3）灯控系统：组合灵活、按需调节。不同主题空间采用不同的灯光环境，宴会厅灯光氛围可根据需求调节为富丽堂皇型或庄重典雅型；大堂吧是宾客休憩的场所之一，灯光氛围梦幻迷离；餐厅灯光温馨舒适；咖啡厅灯光则浪漫休闲；泳池康体区灯光活泼动感。总之，各类灯光环境随空间需求而变。

3. 中国香港奕居智慧酒店

奕居智慧酒店由建筑师傅厚民倾力设计而成，充分考虑到幽静居住之感，遵循"少即是多"的减法原则，摒弃一切不必要的浪费和花哨，却又不失奢华感受。通过特定的笔记本电脑，酒店工作人员可以随时随地为客人办理电子化入住登记。而客人可通过客房内的电视进行退房，并将账单及资料发送至客人的电子邮箱。客人轻触 iPad 显示屏，多元化的信息接踵而来，酒店介绍、送餐服务、本地旅游资讯、天气情况等都可轻松获得。

4. "网红"深坑酒店

以"世界海拔最低的五星级酒店"著称的"深坑酒店"（上海佘山世茂洲际酒店），位于上海市松江佘山国家旅游度假区的天马山深坑内，海拔负 88 米，是于采石坑内建成的自然生态酒店。酒店遵循自然环境,一反向天空发展的传统建筑理念,下探地表88米开拓建筑空间,依附深坑崖壁而建,是世界首个建造在废石坑内的自然生态酒店,被美国国家地理誉为"世界建筑奇迹"。

酒店一开始营业就受到消费者的追捧。除了深入地下88米带来的视觉冲击,深坑酒店与微信支付的战略合作,也宣告着智慧酒店正在加速到来。打开微信,搜索"世茂深坑",可以发现合作双方用一个小程序,串起了酒店预订、入住、休闲、娱乐、离店的全方位体验。客人在抵达酒店前,可以用手机完成房间预订、预入住,抵达酒店核验身份证后,30秒即可刷脸登记、完成入住,相当于每一位客人都有一个"专属"酒店前台。

没有前台协助,客人自助入住;没有房卡,手机就能打开房门;刷脸吃早餐;通过小程序调节灯光、空调、窗帘等设施……这些场景不是科幻片中关于未来的想象,而是已经在上海佘山世茂洲际酒店落地,成为上海新晋的"打卡之地"。世茂洲际酒店除了拥有41项专利之外,还被打造成一座智慧酒店。

客人达到房间后,只需要在小程序中点一下,房门就能自动打开。同时,微信小程序还集成了客房服务、房间智控等功能。客人甚至可以在抵达房间前,就通过手机完成设定空调温度、打开窗帘、调整灯光等工作。同时,呼叫客房服务等个性化的服务内容也可以通过小程序进行。客人在退房时,还可以提前登记开票信息,预约开具发票,进一步缩短客人退房离店的时间。

每个房间配备的智能带屏音箱也接入了酒店服务中心和客房系统,除了智能音箱都具备的信息查询、影音娱乐等功能外,还可以实现语音操控房间设施、语音呼唤酒店服务等。同时在酒店大堂内,还配有人脸识别系统。

酒店客房全部配备一位"智能管家"——小度在家(酒店版)智能音箱。这是百度携手世茂打造的奢华酒店智慧化新样板。随着AI助手在酒店客房的全面铺开,未来智慧酒店似乎已触手可及。在小度智慧客房,来宾只需轻唤一声小度,即可随时与AI互动,享受客房内的智能酒店体验。

进入智能化客房,一眼望去,除了床头柜上多了一个带屏智能音箱,和普通客房并无二致。这款音箱在硬件上与针对家庭场景设计的"小度在家"相比更为小巧,并针对酒店场景进行了优化。据介绍,这款产品5米内唤醒率高达98.5%,并能准确识别语音,在客房的各个角落,宾客都可以轻松唤醒并与之对话。为了保护客人隐私安全,智能音箱特意去除了专为视频通话和儿童设计的摄像头,设备在未本地唤醒时云端不会接收任何语音请求。同时,客人退房后,设备将自动重置,清除用户使用记录。

智慧酒店把酒店员工从低效、烦琐的工作中解放出来,可以投入更多精力为顾客提供更有温度的服务。同时,对酒店来说,智慧酒店也可以强化自身直销渠道。顾客的信息可以与微信公众号打通,让酒店通过微信公众号直接触达自己的客户。

如今随着经济和科技的不断发展,酒店利用信息化系统和设备打造智能化,让智慧酒店的发展更贴近目标。智慧酒店的发展就是数字化和智能化的技术概念,是信息化程度带来信息和服务的便捷化,带来更多的交互性,在一定程度上节约了人工,提高了工作效率和管理水平,提升了宾客体验。如今的智慧酒店在科技的努力下,已经呈现了比较理想的应用场景。

(1)客人通过携程、飞猪等OTA平台、酒店官网、酒店微信小程序、酒店微信公众号等平台进行下单,并可直接支付相关费用。

(2) 客人到酒店后,可在大厅酒店自助机上办理入住、选房、退房、现场订房、续住等都可通过自助机完成,利用人脸识别、身份证验证等技术完成安全对接。

(3) 客人到房间后可用 iPad、微信等移动端对客房窗帘、电视、空调、灯光、门锁、空气净化器等进行智能化的控制,并且也有传统的面板控制方式,只不过是弱电操作,按键体验更舒适。

(4) 客人和酒店的交互可以通过微信、电视、电话等直接交流,方式更加多元化,满足不同客人的需求。

(三) 智慧酒店的特点

在智慧酒店发展过程中,不同的酒店企业结合自身资金实力、管理模式、发展理念,采取不同的建设模式。

1. 立足智慧服务,改善客户体验

通过设立入住和退房自助办理体系、设计客房智能服务系统、引入智能机器人服务、创新员工对客服务等手段,简化住宿流程,促使酒店产品服务智慧化。例如,君澜酒店集团联合携程推出 720°在线选房、30 秒刷脸入住酒店、在线选房、自助前台、闪住、智能客控、智能音箱、行李寄送等服务举措。

2. 聚焦智慧管理,整合内部资源

通过构建酒店智慧化管理平台,实行酒店财务管理、能效管理、人力资源管理一体化。以华住集团为例,其设有自己的 IT 部门自主研发 PMS(酒店管理系统)、易系列产品、智能收益管理系统等,以此管理旗下 18 个酒店品牌和 4 000 多家酒店。

3. 着力智慧营销,提升获客能力

通过与旅游在线服务商合作、开发虚拟服务体验网站、开展新媒体营销等方式,迅速、灵活响应顾客需求,实现酒店对外营销智慧化。如万豪酒店与腾讯合作的酒店"全场景智慧营销"项目,通过大数据匹配、LBS(地理位置服务)、内容植入等技术手段,为酒店的品牌推广、潜客挖掘及预订引导赋能。

4. 构建智慧建筑,营造舒适环境

以酒店建筑为平台,利用互联网、物联网、智能家居、人工智能等新技术,打造酒店设备、办公自动化及通信网络系统,向顾客提供安全、高效、舒适、便利的住宿环境。

随着网络技术的发展和移动互联网的普及,智慧酒店不再拘泥于硬件建设,而是转向思维的智慧化方向。除了建设智能化基础设施,同时还注重对客营销、去中心化的管理流程、个性化体验等方面的深度建设。在酒店智慧化建设浪潮下,酒店企业和连锁酒店注重数字化运营,并将线上服务和线下体验结合,促进智慧酒店的发展。未来智慧酒店将进行产业链的改造,实现规模化和规范化,以此推进智慧旅游整体水平的发展。

三、智慧酒店发展的优势、不足及对策

随着智慧酒店的不断发展,新生代酒店开始采用各种智能化技术装点酒店,这是社会进步及酒店业市场发展的必然趋势;然而,现阶段作为智慧酒店的萌芽时代,智慧酒店的开发

在具备节能、环保等多项优势的同时,也存在一定的发展瓶颈,以下是对智慧酒店发展的分析和总结。

(一) 智慧酒店发展的优势

1. 智能化体验

传统酒店在客人较多时往往需要排队等候人工办理入住手续;门禁卡无法识别或留在房间内、丢失;房间内设备操作复杂,面板开关不计其数等,这样会大大降低入住体验。在智慧酒店,客人可在自助值机处快速办理入住、续租、退房等手续。入住时,客人还可以获得智能门禁的密码和二维码,确保快速安全地进入房间。

智慧酒店拥有一套完善的智能化体系,能够带给客户更加智能化的体验。例如,连接到手机上的"猫眼"通过手机屏幕就能够显示门外的画面,或者实现酒店的自助订房、身份识别、智能温控系统等方方面面。

2. 人性化服务

各种智慧化科技运用的目的就是方便客人,智慧酒店的人性化建设,需要从提供人性化的酒店设施、经营管理、酒店服务等多方面入手,以高科技为依托,在信息化、智能化建设中,充分考虑住客需求。

智能房间中的智能面板、微信小程序、智能音箱可以实现对照明、智能窗帘、空调等智能设备的统一管理。智能音箱还可以与酒店管理系统对接,为客人提供量身定制的个性化服务,有效地提升客人入住酒店的服务体验。

3. 数字化运营

酒店在建设过程中,会投入大量的设备和终端,但很多客房设备长时间运行,必然会导致故障。而传统酒店设备运维工具落后,难以做到实时监控和预查设备状态,故障排除不够及时。智慧酒店可以实现酒店客房设备的可视化管理,实时监控设备状态,进行前期维护服务,快速及时处理设备问题;可以帮助酒店建立完善的运维管理流程,提高运维效率,保证酒店设备的良好运行;智能客控系统将人力从烦琐的工作中解放出来,带给客人更贴心的服务。例如,智能服务机器人既可以为客人指引方向,又能为客人送外卖,节省了酒店的人力成本,还弥补了以往在安全方面的不足。

4. 绿色化环保

绿色低碳、节能环保是智慧酒店的重要特征之一,也是酒店建设需要考虑的要点之一,如酒店的无纸化办公,水、电、暖等系统的智能调节与监控,高科技节能设备等,均在现代科技和产业技术发展的基础上实现节能减排。与传统酒店相比,智能酒店系统可以监控和分析房间设备和能耗,通过智能节能算法降低房间能耗。

智慧酒店通过大数据分析建立消费者画像,根据不同客人的特点提供相应的酒店服务和产品,最大化数据价值,帮助提高客人黏性。智慧酒店通过建立酒店自身的营销平台,可以在一定程度上摆脱对OTA平台的依赖,降低营销成本,拓展新的目标市场客户,降低成本,增加收益,提高客人体验和管理效率。智能酒店在为客人创造舒适的生活环境的同时,实现酒店环境的节能、环保和高效运营管理,不断增强酒店自身的核心竞争力。

（二）智慧酒店发展的不足

1. 简单复制，产品趋同

由于新技术不断出现，酒店业大多缺乏善于挖掘和应用新技术的管理人员与之匹配，导致不少酒店对智慧酒店的概念依然模糊，甚至停留在装修和设备升级层面；有的酒店缺乏长远规划，试图通过简单复制，追求安装各种信息设备、系统以迎合时代技术潮流，但并不了解系统的使用条件，业务流程没有及时跟进调整，导致智慧技术、系统和设备无法发挥应有的效用。

2. 投入不足，体验不佳

受国内外经济环境和新型冠状病毒肺炎疫情的影响，近几年酒店经营面临前所未有的困境，导致酒店对产品更新、新技术应用、服务手段提升方面缺少资金支撑，投入严重不足。由于投入不到位，酒店信息系统不成体系，使用不够便捷，质量问题不断，信息化建设的改善并没有给酒店带来营收的增加或顾客体验感的明显提升。

3. 追求营销，忽视服务

不少酒店热衷于利用互联网、移动设备、微信、大数据等新技术进行品牌推广、产品营销，忽视了智慧服务才是智慧酒店建设的落脚点，是提升顾客体验、增加顾客黏性的关键所在。有的酒店在营销过程过度使用红外感应技术、定位系统和无线网络系统等技术，不注意客户隐私保护，导致客户流失。

（三）智慧酒店发展的对策

1. 科技和服务相整合，锻造品质智慧酒店

智慧酒店要以科技为表，服务为里，表里如一，才能形成"真智慧"；科技是引擎，服务是导向，两者相辅相成，缺一不可。智慧酒店建设的出发点和归宿都是提升顾客服务水平和提升酒店管理能力，而不是盲目堆砌高科技，让酒店看上去智慧。

不断丰富智慧酒店服务的内涵和外延，用智慧服务为科技注入"温度"和"质感"，让科技活起来；要深度挖掘顾客的行为习惯，洞悉顾客心意并转化为简洁的服务，把智慧服务渗透到智慧酒店建设的每一个环节当中，只有把这些技术上的创新转化为更人性化、更温馨的面对面服务，避免"科技进化、品质退化"，才能使智慧酒店保持生机和生命力。

2. 定位和整合两端并重，精准发力

（1）找准定位。智慧酒店建设的首要工作是找准定位，要充分考量酒店自身投资能力、对回报的敏感程度、客户消费能力等多方因素，扬长避短，精准发力，着眼长远差异化战略规划。要面向"千禧一代"和"新中产"等新兴群体，打造酒店社群，争夺C端流量，提高用户黏性，实现个性化发展。

（2）加强整合。智慧酒店要加强对系统的有效整合，充分实现各系统之间数据的互联互通，整合有效资源，为一线服务提供支持。尤其要做好移动端得到的客户信息、PMS内的客户信息及CRM（客户关系管理）系统中收集的客户信息，做好三者之间的有效对接，注重数据的尝试挖掘和使用，实现数据价值最大化。

3. 资金投入和人才建设两轮驱动,持续发展

(1) 做好资金投入。智慧酒店建设,前瞻性的资金投入必不可少,酒店要算好当前账,更要算好长远账。在运营过程中,酒店要坚持从实际出发,"好钢用在刀刃上",围绕酒店特色做好资金的精准投入和效益监测,实现资金管理效益最大化。

(2) 注重人才建设。人才建设是智慧酒店持续发展的关键所在。智慧酒店建设是一个典型的跨学科、交叉领域,从业人员既要拥有酒店管理和服务相关知识,熟悉酒店日常经营与运作,又要掌握和运用相应的信息技术、数字技术和大数据方面的知识。从长远来看,智慧酒店不能依赖于购买第三方服务,而要走出一条独特的人才自主培养之路,实现"内生式发展"。酒店要着眼于培养复合型人才,制订有针对性的人才培养计划,编制符合酒店建设和发展实际的教程,使员工能充分掌握和具备实施智慧经营、提供智慧服务的相关知识和能力,不断完善智慧管理与服务体系,推动智慧酒店持续发展。

项目小结

本项目主要阐述了酒店信息化的概念,以及酒店信息化的发展阶段;同时还阐述了酒店智能化的概念,以及酒店智能化的发展阶段和发展趋势;详细介绍了智慧酒店的定义、智慧酒店的设施体系、智慧酒店内部管理系统和智慧酒店智能化管理系统;科学分析了智慧酒店的运营管理,智慧酒店的营销策略,以及智慧酒店发展的时代背景、技术背景和政策背景;具体总结了智慧酒店发展的优势和不足,国外智慧酒店的发展情况和国内智慧酒店的发展情况,以及智慧酒店发展的对策。

案例分析

智慧酒店的智能化体验

深圳宇翔酒店是一家新开的智慧酒店,从前台到客房,处处充满着时尚元素和智能化体验。客人打开房门,窗帘自动打开,欢迎音乐根据入住客人年龄自动播放,灯控系统、温度系统、交互系统等也都会根据客人需求自动调节。客人晚上用餐后再次返回入住的套房,打开房门的那一刻,窗帘会缓缓打开,让客人欣赏窗外美景。

请根据以上案例,回答以下问题。

在该智慧酒店中,客人的智能化体验存在什么问题?

项目练习

一、简答题

1. 简述酒店信息化的概念。
2. 简述酒店智能化的概念。
3. 简述智慧酒店的内涵。
4. 简述酒店信息化发展阶段。
5. 简述酒店智能化发展的四个阶段。

二、思考题

1. 智慧酒店有哪些功能？
2. 智慧酒店发展的优势有哪些？
3. 智慧酒店的不足有哪些？
4. 智慧酒店的发展对策是什么？
5. 如何通过酒店智能化和酒店信息化加速智慧酒店的发展？

三、选择题

1. 信息的属性不包括（   ）。
   A. 客观性　　　　B. 增长性　　　　C. 遗传性　　　　D. 传递性
2. 酒店信息化的本质是（   ）。
   A. 企业信息化　　　　　　　　　B. 管理信息化
   C. 理念信息化　　　　　　　　　D. 生产信息化
3. 我国酒店智能化始于（   ）。
   A. 21世纪初　　　　　　　　　　B. 20世纪七八十年代
   C. 20世纪90年代　　　　　　　　D. 20世纪末

四、运用能力训练

训练目的：实际体验与认识酒店数字化运营，了解智慧酒店的管理与服务。

内容与要求如下。

（1）把学生分为若干个小组，每个小组5～10人；

（2）每组参观一家当地的智慧酒店；

（3）了解该智慧酒店数字化运营和管理的情况；

（4）分析该智慧酒店数字化运营和管理的优点；

（5）由教师点评总结。

项目二

前厅数字化运营

🚩 知识目标

1. 理解管理信息系统的定义。
2. 熟悉 PMS 的运营。
3. 了解预订服务的管理。
4. 了解接待服务的管理。
5. 了解收银服务的管理。

🏅 能力目标

1. 能够掌握 PMS 运营技能。
2. 能够掌握预订服务技能。
3. 能够掌握接待服务技能。
4. 能够掌握收银服务技能。

📋 任务分解

任务 1　信息管理

任务 2　预订服务

任务 3　接待服务

任务 4　收银服务

希尔顿酒店:铺上网络的迎宾毯

想象一下如下情境:一位商人明天即将前往芝加哥出差。他登录到希尔顿酒店(Hilton Hotel)的网站,决定入住该酒店旗下9家连锁店之一的家木套房酒店(Homewood Suites)。接下来,他浏览该酒店的数字化楼层平面图,看看有哪些空房。

他选了位于顶层的房间,远离泳池但靠近电梯。拿定主意后,他直接在网上办理入住登记手续。第二天,当他抵达酒店时,房间钥匙已在前台静候他的到来,前台接待员则亲切地称呼着他的名字欢迎他的光临。在他走进客房后,发现自己喜欢的鹅毛枕及当地的报纸已在床上恭候多时了。

希尔顿酒店经营方面的过人之处,就在于利用数字化技术来辅助客户服务。从功能齐备的客户信息系统,到酒店大堂内的自助式服务亭,再到内容丰富的交互式网站,该酒店的唯一目标就是让客户满意,成为回头客。

该酒店的首席信息官蒂姆·哈维说,虽然希尔顿酒店的收费比竞争对手高,但总是宾客盈门,成功的秘诀之一就是强大的高科技组合。希尔顿全系列品牌每间客房的收入要比业界平均水平高7%,而汉普顿旅店每间客房的收入更是比业界水平高出28%。哈维说:"出于种种原因,客户宁愿花上更多的钱也要住在希尔顿酒店里,数字化技术就是我们的幕后功臣。"

希尔顿酒店的标志性IT项目是OnQ平台。该平台主要在企业内部开发,包括物业管理、客房预订、电子商务、客户关系管理、人力资源、电子学习及商业智能等功能模块。它混合使用了现有技术和企业专门开发的技术,其开发时间长达6年。

OnQ平台中包含的3.5TB数据涵盖了2 250万名客人的信息,该公司还计划投入2 000万美元将该系统扩展到全球。哈维对OnQ大加赞赏,通过使用该平台,希尔顿酒店仅花了1 000万美元就打造出可以用来批量预订房间及会议中心的预约系统,而且该系统还提前完工了。OnQ平台推动了大批新技术的发明,如在400家酒店里设置的能用信用卡激活的服务亭。客人可以在这些服务亭里自助办理入住及离店手续、升级房间及打印登机牌。

希尔顿酒店的另一个大项目,是将所有网站用单个内容管理系统整合起来,并将其内容、风格和语言本地化。在该系统内添加新酒店是个非常耗时的流程,而且国际网站看起来与希尔顿的北美站点风格迥异,毕竟北美站点的灵活性不够,要想稍稍改头换面就变成国际网站可没那么简单。北美站点和国际站点各有一套内容管理系统,虽然相互独立但内容却盘根错节地交织在一起,这就增加了管理的难度。

希尔顿酒店为此投入了一个50多人组成的IT团队,几年来一直致力于开发整合两套管理系统的泛古陆项目(Pangea)。通过泛古陆系统,酒店客户便能利用希尔顿网站强大的搜索功能,根据地点、价位等筛选自己需要的房间;自助式预订房间,包括将房间信息下载到Outlook;一次性预订多套房间;查看当地的天气信息;使用一键通或留号回复功能与客服取得联系。

任务 1　信息管理

一、酒店管理信息系统

（一）酒店管理信息系统定义

酒店管理信息系统（hotel management information system，HMIS）是管理信息系统的一个重要分支，其主要功能是实现计算机管理系统在酒店管理中的具体运用，是在充分把握酒店手工信息处理流程的基础上，进行信息采集、归类、整理，从而达到集中统一地管理酒店信息及其流向的工具和软件，为酒店的经营管理决策提供参考。

酒店管理信息系统是指运用计算机技术和数字化技术，对酒店管理信息进行综合控制、以人为主体的人机控制系统，即酒店管理信息系统＝计算机技术＋信息通信技术＋酒店数据信息。

酒店管理信息系统通过计算机技术，根据酒店的具体情况进行分析和设计，开发出以数据库为后台维护和前端应用程序操作的系统，包括客房预订、前台收银、电话计费管理、财务管理、销售POS、客房管理、餐饮管理、娱乐管理和工程维修管理等功能模块。

酒店管理系统有两种架构方式：一种为浏览器/服务器（D/S）模式，即酒店把服务器发在互联网上，客户通过浏览网页使用该系统。浏览器/服务器（D/S）模式对安全性要求较高，对应酒店的信息，包括客房信息、入住客人信息、财务信息均会保存在互联网上的服务器中，如果服务器遭遇攻击，数据会有被窃取的风险。另一种为客户/服务器（C/S）模式，即酒店建立自己的服务器，其他机器分别安装对应的客户端，通过用户注册、登录连接服务器，实现数据同步。

1963年，希尔顿酒店最早将现代信息技术运用到酒店领域，在酒店前台安装了小型计算机管理系统。20世纪70年代初，美国EECO公司设计开发了酒店管理信息系统，主要是利用计算机进行输入、存储、处理和输出功能，对酒店进行局部信息化。20世纪80年代，国外的酒店管理信息系统逐渐成熟，功能比较齐全，以局域网为主，采用文件服务器结构，如HIS、CLS、Lodgistix等。

中国酒店业最早使用计算机管理的是杭州饭店。在20世纪70年代末80年代初，浙江省计算所开始研发中国第一套酒店管理系统的前台软件PMS（property management system），进行前台接待管理，可以完成前台的接待、查询和结账等基本工作，开创了中国酒店业计算机管理的先河。

1983年，北京丽都假日酒店在全国率先引进了假日酒店集团的PMS和Holidex预订系统。从20世纪90年代开始，中国自主开发的酒店管理信息系统，结合中国酒店业的实际情况，与国外先进系统相结合，逐步发展成熟，国内主要的酒店管理信息系统有杭州西软、北京泰能、千里马、中软好泰等。

到了20世纪90年代，随着互联网迅速发展，计算机技术不断进步，计算机逐步普及，酒店管理信息系统发展到客户/服务器模式,功能更加完善和稳定,系统管理领域更加全面。进入21世纪,互联网应用更加广泛,移动互联网异军突起,各种管理服务平台、浏览器/服务器模式、手机App等应用在酒店各个环节,酒店管理信息系统更加高速有效。国外比较流行的酒店管理信息系统有OPERA、Fidelio、Fidelio XPress系列、HIS-Paragon、CLS、Logic Touch等。

(二)酒店管理信息系统发展阶段

酒店管理信息系统的发展分为以下三个阶段。

1. 前台系统普及发展阶段

第一阶段是前台系统普及发展阶段(20世纪80年代)。通过对酒店业务流程中的物流、资金流和信息流进行计算机化的输入、存储、处理和输出,利用计算机系统处理简单、琐碎、重复性工作,从而提高了酒店前台的服务效率,避免了人工失误,并且提高了服务质量与管理水平,降低了成本。

在这个阶段,酒店业开始普及应用PMS、中央预订系统(central reservation system,CRS)等前台软件,实现客房预订、前台登记、餐饮消费、客人挂账、前台收银等主要功能,房态统计、财务报表等烦琐的事务性工作,以及枯燥的手工劳动也逐渐被计算机系统所取代。酒店IT部也称数据处理部门。

截至20世纪80年代末,全国共有30多家涉外酒店安装了PMS和CRS。这一阶段的信息化建设不能从深层次上改变酒店内部的传统管理流程,可是目前国内仍有许多酒店的信息化建设停留在这个阶段。这也正是现在要推行酒店数字化转型升级的原因。

2. 后台系统普及发展阶段

第二阶段是后台系统普及发展阶段(20世纪90年代)。一方面,在公安、税务等政府部门的要求下,酒店开始普及后台管理的信息化。例如,公安部规定酒店必须设立入住客人身份信息的报送系统,财政部报表要求采用用友的信息化系统。另一方面,酒店二线部门如人事部、财务部、采购部等部门引入人力资源管理系统、财务管理系统、采购库存管理系统等信息管理系统;工程部、保安部、行政部等部门引入通信系统、暖通系统、给排水系统、供配电与照明系统的监控、火灾报警与消防联动控制、电梯运行管理、门禁系统。办公自动化与智能楼宇监控管理等方面的信息技术应用,不断提高酒店整体的管理效率,并且可以降低行政开支。截至20世纪90年代末,几乎所有酒店都不同程度地实现了酒店后台管理的信息化与办公自动化。

3. 协同系统发展阶段

第三阶段是协同系统发展阶段(21世纪)。为了更好地整合、共享内外部资源,更快地满足客户的个性化需求,酒店纷纷以服务与管理的业务流程再造为基础,开始基于互联网提供在线服务与管理的信息平台,即通过建立网站打造实时预订平台、采购库管平台、收益管理系统,以及客户关系管理系统等。

在酒店网站这个统一的信息应用平台上,客户、酒店员工、供应商与合作伙伴等各方能够实现跨时区、实时在线的、端对端的业务协同运作。例如,海航集团在2003年上线的网络版PMS,开元集团在2004年上线的网络版ERP系统,景佳集团在2005年上线的网络版 CRS，金领集团在 2006 年上线的网络版中央采购系统（central purchasing system，CPS）等。

（三）酒店管理信息系统功能介绍

1. 预订功能

预订是客人与酒店接触的第一步，根据预订客人情况分为散客预订和团队预订，其主要目的是提高酒店的开房率，为客人预留房间，并提供良好的服务。手工操作预订是一件很困难的事情，因为在所预订期限内是否有客人需要的房间类型，需要很长时间才能确认，要保证其准确性就更不容易了。大量的文字档案需要人工进行统计，如果酒店有 500 间房间，8 种房型，员工每天的工作量可想而知。所以手工预订一般只能做到提前 1 个月，而采用计算机进行预订可以提前 1 年以上。团队预订相对散客预订要复杂得多，如果是会议团队，客人的抵离日期、房型和房价也有所不同。

具体来说，预订功能有以下几个方面。

（1）散客预订：散客预订单的输入、修改、取消和查询。根据档案预订，这对回头客非常有效，也有利于档案发挥作用。

（2）团队预订：团队预订单输入、修改、删除，团队预留房分配显示，团队付款方式显示，团队成员批量预订。

（3）房类清单显示，用房显示。

（4）预订报表：预抵散客报表，预订散客列表，预抵团队报表，出租率报表，散客来源报表。

（5）预分房。

2. 接待功能

接待的目标是以最快的速度为客人开房。以散客为例，如果客人有预订，其有关信息已经存储于计算机系统中，酒店可以在散客抵达之前做好各种服务工作，如入住登记表、客房钥匙、VIP 的花篮、水果的摆放，把应到客人列表、各种客人的特殊要求列表等传递到相关服务部门，客人到达后，接待员只需要在预订单上补充客人信息如身份证号码等就可以了。而未预订散客需要输入的内容更多，散客的全部信息都要在接待时输入，所以不少酒店为了不让散客等候时间过长，明确规定接待散客不得超过 3 分钟，设计接待系统就是要为此提供充分的保证。

（1）散客登记。已预订散客登记，包括预订多个房间的散客接待、共享散客接待、提前到达散客接待。办理完入住登记后，对散客信息进行修改；入住散客信息修改。

无预订散客直接登记；客房全部预订完，建议散客去别的酒店，系统仍保留该散客预订信息，并记录该散客联系方式，以备散客重新返回和查询；删除超时预订；入住散客信息查询；到期散客续住，系统自动修改入住信息；根据档案登记。

（2）团队入住登记。系统自动登记已预订的团队（团队成员也必须先预订），对尚未分房的成员可以手工分房或系统自动分房；按预留房批量登记，系统根据当日的预留房减去当日已经分配的房间，作为可以入住的房数，并根据每间房需开的账号数自动生成账号，可以批量修改每个成员的姓名、入住日期、离开日期、房号等信息；团队成员信息快速修改，所有预计当日抵达的预订成员自动登记后,再进行各个成员的个别修改;无预订团队入住登记;在店团队查询;返回团队重新入住,即一个团队暂时结账退房,一段时间后又返回酒店入住,此时只需要更换一个团队账号,对成员重新分配房间,再做一些小的修改后即可快速入住。

(3) 散客应收账目、应付主账单的建立、修改和删除。

(4) 国际/国内长途直拨电话的开通与关闭。

(5) 旅行社和协议单位等有关信息的输入和处理;散客留言、备注的输入、修改、显示、打印和传送;职员留言;修改房间状态;处理散客的各种优惠(长包房、协议单位、贵宾卡、领导签字等);住店散客信息报送公安局户籍接口;VIP散客管理;档案的建立和管理。

(6) 黑名单用于记录在酒店有不良行为(如逃账、卖淫等)的散客,以及被公安部门通缉的人员的信息,其中逃账的散客由财务部门控制,在夜审时自动转入,其他信息要求操作员输入,每当有散客预订和入住登记时,系统如果发现该散客在黑名单中,就自动提醒接待员注意和处理。具体做到以下两点:一是黑名单的建立修改和删除;二是黑名单的查询:可按照账号、房间号码、姓名、国籍、到达日期、组合查询等多种方式查询。

(7) 各种报表,包括:当时抵店客人报表,包括散客和团队成员;当日预订、接待散客报表;在住散客报表;可用房报表;当日VIP接待报表;当日的回头客报表;特色要求报表;员工当前工作情况报表。

3. 收银功能

收银与接待一样,直接面对顾客服务,其管理系统主要功能是处理个人账务,应收款等管理工作,具体功能如下。

(1) 客账的输入、调整和冲账;各种付款方式(现金、支票、信用卡、应收账、折扣、消费券等)的处理。

(2) 散客结账退房打印明细单、汇总账单或混合发票等;部分结账功能,即只结清部分款项,但不退房。

(3) 临时挂账处理,可分时间段打印散客账单;提前结账处理;追账和讨账处理;事后优惠处理。

(4) 预订金及押金处理;团队自动结账及团队成员私人账单处理;散客之间的自动转账关系;处理散客事后转账、全部转账及部分转账。

(5) 打印催账单,服务员输入的报账单、交班报表。

(6) 外币兑换系统。

(7) 应收账务处理,各种账务管理。

(8) 处理各种账务报表,如查账报表、预离店散客报表、团队成员私人账报表、特殊要求报表等;长包房及往来账户的账务细目的清理和压缩。

4. 客房管理功能

客房管理主要任务是实时修改客房状态,在系统里实时反映每间房间的实时状态,包括房间是否是空房、出租房、干净房、脏房等信息及其组合状态,如空净房、空脏房、在住净房、在住脏房等,以便前厅预订员、接待员分配房间;同时包括一些特定房间的设置,如参观房、转作其他用途,如办公室的房间等。

客房管理的主要功能如下。

(1) 客房房态管理：在酒店管理信息系统中，采用前台与客房部共同维护房态的方式，前台控制客房的占用与否，客房部更改其清洁、脏、等待维修和停用等房态设置，同时根据进入房间时看到的房间占用与否信息与前台核对。很多酒店在淡季时会关闭某些楼层，房态更改为停用状态，以节省能源和成本。其他一些特定房间的设置也是由客房部来操作完成。

(2) 客房服务员管理：客房部员工清扫任务分配、统计功能。

(3) 优先打扫客房管理：前台列入的优先打扫房间，客房部安排员工优先打扫。

(4) 客房档案管理：客房历史入住记录查询、客房维修记录查询、客房内部物品管理等。

5. 夜审功能

夜审是前厅电子化运营的一个重要部分，与预订、接待、收银共同组成最基本的前厅操作信息管理系统。其主要功能如下。

(1) 交接班：分为前台交接班和非前台交接班两部分，并提供查报表功能。

(2) 酒店账务处理：将酒店中未用计算机管理的各营业点的营业数记入专用账户中。

(3) 过房费：每天一次，在已经在住散客的数目上自动添加当天的房租费用。在实际过房费之前，提供预过房费功能，打印预审报表供核对。

(4) 营业报表：对当天的收入进行分类统计，对全系统的数据库进行更新维护，打印各种报表数据，每日数据备份，以增强系统的可靠性。

(5) 打印夜审各种报表。

6. 信息系统维护功能

信息系统维护包括以下基本功能。

(1) 系统初始化：初始化整个系统，在系统安装时使用。

(2) 使用情况：查阅操作员错误关机记录，监视系统的运行情况，维护各种代码，如国家代码、地区代码、住店缘由、优惠缘由、换房处理、费用代码、付款方式和计费参数等。

(3) 客房配置增加、修改、显示、删除房间信息、房价信息和房类信息等。

(4) 数据备份与系统维护：服务器数据自动备份、硬盘数据备份、夜审数据备份；当系统出现故障时用于修复整个系统，维护数据的完整性和一致性。

二、前厅数字化运营管理系统 PMS

PMS 是 property management system 的缩写，直译为物业管理系统，在酒店行业译为酒店管理系统、酒店前台预订系统。PMS 是一个以计算机为工具，对酒店进行信息化管理和处理的人机综合系统，它不但能准确及时地反映酒店业务的当前状态、房源状态，还能快速实现从客人预订入住到财务对账等一系列操作。PMS 是一个数据统计的数据库，能够提供各方面的报表，并且能利用数据进行统计分析，从而更有利于酒店的经营和管理。

PMS 可以对酒店前厅运营产生积极影响，帮助酒店经营者更有效和更高效地经营业务，使酒店员工洞察客人的行为和喜好，提高客人的满意度和提升客人体验的质量。PMS 在前厅运营方面的作用具体体现在以下几个方面。

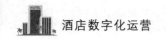

1. 增强了入住/退房功能

PMS为客人随时随地提供接待服务,前台不再是前台员工开展工作的唯一地点,前台员工可以在任何有互联网连接的地方,为客人提供入住办理、客房分配、退房办理等服务。

2. 改进了客房服务

当客人退房时,可以在客房服务移动设备上进行即时更新,立即对空出的客房进行打扫,从而提高客房服务效率,使客房管理具有灵活性,并加快客房服务任务的响应时间;确定和管理客房维护需求,确保客房清洁有序、无可挑剔。

3. 集成了酒店后台系统

利用与应收账款、应付账款、付款网关、酒店行业应用程序和物业基础架构设备的预置集成,连接业务和财务流程;集成应收账款和佣金处理;确保提供精确的宾客账单,从而更快速、更准确地开单。

4. 加强酒店分销管理

通过分销渠道实时管理价格和可用客房,提高客房入住率和已售客房平均房价(average daily rate,ADR),通过品牌网站上的直接预订渠道提高销售额。

5. 改进数据管理

集中和保护客户数据,提高宾客资料的质量和准确性;了解客户的购买模式,以便提供更有针对性的服务;确保数据符合国家和国际的数据规定。

6. 有利于创新和发展

PMS能提供出色的宾客体验、提升客户终身价值,提高运营水平和员工工作效率,降低IT复杂性和成本,获得一个包含全方位宾客资料的客户主数据,从而使酒店可以提供个性化和与众不同的宾客体验,提高酒店经济效益,有效地管理各种分销渠道的价格和客房分配,最大限度地提高入住率、价格和收入。

任务 2 预订服务

一、什么是客房预订

(一)客房预订的定义

客人或代理机构为住店客人在抵店前与酒店客房预订部门所达成的订购称为预订,即客房预订(reservation)。客房预订是酒店前厅服务和管理的中心环节。酒店开展客房预订服务,既能适应现代国际旅游业发展的客观需要,提高酒店的市场竞争力,又是提高酒店服务质量、拓宽客源市场的重要手段。客房预订业务管理就是要对客房预订服务进行科学的决策、计划、组织和控制,从而提高客房预订的效率和水平。具体来讲,客房预订业务管理包括客房预订渠道、方式和种类,以及客房预订的程序。

（二）客房预订的目的

1. 尽量满足预订客人的订房要求

客人往往通过电话、传真、书信、微信和网络等方式与酒店联系预订客房，在得到酒店确认后，酒店与客人之间便确立了一种具有法律效力的合同关系。酒店有义务以预先确定的价格为客人提供他所希望的而且已经得到酒店确认的客房。

2. 保证酒店达到最理想的客房出租率

客房出租率是实际出租的客房数与酒店可供租用的房间数的百分比。客房出租率表明酒店客房的利用状况，是反映酒店经营管理水平和经济效益的一个重要指标。酒店前厅部必须与销售部门密切配合，根据酒店可供租用的房间数量合理控制客房近期、中期及远期预订的数量及比例，使酒店客房达到最佳出租率，避免过多出现超额预订或者缺额预订现象，从而使酒店利润达到最大化。

（三）客房预订的作用

对客人来说，预订可以保证客人的住房需要，特别是在客房供不应求的旅游旺季，预订具有更为重要的意义。

对酒店来说，便于提前做好各种接待准备工作，比如人员安排、设施设备更新改造、低值易耗品的供应、酒店食品和原料的采购，等等。

预订也是销售酒店客房的好机会，要求预订员不仅仅是被动地接受预订，而且要在做好预订工作的同时，继续推广酒店的客房和产品，扩大市场的拓展面，提高客人的回头率，增加酒店的营业收入。

（四）客房预订的意义

（1）酒店开展预订业务，通过预订员对酒店的客房房价、餐饮服务、各项服务项目和服务设施的介绍，拓宽了对客户服务的渠道和范围。

（2）开展预订业务，是酒店一项有力的促销手段，酒店因此能够更加广泛、更加直接地接触客人，了解客人需求，吸引客源，使酒店客房达到理想的出租率。

（3）开展预订业务，有助于酒店更好地预测未来客源，以便及时调整销售策略，在激烈的竞争中立于不败之地。

（4）开展预订业务，可以使酒店提前做好各项接待准备工作，可以在人力、物资、资金等方面进行有效的计划安排，从而有利于提高酒店的管理水平和服务质量。

二、客房预订的渠道

（一）客房预订的直接渠道

客房预订的直接渠道是指客人和客户不经过任何中间环节，直接向酒店订房。直接渠道的订房大致有下列几类：

（1）客人本人或委托他人或委托接待单位直接向酒店预订客房；

(2) 旅游团体或会议的组织者直接向酒店预订所需的客房；

(3) 旅游中间商，如旅游批发商，作为酒店的直接客户批量向酒店预订房间；

(4) 客人通过电话、传真、邮件、微信等直接向酒店预订客房。

（二）客房预订的间接渠道

酒店利用中间商与客源市场的联系及其影响力，利用其专业特长、经营规模等方面的优势，通过间接销售渠道，将酒店的产品和服务更广泛、更顺畅、更快速地销售给客人。间接渠道的订房大致有下列几类：

(1) 通过旅行社订房；

(2) 通过航空公司及其他交通运输公司订房；

(3) 通过专门的酒店订房网络；

(4) 通过会议及展览组织机构订房；

(5) 通过携程、去哪儿网等OTA订房网络。

三、客房预订的方式

客房预订的方式有很多，概括起来主要有电话预订、面谈预订、信函预订、传真预订、互联网预订等。无论客人选用哪种客房预订方式，酒店客房预订部门都应接受并很好地处理，并按照不同预订的特点和要求，给予相应的客房保证和安排，从而提高酒店客房预订的效率和信誉。

（一）电话预订

电话订房是客人通过电话向酒店预订客房，这是一种较为普遍的方式，它的特点是速度快、方便，便于客人与酒店之间的沟通，使客人能够根据酒店客房的实际出售情况，直接调整其预订要求，订到满意的客房。但由于受通话语音不易保存、电话的清晰度不够及受话人的听力水平等因素的影响，电话订房容易出错。因此，预订员必须将客人的预订要求认真记录下来，并在记录完毕之后向对方复述一遍，在得到客人的确认后，才能存档。

在接受电话预订时，要求预订员必须熟悉当天、本周、本月、本季可提供出租客房的情况。如因某种原因不能立即答复客人，则请客人留下电话号码或其他联系方式，待查清客房情况后，再通知客人是否可以接受预订。

受理电话订房时的注意事项

(1) 与客人通话时要注意使用礼貌用语，语音、语调运用要婉转，口齿要清晰，语言要简明扼要。每一位订房员必须明确，预订服务虽然不是与客人面对面进行交流，自己却是客人接触酒店的第一个人。预订员要当好这个角色，就必须通过电话声音给客人送上热情的服务。

(2) 准确掌握客房预订状况，预订单、航班表等用品和资料要放置于便于取用或查找的地方,以保证预订服务工作快速完成。

(3) 立即给订房客人以明确的答复,绝不可让客人久等。预订员若对客人所提预订要求不能及时进行答复时,应请对方留下电话号码,并确定再次通话的时间;若因客满需婉拒订房时,应征询客人是否可以列入等候名单。

(4) 通话结束前,应重复客人的订房要求,以免出错。由于电话的清晰度及受话人的听力水平等因素的影响,电话预订容易出错,所以应事先健全受理电话预订的程序及相关标准,以确保预订的有效性。

(二) 面谈预订

面谈预订是客户或其委托人亲自到酒店与订房员面对面地洽谈订房事宜。这种订房方式使订房员有机会详尽地了解客人的需求,并当面解答客人提出的问题,有利于推销酒店产品。

面谈订房时的注意事项

(1) 仪表端庄、举止大方,讲究礼节礼貌,态度热情,语音、语调适当、婉转。

(2) 把握客户心理,运用销售技巧,灵活地推销客房和酒店其他产品。必要时还可向客人展示房间及酒店其他设施与服务,以供客人选择。

(3) 受理此方式的订房时,应注意避免向宾客做具体房号的承诺,否则如因情况变化而失信于宾客,会影响酒店的服务信誉。若宾客不能确定逗留的具体天数,也应设法让其说出最多和最少天数,以利于前厅排房;若宾客不明确具体抵达时间,在用房紧张时期,可明确提醒宾客,预订的客房保留到抵店当天的18:00。

(三) 信函预订

信函预订是宾客或其委托人在离预期抵店日期尚有较多时间的情况下采取的一种古老而正式的预订方式。这种方式较正规,如同一份合约,对宾客和酒店起到一定的约束作用。信函预订多为旅行社所采用。订房单一式两份,一份留酒店存查,另一份注明是接受订房或候补后经主管签字,盖上酒店订房组印章,寄回旅行社。

信函订房时的注意事项

(1) 及时复信。越早让客人收到回信,就越能得到客人的好感,对客人的住宿选择影响也就越大。多数酒店规定24小时内必须寄出复信,并使用打时机或时间戳来控制回信速度。

(2) 避免给客人留下公函式信件的印象。复信应使收件人感到信件是专门为他写的,是一封私人信函。例如,预订员不能用"Dear Sir"做信头称谓,而应正确使用客人的头衔与称呼,并准确拼写客人姓名。

(3)复信的格式必须正确,注意中英文书信格式的差异。

(4)复信的内容应明确、简洁且有条理。对客人来信中所提要求,一定要给予具体的答复,即使是不能应允或不能满足的要求,也需婉转地表示歉意,做到谦恭有礼,避免含糊不清,最好使用书面语。

(5)复信的地址、日期要书写完整、准确。

(6)注意信纸、信封的质量,邮票的选择及复信者的亲笔签名。

(四)传真预订

传真预订是采用一种现代通信技术来预订客房,曾经得到广泛使用。其特点是操作方便,传递迅速,即发即收,内容详尽,并可传递发送者的真迹,如签名、印鉴等,也可以传递图表,还可以将客人的预订资料原封不动地保存下来。

(五)互联网预订

互联网预订是目前国际上最先进的订房方式,也是用得最多的订房方式。随着计算机及移动互联网的推广使用,以及数字化技术的迅速发展,越来越多的客人通过网站、微信、App 等方便、快捷的方式进行互联网预订。

互联网预订的方式

(1)通过国际酒店集团的订房系统,向其所属的酒店订房。

随着我国酒店业集团化、连锁化进程的加快,不少酒店纷纷加入了国际或国内酒店集团的连锁经营。大型酒店集团公司都拥有中央预订系统(central reservation system,CRS)。随着互联网的推广使用,越来越多的客人开始采用这种方便、高效的方式进行客房预订。酒店也越来越重视网络订房,增强对客人的吸引力。

(2)通过酒店自设的网址,实行全方位的在线订房,这一做法比传统做法经济、迅速。

(3)通过 OTA(网上订房公司,如携程、去哪儿网等)订房,这是中国许多单体酒店主要的订房渠道,包括不少连锁酒店,甚至国际品牌酒店,也会利用这一渠道。但是,酒店要向 OTA 支付不菲的佣金。

四、客房预订的程序

客房预订的目的是满足宾客对住宿的要求,并提高酒店的客房出租率。因此,客房预订业务既是酒店经营业务中一项重要工作,又是一项技术性很强的服务,如果组织管理得不好,就会影响整个酒店的形象和信誉。为了做好客房预订管理,保证预订工作的正常运转,必须建立良好、规范的工作程序,并严格按照程序进行服务和管理。客房预订的工作程序主要包括以下内容。

1. 提出预订要求

提出预订要求即客人或其委托人以电话、面谈、信函、传真和互联网等方式向酒店提出订房要求,酒店预订员把客人的预订要求填进统一规格的预订单,并将客人的个人情况及要求都记录清楚。

2. 接受预订

当酒店预订员接到预订申请后,应按照客人的预订要求,查阅酒店的预订资料,结合酒店的接待能力进行处理。例如,有空房时要立即填写预订单,及时办好有关手续,并以相应方式答复预订者;若酒店无法满足,则应实事求是地说明情况,婉转谢绝客人的预订要求,或推荐客人去其他酒店预订。

3. 确认预订

当酒店接受客人的预订后,为了使客人放心,预订员应对所预订的客房进行确认。预订的确认是向客人发出预订确认书,并由客房预订主管签名,贵宾或重要团队则由前厅部经理或酒店总经理签名。

确认预订的方式通常有两种,即口头确认(包括电话确认)和书面确认。如果条件许可,酒店应该采用书面确认的方式,向客人发出预订确认书。

4. 预订储存

预订确认书发出的同时,预订员要对预订的信息资料进行记录储存,并汇总到预订总表,确保预订客人没有任何一个被疏漏或发生差错。预订储存的方法可按时间顺序记录,也可按客人姓氏字母顺序记录。

5. 预订控制

预订信息储存后,要定时进行检查,及时掌握客房预订的准确性及变化情况。对客人要求变更或取消的,预订员要及时填写变更或预订取消单,并进行相应的调整;对客人要求没有变动的,预订员要做好客人抵店前的各种准备工作,做好有关接待的服务准备工作。

6. 婉拒预订

如果酒店的客房爆满,无法接受客人的预订,就要对预订进行婉拒。但在婉拒预订时不能因为客人预订被拒就立即终止服务,应该主动向客人提供可供选择的建议或者方案,如建议客人更改房间类型、重新选择来店日期、变更客房预订数量等。此外,还可征得客人的同意,将客人的姓名、电话号码等登记在候补客人名单上,一旦有了空房,立即通知客人。

通常来说,用建议代替拒绝是非常有效的,这样既可以促进酒店客房的销售,还可以在客人心目中树立酒店的良好形象。具体来说,这些被婉拒的客人就是酒店潜在的市场,利用适当的拒绝方式,可以增强客人对酒店的好感,从而赢得竞争优势。

7. 核对预订

为了提高预订的准确性,保证酒店客房的出租率,特别是在旅游旺季,要提前做好接待准备工作,在客人抵店之前,前厅预订员要通过电话、微信、邮件等方式与客人进行核对。

8. 取消预订

由于种种原因,客人可能会取消预订。前厅预订员接到客人取消订房的通知时,不要表露出不愉快的情绪,或者是不耐烦的表情,要细心倾听客人的电话或诉求,理解客人的意思,尊重客人,并且让客人明白,酒店随时欢迎他下次光临。

为了防止因客人临时取消预订,使酒店造成经济损失,或使酒店服务工作陷入被动,酒店可以根据实际情况,如在旺季的时候,要求客人预先支付一定数量的订金,以保证酒店利益。团队预订可以预收相当于一天的房费的订金,并在客人抵达前一个月通知对方付款,收款后将有关资料送交前台收银处,待客人结账的时候扣除。这样做的目的是防止在旺季时,团队突然取消预订给酒店带来损失。

9. 变更预订

变更预订是指客人在抵达之前临时改变预订的日期、人数、时间、要求、期限等。在接到客人要求改变预订的申请后,预订员首先要查看计算机或有关预订记录,检查酒店房间的状况能否满足客人的变更需求。如果能够满足客人的变更需求,则予以确认;同时填写预订更改表,修改有关预订的记录,并将变更的信息传达给其他的相关部门。如果不能满足客人的变更需求,则要求预订员把酒店空房类型,或是有空房的日期,告知客人,与客人协商,共同解决问题。

10. 抵店准备

客人抵达酒店前的准备工作,可以分为以下三个步骤。

(1) 提前一周或数周,把酒店主要客情,如重点客人、大型团队、会议接待、客满等信息通知各部门,可以分发各类预报表,如"十天客情预测表""重要客人呈报表""重要客人接待规格呈报表"等,也可以召开由部门经理主持的协调会。

(2) 客人抵达前夕,把酒店主要客情及具体的接待安排,以书面形式通知各相关部门,做好接待的准备工作。酒店常用的表格有"次日抵店客人一览表""鲜花水果篮通知单""特殊要求通知单"等。

(3) 客人可能抵达的当天,前厅接待员应根据客人预订的具体要求提前排房,并将有关接待细节(变更或补充)通知相关部门,共同完成客人抵店前的各项准备工作。

五、客房预订的种类

客房预订工作是一项技术性较强、服务技巧较高的经营管理工作,因此必须掌握科学的预订方法。通常客房预订的种类有临时性预订、确认性预订和保证性预订三种。

(一) 临时性预订

临时性预订是指客人在即将抵达酒店前很短的时间内或在到达的当天联系订房。在这种情况下,酒店一般没有足够的时间(或没有必要)给客人寄去预订确认函,同时也无法要求客人预付订金,所以只能口头确认。

根据国际惯例,此类预订的客人,如果不能够确定到达的时间,酒店会为其保留房间至抵店日的当天下午六时止。这个时限被称为取消订房时限或者截房时间。如果预订客人到了这个规定的时间仍未抵店,也未事先与酒店联系,该预订即被自动取消,酒店可将为其保留的客房变成可供出租的客房。当天的临时性预订通常由前台接待处受理,这是因为接待处比其他部门更了解酒店客房的实际出租情况。

(二) 确认性预订

确认性预订是指酒店答应为订房的客人保留客房至事先声明的规定时间,但如果到了规定的时间客人仍未抵店,又无任何声明,在用房紧张的时期,酒店可将客房出租给未经预订直接抵店的客人。

确认性预订的方式有两种:一种是口头确认;另一种是书面确认。书面确认与口头确认相比,有以下三方面的优点。

(1) 书面确认能使客人了解并证实其订房要求是否已被酒店接受。

(2) 确认书除了复述客人的订房要求外,还写明了房价、保留客房的时间及预付订金方式等事项。因此,确认书实际上是以书面的形式在酒店与客人之间达成的协议,它可以约束双方的行为。

(3) 通过办理订房手续,酒店已了解了客人的个人情况,如姓名、地址等,经过书面确认,客人的个人情况得到了证实。所以,持有预订确认书的客人比未经预订、直接抵店的客人在信用上更为可靠。大多数酒店都给这类客人享受较高的信用限额及一次性结账服务。

(三) 保证性预订

保证性预订分为以下三种类型。

(1) 预付款担保。客人通过交纳预付款而获得酒店的订房保证。如果客人预订住房时间在一天以上,并且预付了一天以上的房租,但届时客人未取消预订又不来入住,那么酒店只应收取一天的房租,把余款退还给客人,同时取消后几天的订房。

(2) 信用卡担保。在一些发达国家的酒店,客人可用信用卡作担保预订酒店客房。这样如果客人届时既未取消预订,也不来登记入住,酒店就可以通过发卡公司收取客人的房租以弥补酒店的损失。

(3) 合同担保。这种方法不如预付款和信用卡那样被广泛使用,但也不失为一种行之有效的订房担保方式。它是酒店与经常使用酒店设施的商业公司签订合同,当公司的客户要求住宿时,公司就与酒店联系,由酒店为其安排客房,即使客人未入住,公司也保证支付房租。同时,酒店有义务为该公司将房间保留一个晚上。

对保证性预订,酒店无论如何要确保只要客人一到就能为其提供房间或代其找到条件相仿的房间。否则,酒店要赔付客人第一夜的房费及其他附加费用,如出租车费、电话费等。

六、超额预订

(一) 超额预订的含义

超额预订是指酒店在订房已满的情况下,再适当增加订房数量,以弥补因为少数客人不到、临时取消或者提前离店而出现的客房闲置现象。通过增加预订房间数量,使所接受的客房预订数超过其客房接待能力,其目的是充分利用酒店客房资源,提高开房率,最大限度提高酒店效益。

由于种种原因,客人可能会临时取消预订,或预订了不来,或提前离店,或临时改变预订要求等。事实表明,即使酒店的订房率达到100%,也会有上述的情况发生;根据经验,酒店的订房中有5%是客人没有到达,另有10%是取消订房,可能造成酒店出现空房,从而迫使酒店进行超额预订,以减少经济损失,这是酒店业采取的一个普遍方式。

超额预订作为一种酒店保证客房出租率的手段,从实际情况看是可行的,也是可以理解的。因为酒店超额预订通常出现在酒店的住房旺季,此时是一家酒店盈利的最好时机,订房工作管理得好坏便直接影响到全年的利润。但酒店经营的原则又是一切以客人的满意为出发点,在这样的原则下,如何既保证预订客人的住房权利,又使酒店的利益最大化便成为预订管理中的一个重大而难以解决的问题,也是住客高峰期间前厅管理人员最为头疼的一个问题。

正因为如此,有人认为超额预订的管理是预订管理水平的最高体现。因此,超额预订管理要解决这样两个问题:一是如何确定超额预订数量;二是一旦超额预订过度酒店应该怎样补救。超额预订应该有个"度"的限制,以免出现因"过度超额"而不能使客人入住,或"超额不足"而使部分客房闲置。

通常,酒店接受超额预订的比例应控制在10%~20%。具体而言,各酒店应根据自己的实际情况,合理掌握超额预订的"度"。一般来说,以团队为主要客源的酒店,超额预订的"度"应该小些;而以散客为主要客源的酒店,超额预订的"度"应该大些。

(二)超额预订过度的补救措施

如果因超额预订过度而不能使客人入住,必然会引起客人的不满,这无疑将会给酒店带来很大麻烦。所以,酒店必须积极采取补救措施,妥善安排好客人住宿,以消除客人的不满,挽回不良影响。按照国际惯例,酒店可以采取以下补救措施。

(1)与本地区酒店同行加强协作,建立业务联系。一旦超额预订过度出现超员,可安排客人到有业务协作关系的同档次、同类型酒店暂住。

(2)客人到店时,由主管人员诚恳地向其解释原因,并赔礼道歉。如果需要,还应由总经理亲自出面致歉。

(3)派车免费将客人送到联系好的酒店暂住一夜,如房价超过本店,其差额部分由本酒店支付。

(4)免费提供一到两次长途电话,以便客人将住宿地址临时变更的情况通知家属和有关方面。

(5)将客人的姓名及有关情况记录在问询卡条上,以便向客人提供邮件及查询服务。

(6)对属于连住又愿意回本店的客人,应留下其大件行李,次日排房时,优先考虑此类客人的用房安排。次日一早将客人接回,大堂副理在大厅迎候并致歉,陪同办理入住手续。

(7)客人在店期间享受贵宾待遇。

此外,客房预订工作是一项十分细致的工作,因而必须加强对预订信息的整理、分类和传递,提高预订的管理水平和效率,切实地为宾客提供高质量的预订服务。

等候名单的处理

(1)将等候人的电话号码和姓名输入要求日期的等候名单。

（2）在允许的时间内，酒店能够确认是否有空房可以提供。

（3）如果有空房可以提供，立即打电话与客人联系，并通知客人酒店现在可以确定他的预订。如果在允许的时间内，仍然没有空房，就与等候的客人联系，说明无法满足客人的需求，并向客人表示歉意。

（4）当有空房能够满足等候客人的需求时，要按照预订的顺序，第一个到来者，第一个被确认；在等候名单上的常客和合同客人，是酒店的贵宾，要给予优先考虑。

（5）要在等候名单上注明已经采取的行动和详细的资料。

（6）如果失去了客人，就要记录在计算机系统中。

任务3　接待服务

酒店前厅接待（reception）服务是前厅管理的主要内容之一。因为客人只有进入酒店，并得到接待和各种服务，安排好住宿客房后，酒店的客房销售工作才算基本完成。因此，做好酒店前厅的接待和服务管理，是提高前厅管理水平和效率的关键。

一、前厅接待管理

酒店前厅接待是连接客房预订和客房部的桥梁，也是前厅服务与管理的中枢。前厅接待的主要业务范围是：接待住店客人，办理有关入住手续，为客人分配房间；编制营业报表和次日退房客人名单、延住客人名单；核对客房出租情况及空房动态；积极促进酒店客房产品的销售。由于酒店前厅是实现酒店客房产品销售的关键环节，因而必须加强对前厅接待的科学管理。

1. 明确前厅接待的岗位职责

前厅接待一般设主管、领班和接待员等工作岗位。为了保证做好接待工作，必须明确制定各岗位的岗位责任制，并严格要求员工按标准程序操作，提供优质服务。

2. 协调好前厅接待各班次工作

酒店服务工作一般是日夜不停，前厅接待工作必须24小时连续服务，这就需实行三班轮换制。由于早、中、晚班工作的重点不一样，因而必须很好地衔接好三班的轮换，协调好各班次的工作。

3. 做好客房销售准备工作

前厅接待处要根据酒店所确定的功能，配备好相应的PMS设施和设备。同时，每天和每个班次都要及时核对客房状况，分析和整理每天接待的各种资料，掌握当天各班可供出租房间的种类和数量，保证客房销售工作有条不紊、高效率地进行。

4. 按接待程序做好接待工作

前厅接待处要区别散客和团队客人，分别按照不同的接待程序做好接待管理工作。

二、前厅接待程序

（一）接待准备

在帮助客人办理入住登记手续或分配客房之前，前厅接待员必须掌握接待工作所需要的信息，这些信息主要包括以下几个方面。

1. 房态报告

在客人到店前，接待员必须获得较为具体的房态报告，并根据此报告排房，以免给客人造成不便。

2. 预抵店客人名单

预抵店客人名单为接待员提供即将到店客人的一些基本信息，如客人姓名、客房需求、房租、离店日期、特殊要求等。

在 PMS 核对房态报告和预抵店客人名单时，作为接待处的管理人员，应该清楚以下两件事情，并采取相应的措施：一是酒店是否有足够的房间去接待预抵店客人；二是酒店还剩余多少可供出租的房间去接待无订房而直接抵店的散客。

3. 宾客历史档案

宾客历史档案简称客史档案。通过计算机系统，接待员可以很容易地查到客人在酒店的消费记录，只要客人曾经在该酒店住宿过，根据宾客的历史档案情况，即可采取个性化的服务安排，确保客人住得开心。

4. 有特殊要求的预抵店客人名单

有些客人在订房时，可能会额外地提出服务要求，接待员必须事先通知有关部门做好准备工作，恭候客人的到来。例如，预抵店客人要求为婴儿配备婴儿床，接待员（主管）则应为客人预先安排房间，然后让客房部准备婴儿床并将其放到指定的房间；同时客房部还应适当地为客人准备一些婴儿用品，如爽身粉等。这一切工作都必须在客人抵店前做好。

5. 预抵店重要客人名单

酒店必须对重要的客人给予足够的重视，重要客人一般分为如下几种。

（1）贵宾（VIP）。贵宾是指非常重要的客人，比如社会知名人士、政府高级官员、新闻界人士、专家学者、富豪老板、公司高管，或对酒店生意有影响的人物等。

（2）公司客户。这主要是指大公司、大企业的高级行政人员，旅行社和旅游公司职员，新闻媒体工作者等。

（3）需要特别关照的客人。这主要是指长住客，以及需要特别照顾的老、弱、病、残等客人。

6. 黑名单

黑名单是指不受酒店欢迎的人员名单，主要包括以下几类：公安部门的通缉犯；财务部门通报的逃账客人；信用卡黑名单；酒店和酒店行业通报的不受欢迎的名单等。

7. 其他准备工作

在客人到店前，接待员除应获得以上信息资料外，还要做好以下几方面的工作：准备好入住登记所需的表格、用具,准备好门匙,查看客人是否有提前到达的邮件等。

(二)办理入住登记手续的相关要求

入住登记是前厅部对客服务全过程中的一个关键阶段,其工作效果将直接影响前厅功能的发挥。同时,办理入住登记手续也是宾客与酒店建立正式的合法关系的一个重要环节。

1. 办理入住登记手续的目的

(1)遵守国家法律中有关入住管理的规定。

(2)获得客人的个人资料。

(3)满足客人对客房和房价的要求。

(4)推销酒店服务设施,方便客人选择。

(5)为客人入住后的各种表格及文件的形成提供可靠的依据。

2. 办理入住登记需要的表格

(1)住宿登记表。在我国,住宿登记表大体分为三种:国内旅客住宿登记表、境外旅客临时住宿登记表、团体人员住宿登记表。

(2)房卡。房卡又称欢迎卡,接待员在给客人办理入住登记手续时,会给客人填写封面印有"欢迎光临"字样的房卡。房卡的内容主要包括酒店运行与管理所需登记的项目、住客须知及酒店服务项目、设施的介绍。随着酒店数字化运营的发展,房卡的作用越来越小,使用也会越来越少,代之而起的是扫码入住、刷脸入住、App入住等。

房卡的主要作用是证明住店客人的身份,方便客人出入酒店,因此房卡又称酒店护照。在一些酒店,房卡还被赋予一些其他的功能。比如,为了区分客人的类别,酒店常常会使用贵宾房卡以示区别;又如,根据客人的信用标准,酒店还特别印制一种房卡——钥匙卡,这种卡只证明住店客人的身份,但不能作为酒店消费场所的签单证明,主要发给没有交押金的散客和团体客人,其他费用由客人自理。持VIP房卡和其他类型房卡的客人,可以凭房卡在酒店经营场所签单消费,账单再送到前厅收款处入账,退房时一次性结清。

(三)入住登记的程序

入住登记可以分为以下6个步骤。第一步:客人到店前的准备工作;第二步:填写入住登记表;第三步:排房、定房价;第四步:确认付款方式;第五步:客人入住;第六步:制作有关表格。

需要注意的是,酒店不同、客人类别不同,以上入住登记步骤的次序也可能有差异。例如,有订房的贵宾必须事先排房,并请贵宾先进客房,在客房内办理入住登记手续。

1. 识别客人有无预订

客人来到接待处时,接待员应面带微笑,主动迎上前去,询问客人有无订房。若有订房,应问清客人是用谁的名字订的房,然后根据姓名找出客人的订房资料,确认订房内容,特别是房间类型与住宿天数。如果客人没有订房,则应先查看房态表,看是否有可供出租的客房。若能提供客房,则向客人介绍房间情况,为客人选房;如果没有空房,则应婉言谢绝客人,并耐心为客人介绍邻近的酒店。

2. 客人填写入住登记表

由于有不同的登记表格,接待员应先问清客人证件的名称,然后协助客人填写登记表。

为加快入住登记速度,有的酒店实行预先登记,退房日期先空出,待客人抵店,如果没有异议,让客人签上退房日期和姓名即可。客人入住都必须登记,团体客人可一团一表,散客则一人一表。

3. 验证身份证件

(1) 国内旅客持用证件:中华人民共和国居民身份证、身份证回执、临时身份证、中国护照、军官证、警官证、士兵证、文职干部证、一次性住宿有效凭证等。

(2) 境外旅客持用证件:港澳同胞回乡证、中华人民共和国旅行证、中国台湾居民来往大陆通行证、中华人民共和国入出境通行证、境外护照等。

4. 安排房间、确定房价

接待员应根据客人的住宿要求,着手排房、定价。通常客房分配应讲究一定的顺序及排房艺术。

5. 确定付款方式

确定付款方式的目的,从酒店角度来看,可避免利益损害,防止个别住客逃账(走单);从客人角度来看,可享受住宿期消费一次性结账服务和退房结账的高效率服务。客人常采用的付款方式有:现金、信用卡、支票及旅行支票等。

对一些熟客、常客、公司客户等,酒店为了表示友好和信任,通常会给予他们免交押金的方便。免交押金的名单一般由酒店的营业部门或财务部门印发,订房部员工在订房单的备注内容中注明,接待处则灵活处理。

6. 完成入住登记手续

排房、定价、确定付款方式后,接待员应请客人在准备好的房卡上签名,即可将客房钥匙交给客人。有些酒店还会向客人提供用餐券、免费饮料券、各种促销宣传品等,并询问客人喜欢阅读的报纸,以便随时提供。同时,酒店为客人事先保存的邮件、留言单等也应在此时交给客人,并提醒客人将贵重物品寄存在酒店免费提供的保管箱内。

7. 制作相关表格资料

入住登记程序最后阶段的工作,是建立相关表格资料,其做法如下。

(1) 使用打时机,在入住登记表的一端打上客人入住的具体时间。

(2) 将客人入住信息输入计算机内,并将与结账相关事项的详细内容输入计算机客账单内。

(3) 标注"预期到店一览表"中相关信息,表示客人已经入住。

知识拓展

散客订房类型

1. 普通类型

(1) 自费全价订房。

(2) 更改订房。

(3) 取消订房。

(4) 商业折扣。

(5) 旅行社。

2. 特殊类型

(1) 特别折扣:所有特别折扣的订房都要经过有关管理人员的签批(在订房单上加以注明,解释折扣的原因,如有房间礼品安排需加以注明)。

(2) 特别房价:特别房价的签署必须经过总经理签批并加以注明。

(3) 长住价——按金:长住房房价除需加以解释外(如经合同),对所到按金的金额及酒店的收据号码也应说明。

(4) 合约价——旅行社挂账:合约价应标明实价,准确地填写入住凭证的编号并准确地填写旅行社名称,所有这类订房均为担保订房。

(5) 免费房——贵宾:免费房必须要有酒店总经理的签批,注明哪些方面的消费是免费的。

(四) 入住登记中的注意事项

1. 换房

调换房间一般来说有两种可能:一种是客人主动提出,另一种是酒店的要求。客人可能因客房所处位置、价格、大小、类型、噪声、舒适程度及所处楼层或朝向、人数变化、客房设施设备出现故障等原因而要求换房;酒店方面可能因为客房的维修保养、客人离店日期延后、为团队会议宾客集中排房等原因而向客人提出换房的要求。换房往往会给客人或酒店带来麻烦,在做出这一决定之前,一定要慎重考虑。一旦决定换房,在搬运客人私人物品时,最好有两个人在场。

2. 离店日期变更

客人在住店期间因为某些原因,要求提前离店或推迟离店。如果客人提前离店,要通知预订处,修改预订记录,前台要把信息尽快通知客房部,让客房部打扫和整理房间。如果客人推迟离店,先要与预订处联系,看看能否满足客人推迟离店的要求。如果可以满足,接待员应开出"推迟离店通知单",通知客房部和结账处。如果酒店用房紧张,无法满足客人推迟离店要求,要主动耐心地向客人解释,并想办法帮助客人联系到其他的酒店,以取得客人的谅解。如果客人不愿意离开,接待员要通知预订部,帮助客人另外寻找房间。如果实在找不到房间,只好把即将来店的临时预订客人联系到其他酒店。

处理此类问题的原则是:宁可让即将到店的客人住其他酒店,也不能赶走已经住店的客人。从管理的角度来说,在旅游旺季或酒店住房紧张的时期,前厅部要采取相应的措施,尽早发现客人推迟离店的信息,以争取主动。在酒店开房高峰期间,前厅接待员要提前一天与计划离店的客人沟通,确认客人离店的具体日期和时间,尽早获取所需信息,便于采取有效的补救措施。

延迟退房

延迟退房(late check out)是指超过中午12:00退房,下午6:00前的延迟退房应缴纳半天的房租,超过下午6:00应缴一天房租。有些酒店为了促销,或是为了礼遇某些贵宾,或是为了给会员优惠,会免费延迟退房至下午2:00,甚至到下午4:00。假如酒店的住房不紧张,这种做法是可以考虑的。

3. 客人不愿翔实登记

有时客人为减少麻烦、信息保密或为了显示自己特殊身份和地位等目的,住店时不愿登记或登记时有些项目不愿填写。此时,接待员可按照以下方法妥善处理。

(1) 耐心向客人解释填写住宿登记表的必要性。

(2) 若客人出于怕麻烦或填写有困难,可代其填写,只要求客人签名确认即可。

(3) 若客人出于某种顾虑,担心住店期间被打扰,可以告诉客人,酒店的计算机电话系统有"请勿打扰"功能,并通知有关接待人员,保证客人不被打扰。

(4) 若客人为了显示其身份地位,酒店也应努力改进服务,满足客人需求。比如,充分利用已建立起的客史档案系统,提前为客人填妥登记表中有关内容,进行预先登记,在客人抵店时,只需签名即可入住;对常客、商务客人和VIP客人,可先请客人在大堂里休息,并为其送上一杯茶(或咖啡),然后前去为客人办理登记手续,甚至可让其在客房内办理手续,以显示对客人的重视和体贴。

4. 重房

客人抵店入住时,发现房间已被占用,这一现象称为"重房",是前厅部工作的重大失误。此时,应立即向客人道歉,承认属于工作上的疏忽。同时,安置客人到大堂、咖啡厅或就近的空房入座,并为客人送上一杯茶或咖啡,以减缓其烦躁的情绪,并尽快重新安排客房。等房间安排好后,应由接待员或行李员亲自带客人进房,并采取相应的补救措施。事后,应寻找发生问题的根源,立即采取措施,进行整改。如果是由于房间状态显示系统出错造成的,则应与客房部联系,共同采取措施加以纠正。

5. 押金数额不足

由于酒店客源的复杂性,客人付款方式的多样性,酒店坏账、漏账、逃账的情况难以避免,客人在办理入住登记手续时,如果表示用现金支付费用时,酒店为了维护自身的利益,通常要求客人预付一定数量的押金,结账时多退少补。但是对首次住店的客人、无行李的客人、无客史档案的客人及以往信用不良的客人,押金的数额要依据客人的住宿天数而定,至少是要预收客人住宿期间的房租,再加上一定数量的押金。

一些酒店为方便客人使用房间内的长途电话,饮用房内小酒吧的酒水等,常会要求客人多交一天的房租当作押金,当然也是作为客人免费使用房间设备、设施的押金,如果客人损坏客房的物品必须要照价赔偿。有的时候客人的钱只够付房租,不够支付额外的费用。在这种情况下,接待员要请示上级做出处理。如果让客人入住,签发的房卡只能是钥匙卡,不能够签单消费,客人在店内的消费必须要自付;还要通知总机关闭房间的长途电话,通知客房楼层服务员收吧或锁上小酒吧。后两项工作一定要在客人进房前做好,不能够让客人撞见,以免客人感到尴尬或者反感。客人入住后,客房部的楼层服务员对该房间要多加留意。

6. 加床

客人加床大致分两种情况:一种是客人在办理登记手续时要求加床;另一种是客人在住

宿期间要求加床。酒店要按规定为加床客人办理入住登记手续,并为其签发房卡,房卡中的房租为加床费。加床费转至住客付款账单上。如客人在住宿期间要求加床,睡加床的客人在办理入住登记手续时,入住登记表需由支付房费的客人签名确认,接待处将加床信息以"加床通知单"的形式通知相关部门。

7. 客人离店时,带走客房内物品

有些客人或是为了留作纪念,或是贪小便宜,常会随身带走浴巾、茶杯、电视机遥控器、书籍等客房用品。此时,接待员应巧妙地请客人提供线索帮助查找:"房间里的××东西不见了,麻烦您在房间找一找,是否忘记放在什么地方了,或是收拾行李太匆忙夹在里面了。"为客人解决问题留出余地,给客人"面子"。若客人仍不承认,则应耐心解释:"这些物品是非纪念品,如果您实在喜欢,可帮您在客房部联系购买。"切忌草率要求客人打开箱子检查,以免使客人感到尴尬,或伤了客人的自尊心。千万不可与客人斗"气"争"理",只有保全客人的"面子",问题才容易解决。

三、前厅服务管理

酒店前厅除了客房预订和接待服务外,还有大量的常规服务工作。这些服务工作是构成酒店客房产品必不可少的内容,这些服务的质量和水平也直接关系到整个酒店的服务质量和信誉。酒店必须加强对前厅服务的管理,主要包括以下几个方面。

(一)问讯服务

1. 问讯服务的业务范围

前厅部的问讯服务的目的是满足住店客人和来访客人寻求酒店日常服务的需要,主要业务范围有:回答客人有关酒店各部门服务的一切问题和酒店外的交通、旅游、购物、娱乐、社团活动等内容的询问;代客对外联络(主要指机场、车站、码头、游览点等代办服务事项);代客保管钥匙和贵重物品;处理宾客信函、留言、电传、电报、传真、电子邮件等。

2. 问讯服务信息资料准备

(1)本酒店的组织结构、各部门的职责范围和有关负责人的姓名及电话。

(2)本酒店服务设施及酒店特色。

(3)本酒店的服务项目、营业时间及收费标准。

(4)酒店所在地大型医院的地址及急诊电话号码。

(5)本地各主要旅游观光景点、商场、购物中心的名称、特色及其与酒店的距离。

(6)酒店周边地区的距离及交通状况。

(7)酒店各部门的电话号码。

(8)客源地的风土人情、生活习惯及爱好、忌讳等。

(9)本地主要活动场所,如商业步行街、文体活动场所、交易会展馆等的地址及抵达方法。

(10)本地著名酒店、餐厅的经营特色、地址及电话。

(11)世界各主要城市的时差计算方法。

(12) 当地大使馆、领事馆的地址及电话号码。

(13) 当天的天气预报。

(14) 当地航班、高铁或火车车次的咨询电话等。

（二）查询服务

1. 查询服务要求

(1) 资料准备要齐全。

(2) 回答查询要迅速。

(3) 答复要耐心准确。

(4) 为客人和酒店商业机密保密。

2. 住客查询

客人经常会向前厅问讯处、总机或楼层服务员查询酒店的相关情况。酒店员工应将客人每次查询都看作一次产品推销，是增加酒店收入的机会。每位员工均应详细介绍酒店的情况，而不能将其视为一种麻烦。有时客人也会问及酒店当地的一些情况，酒店员工也应详细解答。

3. 查询住客情况

问讯处经常会收到打听宾客情况的查询，如客人是否在酒店入住、入住的房号、客人是否在房间、是否有合住及合住客人的姓名、客人外出前是否给访客留言等。问讯员应根据具体情况区别对待。

(1) 客人是否入住本店。问讯员应如实回答（住客要求保密的除外），可通过查阅计算机及接待处转来的入住单，确定客人是否已入住；查阅预抵客人名单，核实该客人是否即将到店；查阅当天已结账的客人名单，核实该客人是否已退房离店；查阅今后的客房订单，了解该客人今后是否会入住。如客人尚未抵店，则以"该客人暂未入住本店"答复访客；如查明客人已退房，则向对方说明情况。已退房的客人，除有特殊交代者外，一般不应将其去向及地址告诉其他人。

(2) 客人入住的房号。为客人的人身财产及安全着想，问讯员不可随便将客人的房号告诉其他人，如要告诉，则应取得客人的许可或客人通过电话与访客预约。

(3) 客人是否在房间。问讯员先确认被查询的客人是否为住店客人，如是住店客人则应核对房号，然后打电话给客人，如客人在房内，则应问清访客的姓名，征求客人意见，将电话转进客房；如客人已外出，则要征询访客意见，是否需要留言。如客人不在房内，问讯员可通过电话或广播代为寻找，并让访客在大堂等候。

(4) 客人是否有留言给访客。有些客人在外出时，可能会给访客留言或授权。授权单是客人外出时允许特定访客进入其房间的证明书。问讯员应先核查证件，待确认访客身份后，再按规定程序办理。

(5) 打听房间的客人情况。问讯员要为客人保密，不可将客人姓名及其单位名称告诉对方，除非是酒店内部员工由于工作需要的咨询。

(6) 电话查询住客情况应注意以下问题。

第一，问清客人的姓名，如果是中文姓名查询，应对容易混淆的字分辨确认；如果是英文姓名查询,则应该确认客人姓与名的区分,以及容易读错的字母,还要特别留意我国港澳地区客人及外籍华人中既有英文名,又有汉语拼音和中文姓氏的情况。

第二,如果查到了客人的房号,并且客人在房间,要先了解访客的姓名,然后征求客人的意见,看其是否愿意接听电话。如果客人同意,则将电话转接到其房间;如果客人不同意,则告诉对方,住客暂不在房间。

第三,如果查到了客人的房号,但房间内无人接听电话,可建议对方稍后再打电话来,或建议其电话留言,切忌将客人房号告诉对方。

第四,如果查询团体客人情况,要问清团号、国籍、入住日期、从何处来到何处去,其他做法与散客一致。

4. 查询酒店其他情况

问讯员应主动介绍酒店的设备及服务项目情况,树立全员营销观念,积极、热情地为客人解答问题、提供帮助。

5. 住客要求保密的处理

有些客人在住店时,由于某种原因会提出对其房号进行保密的要求。无论接待员还是问讯员,都应遵守下列要求。

(1) 此项要求由问讯处归口处理。如果是接待员接到客人的保密要求,也应交问讯处处理。

(2) 问清客人要求保密的程度。

(3) 在值班本上做好记录,记下客人姓名、房号及保密程度和时限。

(4) 通知总机做好该客人的保密工作。

(5) 如果有人来访,要求见保密的客人,或来电查询该客人时,服务人员及总机均应以该客人没有入住或暂时没有入住为由予以拒绝。

(6) 如果客人要求更改保密程度或取消保密时,应即刻通知总机,并做好记录。

(三) 留言服务

1. 访客留言

访客留言是指来访宾客对住店客人的留言。问讯员在接受该留言时,应请访客填写一式三联的"访客留言单",将被访者客房的留言灯打开,将填写好的访客留言单第一联放入钥匙邮件架内,第二联送电话总机,第三联交行李员送往客房。这样,客人可以通过多种途径获知访客留言的内容。

当了解到客人已得到留言内容后,话务员或问讯员应及时关闭留言灯。晚班问讯员应检查钥匙邮件架,如果发现架内仍有留言单,应立即检查该房间的留言灯是否已经关闭,如果留言灯已关闭,则可将该架内的留言单作废;如果留言灯仍未关闭,则应通过电话与客人联系,将访客留言内容通知客人。如果客人不在酒店,则应继续开启留言灯,保留留言单,等候客人返回。

需要注意的是,留言具有一定的时效性,为确保留言单传递速度,有些酒店规定问讯员要每隔一小时就通过电话通知客人,这样做的目的是让客人回到酒店一小时之内,可以得知留言的内容,以确保万无一失。此外,为了对客人负责,如果不能确认客人是否住在本酒店或已经结账离店,则问讯员不能接受对该客人的留言(除非客人事先有委托)。

2. 住客留言

住客留言是住店客人给来访宾客的留言。客人离开客房或酒店时,希望给来访者留言。问讯员应请客人填写"住客留言单",一式两联,问讯处与电话总机各保存一联。如果有客人来访,问讯员或话务员可将留言内容转告来访者。由于住客留言单已经注明了留言内容的有效时间,如果错过了有效时间,仍未接到留言者新的通知,可将留言单作废。此外,为了确保留言内容的准确性,尤其在受理电话留言时,应注意掌握留言要点,做好记录,并向对方复述一遍,以得到对方确认。

(四) 邮(快)件的处理

前厅问讯处所提供的邮(快)件服务包括两类:一类是分拣和派送收进的邮包;另一类是代售邮票及为宾客寄发邮件。按照传统的做法,由于问讯处负责分发、保管所有的客房钥匙,所以分拣的邮(快)件、信函可直接转交给宾客,以提高此项服务的效率。在收进的邮(快)件中,由于收件人不同,问讯员应首先对其进行分类,将客人的邮(快)件、信函留下,其余均派行李员发送给收件人或另做处理。在处理客人邮(快)件、信函时,问讯员必须耐心、认真。

邮(快)件服务程序如下。

(1) 在收进的客人邮(快)件、信函上打上时间,并按其性质分成普通类、挂号类和手送类。挂号类必须在专用的登记表上登记,如使用"住客邮(快)件件电报传真递送登记表",内容包括日期、时间、房号、姓名、邮(快)件种类、号码、收件人签名、收件时间、经办人等。

(2) 按邮件、信函上收件人姓名,在问讯架或计算机中查找其房号,然后将核实的房号注明在邮(快)件或信函正面,并在前厅钥匙格内留下"留言单",同处理上述留言一样,根据有无客房钥匙来决定是否需打开客房留言信号灯。

(3) 客人得到信息后前来取件,问讯员应请其在相应的登记表中签字。同时,问讯员也要在表上签名。

(4) 待客人取走邮(快)件或信函后,问讯员应立即撤掉原先放入钥匙格内的"留言单",以免混淆,影响对客服务质量。

(5) 如果在住客中找不到收件人,问讯员须查阅当日抵店宾客名单和未来几天的预订单或预订记录,查看客人是否即将抵店。如果是,则在该邮(快)件、信函正面注明客人抵店日期,然后妥善存放在专用的信箱内,待客人入住时转交客人。

(6) 如果仍查找不到收件人,问讯员应核对"离店宾客名单"和"邮件转寄单",如果确认客人已离店,则应按照客史档案卡上的资料信息或转寄要求将邮(快)件、信函转发给客人。

(7) 如果仍查找不到收件人,问讯员应将邮(快)件按收件人姓名字母顺序排列存放在信箱内。此后两星期内,每天每班指定一名问讯员在当日住客名单及预订抵店宾客名单中继续查找,直到找到为止。若两周内仍查找不到,则将该邮(快)件或信函退邮局处理。

(8) 对挂号类、快递类的邮件,问讯员应尽快转交客人。按上面的程序仔细查找收件人,如果查找不到收件人,不宜将邮(快)件在酒店保存过久,可以考虑在四五天后退回原发出单位。

（9）对错投类邮（快）件、信函，问讯员应在邮（快）件上贴好退批条，说明原因，集中由邮（快）递员取走。如果属挂号或快递类错投，应尽量在接收时确认该邮（快）件收件人不是本店住客而拒收。如果当时不能做出决定，则应向邮（快）递员声明暂时代收，并请其在投递记录栏内注明，然后按上述规定程序处理。

（10）对"死信"的处理，问讯员应退回邮局处理或按规定由相关人员用碎纸机销毁，任何人不得私拆"死信"。

（11）对手送类邮（快）件的处理，问讯员应首先在专门的登记本上做记录，内容包括递信人姓名、地址、送来何物及收件人房号、姓名等，并在客人来取时请其签字。问讯员原则上不应转交贵重的物品或者现金，此类物品最好由递送者本人亲自转交当事人。

（五）礼宾服务

前厅部礼宾服务处又称大厅服务处，其主要职责为：机场车站等店外迎送；开关车门、店门，向抵达客人表示欢迎，致以问候；协助管理和指挥门厅入口处的车辆停靠，确保畅通和安全；代客装卸行李；提供行李寄存服务；转递客人的信件、电报、传真及邮件等；传递有关部门的通知单；雨伞的寄存与出租；公共部位找人；代客联系车辆，送别客人；负责客人其他委托代办事项。有的礼宾部还提供"金钥匙"服务，满足客人的各项需求。

1. 迎接服务

（1）迎送客人。迎宾员是代表酒店在大门口迎送宾客的专门人员，是酒店的"门面"，也是酒店形象的具体体现。因此，迎宾员必须服装整洁、仪表大方、精神饱满。客人抵达时，迎宾员应主动相迎，拉开车门，热情招呼客人，表示欢迎来客；协助客人下车及卸下行李，提醒客人清点行李，并招呼前厅行李员，将客人引领入店。客人离店时，迎宾员应帮助召唤客人用车，协助行李员将客人的行李装上车，并请客人核对行李后再上车，向客人致意送别，并表示欢迎客人再次光临。对重要客人及常客的迎送工作，迎宾员应根据有关通知书做好各项服务准备。

（2）指挥门前交通，确保回车道畅通。迎宾员应正确指挥酒店门前交通，引导和疏散车辆，保证大门前的交通畅通。

（3）维持酒店外围秩序，确保安全。迎宾员还负责维持酒店大门区域的秩序，谢绝可疑人员或衣冠不整者进入酒店大门，以确保酒店安全。

（4）回答客人问讯，在客人向迎宾员提出问讯时，迎宾员应热情应对，给予正确解答。

2. 行李服务

酒店的行李服务大致可分为行李搬运与行李存取两部分内容。

（1）行李搬运服务。行李员应认真阅读与分析由预订处和接待处送来的抵离店宾客名单，掌握每日进出店的客流量，以便安排好人力。

① 散客行李搬运服务。客人进店时，行李员应向客人致意，表示欢迎，主动上前提携行李。在客人办理登记手续时，行李员应站立于客人身后帮助看管行李。在客人办妥入住手续后，行李员将客人引领进入房间，同时将客人行李送到。行李员回到行李处时，应填写工作日记，写明服务时间、客人姓名、房间号码、行李件数并签名。

接到离店客人要求时,行李员应在指定时间前往客房提供服务,与客人共同清点行李件数,记录并请客人核实。行李装车后,行李员应告别客人并迅速离开客房。当确认客人已办妥离店结账手续后,行李员应将客人行李装上车,并提醒客人核对。

② 团队行李搬运服务。在接到团队接待通知后,行李员应进一步确认团队客人各项信息,做好接待准备。团队行李抵达时,行李员应做好行李件数的核对及签收工作。行李员应将每件行李系上行李标签,根据分房表在行李上签上房号,按楼层装运到行李推车上,尽快送到客房,并做好记录。

在团队离店前,行李处应确认该团队宾客的房号、取运行李的时间,并做好分工;收集行李时,必须以团队为单位,避免出错。行李员在收集行李时,必须查看行李标签,验证团队名称和客人姓名,核实行李件数,按房号填写在记录表上。待行李集中后,行李员应汇总行李记录表,进行核对及计算总数,并请装运行李的驾驶员或押运员复核签字。

(2) 行李寄存和提取服务。行李处还为客人提供行李的寄存提取服务,应严格按照接收、领取寄存行李的制度与手续进行,避免差错。

(六)总机服务

酒店电话服务的承担者为前厅部的总机房,其主要职责如下。

1. 转接电话

负责转接酒店内、市内电话及国内、国际长途电话。

2. 电话问讯及留言服务

接线员应随时回答客人的问讯,如查找房号、会议、电话号码等,并提供住店客人留言服务。

3. 叫醒服务

叫醒服务是巧妙地利用电话为客人服务的项目,一般有人工叫醒与自动叫醒两种方法。在客人提出要求时,接线员应做好详细记录,便于夜班人员按时提供叫醒服务。

4. DND 服务

当住店客人希望不被干扰,要求总机不要把外来电话转入客房时,接线员应仔细询问客人要求免干扰的时间及范围,并根据客人的要求认真实施。

(七)商务中心服务

商务中心为商务客人提供各类商务所需的服务,如提供复印、打字、传真、长途电话及计算机上网等商务服务;提供翻译(多种语言)、听写/会议记录、抄写及文件核对、代办邮件、会议室出租、文件整理及装订等服务;提供秘书、托运、信差、商业信息查询及安排会务等服务。

(八)投诉处理

投诉是指客人对酒店工作感到不满而提出意见。前厅部在客人心目中是"酒店的代表",所以前厅部往往是受理客人投诉的部门。客人投诉有益于改进酒店的服务工作。酒店对客人的投诉应积极对待,妥善处理,而不是害怕与逃避。

1. 坚持以预防为主

酒店在实际工作中一定要尽量减少客人的投诉,对客人的投诉应以预防为主。

(1) 加强与客人的沟通。酒店应增强员工与客人的沟通意识,提高员工与客人的沟通技巧,并且通过表单与工作程序的约束建立完善的制度,多渠道、多方位地加强员工与客人间的沟通。通过员工与客人的及时沟通,酒店可以最大限度地及时掌握客人的满意程度,缩小客人投诉态势的发展,并且增强改进工作的主动性。

(2) 注重服务质量的控制。酒店应建立科学完善的质量管理体系,加强日常工作的质量控制力度;重视员工的思想素质教育、业务及技能的培训,增强工作责任心,提高工作效率及服务质量。

(3) 加强设施设备的管理与维护。据统计,在客人投诉中有关设施设备的运行和维护方面的问题占据较大比重。所以,酒店应建立完善的设施设备管理体制,制订有关设施设备的管理、维修保养等方面的具体工作制度及工作计划。

(4) 建立客史档案及投诉档案,并定期由专人整理,及时进行信息整理、反馈及做好总结、反思工作,防止此类投诉再次发生。

2. 处理投诉的原则

(1) 充分理解客人。酒店在处理投诉时应设身处地,站在客人立场,充分理解客人的心情及要求,积极为客人排忧解难,而不应推卸责任或者转移目标。

(2) 充分维护酒店形象。酒店在处理投诉时既要真诚地为客人解决问题,保护客人的利益,同时也要注意充分维护酒店形象及酒店的正当利益。

(3) 快速处理。酒店对客人的投诉应尽快处理,以免由于时间的耽搁引起客人更大的不满。

3. 处理投诉的程序

酒店处理投诉的程序因投诉类型的不同而有所不同。

(1) 理智型投诉。对理智型客人的投诉,处理程序如下。

① 认真聆听并记录,表示同情及理解。

② 听取客人建议,采取行动,解决问题。

③ 落实、监督、检查处理情况并将相关信息通知客人。

④ 总结,并将投诉详细情况记录存档。

(2) 冲动型投诉。有些客人在提出投诉时,情绪激动,投诉地点往往在公共场合。酒店对投诉若处理不当,会扩大酒店的不利影响,所以投诉处理应注意以下几个方面。

① 隔离处理。当情绪激动的客人提出投诉时,应首先将客人请至专门的会客室,而不能在大庭广众下处理,以免陷入被动境地。

② 尽量安抚客人情绪。在客人未恢复理智前,应尽量安抚客人,平息客人情绪是首要的。可以通过给客人上毛巾,上饮料、茶水等方式来进行。

③ 沿用理智型投诉处理程序。当客人的情绪稍为缓和后,沿用上述理智型投诉处理程序进行处理。

任务 4 收银服务

一、前厅收银服务

酒店经营业务的收入实现和经营活动的循环有序进行,完全通过收银与结账业务体现。在大多数酒店中,前台是涉及客人费用活动的中心和各种费用单据的存储中心,必须严密、系统、准确地为客人建立费用账目。在准确、系统地记录客人各项费用,保证酒店经营利润实现的同时,还要尽可能地简化记账、结账的手续,方便客人。

(一) 记账

客人办理入店手续的同时,前台收银员可以为客人建立一个唯一的客账,即消费账户,将客人在酒店的各项消费数计入客人的账上,进行入数。现在酒店都用计算机进行入数,与总收银台计算机联机,当客人持房卡在酒店各营业场所消费时,服务人员应将客人房卡号码连同消费金额一起填写在账单上,经客人签字确认后及时输入客人的消费账户。

为方便和鼓励住店客人在酒店内的消费,一般的酒店允许客人凭房卡或房匙卡记账消费,或允许与酒店签有长期协议的单位在酒店记账消费,即经允许的客人在酒店附属营业设施消费后,可以不必马上付款,而是记在客人的费用账户中,待客人结账离店时或在住店的某一个时间到前台收银处一并付款。

客人要求签单时,各收银员应首先核对客人的姓名、房号,检查该客人是否列在酒店的黑名单之列,如果客人在黑名单中,则不允许记账。其次,对有协议单位的客人,应由主管人员核对客人的协议,情况相符时,检查客人的本次消费是否在规定的费用信用限额之内。再次,要确认对该客人的优惠条件,如长包房、总经理签字打折等。最后,将核对的客人消费单请客人签名,作为记录客人费用的原始依据。

如果客人要求付现金,或该客人并非酒店允许的可以记账消费的客人,收银员应在个人消费后根据消费金额收取消费款。收银员首先要确认对该客人的优惠条件;其次将经核对过的客人消费账单请客人过目,并收取消费款。

对信用卡付款,收银员应先向客人索要身份证和信用卡。如果是国内卡,应查阅该客人是否在发卡行的黑名单上,并检查消费额是否在信用限额以内,条件符合时,刷信用卡,并请客人在对账单上签字;如果本次消费超过信用限额,应通过授权机同发卡银行联系,获得授权再刷卡,请客人签名,将身份证和信用卡交还给客人;如果是国际卡,应首先通过授权机与国际发卡机构的办事机构联系,经授权后,再刷卡、请客人签名,将身份证和信用卡交还给客人。

记账的具体操作流程如下。

(1) 在前台为客人办理入住手续时,询问客人的付款方式。

(2) 收取客人押金或刷卡。

(3) 开具押金收据单,红色一联递交客人保管。

(4) 将剩下二联收据单附在押金或卡纸上用回形针夹好,放置于收银抽屉内保管。

(5) 客人如果是刷卡,最好在收据单上抄下信用卡号,刷完卡后,应在卡纸封面边绿线以外用小字轻写上此卡纸所属房号,以防止忙中弄乱。

(6) 按正常程序拿授权或查止付名单。

(7) 从接待处交接过房账单,装入套内放入相应账栏内。

(8) 如果客人属于免收押金类,应请客人在入住时于账单上签名认可。

(9) 如果客人房账属于其他房账内的,要征得其他房客的签名认可方生效,两房须分别注明"入××房"及"付××房"。

(10) 除备用金外的所存按金在每班下班前须交至经理放置保险箱内妥善保管,具体做法是要求前台收银留绿联于抽屉内,将白联与现金交与经理。卡纸无须上交保管,绿联与白联同卡纸保管于抽屉内。

(二) 结账

客人来前台结账,收银员首先要问清楚客人是否退房。如果客人是先结一部分,这时就不应按结账处理。如果是退房,则要问清楚客人的房号,取出该客人的登记卡、批条等,再询问客人是否用过房间的饮料,当天是否在酒店的其他营业部门消费过,当天是否打过长途电话,再问清客人用什么方式结账。

客人要求结账时,前台收银员在了解客人结账的基本情况后,还应做以下检查工作。首先检查时间,是否超过酒店规定的正常结账时间,一般的酒店规定正常结账时间为中午12:00,现在可以延长到14:00;超过该时间并在18:00以前,按半天房价加收;超过18:00按全天房价加收;经前厅经理、大副理或前台主管批准,可免除加收的房费;与总机房联系,检查该客人房间的电话记录,是否有当天的长途电话,并记录电话消费额和总机值班员,通知值班员关闭该房间的电话。

检查客人记录是否有加床,如果有加床,将加床费用计入客人账户;检查客人记录是否开有保险箱,如果有,则提醒客人退保险箱,取回自己的贵重物品;检查客人记录是否有特殊的批条,对一些特殊的客人,酒店的有关管理人员会在客人住店时按照酒店的规定,签发费用折扣的批条,如果有批条,应按批条内容计算客人消费。在上述工作做完后,收取客人的消费款。对要求挂账的客人,应由主管人员检查与该客人是否有协议及协议的内容,确定是否允许客人挂账。最后,应在前台房间状态表上做记录,将该房间做脏房处理,由客房部清洁员打扫。

团队结账的过程要复杂一些,不但涉及团队的消费,还涉及团队中每一位客人的消费,结账时分两部分工作。团队在入住酒店时,会事先声明为所有团员承担的费用种类和费用额度,而且一般的团队是事后付款。在处理团队结账时,明确团队承担的费用后,其他的工作参见散客的结账过程。对团队成员的结账,在扣除了团队为其承担的费用后,其他的工作同散客的结账过程一样。

结账的具体操作流程如下。

(1) 向客人索回红色一联的押金单,并根据此联找出相应的绿联收据单,对照无误后,方可进行结算。

(2) 在计算机上调出退房客人账单,并等候客房部的查房通知及总机通知(现在很多酒店已经省掉了查房)。

(3) 如果客人遗失红色收据单,收银员须在账单上注明"红单遗失"字样。

(4) 收银员在等候客房部及总机通知时,须对客人解释,客房部现在正查房,以免让客人误会在耽误他的时间。

(5) 客人在结算前所有当天消费须立即入数进账单内。

(6) 在得到客房部及总机确认该房无任何消费的通知后,收银员应将账单上总数之下空白的部分,由空栏第一行起用笔画上一条线直到空栏的最后一行,表示已无消费项目,并将账单交与客人过目。

(7) 客人如对账单有任何疑问,收银员应耐心地对其进行解释,切不可含糊其辞或不耐烦地催促客人。

(8) 在客人认可其消费的所有款项的总数后,须请客人在账单上签名,收银员方可进行结算。

(9) 结算后的账单红色一联交予客人,白单与绿单钉在一起放置一旁以备做表。

(10) 做退房客单结数表及数表。

① 客单结数用途在于反映已退客单的当日以前的消费总数情况及当日各项消费情况及结算情况(金额、付款方式)。

② 客单入数表的用途在于反映已退客单从它进入酒店的第一项消费起至最后一项消费止,包括每项消费的总和及结算情况,以上两种报表的结算所反映的情况必须是一致的。

(11) 根据所做的客单结数表或入数表所反映的收入情况封退房客账收入,具体做法如下。

① 先将所有用现金结算账单的押金收据单红联及绿联钉在起,根据房号向经理处取回,经理凭这两联对照保险柜中的白色一联及现金数,将客人原所押按金如数取出。

② 根据报表反映的现金数,信用卡消费数将现金及信用卡结算发购单封存进信封中,信封封口处签上该收银员姓名,用透明胶封存。

(12) 原则上在收银员封完其当班时所有退房收入后,剩余收银抽屉中的备用金为6 000元。

(13) 中班时如有客人退房,收银员的工作程序与早班一样,接着早班的报表做中班退房的结数表与入数表,将中班收入封存于一信封中,并签上经手人姓名后封存。

(14) 总而言之,每班的退房须由每班收银员去完成报表并封存收入,如果前班在封完收入后再有客人结账,此单可留给下一班完成,当成下一班的收入,这种情况只限于当天的早、中班,而不能将当日结算的账单遗留至第二天才做。

(15) 如遇客人退房,但不是当天结账,此单须交班于大夜班上当晚的夜班报表,有几天未结账就要做几天的夜班报表,直到结账时才做结数表与早班入数表。

(16) 报表完成后,白色一联连着各项消费的原始凭证上交财务,绿单一联放前台妥善保管。

(三) 稽核

客房收入是酒店收入的重要组成部分,酒店每天都会发生几百或几千笔房费收入,加上每天可能发生的加收房费、冲减房费等各种业务,总收银台的工作量是相当繁重的,收银员既要录入计算机打印账单,又要进行各种款项的收付,由于员工业务水平各不相同,容易发生一些差错。为了及时、准确地了解客房收入情况,加强内部管理,提高酒店核算质量,保证酒店收入的安全与完整,防范与杜绝货币资金流失,酒店必须对客房收入进行内部稽核制度。客房收入的稽核包括夜间稽核、日间稽核。夜间稽核又称夜审,是夜间进行的核数工作。

夜间稽核的准备工作如下。

(1) 检查已收档收银点账单、报表是否全部上交,是否存在少交账单的现象;查看计算机中是否存在未结账账单,如果有以上现象,收银员应将其记录下来,上交收银主管待处理。

(2) 检查前台有无各个部门送来的尚未入账的单据,如果有,将其输入计算机,并放入各自房间的账夹里。

(3) 与接待、楼层核对房态、房价,查看是否存在房态、房价不符现象,是否存在已入住未开房、客人已退计算机未退等现象,如果有,应及时查明原因。

(4) 执行房租预审及入账,查看房租预审报表中入账情况是否存在房租不正常现象,核对完后,再执行房租预审及入账,过房租,生成房租入账报表后打印。

(5) 执行夜间稽核及其他处理,查看计算机是否执行了客人续住,正确无误后,计算机自动稽核,稽核完毕后,查看系统是否自动更改营业日期。

(6) 在执行夜间稽核转日期之后,如果早上 6:00 前有客人到酒店入住,在早上 6:00 整再次执行房租预审及入账,让计算机自动收取房租。

夜间稽核在进行客房收入审核时,应进行如下操作。

(1) 通过酒店管理系统从数据库中调出当日在住客人房间明细表及当日入住客人明细表,按照团队及散客进行分类统计。

(2) 与前厅部核对当日入住房间数及房卡发放情况。前厅部当日发放的房卡应与当日入住客人房间明细表相一致,在用房卡应与在住客人房间明细表相一致。

(3) 按照每个团队及散客的预订单与前厅部核对在住房间的房租,明确所有出租客房均已入账,特殊情况要有相关手续。

(4) 与前厅部、客房部核对在住客人房间明细表,保证每个房间处于正常的房态。

(5) 审查前厅收银员交来的账单,核查客人在酒店的消费是否全部记入。

(6) 将账单与收款员收银报告中的有关项目进行核对,检查账单金额与收银报告金额是否相等。

(7) 经与前厅部、客房部共同审核无误后,通过酒店管理系统将房费自动记入每个客人的客账中。

(8) 对当天客房收益进行试算。

(9) 编制当天客房收益结账表。当天客房收益结账表一经编出,当天的收益活动即告结束,以后如果还有业务发生就只能记入下一工作日业务中。

在核对的过程中如果发现客房在住数量存在差异,夜审员、前厅部、客房部应共同查找原因,并将原因记录到夜审日志上,上报财务部经理及总经理。夜审员在进行客房收入审核时,还需加强对冲减房费、免除房费情况的审核,主要检查房费冲减(免除)账单中房租单价是否正确、是否超出折扣权限、是否有准许折扣或免除房费的酒店相关领导的签字。

日间稽核又称日审,是酒店营业收入的第二次稽核,日间稽核的工作对象是夜审员审核后交来的账单、报表及夜审员未审核到的个别部门交来的账单、报表。日间稽核也是对夜间稽核工作质量的监督和检查。

日间稽核工作主要如下。

（1）审核酒店所有夜间稽核编制的报表，符合所有收银员、记账员的营业报表。

（2）核对客房状态日报表是否与前厅客房出租状况统计表相符，如有不符，需查明原因，并书面报告。

（3）审核对外结算账目和单据。

（4）统计上一日收益报告。

（5）稽核客房收益结账表、餐饮营业收入日报表。稽核工作内容主要包括复核各类账单的汇总，用账单核对报表，检查报表计算是否有误。

（6）编制酒店营业收入日报表。日审员稽核餐饮收入日报表，编制酒店营业收入日报表。

（7）检查账单号码控制情况，主要内容包括检查收银报告中账单使用情况及收银员填写的账单号码控制表，复核夜审员编制的账单使用情况汇总表，检查因打印错误而作废的单据是否有经理签字。

（8）检查折扣数。对给予折扣的账单，检查是否符合相关规定。

（9）核对现金。

（10）负责保管所有收银、记账凭单及稽核报告。

二、前厅客账管理

接待是客房销售的实现，客账信息是客人在店内所有消费的核算基础，必须准确、及时地汇总客人的账务信息。接待过程必须设定好客人账务的记录方式，以便通过计算机网络准确、及时地把客人消费的款项传输到前台客人的账务上。对付款方式和折扣优惠，接待员要严格执行酒店的有关政策和规定。

客账管理是前厅管理中一项非常重要的内容，可以及时反映酒店经营状况。管理的好坏直接关系到酒店的经营效益、经营服务水平和经营管理效率。一般来说，酒店前厅客账管理的内容主要有建立住客账户并负责入账、办理宾客结账手续、清点上交现金、编制会计报表等。

（一）做好住店宾客的客账记录

客人住进酒店后，必须为客人建立账户，并记录客人在酒店内的各种消费支出。客账记录是一项经常性的业务工作，为了防止工作中的疏漏，必须建立比较完备的制度，在酒店财务部的指导下进行。同时，在客账记录中还应做到账户清楚、转账迅速、记账准确，防止漏账、错账，切实提高客账记录的水平。

由接待处建立个人账户以后，客人就可以在店中进行消费了。消费项目除了客房及房内服务设施，如付费电视、小酒吧、洗衣等，还有房间送餐、康体娱乐、电子通信等。为了向客人提供一次性结账服务，必须把客人在酒店的所有消费，通过结账单进行传递，汇总到前台收银处入账，在客人离店的时候一次性结算。

从客人登记入住到结账离店前都属于住店阶段,其消费的信息必须及时传递到前台。客账的信息处理涉及酒店经营的各个部分,客人消费的信息和数据传递就成了经营的关键。比如,客人在结账之前,刚刚打了一个国际长途电话,如果话费信息没有及时传递到前台,就会造成客人的漏账,给酒店造成经济损失。

在客账管理过程中,不管使用哪种工具,数据和信息是不可缺少的,也是不能有错误的。酒店要建立一套账单信息数据使用、传递、保管和稽核等内部控制制度,以保证所有业务记录单据的正确流向,确保酒店的营业收入能够全部收回。

(二)认真进行宾客的离店结账

酒店为了方便宾客,提高工作效率,对宾客在酒店的全部消费支出,均采取在宾客离店时一次结清。宾客结账时,可以用现金、信用卡支付,也可以使用企事业单位之间的转账单支付在酒店发生的全部费用。为了切实保证转账准确、快速,当宾客离店结账时要迅速通知酒店各部门及时归并宾客的消费资料,并进行仔细核对检查,既要对宾客负责,保证宾客结账的准确性,提高酒店的信誉,又要对酒店负责,维护酒店的经济效益不受影响。

客人结账退房阶段是对客服务的最后一个环节,这个阶段工作的好坏直接影响对客整体服务的水平。客人结账离店后,客人的结账信息就会转入客人历史档案,同时传递信息给客房部更改房态;如果结账后的客人仍需留在房间里一段时间,在管理上必须标示客房处于一种特殊状况,服务员不能去打扫,也暂时不能销售,还要及时通知总机,关闭该房间的国际/国内长途直拨电话,直到客人离店,才能把房态更改为走客房(脏房)。

酒店要做好结账工作,在各项入账准确的情况下,必须随时准备好客人的账单。为了次日上午结账高峰时能够迅速、准确地为客人结账,当日晚应及时与离店的客人取得联系,证实客人是否如期离店,如果客人肯定如期离店,则准备好客人至此时为止的消费账单,到具体结账时只要加入上一账单至结账时的部分新账单即可,大幅缩短客人结账的时间。

(三)及时进行现金结算和营业报表的编制

及时进行现金结算是酒店财务管理制度的规定。通常,每班交接时都必须进行现金结算,清点上交现金,夜班工作人员除了承担和完成其他业务外,必须做好全天经营收入的汇总、审核工作,并登记到相应的账册中。然后在此基础上,工作人员还要编制经营日报表,以全面反映酒店当天的经营收益情况,并报送酒店总经理和财务部及相关部门,作为掌握和调控酒店经营管理的重要依据。

项目小结

本项目主要阐述了酒店管理信息系统的定义、发展阶段及各种功能;详细介绍了酒店前厅数字化运营管理系统 PMS;解释了酒店客房预订的含义、目的、作用、意义、方式和种类,以及客房预订的直接渠道和间接渠道;说明了前厅接待服务的管理和程序;分析了前厅收银服务的记账、结账和稽核工作;总结了前厅客账管理的具体内容,如客账记录、离店结账和营业报表编制。

案例分析

预订处理的得与失

小张是上海某国际大酒店的前厅接待员。国庆节期间,上海几乎所有酒店客房都已爆满,而且房价飙升。10月1日11:30左右,小张在繁忙的工作中接到一位李先生预订客房的电话。李先生是该酒店某协议公司的老总,也是酒店的常客,所以小张格外小心。当时刚好还剩下一间标准间,小张就把它留给了李先生,并与他约好抵店时间是当晚23:00。但一直等到23:40,李先生还未抵店。在这半个多小时里,有许多电话或客人亲自到酒店来问是否还有客房,小张都一一婉言谢绝了。之后小张心想:也许李先生不会来了,因为经常有客人订了房间后不来住,如果再不卖掉,24:00以后就很难卖出去了。为了酒店的利益,不能白白空一间房,到23:45,小张将这最后一间标准间卖给了一位正急需客房的熟客。24:00左右李先生出现在前台,并说因车子抛锚、手机无电,所以未事先来电说明。一听说房间已卖掉,他顿时火冒三丈,立即要求酒店赔偿损失,并声称要取消与酒店的协议。

请根据以上案例,回答以下问题。

1. 从本次预订事件的处理来看,你认为作为前厅预订员应该具备怎样的素质?
2. 如果你是大堂经理,会怎样处理这件事?

项目练习

一、简答题

1. 简述酒店管理信息系统的定义。
2. 简述酒店管理信息系统的发展阶段。
3. 简述客房预订的渠道。
4. 简述客房预订的种类。
5. 简述前厅接待的程序。
6. 简述收银服务的主要任务。

二、思考题

1. 酒店管理信息系统有哪些功能?
2. 客房预订的程序是什么?
3. 客房预订有哪些方式?
4. 前厅服务包括哪些内容?
5. 如何做好前厅客账管理?

三、选择题

1. 前厅接待处的主要职责包括(　　)。
   A. 办理入住登记手续　　　　　　B. 负责客人行李搬运
   C. 接受客人预订　　　　　　　　D. 建立客人账户
2. 前厅收银处的主要职责不包括(　　)。
   A. 外币兑换服务　　　　　　　　B. 贵重物品寄存和保管

C. 管理住店客人账卡　　　　　　　D. 分发和保管客房钥匙

3. 不属于收银服务的账户类型是（　　）。

　　A. 客人账　　　B. 工作账　　　C. 应收账　　　D. 应付账

4. （　　）订房是客户亲自到酒店，与订房员面对面地洽谈订房事宜。

　　A. 电话　　　　B. 微信　　　　C. 面谈　　　　D. 邮件

5. 客人预订日期与抵店日期接近，甚至是抵店当天的订房属于（　　）。

　　A. 确认类预订　　　　　　　　　B. 保证类预订
　　C. 等待类预订　　　　　　　　　D. 临时性预订

6. 前厅（　　）负责保管所有客房钥匙。

　　A. 接待处　　　B. 问讯处　　　C. 礼宾部　　　D. 收银处

四、运用能力训练

训练目的：实际体验与认知酒店前厅数字化运营，了解酒店管理系统 PMS 在酒店的具体应用。

内容与要求如下。

（1）把学生分为若干个小组，每个小组 5～10 人；

（2）每组参观一家当地某个星级酒店；

（3）了解各家星级酒店前厅数字化运营和 PMS 的情况；

（4）分析各家星级酒店前厅数字化运营和 PMS 的优点；

（5）由教师点评总结。

项目三

客房数字化运营

知识目标

1. 理解客房智能管理的功能和结构。
2. 熟悉电视与卫星系统设计的要求。
3. 了解空调智能控制系统组成部分。
4. 了解客房通信系统总体架构的构成。
5. 了解酒店客房背景音乐的具体功能。
6. 了解酒店客房控制器的使用优势。

能力目标

1. 能够掌握客房智能管理的功能。
2. 能够掌握电视与卫星系统设计要求。
3. 能够掌握通信系统总体架构的构成。
4. 能够掌握酒店客房控制器的使用优势。

任务分解

任务1　客房智能管理
任务2　电视与卫星系统
任务3　空调智能控制系统
任务4　通信系统
任务5　背景音乐系统
任务6　客房控制器

厦门凯宾斯基大酒店

厦门凯宾斯基大酒店位于厦门市湖滨中路与湖滨南路交叉口东北侧,紧邻风景如画的筼筜湖,总高度为198米,是一座包括酒店和写字楼的综合性建筑。酒店客房共460间,其中包括总统套房一套,外交官套房三套,以及行政楼层、套房、标准房等。酒店按照国际白金五星级标准设计建造,是厦门乃至福建省标志性酒店建筑之一,它的建成开业,成为筼筜湖畔一颗新的璀璨明珠。

该酒店的智能客控系统采用先进的Client/Server体系,不仅实现对客房状态进行实时监控,对客人入住时的各项服务快速响应,为客人创造宾至如归的客房氛围,更以深受酒店关注的节能环保需求为核心,运用行业领先的计算机技术,对客房内各种电器设备进行灵活的使用控制,以及通过智能身份识别、恒温控制等技术最大限度地实现节约能源,降低酒店运营成本。同时,智能客控系统拥有对酒店客房的各类信息提示、记录、反馈功能,便于酒店管理查询,真正实现酒店客房管理全面智能化。

当客人即将到达酒店时,酒店客房的空调自动提前打开,设置到舒适的温度;当客人推开客房门时,他/她喜欢的音乐缓缓响起;客人入住时,实时监测室内空气质量,室内空气净化器保证空气的清新;如果监测到房间窗户打开,则空调自动关闭;客人可以通过手机、平板等智能终端进行房间的场景控制,弹指间营造浪漫温馨氛围;客人出门无须带房卡,无约束,轻松自由,可以使用手机入房。酒店能够记住客人的爱好,一次入住,终身记住。酒店行业作为典型的服务行业,虽然定位多样,但最终都离不开客人的需求,以客人为中心的变化才是真正意义上的成功。酒店客房智能管理系统可以贴近客人最真实的需求,使酒店管理更加人性化。

随着科技与社会的快速发展,高端星级酒店已经开始迈向智能化、信息化、个性化,目前智能节能已经成为酒店建设的核心内容。酒店行业的智能化发展已是大势所趋,客房智能化控制系统是真正让酒店实现智慧客房的现代化科技产品,帮助酒店行业更好、更快地发展。酒店客房智能控制系统简称客房控制系统、客控系统,是指利用计算机控制、通信、数据库等技术,基于客房内的RCU(客房智能控制器)构成的专用网络,对酒店客房的电视系统、灯光控制系统、空调控制系统、窗帘控制系统、通信系统、服务系统、背景音乐系统等进行智能化管理与控制,实时反映客房状态、宾客需求、服务状况及设备情况等,协助酒店对客房设备及内部资源进行实时控制分析。由于其功能丰富,兼容性强,并提供与酒店管理系统的接口,客房智能化控制系统已成为智慧酒店必不可少的一部分。好的酒店客房智能控制系统可以为客人带来美好的体验感,实现长效连接,改变传统管理方式,并增加非住宿收入,提升酒店的价值。

任务1　客房智能管理

一、客房的地位和作用

（一）客房是酒店经济收入的主要来源

通常酒店的经济收入来源于三个方面：一是客房收入，二是餐饮收入，三是综合服务设施收入。一般来讲，客房收入占酒店总收入的50%~60%，甚至更高；在一些规模较小、功能较少的酒店，客房收入占酒店总收入的70%以上。在酒店的经营部门中，客房部的盈利率最高，是酒店经营利润的主要来源。相对餐饮、商品等其他经营部门来说，客房部经营成本较低，经营利润较高。此外，客房的出租可以带动餐饮、娱乐、水疗、桑拿和洗衣等营业部门的经营效益，增加酒店总体的营业收入。

（二）客房服务质量是酒店服务质量的重要标志

酒店是客人在外居留住宿的场所，是客人的"家外之家"。客房部的工作就是围绕如何管好这个"家"而开展的。客房是客人在酒店中逗留时间最长的地方，客人对客房更有"家"的感觉。因此，客房是否干净整洁、装饰布置是否美观宜人、设备与物品是否齐全、服务人员的服务态度是否热情周到、服务项目是否周全丰富等，对客人有着直接的影响，是客人衡量"价"与"值"是否相符的主要依据。客房服务质量的好坏，客人感受最敏锐，印象最深刻，因而是酒店服务质量和酒店声誉的重要标志。

（三）客房管理直接影响酒店的运营

客房部负责整个酒店环境、设施的维护及保养；为酒店全体员工保管、修补、发放制服；为餐饮部、客房部和其他营业部门提供各种布草等，为酒店其他各部门的正常运营提供了良好的环境和物质条件。此外，在酒店建筑总面积和占有的固定资产中，客房部均占有绝大多数，达到70%~80%；酒店经营活动所必需的各种物资设备，以及物料用品大部分都在客房。因此，做好客房管理，在充分利用客房的人力和物力资源，提高服务质量，满足客人需要，增加经济收入，树立良好声誉等方面都具有重大意义。

（四）客房是实施绿色酒店的重要部门

客房产品的生产成本在酒店的生产总成本中占有比较大的比重，特别是水、电、低值易耗品、各类物料用品等日常消费量很大。客房部必须树立可持续发展的思想，加强环境保护意识，推行绿色酒店的观念，提倡绿色消费，保护地球资源，降低生产运营成本，尽量减少水、电、低值易耗品和各类物料用品的消耗，从而提高酒店的经营效益。

二、客房产品的特点

正确认识客房产品的特点,对加强客房管理有着重要意义。客房产品是以出租客房和提供服务获得经济收入的特殊产品,其特点主要表现在以下四个方面。

(一)所有权的相对稳定性

客房产品作为一种特殊商品,与普通商品是有区别的。普通商品随着商品交换的实现,所有权即发生转让,商品完成自己的历史使命,退出流通领域,所有权同时也转让了。客房商品却不同,它并不出卖所有权,客人买到的是某一时间、某一阶段的住宿权利。客房产品的使用价值就是为客人提供住宿环境,满足其物质享受和精神享受的需要,房租则是酒店根据租赁合同的规定交出客房产品的使用价值收回的交换价值。

正是由于客房产品所有权是相对稳定的,价值补偿必须通过一个延续的交换过程。在一个较长时期中,通过分散零星出租来补偿其已经消耗的价值,而每一次交换只能获得价值补偿的一部分。同时,客人在购买客房产品时,只能在限定的时间内进行消费,重复消费是不可能的。要重复消费,必须重新购买。

(二)生存因素、享受因素和发展因素的共存性

酒店客房产品是一种高级消费品,同时具有生存因素、享受因素和发展因素三种功能。旅行者到异国他乡进行游览参观,客房是旅行者外出期间的栖身之地,这是生存的起码条件。旅行者外出旅游,是为了寻求物质上、精神上的享受,这就要求酒店客房设备舒适完善、清洁整齐,客房服务热情周到,因而客房又是一种享受因素。客人在客房工作、学习,进行交往活动,这又是发展因素必不可少的条件。但是必须指出,酒店客房的享受因素和发展因素大于生存因素,这体现了客房产品的特殊性。

(三)生产服务过程和消费过程的同一性

生产服务过程是指客房从业人员利用客房各种物资设备为客人提供服务的劳动过程。消费过程是指客人的投宿过程,它和生产服务过程在时间上和空间上都是一致的,具有同一性。所以,美国酒店管理先驱斯塔特勒说:"酒店所卖的东西只有一个,那就是服务。"

(四)客房产品不能库存,具有时效性

一件衣服,一个花瓶,如果今天卖不出去,放上几十天甚至几个月,价值一般不会改变。但客房产品却不同,如果在规定的时间卖不出去,客房产品当天的效用就自然失去了。等到第二天再卖出去,前一天的价值就永远也收不回来了。同时,客房产品的季节性波动又很大,旺季出租率高,也更具有紧迫的时间观念。

三、客房管理的主要任务

客房部是酒店经营的一个主要部门,客房管理的任务就是组织客房产品的生产,为客人

提供整洁、舒适、安全的住宿环境,做好客房的接待工作,提供热情周到的服务,管理客房信息资料,控制客房物料消耗,协调与其他部门的关系,确保对客服务的需要。

(一) 提供整洁、舒适、安全的客房商品

客房产品是酒店出售的最重要的商品,是客人在酒店停留时间最长的场所。客房装修要高雅大方,布置要美观实用,设施设备要配套齐全,服务项目要细致周到,日用物品要方便齐全,客房要安全舒适、整洁卫生。客房产品只有满足了客人的需求,保障客人的安全,才能得到客人的认可和喜欢,对客人产生吸引力,提高客人对产品的忠诚度。

(二) 提供清洁优雅的环境

客房管理首先要做好客房的清洁卫生,保持客房的舒适美观,严格遵守操作程序和服务标准,为客人提供优质的客房产品。其次,客房管理还要负责酒店公共区域的清洁卫生及园林绿化布置等工作。客人对酒店的第一印象往往是在酒店公共区域看到的和感受到的,公共区域的整洁美观和服务工作尤为重要。酒店的良好氛围和住宿环境都要靠客房部全体员工通过努力工作来创建和维护。

(三) 提供热情细致的服务

对客服务是客房管理的一项重要工作,包括常规化服务和个性化服务两个方面。常规化服务有迎送客人服务、客房清洁服务、开门服务、托婴服务、访客服务、擦鞋服务、洗衣服务、开夜床服务、租借物品服务、房间送餐服务等;个性化服务是有针对性地提供让客人满意的服务,根据不同的时间、不同的场合、不同的客人,提供恰到好处的服务。

(四) 提供洁净、美观的棉织品

客房部一般下设洗衣房和布草房,负责酒店的布草用品(包含客房的棉织品,餐饮部的棉织品,酒店所有的窗帘、沙发套等布件)、员工制服及住店客人客衣的洗涤熨烫工作,为酒店全面对客服务提供保障。

(五) 降低客房费用,确保客房正常运转

客房中所用的物品繁多,需求量大,能否合理开支物资用品的费用,对客房部和酒店经济效益有直接影响。客房部要根据客房档次来满足客人的需求,提供美观适用的客房用品。同时,酒店必须控制物品消耗量,减少浪费,加强设施设备的维护与保养,延长其寿命,以确保客房的正常运转。

(六) 协调与其他部门之间的关系,确保对客服务需要

客房部所负责的区域宽广,任务繁重,这就使得客房部与其他部门的交流沟通变得尤为重要。客房部要处理好与前厅部、餐饮部、财务部、采购部、市场营销部、保安部、工程部、人力资源部等的关系。酒店只有建立良好的沟通渠道,及时沟通,及时协调合作,对客服务工作才能平衡有序地完成。

（七）配合前台客房销售，提高客房利用率

客房作为一种特殊商品，其价值是通过出租来实现的，其收入直接取决于每天的出租率。因此，客房部必须确定科学的客房清扫程序，加速客房的周转。同时客房部还要配合前台做好客房状况控制，及时提供准确的房态信息，以利于前台销售客房，提高客房出租率，避免客房价值不必要的损失。

四、客房智能管理功能

客房数字化运营是酒店数字化运营的一个重要的组成部分。客房部严格地管理着每一间客房，客房销售是酒店从事的最主要的业务，即出售具有各种客房类型、结构和标示的每一间客房。酒店为每间客房都标明一种状态，即客房状态，简称房态。

最常用的客房状态代码是住客房、待售的空房、未清扫的住客房、未清扫的空房、已清扫的住客房和待修房。客房状态是客房的"生命周期"，因此，酒店必须知道客房当前的租用状态和清洁状态，如果确定了客房为待售的空房，就可以为该客房分配一个客房状态代码。

在酒店管理系统中，如Opera系统等，客房管理功能能够有效地识别并监控房态，包括可用房、正在清洁房、维修房等，可以在系统中对客房打扫人员进行区域分配、用工统计、客房用品管理等。客房管理模块主要包括查询房间、修改房态和任务分配等基本功能。

查询房间是客房服务人员通过搜索查找客房状态，包括房态、楼层、客房类型等，或者简单输入房间号，房间的当前状态会立刻显示在终端屏幕上。

修改房态是客房部最常使用的功能，只需要在待修改的房间列表上双击就可以完成房态的循环转换。当客房服务人员进入客房进行清理时，要识别身份和房间号，系统会自动记录下客房正在清扫的状态。当客房清理完毕以后，要再次识别身份确定房间清理完毕，并即时更新客房的状态，前台能够迅速地了解客房状态，为办理登记入住的客人准确地分配房间。

任务分配是通过处理现有的客房数量和预计抵达客人数量来预测需要清理的客房数。在确定需要清理的客房数后为每一个客房服务员排班，分配合适的房间数目。例如，客房主管每天早上办公的第一件事就是了解酒店的客房状态，包括有多少间需要打扫的房间，当天有多少离店客人，以及当天的工作量。

五、客房智能管理系统

（一）酒店客房控制系统

随着物联网技术的发展，酒店智能产品的开发和应用如雨后春笋般涌现，客房智能系统功能趋于移动端的服务管理一体化，不仅能够实现移动端的酒店数字化服务，还能进行相关服务信息收集和数据分析，构建线上线下融通的服务体系，从而实现客房整体的设施管理和控制，促进酒店经营管理优化，有效提高酒店服务和管理效率，促进酒店整体运营的智慧化。

例如，酒店客房控制系统能够对客房进行远程自动控制，客房中心电脑上可以显示风速、冬夏转换状态和房间实测温度。客人入住客房后，插入房卡，空调完全由客人操作控制，可执行的控制包括设定温度、调节风速、开启或关闭空调等。当房间温度达到客人设定的温

度时,风机和电动阀关闭;凌晨1:00至上午8:00,空调自动进入设定的睡眠温度即设定温度;当客人暂时离开房间,酒店客房控制系统将进入离房保温模式,空调即自动运行于网络设定温度,风机低速运转;当客人退房,前台将房态改为"退租房态"时,房间空调自动关闭。

客房控制管理系统将客房门锁、空调、灯光、音响系统等进行统一管理控制,随时反映客房状态和客人需求,能与管理系统进行数据交换分析,是酒店智能化的重要模块。酒店客控制管理系统包括门锁、灯光、空调、窗帘等客房设备控制,能源管理,请勿打扰、洗衣、清扫等服务功能预约,iPad移动控制功能等,主要是客房控制管理与酒店在线服务的综合运用。国际酒店集团如万豪、希尔顿、洲际、凯悦等均在客房里设置了酒店客房控制系统。

客房控制系统主要与无线物联网、云平台结合发展。客房控制系统在功能上具有酒店在线服务、设备智能控制、能耗实时监测分析、服务质量跟踪等,符合物联网和智慧酒店发展的趋势。而云平台是将客房控制系统服务器放置于公共的云计算服务平台,如阿里云、腾讯云等,可以免去数据安全和运营管理问题,降低酒店智能化改造和系统升级成本,促进传统酒店的客房智能化改造。

(二)客房虚拟现实服务

目前,虚拟现实的技术已经提高了很多,生产成本也有所下降,开始在酒店行业受到客人的青睐。酒店和其他旅游从业人员,已经为通过虚拟现实技术使人们对旅游目的地和产品先睹为快而赞不绝口。虚拟现实技术,特别是在酒店高端范围,在涉及拉拢潜在客人的时候,每一个小小的点滴,都能产生极大的帮助。

虚拟现实技术不仅能以半写实的方式展示酒店产品,也对客人在旅行或下榻酒店前提出了期望。香格里拉酒店集团发布了一系列客房和目的地互动视频,使得客人能对向往的旅游胜地提前观赏和体验。虚拟现实技术的使用,引起了市场营销者的兴趣,用户通过下载相关文件,并借助专用的虚拟现实设备,比如头戴虚拟现实头盔进行探索。

万豪酒店集团作为酒店业采用多媒体和娱乐技术的先行者,其虚拟现实实验更多的是为了将其品牌定位于数字原生态旅行的首选目的地而不是其他地方。万豪酒店与Netflix合作,在客人选择的酒店中将视频服务升级到高清电视,并开发更多的娱乐内容来回馈客人。同时,酒店测试客房虚拟现实服务,为纽约和伦敦的客人提供在客房内试用尖端虚拟现实技术的机会。除了室内虚拟现实服务,万豪通过三星虚拟头盔与Facebook的Oculus VR部门的开发,通过三星实现虚拟视频服务。万豪酒店还曾与Framestore的虚拟现实研究室共同开发用于创建虚拟现实明信片的技术和方法。

万豪酒店集团与三星电子合作推出VRoom测试。在纽约时代广场的万豪酒店和伦敦柏林万豪酒店为客房提供一个三星VR眼镜,客人可以24小时使用它。但是,万豪酒店提供给客人的虚拟现实内容将限制在三个"VR明信片"中,这些影片是通过360°拍摄的3D视频,每个视频都是展现旅客在不同旅途中真实的风景。这三个"VR明信片"分别取景于智利的安第斯山脉、卢旺达的冰淇淋店和北京的繁华街道。

六、酒店客房发展趋势

(一)服务个性化

标准化、程序化和规范化的服务是酒店服务质量的基本保证,但酒店若只有标准化,而没有个性化的服务，是无法真正满足客人的需求、令客人完全满意的。因此，在酒店业竞争日趋激烈的今天，个性化服务已经成为酒店之间竞争的有力措施，成为服务的大趋势。客房服务尤其如此。为提供个性化服务，提高客人的忠诚度，客房通常建立完善的客史档案，并根据客人需求的变化不断调整服务的规程和标准。例如，提供夜床服务的酒店要能够保证为客人开喜欢的那张床，放客人喜爱的水果、茶等物品；不强求所有客人看同一份报纸，而是根据客史档案将客人喜爱看的报纸放进客房。

每个客人的习惯、爱好不同，这就决定了酒店需要提供个性化的服务来满足客人的需求。客房通常建立完善的客史档案，并根据客人需求调整服务的规程和标准，以此来获得客人的忠诚度和回头率。酒店如家，客人进入酒店客房，如同回到家里。这是一条必须履行的标准。客房个性化就是在客人入住之后，根据客人的需求，提供满足客人意愿的服务，能给客人带来意想不到的享受，客人能够获得更多的关注和服务。

（二）管理人性化

客房的设计更加注重客人的感受，比如酒店的照明，既能美化客房环境又能随意调节，还能满足方便客人阅读和工作的需要；插座位置设定更加符合客人充电需要；座椅更加追求舒适感。客房内的细节设施都尽量做到全面，以满足客人的种种需求。另外，有些酒店还考虑到残疾客人的需要，在所有残疾客人可能抵达的楼层区域进行无障碍设计，这些都体现出酒店的人性化管理。

希尔顿酒店集团的理念是："唯有愉快的员工，才能有愉快的客人。"酒店管理者如果真正希望为客人创造愉快的氛围，首先必须用最大的努力和一切可以利用的手段，使全体员工愉快起来。他们只有热爱自己的工作，才能把客人服务好。凯悦酒店集团会定期给员工发放彩色笔和纸张，让他们把对酒店的建议写下来，为每个员工每年过一次生日，邀请全体员工参加祝贺，给员工较多的晋升机会和培训学习的环境。

万豪酒店集团则赋予员工一定的责任和权力，使员工认识到自己也是管理者中的一员，进而更好地发挥自己的能动性和创造性，在员工创造自身价值的同时，酒店也赢得了最大的效益。万豪酒店集团总裁马里奥特说："我们的工作就是激励员工，教导他们，帮助他们，支持他们，关心他们。只要我们关心照顾他们，他们就会加倍关照我们的客人。"威尼斯人酒店不仅为员工购买了高于行业水平的保险，而且设有专门的员工服务中心和员工子女幼儿园。

酒店的核心产品是客房，客房是客人在酒店内居留时间最长的场所，美国许多酒店都根据市场需求，在客房中提供了人性化的核心产品配备，如 iHome、DVD 播放机、平板高清电视机及与电视互动性强的项目，酒店能够提供 WiFi 无线网络。无论是高端豪华酒店还是快捷酒店，对床上布草都很讲究，选用的棉纱支数较高；客房的服务指南、物品收储、灯光照明、开关插座等都充分考虑到了便利性和实用性。

（三）设施智能化

随着现代科技的高速发展，客人，尤其是一些商务客人，对酒店的各种设施提出了更高的要求，促使客房的设施向着智能化的方向发展。例如，客房锁钥系统使用智能 IC 卡锁钥系统，甚至是感应门锁、指纹门锁系统；客房内的自动控制系统使用感应器控制，人进灯亮，人出灯灭,等等。还有先进的通信系统,可以连接宽带网的接口,实现"e客房",以及能够提供客人在酒店的消费情况、预订房内用膳、订购商品、选看电影等信息的电视系统。

科技带来便捷,也让人们体验到更精彩的休闲时光。特别是对下榻酒店的商务客人而言,他们的时间更显得宝贵,休闲见缝插针,酒店客房需要利用科技为客人提供便利的休闲方式。例如,网络与客房电视可以进行连接,酒店浴室防水电视、镜面电视等让人眼前一亮。还有的酒店客房多媒体系统通过接入网络接口与电视接口,在普通电视上实现电视与网络功能的一键切换;并提供更多控制房内功能的技术解决方案,客房环境控制包括控制温度、湿度、灯光、门窗、电视、电话、网络、远程控制等。

与此同时,随着人工智能和语音搜索技术的价格下降,酒店客房内可以看到更多的语音功能设备。事实上,许多酒店已经实现了人工智能上的飞跃。由洲际集团和百度公司合作的北京三里屯洲际酒店,在带有未来感的智能客房内,客人只需要和房间内一个集成了语音识别和音响播放于一体的智能设备对话,就可以实现人机交互。通过这套系统,房间内开关窗帘、调节氛围灯光、点播电视节目、切换浴室模式、播放在线音乐等功能均可实现,此外也能直接呼叫酒店的客房、礼宾、餐饮等服务。如果客人想知道生活资讯、天气、交通状况、酒店周边等便利信息时,智能设备还会调用其背后的百度搜索引擎,给客人提供相应的讯息。随着智能家居的发展,智能家居在酒店行业的运用也越来越广泛。而且智能科技和互联设备的价格越来越低,酒店行业会大量采用这些智能设备,而不仅仅是在酒店房间内安装智能电视。

酒店行业引入机器人可以帮助酒店节约人力成本,代替人类完成重复性的工作,缩短响应客户需求的时间,还能引起客人对新科技的兴趣。酒店机器人可以自己乘坐电梯并轻松绕开障碍物,给客人送东西,它的强大功能为酒店创造了可观的营业额。机器人正在酒店行业大踏步前进,人工智能正在帮助酒店行业把不可能变成可能。

(四)客房绿色化

在倡导可持续发展的今天,创建绿色酒店已经成为一种时尚,而客房的绿色化则是其中重要组成部分。绿色酒店是指运用安全、健康、环保理念,坚持绿色管理,倡导绿色消费,保护生态和合理使用资源的酒店。安全是指酒店具有相应的公共安全设施和食品安全保证系统。健康是指酒店为消费者提供有益于身心健康的服务和产品。环保是指酒店经营减少对环境的污染、节能降耗。因此,通常在酒店的房间和卫生间中放置棉织品的免洗提醒卡;减少并非大多数客人需要的客用品的品种和数量,同时提醒客人如果需要这些物品,可以通知客房中心提供;在卫生间使用沐浴液、洗发液的液体分配器取代传统的一次性容器,减少一次性容器对环境造成的污染;客房小冰箱选用吸收式的环保产品;减少一次性塑料用品的使用,等等。

丹麦首都哥本哈根的皇冠假日酒店获评斯凯尔国际生态旅游奖,成为世界上最环保的酒店。哥本哈根皇冠假日酒店是世界上第一家可由客人自己发电的酒店。当客人健身时,特制的健身器材,如发电自行车,会把运动产生的能量收集起来并转换成电能存贮在电池里,再传回酒店供电系统。任何客人只要每小时生产的电能超过10瓦特,就可以享用免费的丹麦大餐。通常人们1小时内常速骑车30公里,就可生产100瓦特的电能。酒店还拥有北欧最大的光伏发电装置,空调的制冷或制热则是利用具有温差的地下水不断循环实现,客房里的电视和照明设备都是低能耗设计,洗发水、沐浴露、牙膏、牙刷、浴帽等均由可生物降解的材料制成,餐厅所有的食物废料都将被用来生产沼气和肥料。

绿色酒店客房使用 4R 原则:减量化原则(reducing)、再使用原则(reusing)、再循环原则(recycling)、替代原则(replacing)。

(1) 减量化原则。客房可以通过如下措施,达到减量化目的:减少客房服务项目,减少报纸的派发,减少客房用品,减少客房整理次数,减少卫生间的一次性用品,厕所的垃圾桶不再用塑料袋包装,卫生间使用澡液器和香波器,不再使用小瓶包装的洗发水和洗澡液。

(2) 再使用原则。客房可以通过如下措施,达到再使用目的:使用可以洗涤反复使用的拖鞋;不必为住店客人过分勤快地更换客用品,使用双色牙具和拖鞋,尽可能地使客用品一客一换,充分利用其使用价值;不用塑料洗衣袋,改用棉布洗衣袋,或可以反复使用的柳藤布草篮;减少收送客衣的塑料包装袋;鲜花凋谢后可晾干,再作为干花来使用。

(3) 再循环原则。客房可以通过如下措施,达到再循环目的:客房部的物品尽可能回收再利用;洗衣房安装废水回收器,对废水进行回收;对洗涤剂的使用量加以控制,尽可能地减少含氯漂白剂的使用;使用污水处理设备,净化用水,达到环保的目的。

(4) 替代原则。客房可以通过如下措施,达到替代目的:用纸质礼品袋代替塑料礼品袋;用透明垃圾袋代替黑色垃圾袋;使用无氟环保小冰箱;使用环保清洁剂。

(五) 设计人文化

酒店客房的设计和装修更加注重特色和文化品位,将客房营造为家外之家。因此,客房的布局和装饰更注重客人的感受,更有家庭温馨的感觉。例如,插座的位置更加精心设计,以方便客人使用;座椅更加追求舒适感,至少应有方便移动的轮子,高低可以调节,以满足客人办公和休息的双重需要;照明的灯光既考虑美化环境,也兼顾阅读和工作的需要,具有足够的亮度。另外,还要考虑到残疾客人的需要,在所有残疾客人可能抵达的楼层区域实现无障碍设计,可能需要使用的设施应能够自助使用,无须他人帮助,这也体现着一种社会文明。

由于工作和生活的节奏加快,越来越多的客人希望客房的活动空间更大,通过改变房间结构设计,改变传统家具样式,尽可能地为客人提供宽敞的活动空间,客房内的设施更趋完善,卫生间更趋舒适和方便。比如,卫生间环境更加轻松,空间不断扩大,趋向分室布局,淋浴装置逐步取代浴缸,集中排风逐步取代分散排风;安装紧急呼叫和稍候按钮;提供可饮用水装置;使用双面盆;豪华卫生间采用镜面防结露技术;配置化妆镜、吹风机和体重秤;卫生间一次性用品品种逐步减少;客房用品更趋简洁;办公桌面积越来越大;大床房的比例逐步增加;对客人的隐私更加尊重。

(六) 类型多样化

随着酒店业的发展,一些有远见的酒店已经开始营造自己的特色,而客房的类型是其区别于其他酒店的一个重要的方面,因此客房类型呈现多样化发展的趋势,如商务客房、会议客房、休闲度假客房、无烟客房、女士客房、儿童客房、残疾人客房、盲人客房、大床房、连通房。在客房类型趋向于多样化的情况下,酒店也逐渐形成了自己的特色,尽力满足各类细分市场的客人。

（七）项目丰富化

客房服务项目的设立考虑却不局限于档次、星级等的因素，而是充分考虑客人的需求和酒店的实际情况，使服务项目趋向于丰富化的目标，即使是同一种服务项目，也努力形成酒店的服务特色。例如，一些位于环境优美的风景区的酒店，考虑到客人进出不方便，在楼层区域设立小图书室以丰富一些喜静客人的晚间生活。同是客房小酒吧服务，由于接待的客人不同，有些酒店摆放以零食类为主的食品，而有些酒店则摆放方便面等可以让客人果腹的食品。这种种的不同，使客房服务项目趋于丰富，更能满足客人的需求。

任务 2　电视与卫星系统

一、电视与卫星系统概述

客人在住店过程中，既希望能够享受居家般的便利和舒适，又希望能有影音娱乐可供选择。这促使酒店的管理方需要更多地考虑客人的影音娱乐需求。客房的娱乐平台首选电视机，尤其是大屏幕 LCD、多接口电视机的出现，为客房影音播放与效果提供了优越的条件。客房电视系统同时支持高清点播，也能方便接入客人随身携带的各种数码终端产品，如笔记本电脑、手机、数码相机等，在给客人带来便利的同时，还可以让客人体验震撼的音频效果。此外，客房电视系统还需要支持一些酒店的服务功能及广告增值服务。

有线电视与卫星电视系统设计时应符合下列要求。

（1）能提供多种电视节目源。

（2）采用电缆电视传输和分配的方式，对需要提供上网和点播功能的有线电视系统采用双向传输。传输系统的规划应符合当地有线电视网络的要求。

（3）根据建筑物的功能需要，应该按照国家相关部门的管理规定，配置卫星广播电视接收和传输系统。

（4）根据建筑内部的功能需要配置电视终端。

（5）应符合现行国家标准《有线电视系统工程技术规范》有关的规定。

二、电视与卫星系统建设

酒店电视系统的各种信号源和前端的设备接口关系和机械接口关系都由国家标准统一规定，信号源形式大致分为三大类：公网信号、卫星信号和自办信号。公网信号是指公办电视台或者有线电视台播出的有线电视信号，信号相对稳定。随着全球数字化电视的发展，现在国内推行数字电视机顶盒，酒店是数字电视的普及对象之一，但数字系统最大的缺点是后期使用费用较高。

卫星信号是国家允许酒店接收的数字卫星信号，其优点是信号相对稳定，图像质量较高,后期收视费用低;缺点是前期投资略大,部分地方电视节目无法收视。自办信号是指酒店自办节目,其信号源可以是自有编播节目、DVD、多媒体播放机等播出的电视节目。自办节目一般是以自身的经营特色而创办的小型"电视台",目前可以使用数字式播放器,优点是方便且投资少。当然,这些节目的播出要符合国家的相关法律法规。如果要申请卫星节目和自办节目,申请程序比较多,从技术角度上,系统也相对复杂,投资也会增加。

在最近几年里,移动互联网成为当今世界发展最快、市场潜力最大、前景最广阔的业务。越来越多的人通过移动互联网获取信息,完成事务处理。视频作为互联网主要的应用领域之一,用户规模增长速度突出,覆盖率不断提高。网络视频已经成为人们获取电影、电视、资讯视频等数字内容的重要渠道,并且市场价值快速增长。

酒店运用最新的OTT媒体分发和云媒体技术,可将客房电视升级为便捷的智能化信息及娱乐终端。酒店电视经由智能化升级后,即可成为酒店自身宣传的绝佳窗口,不仅提高了酒店的数字化、智能化程度及服务水平,还带来了VOD点播等增值服务,为客户打造私人影院般的豪华享受,给客人提供了更加优质、贴心和个性化的服务。

目前,酒店客房服务厂商提供的基于云平台的互动服务平台,包含电视、娱乐、商务、信息和互动,可以满足宾客的全方位需求。通过电视系统,打造酒店营销新通路,创造酒店高收益。通过个性化定制界面及功能,突出酒店品牌形象,降低酒店管理成本,提高服务品质,从而提升客人的满意度及忠诚度。智慧酒店与传统酒店不同,更看重客户体验与互动。智能电视可以提供的电视解决服务有:信息服务、互动服务、娱乐影音服务、智能升级服务。

酒店智能电视终端服务,其功能如表3-1所示。

表3-1 酒店智能电视终端服务功能

服务类型	服务描述	具体功能
信息服务	将酒店服务信息、营销信息、即时通知等各类信息进行整合并显示在电视屏幕上,帮助酒店对信息进行精准、定向、即时发布	信息展现、信息发布、信息查询
互动服务	改变传统客房服务方式,向客人提供高效、人性化的数字化客房服务体验,提高服务质量和客人满意度,提升酒店竞争力	在线预订、一键送物、快速退房、集团内预订
娱乐影音服务	高质量影音娱乐平台,提升节目观看体验	电视直播、音乐欣赏、高清影院
智能升级服务	通过电视屏幕,一键进行升级	作为智能终端之一,调控其他智能设备;电子猫眼;智能升级服务;与服务端同步

数字化技术的快速发展,正在让服务变得更智能、更具预见性与规范性,其重要性正在越来越多的酒店企业业务中得到提升。随着互联网、大数据、人工智能与实体经济的深度融合,数字化为酒店行业转型升级提供了新动能。很多酒店企业在疫情防控期间及时提升数字化能力,不仅加快了转型进程,而且有效提升了业务水平。

任务3　空调智能控制系统

一、空调智能控制系统概述

（一）空调智能控制系统的内涵

空调智能控制系统又称物联网空调,是客控系统的重要组成部分,一般是通过有线或无线网控制;物联网空调是通过有线或无线网信号,直接对空调终端进行通信信息交换,实现对空调开关、温度、风度等管理工作。

智能空调是以物联网为依托,以健康、时尚、节能为理念,系统内部具有设置、控制、分析、查询、提示和报警等,能够将根据人体和室内温度的模糊感知理论和智能系统集成技术相结合,实现不同的领域内对空调的智能化管理,并根据不同环境智能开启相应的应用程序。

空调整体系统是通过采用温度和时间为智能化单元,输入和输出混合控制源,改变和优化空调压缩机整体运行路线,以达到最大限度地降低能耗,提高节能效率,延长空调的使用寿命。在现有的空调基础上,采用可编程化自动控制,操作简单,使用方便。

客人在办理入住时,客房控制系统就会根据客人的入住时间,远程自动打开房间空调,根据人体温度模糊化的理念控制风速面板,自动调节风速、温度和湿度等,达到恒温恒湿的效果,使客房迅速达到适应人体的温度,更体现出人性化服务。

（二）空调智能控制系统的功能

智能空调控制系统具有设置、规划、控制、统计、分析、记录、查询、提示、报警等功能,实现在不同领域内对各个空调智能终端的个性化管理,根据不同需求(开启时间、关闭时间、房内的实时温度、湿度、负离子含量等)实时智能启动相应的程序,同时用户可以自由设置访问权限,利用互联网实现远程监控。

（三）空调智能控制系统的特点

采用温度和时间为输入输出混合控制源,与温度自动补偿技术相结合,使得设备运行始终处在监控之下,充分提高节能效率。

采用可编程智能化控制,操作简单便捷,和原有的使用习惯不相冲突,同时无须对设备进行重新安装调试,更无须拆卸重组,改变空调的原有结构,造成不必要的损坏。

冬季制热、夏季制冷功能全部智能化自动控制,省去了使用传统空调对各种复杂的附加功能的设定与调节,无须人工操作,简易方便。

智能监控室内温度、湿度、负离子含量,根据人体的不同状态与生活习惯进行模式设定,始终提供最舒适与最健康的环境,提高工作与生活质量,有效预防和减少空调病的发病率。

具备基于物联网的GPS定位计算机远程控制功能,采用先进的全球定位系统与物联网技术相结合,进行全球无死角全覆盖全程全天监控,随时掌握系统动向。

每个人对空调的使用方法并非都是最高效、最科学的,不良的使用习惯不仅会造成不必要的能源浪费,同时也会降低和损坏空调的使用年限,而且会对人体的健康造成危害,越来越多的空调病的产生便是佐证。而空调智能控制系统通过智能监控与调节运行状态,可达到降低能耗,提高能源利用率,减少运营成本,防止空调类疾病的产生。

(四)空调智能控制系统节能原理

空调智能控制系统是利用人体对温度的模糊感知理论来达到节能效果。人体对温度的模糊感知理论是指在一定的温度范围内,人体皮肤对温度的轻微变化不是很敏感。具体来说,在 26～28℃,人体几乎感觉不出温度的变化,一旦温度超过 28℃,人体对温度的变化就会特别敏感。利用这个原理,在不影响人体舒适度的情况下,智能空调控制系统能够有效地拉长空调压缩机启动的时间,以达到节能的效果。

1. 智能化实时控制

空调智能控制系统采用可编程智能化自动控制,可以实现各个空调的实时远程控制,随时掌握空调的运行状态。

2. 优化压缩机的运行曲线

采用无功补偿技术,防止空调启动时大电流的冲击,延长空调的使用寿命,同时延长了压缩机的启动时间,优化了压缩机的运行曲线。

3. 充分利用室内制冷或制热的余量

空调的使用是在一个相对密闭的空间里,当空调压缩机停止运转之后,室内各个地方的温度已经达到了相同及平衡的水平,压缩机停止运转之后,风机仍以小功率继续工作,促进室内空气的轻微流动,从而使室内的冷/热空气得到充分的利用,达到制冷/热的效果。

4. 规避不良使用空调习惯造成的浪费

空调智能控制系统的智能识别和调控功能能够把周围的环境控制在对人体适宜的范围内,从而避免了人们对空调使用的不良习惯造成的浪费,避免过度制冷或制热及空载现象的发生。

5. 充分利用不同环境、生活习惯智能调节压缩机的运行状态

人体在不同的状态需要不同的环境温度。据调查,人体在工作状态下的最适温度是 26℃,而在睡眠的状态下最适温度是 28℃,空调智能控制系统可以根据人体所处的状态进行智能化调控,不但有益于人体的健康,同时也达到节能环保的效果。

(五)空调智能控制系统的健康原理

营造人体最适宜的温度,无论人们在生活还是工作中,身体与心情都处于非常健康与愉悦的状态,让人们在工作中精神饱满,在日常的生活中身心得到充分的放松与休息,以良好的状态迎接工作。无论是干燥的还是潮湿的空气,都对人体有负面的影响,除了容易诱发皮肤病、鼻炎、关节炎与感冒类疾病外,还容易滋生病菌。空调智能控制系统特有的智能调控湿度功能,能够让室内保持对人体最有益的湿度范围,避免以上情况的发生。

负离子是一种对人体健康非常有益的物质,被人体吸收后,能够让人产生头脑清新、呼

吸舒畅的感觉。同时,负离子还有净化空气,促进人体新陈代谢,提高人体免疫能力,增强人体机能,调节机体功能平衡的作用。据科学研究证明,负离子对人体7个系统,近30多种疾病具有抑制、缓解和辅助治疗作用,尤其对人体的保健作用更为明显。因此,负离子在医学界被称为"空气维生素"。传统的空调运行常常会消除负离子,因而导致空调病的发生。而空调智能控制系统则可以做到检测和释放负氧离子,预防空调疾病的发生。

(六)空调智能控制系统的发展趋势

科技改变生活。不断发展的科技将人们的生活带入一个又一个难以想象的全新领域,人们的日常生活乃至思想意识、道德观念等无不受到科技文明进步的影响,而互联网则是现今社会中与人类生活紧密结合为一体,完全不可分割、不可替代的事物。

互联网对人类的影响不言而喻,以互联网为纽带进行全新升级的物联网,则必将使人们的生活跨入一个全新的时代。人类通过物联网的应用,将使人们的生活更加智能化、多元化、人性化。空调与物联网的结合必然使人们的生活更加现代化、科技化、前沿化,在现代社会,新科技的应用与融合变得越发迅捷,人们对新鲜事物的接受能力也越发快速,人们常以拥有一件最新科技产品为潮流时尚。空调智能控制系统作为一种全新的科技应用产品,一定会引领人们对这种新鲜事物的强烈追捧热潮。

对酒店企业来说,节能与健康舒适是企业非常重视的两个问题。通过对空调智能控制系统的应用,酒店可以综合节能25%以上,节约了成本,等同于相应加大了投入,有利于酒店企业的发展与扩大;空调智能控制系统为客人提供更舒适、健康的住宿环境,必然能够提高酒店的入住率,扩大酒店的市场份额,增加酒店的营业收入,提升酒店的品牌形象,创造更大的收益空间。

二、空调的自控

酒店可以通过远程网络对客房和公共区域的空调温控器进行控制。客房内空调夏季温度在20~26℃,湿度小于65%;冬季温度在18~23℃,湿度大于45%。

空调的任务就是维持空调房间内所要求的空气参数稳定在一定范围内。空调的自控任务主要是对以空调房间为主要调节对象的空调系统的温度、湿度及其他有关参数进行自动检测、自动调节及有关信号的报警、连锁保护控制,以保证空调系统始终在最佳工况点运行,满足工艺条件要求的环境条件。

(一)调节器

调节器在空调的自动调节系统中是主要的组成部分。在一个自动调节系统中,实现何种调节过程,是由控制系统中的调节器来决定的。

在自动调节系统中,调节器系统的被控制量与给定值(又称设定值)进行比较,得到偏差,然后按照一定的控制规律(即调节器的输出信号的变化规律)来控制调节过程,使被控量等于(或接近)给定值。调节器输出信号的作用称为控制作用或调节作用,调节器输出信号随输入信号而变化的规律称为控制规律。

根据调节器可以实现的调节规律不同,调节器的调节规律一般有:位式(二位式、三位式)调节规律的称为位式调节器;可以实现比例调节规律的称为比例调节器;具有积分调节规律的调节器称为积分调节器。

(二)传感器与变送器

传感器与变送器是自动调节系统中的一个重要组成部分,它们是自动调节系统中的"感觉器官"。在自动调节系统中,调节器将根据传感器和变送器检测到的信号与调节对象的给定值(设定值)进行比较后发出调节信号,以驱动调节执行机构产生调节作用,达到调节目的。如果传感器和变送器的性能不佳,它们传递的调节信号误差就大,从而导致自动调节系统的失调而使空调系统不能正常运作。

(三)执行器

执行器的特性将直接影响到调节系统的调节质量。

执行器由执行机构和调节机制组成。目前在空调自动控制系统中常用的执行机构有电动调节阀、气动调节阀、电压调节装置及电动执行器(电动风阀)等。

三、空调智能控制系统的组成

空调智能控制系统主要由控制管理软件、智慧路由器、空调控制器三部分组成。

1. 控制管理软件

控制管理软件从安全隐患考虑,设定一定的权限,使酒店管理人员在达到权限的条件下,可以对每一台空调进行实时控制和管理,让每一台分机空调在任何时间的运行状态都完全受控,避免突发状况。

2. 智慧路由器

智慧路由器以电力线载波通信方式为主体,无线通信为辅助,把室内温度、有无人员等各项数据集中送到局域网服务器,并与客房入住系统相结合:在客人入住前的5分钟自动打开强力模式;如果没有客人入住则开启换气模式。管理人员可以在任何地方登录智慧路由器,观测空调运行状态。

3. 空调控制器

空调控制器是应用于空调智能控制系统的一个控制终端。每个空调控制器作为空调控制节点,使用插头插于空调专用插座上,与市电线路连接,具有电力线载波通信的功能,能通过供电电力线与智慧路由器保持互通,接受和执行各种指令,并将执行结果和数据送回路由器。

四、空调的设置

空调可以设置为普通、循环、强力、强制、睡眠、恒温等模式,可以自动切换运行。

1. 空调普通模式

客房无人入住时则关闭空调,如果有客人在预订时间入住,则在客人入住前5分钟开启空调,客房无预订时则待检测到客人进入房间后开启空调。

2. 空调循环模式

已租房无人时,空调自动每小时开启 5 分钟,维持房间空气和适当温度;待租客房自动每小时打开排气扇通风,同时开启空调通风。

3. 空调强力模式

客人登记入住时,前台开房,客房空调立即打开进入强力模式,使房间迅速达到舒适的温度。

4. 空调强制模式

酒店可对空调温控器设置最低默认运行温度和温度智能调整时间频率,温控器可智能人性化调整温度曲线,最终按照默认温度运行,达到智能节能的效果。

5. 空调睡眠模式

睡眠模式设置一定的温度,既可以保护客人身体健康,同时也达到节能效果。

6. 空调恒温模式

已租 VIP 客房无人时,空调自动维持房间温度在偏离 2℃之内。

空调智能控制系统的多种运行模式,让酒店的客房温度始终保持在最舒适状态,并达到节能的效果。

任务 4　通信系统

通信系统总体架构主要包括以下几个方面。

(1) 大屏显示系统:用于显示接入的监控图像、视频会议图像,以及计算机接入的信息。

(2) 图像接入系统:用于将各类监控图像接入本系统。

(3) 视频会议系统:由 MCU、视频会议终端组成并构建在网络上的一套远程视频会议系统。

(4) 通信系统:可以接入手机、有线电话、无线集群通信、卫星通信、IP 数字网络电话的一套通信系统。

一、语音融合

以往在酒店实际应用中,语音通信、视频会议、视频图像监控都是独立的三个系统,为了快速调度和指挥,首先需要音频通信的融合实现统一通信。其原则是统一调度、快速调度、及时响应和高效准确。为了实现这个原则,对信息系统中的视频会议、视频监控等所有输入系统的语音进行融合,充分利用公共与专用通信网络、有线与无线通信资源,并将它们整合为一个统一的通信平台,将各种模拟语音信号(如有线电话、无线电话、卫星信号、视频会议语音、视频监控语音)通过模拟数字转换接口转换成数字 IP 信号,转换后的信号可以任意分组,实现多方通话,处置不同的突发事件,以实现与各级信息系统及与突发公共事件现场之间的统一调度、快速调度、及时响应和高效准确。

目前主要的通信手段有 PSTN、短信通信、移动通信(手机、集群、卫星)等。

二、计算机多媒体互动系统

如前面所述,从用户角度来说,智能电视终端是智能电视互动系统,通过电视屏幕能与酒店客人进行最大限度的互动,通过电视机自身的遥控器,可以实现播放开机视频、酒店介绍、直播、点播、点餐、一键退房、酒店附近搜索等功能。在这里主要介绍其互动功能。

(1) 信息服务或查询功能。以视频、语言或者文字的形式向客人传递信息。例如,可以宣传视频的形式对酒店周围的环境及便利设施进行介绍,在提供当地的旅游攻略及美食推荐的同时,可以提供相应的预约方式,再通过酒店的系统进行预订。系统管理员除了将酒店信息通知给客人外,也可以将一些重要通知、天气预报等各类公共信息进行编辑,发送到客房,如酒店、客房设施、康乐服务、商务中心等的介绍。

(2) 客房服务功能。客人可以通过客房的设备直接将需求发送到酒店的系统上等待服务人员的解决,如订餐、订单查询、点餐、快速退房等。

(3) 影音娱乐功能。提供电视节目及视频点播服务、录播比赛视频等。

任务 5　背景音乐系统

一、背景音乐系统介绍

客人在酒店入住体验上,必不可少的就是背景音乐的氛围烘托。客人在入住酒店客房时,如果酒店内没有音乐,酒店气氛就会略显冷清。如果是在客人插卡取电的一刹那,能够响起舒缓的背景音乐,就会让客人瞬间感受到酒店满满的诚意与温暖。

背景音乐系统,可以让曼妙的音乐在酒店各个房间中自由穿梭流动,呈现出来的是一种轻松愉快、温馨和谐的生活氛围,满足了喜爱音乐、追求高尚品质生活人士的需求。

因此,越来越多的酒店将背景音乐系统纳入酒店装修的范围内,成为现代酒店的新风尚。背景音乐的设置是通过专业布线,将声音源信号接入各个房间及任何需要背景音乐系统的地方(包括浴室、客房及阳台),通过各房间相应的控制面板独立控制房内的背景音乐专用音箱,让每个房间都能听到美妙的背景音乐。

(一) 公共广播系统

酒店内设有公共广播系统,部分楼层或区域的使用功能和要求不尽相同,因此,公共广播系统内部设置紧急状态联动控制器,从而实现在广播系统处于关闭状态时,当遇到紧急情况,整个系统能够自动开机,并自动进入紧急广播状态。

客房广播系统除了全天候播放优美动听的音乐以外,还应具有消防紧急广播功能,当楼内发生意外事故时,客房广播系统自动接入酒店公共广播系统,对出事区域进行消防紧急广播。

每一间客房内的扬声器通过床头柜控制面板调节音量大小,床头柜控制面板应配备紧急广播切换器,保证在紧急广播状态时能够调节音量控制器,实现最大音量广播。

(二)背景音乐系统

酒店房间内设有背景音乐系统,不同的时刻会自动播放背景音乐。背景音乐系统支持如下场景。

(1) 欢迎场景:客人进入房间,喜爱的音乐缓缓响起。

(2) 洗浴场景:舒缓的音乐伴随着水流声让客人全身放松,释放压力。

(3) 音乐疗法场景:当客人心情不快或生活压力导致情绪低落时,可以打开音乐疗法场景,背景音乐系统可根据客人不同的心情播放相应的疗法音乐,让客人在音乐中忘却不快的烦恼,减缓生活压力。

酒店背景音乐系统的云平台支持用户推荐系统,可根据客人的习惯和喜好推送相关音乐,客人也可自己点播和定制音乐。由于背景音乐系统支持多种控制终端,因此该系统需要开放接口,并支持微信、App 或电视端控制。

二、背景音乐功能介绍

1. 公共广播功能

公共广播功能可以起到宣传、播放通知、找人等日常基本功能。

2. 自动播放功能

利用广播系统实现警示通知、温情告知、背景音乐等公共场所常用音乐的自动播放。根据酒店的时间安排,编排每天的自动播放列表,主控管理电脑实现自动开关机,默认执行当天的播放列表,按顺序自动播放,达到无人值守的功能。

3. 消防报警报功能

背景音乐系统兼容酒店紧急消防触发信号,可由广播系统自动将火灾信号播放到本系统中。在紧急情况下通过广播疏散店内客人,即一旦出现诸如火灾等突发性紧急事件时,可在消防值班室向有关楼层作紧急广播,以使人们能及时有序地紧急撤退疏散,尽量减少灾害事故所带来的损失。

4. 多套节目同时播放

广播系统平时向楼层的公共场所播放背景音乐,可同时不限量地在各区域内播放不同类型的音乐,使人们置身于一个轻松怡情的环境中,不同的功能区域播放不同的背景音乐。

5. 客房点播功能

客人可以在酒店房间内点播背景音乐,选择喜欢听的音乐进行欣赏。星级酒店往往为涉外单位,酒店通过该系统能提供不同国家的音乐、不同风格的音乐供客人进行个性化点播。

三、背景音乐需求

一般客房系统的背景音乐需求如下。
（1）呈现精美清晰的界面，双声道立体声，并有闹钟提醒功能。
（2）内置 8GB 内存卡，存储音乐。
（3）通过蓝牙连接手机，播放手机中的音乐。
（4）可播放电视音源。
（5）结合灯光效果，打造各种场景，极大地提升客人的体验感。
（6）针对会员客人的喜好进行音乐定制和定向推送，让客人拥有超级震撼的体验。

任务 6　客房控制器

一、客房控制器概述

客房控制器（room control unit，RCU）是中高档酒店及智能建筑、智能家居行业的专用术语，在酒店部署客房控制系统时使用的较多。客房控制器 RCU 具备微处理功能，即集成 MCU（micro control unit），能通过无线控制所有的客房电器、灯具及插座等。RCU 箱通常置于衣柜上端，也可置于吊顶内或床头柜后墙内。客房控制器 RCU 采用弱电控制强电，其核心设备采用微控制器，可在一块主板上采用多种通信方式，如图 3-1 所示。

RCU 是酒店智能可控系统的核心，RCU 的主要作用就是实现对酒店的整体管理，提高酒店的服务水平和实现酒店电气设备的智能化。

图 3-1　客房控制器 RCU

RCU 常见的功能主要包括以下几点。

1. 房间照明系统控制

房间内的照明可以自动变化，如根据客人的入住情况，自动开关可以实现各种场景的转换，实现客房的人性化操作。这是通过用弱电流控制强电流来实现的。

2. 智能识别

RCU 通过智能识别不同身份的人实现对客房控制权的分配和设置，可以更好地保证客房的安全性和私密性，是高级酒店不可缺少的一个环节。

3. 送餐服务

RCU 可以为客人提供友好的送餐服务系统，客人可以及时打电话联系服务人员，服务人员也可以提前提供送餐服务，使服务达到更高的水平。

RCU 应该是高度智能化的，包括硬件和软件。另外，酒店要将 RCU 与酒店管理系统相结合，将客房信息实时反馈到酒店管理系统，消除手工统计和反馈的环节，使工作效率最大化。

二、客房控制器的使用优势

(一)节省酒店建设和改造成本

(1)客房控制器采用自复位开关,弱电控制强电,节省强电线、镀锌管、开线槽人工费等;采用 P-BUS 总线技术,含有一键总控和一键退房等功能,节省工程费用。

(2)客房控制器自带 WiFi 系统,信号稳定,覆盖面广。

(3)客房控制器含有传统装修必须配备的门显、智能插卡取电开关、空调调节器、电子门铃等各种设备。

(二)综合节能效益明显

(1)通过对客房及其他区域空调末端进行智能网络远程控制,可以取得非常可观的经济效益,夏/冬季每升/降温1℃,可取得 5%～8%的节能效果。

(2)通过对灯光智能控制、电器智能控制节能,对不同身份人员的控制权限分别进行设置,杜绝非法取电。

综合上述两项,客房控制器可以为酒店节省相当可观的电能费用,以一个 200 套客房规模的中型酒店为例,如果对客房温控器进行智能控制,节能效果为 200(客房数)×365(每年天数)×3(每日省电 3 度)×70%(入住率)1 元/度＝153 300 元(酒店所有客房每年节省的电费)。通常只需 24 个月,酒店便可收回智能客控的投入成本。

(三)提高管理水平、降低运行费用、延长设备使用寿命

(1)提升酒店员工管理效率。系统软件可以全面监测客房服务状态,当客人有"清理""退房"等请求时,系统软件可以及时显示并发出声音报警,并且对服务人员的响应时间做出客观记录,便于酒店考核管理。此外,由于系统可以对客人身份进行智能识别,酒店可据此为相关客人提供有针对性的个性化服务。

(2)提升工程维护人员的管理及效率。系统软件可以实时监测设备运行状态,对设备的故障运行及时做出提示响应,避免设备"带病"工作,节省人力资源,方便工程管理,同时有效延长设备使用寿命,为酒店增效增收。

(四)为客人提供更加安全、健康和人性化的环境和服务

(1)弱电操作面板无辐射,使用及维护更加安全;SOS 紧急呼叫按钮,第一时间应对突发事件;电力系统合理配置,有效扩容,避免设备及线路超负荷工作,消除事故隐患。

(2)远程网络空调控制,让客人入住时客房内温度已变得舒适;客房"有/无人""请稍候""请即清理"等尽显人文关怀;客房无人时卫生间智能换气排风,时刻保持客房内空气清新;系统有"开房""欢迎""睡眠""外出""退房"多种控制模式,方便客人使用,也可进行场景自定义。

(五)极大地提升酒店的档次及影响力,为酒店评定星级加分

国家旅游局颁发的《旅游饭店星级的划分与评定》(GB/T 14308—2003)中重点加大了对酒店客房智能化、体验度、舒适度、节能量这些方面的加分力度,客房控制器投入的费用远低于客房其他硬件设备所投入的费用,同时还可以提高酒店的入住率。

（六）与其他系统紧密关联，降低酒店的综合成本

（1）客房控制器与酒店管理软件无缝对接，让酒店管理更高效、更智能。

（2）客房控制器可以通过智能取电开关读取感应门锁卡信息做出身份识别，并进行相应的智能控制；客房控制器通信网络共享酒店内现有的局域网资源，无须单独构建网络，并可对空调温控器等进行远程控制。

三、智慧酒店客控系统解决方案功能一览

表 3-2 列举了智慧酒店客房控制系统所需的功能，酒店可以根据需要进行配置。

表 3-2 客控系统解决方案一览

序号	主要功能	系统功能简要说明
1	WiFi、无线 AP 覆盖功能	系统提供 WiFi、无线 AP 覆盖功能，无线信号稳定，覆盖面广
2	请稍候及 SOS 紧急呼叫	卫生间自带 SOS 求救功能，客人在遇到紧急情况时可以及时通知酒店后台监控中心，即时响应
3	采用弱电控制强电方式	专利技术；布线采用 P-BUS 总线技术，一根网线可连接多个开关，节省强电负载线、线管和施工费；弱电控制强电，延长开关使用寿命
4	智能手机或移动终端	可使用手机或 iPad 等移动终端登录，进行房间灯光、空调窗帘等设备控制
5	多种功能请求服务	请勿打扰、请即清理、请稍候、退房、SOS 等服务功能，可以通过客房内部连体面板功能键信号与门显自动对应，同时后台监控中心可以实时了解客房运行状态，提高服务效率
6	房态状态数据监控系统可对房间的房态进行监控	可远程监测房间的客房门的开关、窗的开关、有人无人、空调运行状态、人员身份、电器等，所有在线设备运行自动监控
7	客房设备故障远程监测	通过系统软件可远程诊断 SOS、空调、通信等设备运行状态，故障报警
8	9 种灯光场景模式设定	系统预存从开门、欢迎、会客、休闲、阅读、睡眠、外出、退房多种房态模式，房间内空调、灯光、窗帘等电器根据房态模式运行
9	卫生间红外控制	卫生间红外探测，自动开/关卫生间灯具和排风扇；探测卫生间无人时 4 小时开排风，15 分钟除异味
10	智能起夜模式	采用特殊方向传感器，当客人起夜时，夜灯自动开启，客人上床后夜灯关闭
11	空调模式控制	空调可按设定、时间段、上下限、强制等多种模式控制
12	走廊灯光控制	根据红外探测、光照度、时间段等数据按一定算法智能控制走廊灯光
13	多功能智能门显	五合一门外显示，可显示酒店 Logo、门牌号、请即清理、请勿打扰、请稍候、电子门铃。客房有客人入住时，门牌显示蓝色；无人入住时门牌显示白色，减少客服人员工作失误
14	门磁超时报警	若开门时间超过系统设定时间，系统自动报警，提高客房的安全性
15	酒店管理数据库	系统数据库可对房态、电气设备、工程人员、服务人员等数据进行存储和数据查询，为酒店投资人及酒店管理者定期提供有价值的参考数据，提高酒店入住率
16	与 PMS 酒管软件联网	本系统可与国内专业的酒管软件联网，可根据酒店管理软件的数据自动改变房间的状态和数据，给客人提供更方便快捷、更舒适、更人性化的服务

> **知识拓展**

智能控制系统

一、智能控制系统的主要功能特点

1. 学习功能

一个系统如果能对一个过程或其环境的未知特征所固有的信息进行学习，并将学习所得到的经验或知识用于进一步的估计、分类、决策和控制，从而使系统的性能得到改善，那么就称为学习系统。

2. 适应功能

这里所说的适应能力比传统的自适应控制中的适应功能具有更广泛的含义，它包括更高层次的适应性。智能控制系统中的智能行为实质是一种从输入到输出之间的映射关系。它可以看成是不依赖模型的自适应估计，因此它应具有插补功能，从而可给出合适的输出。甚至当系统中某些部分出现故障时，系统也能正常工作。如果系统具有更高程度的智能，它还能自动找出故障甚至具备自修复的功能，从而体现了更强的适应性。

3. 组织功能

组织功能指的是对复杂的任务和分散的传感信息具有自行组织和协调的功能。该组织功能也表现为系统具有相应的主动性和灵活性，即智能控制器可以在任务要求的范围内自行决策、主动地采取行动；而当出现多目标冲突时，在一定的限制下，控制器可有权自行裁决。

二、智能控制的发展趋势

随着智能控制应用方法的日益成熟，智能控制的研究领域必将进一步扩大。除了高级机器人、过程智能控制和智能故障诊断外，下列领域将成为新的应用领域：交通控制（如高速列车、汽车运输、飞机飞行控制等），用于 CAD、CIMS 和 CIPS 的自动加工控制，医疗过程控制、商业、农业、文化教育和娱乐等。

当代最高意义上的智能自动化要算机器人的进步和应用。机器人从爬行到直立行走，现在已经能用手使用工具，能看、听、用多种语言说话，并能可靠地去干最脏、最累、最危险的活。据统计，目前世界上有将近 100 万个机器人在各个生产线上工作，美国和日本在核反应堆中使用机器人，印度科学家在 2002 年 8 月 27 日也宣称，他们已经研制出 6 条腿的机器人用于核电站工作。

智能机器人进入社会服务业，可以当出租车司机、医院护士、家庭保姆和银行出纳等。因此，智能机器人将逐渐代替人类的复杂劳动，解放人类的身体，提高未来休闲时代的生活质量。

决策系统、专家控制系统、学习控制系统、模糊控制系统、神经网络控制、智能规划和故障诊断等智能控制的一些研究成果，也被应用于各类工业（电力、化工、冶金、造纸等）生产过程控制系统和智能化生产（制造）系统，比如飞行器制造、汽车自动驾驶系统等。

智能技术广泛应用于社会，有利于提高人民的生活质量，提高劳动生产率，提高全社会的文化素质，创造更高的就业率。目前，在世界范围内，智能控制和智能自动化科学与技术正在成为自动化领域中最兴旺和发展最迅速的一个分支学科，并被许多发达国家确认为面向21世纪和提高国家竞争力的核心技术。酒店智能化并不是单纯地做几个自动化系统。首先,智能酒店必须围绕客户的具体需求来进行建设,即以人为本,设身处地站到客户的立场去想,做人性化设计;其次,智能酒店要做到智慧的管理,将智能系统集成到统一平台管理,提升容错率,解放人力、物力,提升管理效率。这将有效降低管理成本,提高酒店的竞争力。因此,不仅是新建酒店已将智能化系统纳入建设范围,甚至许多经营中的酒店也越来越多地意识到智能化的重要性,开始重新考量酒店的未来,布局智能化。

项目小结

本项目主要介绍了酒店客房智能控制系统的构成,以及各个子系统的功能和结构,包括电视与卫星系统、空调智能控制系统、通信系统、背景音乐系统、客房控制器等。所有通过该系统控制的客房内受控设备,既可以由宾客在客房内进行本地控制,也可以由经过授权的酒店工作人员在酒店局域网相应的计算机终端上进行远程设置和控制。

案例分析

泰安宝龙福朋喜来登酒店

泰安宝龙福朋喜来登酒店就是一个典型案例,它坐落于泰安城市交通要道,酒店拥有300间客房与套房、恒温标准泳池、健身俱乐部及近2 000 m²的会议与活动空间。这些设施在如今林立的酒店中已经没有特色而言,于是喜来登酒店便将目光转向了智能化。

福朋喜来登酒店智能化系统的设计者为其打造了包括客房智能控制系统、电视互动系统、影音防打扰系统及城市广场互动App等在内的智能子系统,从各个方面实现安全可视化、服务智能化及管理化。

客房智能控制系统可以根据客人的喜好提前对灯光、空调、浴室、背景音乐等进行预设,给入住客人带来宾至如归的体验,增加其满意度。在客人进入客房休息后,影音防打扰系统可自动调整音乐模式,屏蔽外界的嘈杂,让客人在最舒适的状态中休息;而当有人靠近时,系统会将视频传入手机屏,给予客人充分的隐私感;利用电视互动系统,客人能随意进行远程会议、订购服务等,千里之外一样能交流互动;此外,客人还可以利用互动App系统订购各种特色服务,最大限度地满足客人的人性化需求。

请根据以上案例,回答以下问题。

泰安宝龙福朋喜来登酒店客房智能控制系统给入住客人带来宾至如归的体验,提高了满意度,说说该酒店的客房智能控制系统有哪些优点?

项目练习

一、简答题

1. 简述客房智能管理的功能。
2. 简述电视与卫星系统设计的要求。
3. 简述空调智能控制系统的组成部分。
4. 简述客房通信系统总体架构的构成。

5. 简述酒店客房控制器的使用优势。

二、思考题

1. 客房智能系统主要包括哪些内容？
2. 空调智能控制系统的含义是什么？
3. 背景音乐系统包括哪两个子系统？
4. 什么是客房控制器 RCU？
5. 客房控制器 RCU 有哪几个常见的功能？

三、选择题

1. 客房空调冬季温度设在（　　）。
   A. 20～26℃　　　　　　　　B. 18～19℃
   C. 20～21℃　　　　　　　　D. 18～23℃
2. 以下不属于空调自控系统的是（　　）。
   A. 调节器　　　　　　　　　B. 传感器
   C. 执行器　　　　　　　　　D. 变压器

四、运用能力训练

1. 参观星级酒店，感受客房智能控制系统的功能，进行归类总结。
2. 设计一个酒店客房智能控制系统解决方案。

项目四

餐饮数字化管理

知识目标

1. 理解餐饮管理的特点和内容。
2. 理解餐饮管理系统的内涵。
3. 了解智能预订排叫号系统。
4. 了解自动点菜系统。
5. 了解餐饮结算系统。

能力目标

1. 能够熟悉餐饮管理系统的内涵。
2. 能够熟悉智能预订排叫号系统。
3. 能够熟悉自动点菜系统。
4. 能够熟悉餐饮结算系统。

任务分解

任务1　酒店餐饮管理概述
任务2　餐饮管理系统
任务3　智能预订与排队叫号系统
任务4　自助点餐系统
任务5　餐饮结算系统

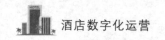

> **任务导入**
>
> ### 麦当劳合作：智慧化餐厅，体验才是王道
>
> 微信支付和麦当劳的合作开启。这一次，微信支付又直接"包"了一整家麦当劳店，智慧餐厅落实进麦当劳店内的每个体验细节。
>
> 顾客进入一家麦当劳店用餐，一般需要经过3个阶段：点餐—支付—用餐。微信支付显而易见也对用户用餐流程进行了琢磨：用户到店先摇一摇获得优惠券，然后直接找座位入座，扫桌面二维码微信点餐后直接使用刚获得的优惠券微信支付买单，支付完还可以和好友互动分享，将麦当劳优惠券等信息分享给其他好友，真正实现了"数字化用餐"。
>
> 除此之外，麦当劳的微信支付旗舰店内，从店头到店面，从餐桌到店员，店内的每个设计细节不但将微信支付简约、时尚的气质与麦当劳的经典设计进行了融合，更是在"智慧餐厅"的实践上融入了麦当劳"快乐""分享"的品牌理念，不仅完成了麦当劳支付方式的升级，还将微信红包、微信转账、点赞、摇一摇等微信独有的基于社交分享的产品体验融入了整个就餐体验，打造出"快乐不止一点"别具一格的智慧餐厅体验，这家店成为麦当劳全球首家微信智慧餐厅，获得了用户广泛的关注。微信支付也是将其作为微信"智慧餐厅"的一个"范本"，对其他餐厅，甚至是其他传统线下门店都能提供可复制性的营销经验。

 任务 1　酒店餐饮管理概述

一、餐饮部的主要功能

1. 餐饮部是酒店对客服务的主要部门

酒店的基本功能就是住宿和饮食，作为旅游酒店，餐饮是酒店客人的主要活动之一，因此，餐饮部要为客人提供酒水饮料、食品和服务，满足客人的需求。餐饮部员工热情大方、彬彬有礼的服务态度，专业地道的服务技巧，细致周到的服务内容，都可以提升客人的满意度，超越客人的期望值。

2. 餐饮部是酒店营业收入的主要部门

餐饮收入是酒店收入的重要组成部分。餐饮部是酒店获得经济效益的重要部门之一。一般来说，餐饮收入占酒店总收入的30%～40%。在酒店经营中，餐饮也是平衡酒店经营中季节性收入差异的主要手段之一。比如，在旅游淡季，当客房的出租率比较低的时候，餐饮部推出特色风味菜式，通过营销活动，重点拓展餐饮市场，增加餐饮的营业收入。有时候餐饮的收入甚至可以超过客房的收入，进而提高酒店的总营业收入。

3. 餐饮部的服务和管理影响酒店声誉

餐饮部管理水平的高低,是通过优良的服务来呈现给客人的。同时,客人也可以通过餐饮部提供的产品质量来判断酒店的服务质量与管理水平。因此,餐饮部管理水平的高低与服务质量的优劣,会直接影响酒店的声誉,影响酒店在消费群体中的口碑,甚至会影响酒店的客源市场和经济效益。

4. 餐饮部是酒店市场营销的重要组成部分

酒店的主要产品是客房和餐饮,在酒店的档次和设施设备相同的情况下,餐饮和相关服务常常被客人作为选择酒店的重要参考因素。因此,餐饮会成为酒店市场营销的先导,起到市场拓展的作用。与酒店的其他部门相比较,餐饮部在市场竞争中具有开拓性、灵活性和多变性。

二、餐饮部的工作任务

1. 餐饮产品的生产和销售

餐饮部是酒店的一个重要营业部门,负责生产和销售酒店的菜品和酒水饮料,向客人提供餐饮的有形产品,满足客人的需求。餐饮部设有中餐厅、西餐厅、宴会厅、咖啡厅、酒吧、厨房等,提供适合客人口味的中餐菜肴、西餐菜肴、不同品种的咖啡、各种酒水等餐饮产品。

2. 确保提供优质服务

餐饮部要制定服务质量标准,建立服务质量的监控体系,制定餐饮部各个岗位的操作规程,严格检查监督,不断改善服务细节,以个性化服务提高客人对酒店餐饮服务的评价,提高餐饮产品的出品质量,满足客人不同口味需求;对常客提供寄存酒水服务、建立客史档案、记住客人的就餐爱好等,创建服务特色,提高市场竞争力。

3. 控制餐饮成本,提高盈利水平

酒店餐饮部的利润来自餐饮产品销售价格和销售成本之间的差额。餐饮部门成本控制涉及一系列环节,在保证食品质量、数量符合标准的前提下,尽量减少损耗、降低成本,提高酒店的盈利水平。

4. 加强人员管理,提高生产效率

餐饮部必须合理地进行定编定岗工作,根据劳动定额指标,合理组织人力和安排好员工的工作、休息时间,在保证食品质量和服务质量的前提下,最有效地使用人力资源,降低人工费用。酒店企业的设备不断更新,技术构成逐步提高,这就要求餐饮从业者既能掌握先进的物质技术设备,又能针对客人的心理需求提供高质量、高效率的服务。

5. 确保食品卫生和饮食安全

保障客人的就餐安全是餐饮部工作的首要职责,它直接影响酒店的声誉和形象。因此,酒店餐饮部必须加强食品卫生和饮食安全的管理,强化预防措施,确保食品卫生、环境卫生和员工个人卫生都符合要求,同时还要杜绝食品污染、食品中毒事故的发生。

6. 不断进行餐饮创新和发展

餐饮部应在继承传统的基础上,根据市场需求,不断研发新菜品,提供可以满足个性需求的特色产品和服务。餐饮部应注意随时处理好客人的特殊需求与酒店固定产品服务的关系,工作制度原则性与服务灵活性的关系,客人心理变化与相应服务调整的关系等。

三、餐饮部的管理特点

(一) 生产过程短,难以储存

餐饮产品生产是通过对食品原材料的加工、切配、烹调制作来完成的。产品生产过程短,一份产品的制作往往只需要几分钟或十几分钟,即使是一次宴会也只需要几个小时。产品烹制完成后,必须马上销售,否则产品的色、香、味、形都会受到影响,不能满足客人的消费需求。因此,餐饮管理具有很强的时间观念,必须将食品原材料的采购供应、加工切配、烹饪制作和销售服务形成一个整体。餐饮管理要坚持产品生产一条龙服务,正确处理生产过程中各个环节的关系,保证其衔接和协调。

(二) 经营方式灵活、收入弹性大

餐饮部的收入在酒店收入中占有较大的比重,经营管理好的餐饮部收入会超过客房收入。因为酒店客房的最高日收入是一个常量,这是由于客房的数量和租金是固定的,而餐饮的最高日收入是一个变量,这是由于餐饮的日接待人数和人均消费额是不固定的,因此餐饮的收入可变性大。由于餐饮是手工劳动创造的,所以是一种技术性、艺术性都很强的复杂劳动,同时又能满足客人的心理需求。

餐饮的市场价格可较大地偏离成本价格,可以增加酒店的经济收入;由于餐饮部的销售量是不固定的,通过各种措施,加强经营管理,也可扩大销售量,增加收入;由于餐饮是酒店的实物产品,通过精打细算,减少原材料消耗,降低成本,也可以增加毛利。所以,餐饮收入与经济效益有较大的关联性,管理得好,收入多,毛利多;管理得不好,收入少,毛利少。这就是为什么许多酒店选择在餐饮上动脑筋,加强经营管理,力求扩大餐饮销售量,降低成本以增加收入,提高经济效益的原因。

(三) 花色品种多,技术要求高

餐饮产品有各种不同的风味,在长期的历史发展中又形成各种菜系和派别,中国菜肴品种繁多,约有一万种。因地理位置、风俗习惯、饮食爱好不同,形成了中国菜的千差万别、风味各异。从口味上讲,中国菜素有南甜、北咸、东辣、西酸之说,最能够代表中国菜特色的著名八大菜系:即四川菜系(川菜)、山东菜系(鲁菜)、广东菜系(粤菜)、淮扬菜系(苏菜)、浙江菜系(浙菜)、福建菜系(闽菜)、安徽菜系(徽菜)、湖南菜系(湘菜)。除"八大菜系"外还有一些在中国较有影响的菜系,如东北菜、冀菜、豫菜、鄂菜、本帮菜、客家菜、赣菜、京菜、清真菜等菜系,每一种菜系又能烹制出成百上千个品种。

就一个具体的餐厅而言,一般要安排几十个花色品种。随着季节和客人需求的变化,这些花色品种常常不断调整。在销售过程中,每一个品种所生产的份数又比较少。餐饮管理

事实上是一个多品种、少批量的生产管理过程。从技术要求的角度看,餐厅每一个品种的主料、配料、调味料和烹制方法各不相同。产品质量关键取决于厨房的技术力量和厨师的高超技艺。因此,餐饮管理必须合理选择经营风味和花色品种,加强技术力量的培养,发扬优良传统特色;树立应变思想和竞争观念,坚持继承和发展相结合,扬长避短,推陈出新,合理安排和适时调整花色品种,生产出独具特色的风味产品,办出经营特色。

(四)精美的食品和周到的服务互为条件

酒店餐饮工作主要包括食品生产和餐厅服务两大部分。厨房生产的食品是餐厅服务的物质基础,餐厅服务是厨房生产食品的继续和完善。只有精美的食品,没有高质量的服务不行;只有高质量的服务,没有精美的食品也不行。餐饮不仅能满足客人的生理需求,它作为一种文化和艺术的反映,还能满足其寻求文化艺术的心理需求。客人希望得到良好的餐食,也希望得到亲切周到的服务,这样才能在物质上和精神上都得到满足。因此,精美的食品和周到的服务二者是紧密配合、互相辉映、缺一不可的。

(五)成本构成复杂,管理不易控制

餐饮经营成本包括食品原材料成本和流通费用。其中,食品原材料品种成千上万。在生产过程中,各种原材料的拣洗、宰杀、拆卸、涨发、切配方法和配制比例各不相同,原材料耗损程度差别很大,它们在不同的餐饮产品中,既可作主料,也可作配料或调料。此外,还有水电燃料、餐茶具、清洁用品、服务用品消耗和劳动工资、折旧等费用。因此,其成本构成十分复杂。

在餐饮管理过程中,食品原材料要经过采购、储藏、领料、发料、加工、切配和炉灶制作过程,容易发生腐烂、丢失、耗损、报废等现象,使成本管理不易控制。因此,餐饮管理必须加强成本控制,要建立一套成本管理制度,做好成本核算和成本分析,要正确掌握毛利,随时掌握实际成本消耗,加强成本考核,才能切实降低消耗,提高经济效益。

四、餐饮部的组织机构设置

(一)餐饮部的组织机构

酒店餐饮部组织机构一般按照酒店的规模和实际的需要进行设置,酒店通常分为大型酒店、中型酒店和小型酒店三种。餐饮部的组织机构,根据酒店的规模和类型会有所差别,但基本的原则是一样的。

餐饮部的组织机构如图4-1所示。

(二)餐饮部各机构的职能

1. 餐厅部

餐厅部直接向客人提供食品、饮料和良好服务,取得合理的经济收入。根据其所提供的食品、饮料和服务的不同,酒店餐厅可分为零点餐厅、咖啡厅、酒吧、风味餐厅、自助餐厅、客房送餐等。

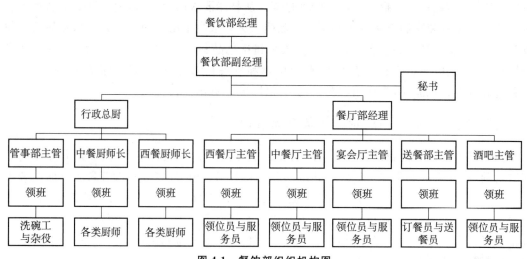

图 4-1 餐饮部组织机构图

(1) 零点餐厅又称点菜餐厅,主要针对散客。零点餐厅是酒店的主要餐厅之一,供应中西餐点。零点餐厅忙闲不均,客流大小不一,营业时间比较长,工作任务比较多,对员工的要求也比较高。

(2) 咖啡厅又称咖啡茶休闲餐厅,供应茶、咖啡和比较简单而又大众化的西式菜点和饮品。

(3) 酒吧是专供客人享用酒水饮料、休息和娱乐的地方,主要供应中式、西式酒水饮料和小吃。通常酒吧上午只是开吧和领货,可以少安排人员;晚上营业繁忙,应多安排人员。

(4) 风味餐厅又称特色餐厅,酒店根据服务对象的不同需要,设立风味餐厅,以便发挥自己的特长,满足客人的需要。

(5) 自助餐厅是一种快餐厅,也称西餐厅,它主要供应西式菜点,但也供应中式菜点,具有节省用餐时间、价格低廉、品种多、风味不同的优势,颇受客人的欢迎,是酒店餐饮部的重要餐厅。

(6) 客房送餐是酒店为满足客人多样化的就餐需求提供客房送餐服务。客房送餐也会接受前台的指令,为酒店的 VIP 客人送上鲜花和水果。

2. 宴会部

宴会部接受客人的预订,承办各种类型的宴会、酒会、招待会等活动,并根据客人的要求及宴会的规格,设计菜单,布置厅堂,备餐铺台,同时为客人提供完整的宴会服务。

3. 厨房部

厨房部是酒店的主要生产部门,负责整个酒店所有中式、西式菜点的准备与烹饪,满足不同客人的饮食需求,还负责厨师的培训、菜点的创新、食品原料采购计划的制订,以及餐饮部成本控制等工作。

4. 采购部

采购部是酒店餐饮部的物资供应部门,它根据实际需要以最有利的采购价格,按时、保质、保量地为餐饮部组织和采购所需的物品,特别是食品原料和酒类饮料等。物品采购后要分类入库储存、妥善保管、及时发放,保证餐饮部的正常运营。

5. 管事部

管事部负责打扫厨房、餐厅、酒吧等处的环境清洁卫生,承担所有餐具消毒、存放、保管和控制,及时将用过的各种布草送交洗涤部门进行洗涤。此外,管事部还要支援餐饮部各部门的临时需求,并负责培训和提高保洁员的业务技术水平。

五、餐饮管理的内容

餐饮管理是指对餐饮产品生产过程、销售过程及餐饮服务的管理,是餐饮部的管理者合理地使用人、财、物资源,充分提高宾客的满意程度,以取得最好的经济效益和社会效益的活动的总称。

餐饮管理的内容包括以下几个方面。

(1) 菜点及厨房的管理

菜点是餐饮产品的重要组成部分,因此对菜点的生产、销售全过程的管理是餐饮管理的首要内容。从前期目标市场的选择到菜单的制作及菜点原材料的采购、验收、储藏和发放,再到菜点的烹饪及菜点烹饪场所——厨房的管理都属于餐饮管理的范畴。菜点本身质量的管理主要包括对菜点的卫生、色、香、味、形、温度的管理与控制。其中产品生产全过程的成本核算及成本控制非常重要,这会直接影响酒店的经济效益。

(2) 餐饮服务及餐厅的管理

餐饮服务是无形产品,也是餐饮产品的重要组成部分,客人在享受美食的同时,还享受优质的服务。因此,必须加强对餐饮服务的管理,制定相应的餐饮服务标准、餐饮服务的程序和餐饮服务规范。而餐厅是客人就餐的场所,也是餐饮产品销售的场所。餐厅的环境设计,以及由此营造的气氛,也是餐饮产品的一部分,在管理上必须受到应有的重视。餐厅的装饰要有创意、有特色、美观大方,体现出文化和艺术的气质。餐厅员工要热情友好、彬彬有礼、服务周到,超越客人的期望值。

(3) 酒水及酒吧的管理

酒水是指供客人饮用的酒及饮料。酒水的销售收入是餐饮部的重要利润来源,因此,酒水的设计、生产、配制也是餐饮管理的重要内容。酒吧是酒水生产、销售的场所,酒吧的管理包括酒吧的布局设计、酒吧设施的管理。

个性化菜单

美国巴尔的摩市某酒店的菜单有早、中、晚餐之分。这可能与大多数酒店的餐厅没什么区别。但是只要留心观察,就能发现这个餐厅十分注重菜单的变化。

首先,午餐菜单内页每天都更换,如日期、星期、当日特色菜等,使客人感到每天都能体会到最新的服务,有一种亲切感。其次,对待VIP客人,总能在VIP客人到达餐厅之前做好有一定内容的个性化菜单。

六、餐饮部的工作程序

1. 设计菜谱

菜谱表明提供什么类型的饮食,是餐饮部门的工作基础。我国有的地方也把菜谱叫菜单。菜谱决定了需要什么设备、多少员工、采购方式和储存要求等,甚至还可以决定餐厅的设计、装饰、经济收益等。由于厨房制作的菜肴是经过印制好的菜谱销售出去的,菜谱也起了销售的作用。因此,菜谱的设计好坏直接影响餐饮部的工作。

设计菜谱可分为以下几个步骤。

(1) 了解客人的需要与要求。不同类型的客人有不同的要求,要做出调查和分析,如菜谱为哪些类型的客人设计,这些客人有什么爱好和要求,做到有的放矢。新开张的餐厅一定要做市场分析,找出餐厅应该接待哪些类型的客人,或者哪些客人有可能上门,他们喜欢什么口味等;还要从营养学的角度分析客人的心理,提供他们喜欢的菜式。不同国家的客人有不同的口味,对价格也有不同的概念,但有些基本的菜是大家都可以接受的,如海鲜、鸡肉、牛肉、猪肉等。

(2) 成本与利润。餐饮部对食品的成本控制需要精打细算,成本太高的菜不能计划太多,牢记成本的标准。档次高、成本高的食品不一定好卖,也不一定能盈利。成本控制与盈利有着辩证的关系,只要成本控制得好,价格定得合理,菜品满足客人的需求,迎合客人的口味,同样可以盈利。

(3) 食品食材能否买到。餐饮部在设计菜谱时,要了解菜谱所用的食品食材是否有货,在市场上能否买到。采购人员要将市场的行情报告主管人员,供他们设计菜谱时参考。

(4) 厨房设备的限制。餐饮部要了解清楚,厨房里有多少设备、一次能炒多少菜,菜谱的设计不能超出厨房设备的使用范围。厨房的场地和工作人员数量也在餐饮部考虑之列,他们能做出多少菜,场地允许做多少菜等。菜谱设计人员要向厨房人员了解炉头等各类设备的具体情况。

(5) 多样化与吸引力。菜谱的内容要丰富,品种要多样化,菜肴必须具有吸引力。菜的原料无非是猪肉、牛肉、鸡、鸭、鹅、鱼、海鲜、蔬菜等,但要多设计出一些花样。同时,菜肴要色、香、味、形俱全,才会有吸引力。

(6) 营养因素。随着生活水平的提高,人们对餐饮营养的要求也越来越高。餐饮部在设计菜谱时,应科学地研究营养元素。客人到餐厅就餐,并非仅仅为了填饱肚子,还要通过进餐摄取营养,增强体质。

(7) 书面要求。菜谱的字不要太小,方便老年客人或近视眼客人看清菜谱,字行之间要有一定的间隔,不能太密;菜谱的封面设计要精美,具有吸引力,但字不可太多;菜谱的字体要易于识别;菜谱要保持清洁,不能有汤水痕迹或污迹,最好用塑料封皮套上。酒水应标于菜谱之内,方便客人选用。

2. 采购

菜谱上的项目要经过采购才能逐步实行;采购食品的价格,将是决定客人付款标准的重要因素;采购食品的质量,将会影响餐厅供应食品的质量。菜谱的食品标准,又决定了采购的方针。因此,采购的职责是用最低的价格,买进最好的食品。

餐饮部的盈利首先从采购开始,采购的好坏与利润紧密相连。新鲜食品的需求量大,基本上需要每天采购。但新鲜食品如蔬菜和肉类每天的价格不同,采购人员要掌握价格,把握行情。采购人员每天填写一份采购单,单上标明一天所需要的食品项目和数量,然后将食品采购回来。

采购前,采购人员要检查三件事:第一,检查库存食品,查看当天需要多少,还剩多少,特别是新鲜食品如水果、蔬菜等;第二,检查肉类供应,查看当天需要多少;第三,检查日常预测表内的项目,该表格由餐饮部财会人员制定,根据前几星期或前几月的营业情况,估计每天进餐的人数和食品的需要量,该表能使采购人员在厨师的帮助下,具体制订出采购食品的项目和数量。

此外,酒店应有相当数量的库存食品,如罐头、调味品和其他能够存放的食品,以满足餐厅的日常需要。这类食品一个月只需采购一两次,大多数都用罐装或盒装,可以储存一段时间。

3. 验收

验收要把好食品质量关和数量关,不负责任的验收会使酒店蒙受经济损失。酒店每天都要营业,如果每天采购的食品都缺斤短两,日积月累,就是一笔很大的开支。因此,验收人员要作风正派、坚持原则、忠诚可靠,对所有采购的食品认真验收,保质保量,对不符合要求的食品要立即退回;对金额不符的账目要查问清楚;对验收的食品也要做好记录,以便查阅或分析之用。

验收员在验收食品的质量、重量、价格合格后,应在账单上签字,保留发票,注明售货人或单位、价格、数量等,然后将食品分别送往厨房或仓库,将发票和账单送至财会入账,打入成本。

4. 储存

食品购进之后,要尽快储存起来。酒店应配有足够的仓库用于食品的储存。干的食品、罐装食品、盒装食品等应放在干燥的仓库。仓库的温度要适宜,以防罐头爆胀或其他食品溢出;仓库要保持清洁,墙壁、地板、天花板的开口处要封好或保护好,以防虫害;食品应置于架上;先入仓的食品应先出仓;沉重的食品应放在靠近门口的地方,便于搬运。

仓库的钥匙应有专人保管,仓库应采取防范措施,以免食品被盗。容易变质的食品,如肉类、蔬菜等,应储存在冰库或冰箱里。冰库的温度要按规定调好,冰库里更应该注意卫生,肉应该挂起来或者放在通风的地方,牛奶和奶油要与有太重气味的食品分开放等,这些都是仓库人员要注意的事项。

仓库要有严格的发货制度,填表后经经理或厨师长批准方可领出,并要领货人签字。发货时应尽量先发放得久的食品。仓库的管理不善、手续不清、措施不严都会导致浪费、冒领、被盗等问题,造成经济损失。

5. 预备

食物在烹调之前,一定要经过预备阶段。食品预备包括清洁、除掉不可食用的部分、切开、剁碎、碾碎、成形等工序。食品预备的重要性不仅仅在于烹调和饮食的好处,也有利于成本的控制。预备阶段最容易浪费食品,要严密注视。众所周知,削土豆时如果不留意,很容易引起浪费。推而广之,水果、蔬菜、肉类、禽类、鱼类都是如此。食品预备如果不得法,也会影响食品的营养价值。例如,捣碎土豆时,会损失土豆中大量的维生素,但如果用牛奶或奶油盖在土豆表面,则会起到防止维生素流失的作用。

好的餐饮部经理必须熟悉食品预备的方法,了解厨师的技术,发挥厨师的积极性,确保食品的质量。厨房的工作通常由厨师长负责,他指挥所有的厨师和厨房工作人员;负责与采购人员联系订购食品和买菜;配合经理制定菜谱。厨师长要牢记食品的成本,保持菜谱的多样化,实现工作量的平衡,有效地利用剩余食品,根除浪费现象,规定食品的配份,降低食品成本。总之,厨房的食品预备工作是一个重要的环节,要抓好管好。

6. 服务

餐饮管理的主要方面之一是对餐厅的服务。餐厅服务的好坏直接影响客人的情绪。即使餐厅能提供最佳的菜肴,如果没有好的服务,客人仍然不会满意。

餐厅主管对餐厅服务质量的管理起着关键的作用,负责协助经理管理餐厅的营业,督导各个领班,解决客人的不满和要求,安排员工的任务,指导订席作业等;迎接客人,安排客人就座,检查餐厅的工作情况和布置;注视全餐厅的营业,倘若客人与服务员发生争执,或出现了问题,餐厅主管应及时处理,尽量避免激化矛盾,避免不愉快的事情发生,否则会有损餐厅的声誉。

餐厅营业前,主管要认真地巡视一遍,确保准备就绪;主管要向服务员解释菜谱,特别是某些服务员不了解的菜,如哪些菜可以快上,哪些菜需要时间准备等。主管也要善于倾听服务员的意见和建议,互相沟通,培养服务员的主人翁精神。

营业时,主管如果发现问题,要立即纠正。当服务员犯错误时,主管不应在客人面前处罚他,最好离开公共场合再处理。主管在接待客人时不要重彼轻此,引起客人不满,但对熟悉的客人或常客,要知道他们的爱好,并要了解他们喜欢坐什么地方、吃什么样的菜,尽量满足他们的愿望,这会使他们倍感亲切。主管要善于洞察客人的心理,如果客人赶时间,应快速上菜;如果客人是单独来用餐的,应该上前说一两句友好的话,使他感到亲切。

7. 饮料管理

饮料管理的程序与食品管理的程序相同,包括采购、验收、储存、控制等。采购人员要注意每月的饮料需用量,不可超购;特别是酒,价格昂贵,超购的结果会使酒的库存积压、资金无法周转。

采购员要留心酒店的酒吧和餐厅销售的酒水类型,据此再作采购计划;要注意人们对什么酒水比较爱好,再多准备该类酒水以供需要。酒的来源不一,价格昂贵,容易被偷卖或偷饮,也容易被浑水摸鱼,如赎卖私酒,餐饮部要有严格的管理制度和仓库保管发货制度。调酒员领酒,应填写一式三份的领酒单,一份存仓库,一份交酒吧,一份送财务。同时,调酒员要将空酒瓶送还仓库才能领酒。如果没有调酒员填写并签名的"领酒单",以及交回的空酒瓶,仓库不应发货。这是酒店餐厅和酒吧最有效的控制方法。

酒水仓库要有安全措施,有的酒店的酒水仓库的酒水价值近10万美元,其中包括许多名贵的酒。这笔财产经常会被人觊觎。因此,酒水仓库要严厉防范偷盗行为,经常查账、核对、盘存,仓库钥匙要妥善保管。调酒员和仓库保管员要作风端正、忠诚可靠。调酒员要了解酒店出售的酒水名目及库存量,指导所属员工,具有调酒及服务的经验,尽量推销好酒,具有口才和幽默感,保持酒吧的清洁,了解每种酒与酒杯的搭配。调酒员售酒时要防范客人醉酒或酒后闹事,及时采取措施,酌情处理。酒水饮料的销售在餐饮中占了极大的比例,有效的管理会增加酒水饮料的销售收入。

8. 财会管理

餐饮部财会人员负责把各类财会情况报告经理,便于经理计划日常的营业。财会人员的第一个职责是预测:根据前段时间的营业情况,对下一段时间的营业做出预测,使经理能够对下一段时间买多少食品和饮料及其他事务做出决策。财会人员的第二个职责是食品成本控制:为了保证有效的成本控制,要保持每天食品采购、仓库需要和销售的记录,营业日报表要一式二份,填好后分送有关部门。

餐饮的财会管理要注意以下几点。

(1) 采购食品价格过高(其结果会造成利润减少)。

(2) 验收有漏洞。

(3) 食品配份不当(配份超过计划的分量,浪费食品,成本增高,利润降低)。

(4) 食品腐坏(超购食品,特别是水果、蔬菜等食品容易腐坏;同时,食品制作过剩同样引起利润降低)。

(5) 员工餐饮缺乏控制(许多酒店给员工提供免费工间餐,如果控制不好,会增加成本)。

(6) 烹调方法不当,引起食品的浪费。

(7) 没有标准的食谱,菜式达不到标准,引起客人的不满。

(8) 食品或饮料仓库管理不善。

(9) 服务不周,客量减少。

(10) 检查督导不严。

任务 2　餐饮管理系统

一、菜品信息管理

餐饮业在酒店中占有越来越重要的地位,经过多年发展,餐饮管理已经由定性管理进入重视定量管理的科学阶段。成熟的餐饮管理系统除了菜品信息、点餐信息、收银操作外,还包括销售信息、劳动力成本信息等,可以帮助酒店餐饮管理者实施成本核算和控制,以及提高不变成本的使用效率。

传统的点餐方式有一套流程,就是由服务员手拿纸质菜单,向客人报出所选菜名并记录下来。但是这样的传统方式容易造成客人经常抱怨上菜速度慢,结账速度也慢,有时甚至出现错上、漏上菜的现象。而服务员为点菜、送单、催菜来回奔走也影响客人的用餐情绪。随着信息化时代的到来,科技的不断进步,以及经营理念的发展,越来越多的酒店餐饮业开始思考跳出传统框框的束缚,以改善客户体验,增强自身竞争力,并对餐厅风格、装修,菜式的多样化,点餐方式的便利性,越来越注重餐饮管理的高科技程度。现在餐厅多使用手持终端或者平板来替代已有的手写账单,服务员的工作效率得到了很大的提高,同时也提升了餐厅的档次。

客人也可以直接通过线上团购来预订自己所需要的菜品。线上线下都可以实现的智能点餐系统,可以满足客人日益增长的饮食文化需求,也能够帮助酒店从容应对互联网商圈所带来的挑战,获取更多的商机,创造更多的商业价值。

菜品管理是餐饮管理系统最基本的信息,主要包括菜品基本信息、菜品编码信息、菜品部门信息、套餐信息等。菜品基本信息包括菜品的类别(如主菜、汤品、甜品等)、价格、折扣等级等。除了基本信息外,菜品还可以设置"自定义"对菜品进行编码和改码,形成菜品编码信息,如菜品的配料等。菜品部门信息是菜品与各部门之间的对应关系,如有的酒店中餐厅只提供中餐菜品,西餐厅只提供西餐菜品。套餐信息是酒店为了取得长期用户,并实现利益最大化采用的一种销售形式,便于实现销售统计和成本核算。

二、销售信息管理

餐饮的销售信息系统存储和维护餐厅业务相关的数据,将菜品信息与菜品销售进行关联。销售信息管理是以日结作为经营结束的标志,日志生成后,生成并打印日经营报表,包括日营业额、开桌数、用餐人数、人均消费等信息。销售信息管理可以从多个角度统计和分析销售数据,包括消费时段、营业区域等。

例如,某酒店餐饮部营业面积300平方米,拥有4个普通包厢、2个套间包厢、1个豪华大包厢和1个大餐厅,共计160个餐位。近年来,由于酒店周边开了多家餐馆,再加上餐饮部的菜肴品种较少、口味欠佳、价格偏高、服务不太好,结果餐饮部生意越做越差。根据该酒店餐饮部的销售报表可知,该酒店1—10月除5月盈利2 793.12元、9月盈利7 719.22元外,其他各月均为亏损。其中,10月亏损919.93元,1—10月累计亏40 455.25元。因此,餐饮部需要对菜品进行价格调整和改良,加强经营管理,增加菜品品种,推出特色菜肴,提供优质服务,有效促进销售,以提高营业额。此外,餐饮部要采取切实可行的措施,加强采购、库存、粗加工和烹饪等各环节的成本控制,降低产品成本,增加企业利润。

三、成本信息管理

成本信息管理是餐饮管理的核心内容,餐饮与客房不同,可变成本在餐饮成本中占主要部分,而对餐饮原料的管理和控制就成为餐饮成本控制的核心。例如,后厨为每道菜品制定主要原料的标准用量(如一盘青椒炒肉,原料用量为250克青椒,150克瘦猪肉)。在设置菜谱时把每道菜品的主要原料按标准用量进行登记,这样成本信息、管理系统就能根据每天销售的菜品,对消耗的原料按标准用量进行统计。虽然这个统计是标准用量,与实际消耗可能有出入,但管理人员却能根据这个数字来衡量和控制厨房及采购的工作,从而达到控制成本的目的。酒店使用成本信息管理系统与未使用该系统比,至少能降低原材料消耗5%,多数酒店降低原材料消耗能达到10%~15%。

任务3 智能预订与排队叫号系统

一、智能预订系统

目前,酒店餐饮订餐系统能够实现线上、线下交易的模式,将酒店餐饮预订与点菜服务平台移动端系统相结合,支持用户使用移动智能设备预订房间和点菜等,实现客户自主预订、现场消费一体化。

根据餐饮业的发展趋势,酒店餐饮预订与服务平台面向酒店,针对酒店消费人群的特点,移动端系统的开发就是为了便于酒店消费者随时随地方便地使用手机、平板电脑等智能移动设备进行预订或点餐。

面向酒店端的预订管理,智能预订系统有两种实现方式。

(1) 平台提供酒店端预订管理 SaaS 应用,酒店可以租用,定制面向酒店的虚拟化系统。

(2) 酒店仍然使用自己的餐饮管理系统,但需要做一些改造,以便实现与消息中间件的通信。酒店通过平台提供的消息适配器组件来简化对餐饮管理系统的改造。对某些预订服务平台需要,但餐饮管理系统不具备的数据和功能(如酒店、房间及菜品图片管理),平台需要对餐饮管理系统做一些功能扩展。

平台通过消息中间件,实现预订与点菜服务系统和酒店的预订管理的交互,包括预订信息交换、基础数据同步等。

为了避免消息队列中消费消息的混乱,一个酒店只能选择其中一种方式,或者租用酒店端预订管理 SaaS 应用,或者使用适配组件改造酒店已有的餐饮管理系统。

二、智能排队叫号机

智能排队叫号机简称排队机或叫号机,是用于方便服务行业提供的一种自助服务终端。智能排队叫号机能够很好地解决客户在办理业务中所遇到的排队、等候、拥挤和混乱等现象,真正创造舒适、公平、友好的等候环境;也能对客户情况及职员的工作状况做出各种统计,为管理层决策提供依据,可联网也可单机工作。

(一) 功能

智能排队叫号机的系统功能通常包括以下内容。

(1) 系统基于 Windows 平台,易于操作,便于维护。
(2) 系统采用工业控制级低功耗主板,适应长时间工作压力。
(3) 系统可支持 100 种业务类型。
(4) 系统采用真人语音播报叫号信息。
(5) 系统可以按照客户的需求进行设计或更换。

（6）系统可以按照客户的需求模式进行自主更改。

（7）办理各项业务的序号,可以按照客户的需求进行自主设置。

（8）智能排队叫号机号票上的文字内容、图案、业务名称、纸张长短等可以按客户的需要进行设置。

（9）系统支持播放背景音乐。

（10）系统具有强大的统计管理功能,并可实现远程监控。

(二)设计原则

1. 稳定可靠

智能排队叫号机是基于完全工业级嵌入式的软硬件平台,系统稳定,可经受长时间的频繁操作不死机,无卡纸设计,工业触摸屏经久耐用,一年内基本不需要售后服务。

2. 行业通用

智能排队叫号机通用各种不同行业的服务大厅,可根据客户现场个性化要求更改界面及业务按钮;操作使用符合人们的思维和行为习惯。

3. 声音愉悦

智能排队叫号机一般可提供清晰悦耳的提示音和直观的显示,营造舒适的服务环境,可以减缓客人排队等候时的焦虑情绪,客人可以充分利用等候时间做其他事情,节约客人的等候时间,为客人提供满意的服务。

4. 扩展性强

智能排队叫号机的排队队列、队列优先权、增减窗口、多级页面都可根据需要进行扩展。

5. 模块化设计

智能排队叫号机软件和硬件两方面的设计都遵循模块化的设计理念,对产品的安装、测试、升级等方面都带来方便。

任务 4　自助点餐系统

一、基于 O2O 的餐饮模式

互联网正以前所未有的更新换代速度,向传统行业发起一轮又一轮的挑战。互联网+酒店餐饮业、酒店数字化运营、智慧酒店、智慧餐厅、智慧客房等都在酒店餐饮行业出现了。

酒店要在当前激烈的行业竞争中生存发展,必须要有自己的运营特色,摆脱传统落后的运营模式。酒店业和餐饮业的数字化、智能化的发展,避免了传统管理方法的失误,给企业的运营和管理带来了方便,让客人的消费更加便捷舒适,满足客人个性化和人性化的需求。

随着智能手机的普及,移动互联网快速发展,传统餐饮运营模式受到挑战,酒店必须改革,顺应时代潮流的发展。以微盟智慧餐厅为例,这个平台基于微信公众号建立统一的餐饮服务管理平台，提供快速点单和会员制，采用当下比较流行的微信支付平台，通过二维码和微信公众号和用户建立交互，快捷有效，而且微信钱包较为可靠，减少了在收钱过程中的人为失误，其中所产生的支付数据和食品记录也可以作为可查依据进入系统数据库，方便收支建模和核实账目。

酒店餐饮建立在移动支付平台上的另一个优势就是迅捷，部署这一类的系统不需要太多的人力，成本也不高，通过数据库接口，可以快速作为一个模块并入酒店管理信息系统。移动互联网的一个特点就是服务提供商会提供包括运营在内的服务打包，让使用者可以不用顾及具体实现，而使用提供方提供的大量的已经优化的系统服务。移动互联时代，附加服务通常可以起到很多作用，这不仅仅是互联网公司的思维，也是现代酒店管理中需要注意和学习的。

二、酒店餐饮中的自助模式

自助模式一直是智慧酒店建设中的重点讨论对象，在当代，随着移动互联技术和智能设备的普及，自助模式得到了很大的发展。

一些自助终端也可以在酒店餐厅的自助系统中发挥重大的作用。以麦当劳为例，麦当劳的门店几乎全部使用了"柜台＋自助点单终端"的点菜模式，客户可以直接在点单终端上扫码进行点单，终端机器所获得的订单同时也是一个完备的叫号排号系统，客户的点单和柜台的点单是一体的，不仅避免了排队带来的时间浪费，有效地缓解了人流压力，也减少了人力需求，这样餐厅就能以更少的人力处理更多的订单，从而获得更优的收支模型。

酒店餐厅不仅可以使用点单终端，而且基于微信的强大功能和广泛的普及度，越来越多的酒店餐厅在其餐桌上展示点单二维码，客户扫描二维码，在线下单，当场生成账单和收费，甚至比自助终端更加方便。

智慧餐厅的智能结算，只需要两秒，如图 4-2 所示。

图 4-2 智慧餐厅的智能结算

智慧餐台的自助点餐也十分方便快捷，如图4-3所示。

图4-3　智慧餐台

餐厅微信点单可让客人使用手机"扫一扫"或登录线上平台完成点餐，如图4-4所示。

图4-4　餐厅微信点单

海底捞投资1.5亿元打造的智慧餐厅一号，不同于传统餐厅店面，该餐厅拥有送餐机器人、收盘机器人、机械手臂、巨屏投影墙壁等科技元素。在智慧餐厅入口，布置了一块大屏幕，等位区可以容纳80人，客人扫码屏幕二维码即可进入游戏，轻松愉快的氛围让很多客人忘了自己是来吃饭的。

另外，餐厅支持私人定制专属锅底，iPad一键下单，系统现场调配，误差不超过0.5克的精准化配置。最科幻的当属机器人送餐，擎朗智能Keenon花生机器人可以实现精准送达菜品到桌，同时可以躲避行人，自由行走，而且机器人会显示菜品的新鲜度等数据。

三、无线点菜信息技术的发展

(一)红外点菜

点菜员将客人所点菜品输入手持设备后,走近距红外 HUB(多端口的转发器)1~5m,对准红外 HUB 按键发射,实现点菜单的传输。红外点菜信息技术的弱点:红外 HUB 布线较多,只能近距离发射,而且发射方向受限(必须正对),不能随时随地发送。

红外点菜信息技术已经逐渐淡出市场,但是它也具备某些优点,如可选手持设备众多,掌上电脑(personal digital assistant,PDA)手持设备多采用主流操作系统或者嵌入式系统,二次开发相对简单,安装使用方便,实施成本低。

(二)433M 无线射频点菜

点菜员使用具有 433M 无线射频数传模块的点菜机。虽然这类点菜机的生产厂商众多,机型也多种多样,但是其内部结构创新不足,通常是基于单片机或嵌入式系统 PDA,并且各家厂商所用通信接口各异,互相兼容性差。对采用单片机结构的点菜机而言,其底层系统与应用程序是整体开发,当需要修改时都要涉及底层系统,二次开发相对困难。此外,如果单片机没有形成量产,主板问题往往成为按键式点菜机的致命伤,而更换供应商则意味着必须废弃之前采购的点菜机、无线基站等所有设备,升级换代成本更大。

433M 点菜机的优点是信号传输距离远,穿透能力强;缺点则是信号不稳定,容易受到干扰,而且带宽窄,速率低。信号的基站接入必须从服务器串口开始,而多基站连接都要从服务器开始,造成大量重复布线。点菜机在多基站情况下很难实现漫游,这就限制了点菜机的使用自由性,相对就限制了酒店对不同区域的服务员进行临时调动。

(三)WiFi 点菜

点菜员使用加载 802.11 标准无线网卡的点菜机,这类点菜机属于常见的具有基于 Windows CE、Pocket PC、Pocket PC Phone Edition、Smart Phone 或者 Linux 系统(包括基于 Linux 平台开发的开源 Android 系统)的 PDA,包括应用最新的 iPad。在美国 IEEE 制定的 802.11 标准(包括 802.11a、802.11b 及 802.11g 等标准)协议中,WiFi 无线网卡内置、外置均可,PDA 端发射功率在 10~15dB,通过无线 AP 与服务器通信,实现所谓无线局域网通信。

802.11 标准无线设备的最大覆盖距离通常为 300~500m。在 WiFi 点菜应用中,普通无线 AP 的室内通信距离一般为 50~100m,室外距离为 100~500m。WiFi 点菜机的平台可用资源丰富,二次开发容易,设备兼容性强,信号可靠性好,数据带宽。但是 WiFi 点菜机的手持设备成本高,以往一直是高端酒店用户使用,但随着成本的下降,WiFi 点菜方案市场份额达 50%以上。

(四)ZigBee 点菜

点菜机使用基于 2.4G 国际公用频段的 ZigBee 无线传输技术,最大覆盖距离达到半径 2km(空旷环境下),并且该频段的信号发射不受无线电管理委员会管制(433M 无线射频数传模块则受管制）。在现有无线点菜信息技术中，ZigBee 无线传输技术达到距离最远，同时支持链状网络，可以多网互联，无线基站及无线点菜机全程无须布线，ZigBee 点菜的缺点是实施成本较高。

（五）GPRS/CDMA 点菜

点菜员通过中高端手机并借助于公共无线通信系统实现点菜通信。只要手机内置 Java 虚拟机就可以进行与 WiFi 开发类似的二次开发。GPRS/CDMA 点菜的优点是可选机型最丰富，可适当避免重复投资；缺点是必须每机备有手机卡，日常使用会产生流量费用。

任务 5　餐饮结算系统

一、餐饮结算的信息化历程

电子信息行业发展的萌芽期是在 20 世纪 70 年代，当时电子设备不仅价格昂贵，而且产量有限，基本上应用于科研领域，在民用信息化建设方面的应用较少。像餐饮这种服务行业一直都是纯人工操作。20 世纪末，物联网技术的兴起逐渐带动了餐饮行业结算方式的发展。

餐饮行业结算方式的变化历程包括以下几个阶段。

（一）计算机收银机阶段

餐饮结算信息化的雏形形成于 1986 年，消费者点餐以后，由收银台的打印机打印显示菜品名称、数量和总金额的小票，省去了收银员通过计算器计算账单的过程，计算机收银机不会发生结账失误的情况，同时加快了结账速度。这一阶段的餐饮结算信息化只是实现了财务管理的电算化，功能比较简单。

（二）计算机收银、厨房打印阶段

这一阶段起于 1998 年，点菜系统的可操作性越来越好，首先由录单人员将点菜服务员反馈的点菜单依次录入计算机，然后点菜系统将点菜数据传送至厨房，厨房根据打印出来的菜单烹饪并上菜，使用这种点菜系统加快了上菜速度。

（三）手持点菜宝

2001 年，有些国外的高级酒店餐厅服务员的手里拿着"点菜宝"为消费者点菜，当消费者报出菜名时，服务人员就在"点菜宝"上进行实时输入，随时将点餐数据传送至收银台和厨房，服务人员不用手工记录，也不用奔波于顾客餐台和收银台之间。手持"点菜宝"的成本逐渐降低，无线网络也越来越普及，"点菜宝"不再是高档酒店餐厅的专属工具，更多的中小型酒店厅具备了购买手持"点菜宝"的能力，手持"点菜宝"在餐饮行业逐渐流行起来。

（四）智能终端点菜系统

2011年，以Android平板电脑和iPad作为电子菜谱载体的智能终端点菜系统出现了。随着科学技术的进步，点餐系统的功能也得到了进一步的完善。客人通过触摸屏不仅能看到丰富的菜品样式，还能了解菜品的原材料、烹饪方式及营养价值。这种点菜方式以客人为中心，提倡自主和个性化，为客人带来人性化的点餐体验。通过点餐系统，客人可以轻松完成点菜、退菜、加菜、下单、结算、评价菜品等一系列操作，这不仅增加了客人的愉悦感，而且降低了酒店餐饮部的能力成本。

伴随着微信小程序和移动支付的进一步发展，客人通过扫描二维码等方式，在手机上就可以直接下单、付款，甚至追踪菜品的烹饪进度。同时，餐厅也可以在移动客户端进行发布活动信息等销售活动。

二、移动互联网支付

餐饮结算可以通过POS系统或现金支付，但是在移动互联时代，人们更多地会选择使用支付宝、微信钱包等付款方式。

电子钱包的一个特点就是与二维码紧密结合，比如，在客房的入门处张贴二维码，利用微信的商家功能，可以直接把一些服务，如餐饮服务等的选项置于其上，也便于收款。

酒店通过在线收支的方式，不仅仅可以节省人力，方便更新餐单信息，也可以通过调用历史数据库，快捷计算收支模型，这对智慧酒店的信息化管理来说有着重要意义。

三、酒店餐饮结算

酒店餐饮传统的常规收支流程如下。

餐厅结账单一式两联，第一联为财务联，第二联为客人联。

（1）客人要求结账时，收银员根据厅面工作人员报结的台号打印出暂结单，厅面工作人员应先将账单核对后签上姓名，然后凭账单与客人结账。如果厅面工作人员没签名，收银员应提醒其签名。

（2）如果客人结账现付的，厅面工作人员应将两联账单拿回交收银员总结后，将第二联结账单交回客人，第一联结账单则留存收银员。

（3）如果客人结账采用的是挂账方式，则由厅面工作人员将客人挂账凭据交收银员。这仅仅是传统意义上的结算流程，在引入移动互联支付后，支付流程发生了改变。以微信支付为例，在结算的时候，直接通过后台程序完成结算并发起收款，客户在付款的时候，可以快速完成，同时也可以省下酒店的大量原本用于人工收款的人力，在结算发票的时候，可以直接提供电子发票，也可以直接标记"需要纸质发票"后续打印纸质发票，以便客人退房时领取。

项目小结

本项目简要介绍了酒店餐饮管理的概况，包括餐饮部的主要功能、工作任务、管理特点、机构设置工作程序等；随后对餐饮管理系统进行了讲解，包括菜品信息管理、销售信息管理和成本信息管理。在项目的后半部分，详细说明了智能预订与排队叫号系统、自助点餐系统和餐饮结算系统，详细讨论了其中的移动互联网的发展所带来的变革，以及餐饮数字化运营的情况。

案例分析

千里马集团化餐饮管理系统介绍

中国的餐饮业非常发达。在庞大的中国市场上，餐饮业要想迅速发展，就要通过多开分店达到规模经济的效果。当餐饮集团的门店数量越来越多的时候，就必须通过信息化手段，为旗下的门店提供更有效的管理及营销支撑。

根据市场的需求，万迅公司研发了千里马餐饮管理集团化应用平台。由于这个强大的管理平台，集团在营运上可以实现各分店共享会员积分值，餐饮系统数据传输汇总。在后台管理上，通过餐饮成本系统和集团供应链系统的配合使用，可以实现整个餐饮集团采购、物资及成本控制的集约化管理。

1. 管理系统：一套系统，五大核心，全方位管理

千里马集团化餐饮管理系统是一整套基于互联网的跨地区、实时性、分布式、全方位的信息管理系统，由千里马单店餐饮管理系统、千里马集团会员管理系统、千里马餐饮成本系统、千里马物资供应链管理系统及千里马集团信息共享平台五大核心模块组成，涵盖餐饮经营管理的各个方面，帮助集团实现业务一体化无缝管理。

2. 营运管理：各店会员共享，总部实时监控

餐饮集团搭建起集中的餐饮管理平台后，原本分散的会员数据都被集中起来，可供各单店方便地查询和使用。会员持卡可在所有集团下营业点消费并积分，实现一卡通行；集团可自定义各种贴合营销需要的会员管理体系及积分优惠模式，以激励会员保持对集团的忠诚度。对单店的管理，集团管理者可以通过平台随时查看所有单店的实时营业数据，便捷地对运营情况进行监控，根据需要调整经营策略。通过自动化的营业报表汇总机制，管理者可以掌握各店第一手经营统计数据，及时进行对比分析和科学决策。

3. 后台管理：环节紧密相连，数据自动流转

餐饮经营活动的过程由采购→验收→储存→发料→加工切配→烹调→销售等环节构成，千里马将物资供应链管理系统、餐饮成本系统及餐饮管理系统有机结合起来，通过各个模块的数据无缝流转对以上各个环节进行控制。集团可以通过集中采购、联合仓储和内部多方交易等方式，充分利用整体资源来平衡各店之间的物质需求，并统筹管理与供应商的往来结算。在原材料进入厨房粗加工和切配、烹饪环节，可以利用成本、标准配比、出品部门对照、物料单位转换等功能，实现对原材料出成率、物料耗用及菜品成本等方面的控制和监督，进而达到维持利润合理水平的目标。

请根据以上案例，回答以下问题。

千里马集团化餐饮管理系统有哪些优点？

项目练习

一、简答题
1. 简述餐饮管理的特点和内容。
2. 简述餐饮管理系统的内涵。
3. 简述智能预订系统。
4. 简述自助点餐系统。

二、思考题
1. 餐饮管理系统包括了哪三个信息管理模块?
2. 面向酒店端的预订管理如何实现?
3. 自助点餐系统有哪两种模式?
4. 餐饮行业结算方式信息化经历了哪几个阶段?

三、选择题
1. 自助点餐系统的迅速信息化归功于(　　)。
   A. 移动互联网发展　　　　B. 需求增加　　　　C. 过去酒店管理的经验
2. 餐饮管理系统最基本的信息是(　　)。
   A. 销售管理　　　　　　　B. 菜品管理　　　　C. 成本管理
3. 一般认为,餐饮管理的核心内容是(　　)。
   A. 流程管理　　　　　　　B. 客户反馈统计　　C. 成本信息

四、运用能力训练
1. 介绍几个移动互联技术在传统餐饮上的创新之处。
2. 实地考察智慧餐厅,了解餐饮数字化运营的效果。

项目五

PMS 发展与运用

知识目标

1. 了解 PMS 发展历程。
2. 了解国外主要 PMS。
3. 了解国内主要 PMS。
4. 了解 PMS 市场发展现状及问题。
5. 了解 PMS 未来发展趋势。

能力目标

1. 能够熟悉 PMS 发展历程。
2. 能够熟悉国外主要 PMS。
3. 能够熟悉国内主要 PMS。
4. 能够熟悉 PMS 未来发展趋势。

任务分解

任务1　PMS 发展历程概述
任务2　国外主要 PMS 介绍
任务3　国内主要 PMS 介绍
任务4　PMS 市场发展现状及问题
任务5　PMS 未来发展趋势

> **任务导入**
>
> ## "云酒店"服务模式
>
> "互联网+"催生行业创新变革,各大酒店纷纷进行变革转型,采用"互联网+酒店"的经营管理模式。酒店的营销管理以满足消费者的需求为准则,让消费者体验到优质的服务是酒店未来的发展方向。东呈集团的"云酒店"以"轻""连""聚"为特色构建了独具特色的服务模式。"轻"指的是"轻入口",东呈与大的互联网平台合作,消费者在网上预订客房时,可以体验到便捷舒适的服务。消费者可以通过微信公众号、微信连WiFi、微信卡包、支付宝服务窗、手机官网和百度直达号等多种渠道,搜索查询酒店,进行网上预订,具有下载时间短、节省流量、容量小、保存时间久等优点。"云酒店"的理念更适合手机用户的上网习惯。
>
> "连"是指去中心化的服务,为消费者提供快捷的体验服务。目前东呈已实现信息化的管理方式,将微信公众号与整个酒店的IT网络及重要的职位相连。消费者通过微信发出指令,如"晚点退房""打扫房间"等,即使消费者不在酒店,也可以实现远程遥控,云端会根据消费者的指令进行运算,分析订单状态,然后将信息发送给相应的服务人员,服务人员做出回应。
>
> "连"与"轻"紧密相连,在为消费者提供高效、快捷的服务基础上,东呈充分发挥自身和BAT平台的优势,将大数据存储、大数据挖掘分析向大数据预测层面转型,从而提高为消费者服务的水平。东呈构建东呈"私有云",将内部BI、CRM、PMS、客人在线评论等数据相连,构建"私有云"。
>
> "聚"是指多数据平台的聚集结合。东呈与腾讯、阿里合作,借助他们的数据平台,连接外部的大数据平台,如百度大脑、百度预测等,将所有的"公有云"数据聚集起来,再在酒店内部利用微信服务号将整个酒店IT系统,如会员、总部、IT系统、分店员工、供应商等连接起来,形成"扩展云"。在"私有云""公有云""扩展云"三云的基础上,东呈构建了"智慧大脑"。消费者只要通过移动客户端消费,"私有云""公有云""扩展云"三云都会有消费者的消费记录,而移动平台根据这些记录,再结合大数据就能够形成会员画像、会员多标签化,挖掘消费者的潜在需求,为他们提供优质的服务,实现精准营销。
>
> 从东呈"云酒店"的特点中,我们可以看出未来酒店的发展趋势:借助高新技术及大数据平台,为消费者提供多样化的选择和服务。

任务 1　PMS 发展历程概述

一、PMS 发展历程

酒店行业的数字化发展有一个很重要的里程碑就是 PMS,对酒店的运营起到了非常大的作用。PMS 是 property management system 的缩写,直译为物业管理系统,在酒店行业译为酒店管理系统、酒店前台预订系统。PMS 是一个以计算机为工具,对酒店进行信息化管理和处理的人机综合系统,一般提供酒店管理的全套软件和酒店管理解决方案,包括前台管理(预订、接待、收银、夜审、客房、客史、会员、餐饮、娱乐等)、后台管理(财务、物流、人事、维护、宽带等)和接口管理(内部接口和外部接口)等。

1960年,假日酒店集团开发了第1代Holidex系统,主要功能是提供客房的营业和订房资料,作为信息传送及公司内部的通信工具;1977年,第2代Holidex投入使用,增强了自动化功能,加入了高速信息传递技术,加强了客房数目及价格管理;1980年,Holidex 2000问世,除提供原有的服务功能外,还采用了先进的科学技术,将酒店管理系统直接接驳到中央数据库和酒店订房操作系统,使客人可以直接访问假日酒店集团远程系统,查看系统内各酒店的房态信息和数据,包括房型和房价等;并可直接进行人机对话,完成网上销售,不用借助酒店前台人员的操作,就可以完成客房预订的全过程。

1963年,美国希尔顿酒店最早将现代信息技术运用到酒店领域,即安装了一台小型计算机管理客房。

世界上第一套PMS系统是美国易可(ECI)公司最早于1969年开发的酒店管理系统,被全世界公认为酒店管理系统的翘楚。ECI公司是美国加州电子工程公司(Electronic Engineering CO.,简称EECO)所属的子公司,因此该软件也称EECO系统,主要利用计算机进行输入、存储、处理和输出功能,对酒店进行局部信息化。

1970年,美国夏威夷的喜来登酒店安装了全世界第一台ECI酒店管理系统。历经20年发展,在其鼎盛时期,全世界有600多家用户(中国有60余家),如杭州香格里拉酒店、桂林文华酒店、广州中国大酒店、北京天伦酒店、青岛海天酒店等都是该系统的使用者。ECI系统采用的是集中式标准多用户系统,目前已被淘汰,还在使用的是其第三代产品GEAC/UX系统。

至20世纪80年代初,酒店管理信息化逐渐成熟,功能比较齐全,国外逐渐形成完善的酒店管理系统,系统以局域网为主采用文件服务器结构。与此同时,国际上已出现如HIS、CLS、Lodgistix等知名酒店企业的酒店管理系统,使酒店的管理效益、经济效益及服务质量有了明显提高。

20世纪90年代,随着互联网发展、计算机技术不断发展、计算机的普及,酒店管理系统真正成为酒店经营战略的一部分,酒店管理系统发展到了客户/服务器模式,功能更加完善、稳定,系统管理领域更加全面。其中具有代表性的是HITS基于AS400和DB2的小型机解决方案及Fedelio基于Clipper的微机数据库解决方案。

进入21世纪,互联网应用更加广泛,移动互联网异军突起,各种管理服务平台、浏览器/服务器模式、手机App应用等被日益广泛地运用在酒店运营的各个环节,酒店管理系统更加高速有效。目前,国外比较流行的系统有Opera、Fidelio、Fidelio Xpress系列、HIS-Paragon、CLS、Logic Touch等。

中国酒店行业的计算机应用始于20世纪80年代,最初是由部分合资酒店及加盟国际管理集团的酒店引进国外的整套软、硬件系统。

1983年,第一套国产酒店管理系首先用于杭州酒店的订房和排房。其后,随着国际酒店的进入及信息技术的逐渐成熟,国内酒店管理系统得到了一定程度的发展。

到1997年,国产酒店管理系统与进口系统的竞争日趋激烈,从技术层面上看,国产系统在技术及产品管理方面已经与进口软件不相上下,并具有本土化特色。

20世纪90年代末,国产酒店管理系统已经进入成熟时期,适应多种平台的酒店管理系统不断被开发出来,此时高端酒店已开始使用国产系统。

到了21世纪,基于互联网技术的酒店管理系统也开始出现,与此同时,国内一些大城市的低档酒店也纷纷开始使用计算机技术进行管理,国产系统进入了兴旺发展时期,形成了酒店软件产业。

二、PMS 相关概念

（一）PMS

1. 传统 PMS

PMS 是以计算机为工具,对酒店信息管理和处理的人机综合系统。它不但能准确及时地反映酒店业务的当前状态、房源状态,还能快速实现从客人预订入住到财务对账等一系列操作;不但是一个数据统计的数据库,还能够提供各方面的报表,并且利用数据进行统计分析,从而更有利于酒店的经营和管理。

传统 PMS 的特征如下。

（1）不支持在手机端进行操作:传统的 PMS 系统只能通过计算机端来进行管理和使用,不能在手机上对酒店的入住、房价、订单等功能进行管理。

（2）不可联网:传统的 PMS 系统使用是不基于互联网的,酒店管理者可以通过本地数据文件,直接登录使用酒店管理系统,所以其运行起来的速度也比较快。但是因为不能联网,所以这套基于本地的 PMS 系统只能在酒店内部进行使用,无法在酒店外部通过互联网来访问,较为不方便。

（3）成本更高:搭建本地的酒店管理服务系统成本比较高,包括 AMC 成本、网络基础设施、IT 硬件和软件等,这对一些房间量不大、以自来客为主、对民宿管理系统需求简单的民宿/酒店管理者来说,成本相对较高。当然,酒店搭建的本地管理服务系统,在功能方面可以自定义增添需要的功能,只是功能越多,成本也就越高。

2. 云 PMS

云 PMS 系统是相对传统 PMS 系统的俗称,两者之间最大的区别就在于一个"云"字。云 PMS 系统所提供的功能,本质也是对酒店信息的管理和处理,但和传统的 PMS 系统相比,云 PMS 系统中的服务器、数据及功能都可以通过云计算来实现,酒店管理者无须在本地端进行代码编辑、技术研发,可以直接在云 PMS 系统服务端中注册使用,就可以享用强大的民宿/酒店 PMS 管理系统。

云 PMS 系统的优势有以下四点。

（1）更低成本的云服务器部署:与传统 PMS 系统部署形式相比,云服务器部署的 PMS 系统成本更低、部署更快、数据更具安全性,并且有开放的 API 接口,可以为酒店提供更丰富的功能端口,打通营销、服务、市场活动等多重渠道。

（2）更便捷的移动端管理服务:随着智能移动设备的普及,移动 App 成为管理软件的标配,基于云 PMS 系统的云服务器部署优势,酒店管理者可以随时随地通过移动端 App 来对民宿/酒店进行便捷操作,随时掌握酒店经营状态,并且还可以进行远程管理房态、管理订单、修改房价、查看数据报表等操作。

（3）更全面的酒店管理系统功能：云 PMS 管理系统现已经不只是酒店信息管理这么简单了，随着不断地迭代和发展，目前市面上大多数的云 PMS 系统都已经转变为中央管控系统，可同时支持前端业务管理、后台信息处理两套系统，并且能够同时支撑多种形态的业务，形成高效的信息交互，通过与第三方之间的信息交互，满足酒店的各项功能需求，做到酒店运营、管理、营销一步到位，进而实现酒店价值的提升。

（4）更精细化的员工管理和数据统计：通过云 PMS 系统强大的后台管理能力，民宿/酒店管理者可以在云 PMS 系统后台中对员工账号的权限进行自定义配置，不同职位的员工可配置不一样的功能权限。另外，云 PMS 系统还有非常精细化的数据报表功能，包括订单流水、渠道来源、销售统计等信息，民宿/酒店管理者可对自己的生意流水更加了解。

如何使用云 PMS 系统？

以"订单来了"为例，"订单来了"是非标准住宿行业领先的移动互联云 PMS，是以 PMS 为基础，聚合全渠道的营销管理生态平台，为酒店/民宿提供信息化一体解决方案，已累计服务国内外 400 多个城市、40 000 多个商家，许多精品酒店、精品民宿、城市民宿及特色营地的品牌都在使用"订单来了"。

截至 2021 年 5 月，"订单来了"系统交易额超 100 亿元。

作为一款专业的云 PMS 民宿/酒店管理系统，"订单来了"拥有房态/房价管理、在线支付、住宿订单管理、会员体系、现金券、折扣券、客户管理、销售/渠道数据统计、住宿管理等功能。

同时，"订单来了"还支持住宿、餐饮、商超、微商城、娱乐、资源的多业态协同管理，可以和超过 20 个 OTA 渠道、新媒体平台实现 PMS 直连，25 个长尾渠道一键分发，也是目前唯一打通微信、抖音、快手、小红书等社交媒体平台的服务商。

（二）CRS

CRS 是 central reservation system 的简称，译为中央预订系统，是由酒店集团总部构建，下端连接旅行社、协议公司、订房中心等各类渠道，上端连接旗下自有、管理、特许加盟的各成员酒店，使成员酒店能在全球范围实现即时预订，并且对各个渠道进行有效的管理。自研发 CRS 包括 Holidex、Marsha、Tars；第三方 CRS 包括 Synxis、Trust、Idis。

（三）E-booking

E-booking(Extranet-booking)是在 Switch 出现前网络订房公司与酒店实现网络预订对接的方式，摆脱了电话和传真的传统模式，是一种单项直连，所有 OTA(Online Travel Agency)都有此后台。但是需要人工二次录入信息，无法更新实时房态及价格，容易出现客人订房到店后却无房的情况。

（四）GDS

GDS 是 global distribution system 的简称，译为全球分销系统，是应用于民用航空运输及整个旅游业的大型计算机信息服务系统。GDS 是由于旅游业的迅猛发展而从航空公司订座系统中分离出来面向旅游服务的系统。它最早仅仅是航空公司机票预订的一种简单应用，目的也只是通过计算机技术提高订票效率、减少人工操作所容易产生的差错，为旅客带来方便、为航空公司降低成本。

由于全球旅游业的迅猛发展,这些预订系统渐渐地从航空公司订座系统中分离出来,逐渐向整个产业链扩张,如今已经发展成为服务于整个旅游业的一个信息化服务系统。除了原有的航空运输业外,酒店、车站、铁路公司等也纷纷加入 GDS 中。经过技术与商务的不断发展,GDS 已经能够为旅行社提供及时、准确、全面的信息服务,并且可以满足消费者旅行中包括交通、住宿、娱乐、支付及其他后继服务的全方位需求,并在全球范围内成为寡头垄断型的行业。截至目前,从营业规模与广度上划分的话,全世界主要的 GDS 产业集团仅有三家,它们是 Sabre、Amadeus、Travelport。其中,Travelport 由 Worldspan、Apollo 及 Galileo 演变而来。国内有中航信(Travelsky)、网联天下、德比、Hubsl 汇通天下等。

(五) TMC

TMC 是 travel management companies 的简称,译为差旅管理公司。差旅管理公司在国外早已发展成熟,具有代表性的如美国运通、英国 BIT、卡尔森、BCD、HRG 等公司。它们专业从事个人、企业等客户的差旅外包管理工作,致力于提供完善、快捷的差旅服务,最终达到降低差旅成本的目的。在中国,商旅管理发展处于初级阶段,如今国内已有携程、艺龙、腾邦国际等陆续进入商旅管理行业,其中以携程和腾邦国际较为突出。

(六) Switch

Switch 是指酒店 PMS/CRS 的数据转换为适用于渠道(GDS/TMC 等)的数据,并在 PMS/CRS 与渠道系统之间架设一条基于互联网的"管道",从而实现酒店房价、房态实时传输到渠道,渠道订单自动写入 PMS/CRS,客人日夜审记录准确反馈到渠道系统。Switch 改变了以往 E-booking 系统与酒店 PMS 系统之间人工二次录入信息的弊端,达成了信息直连。目前,提供 Switch 技术的主要代表企业是 Chinaonline(石基畅联)、中软好泰的 HISwitch、天下房仓更名后的泰坦云等。

(七) PMS 的战略位置

自 2014 年起,国外的在线旅游巨头 Priceline、Oracle 先后收购 PMS 公司 Hotel Ninjas、Micros,国内携程、艺龙、去哪儿、阿里在 PMS 领域也都曾激烈交锋。其主要原因在于作为酒店管理的必备软件之一,以及酒店销售完全信息化(直连)的唯一入口,PMS 掌控着酒店分销渠道的总开关,在整个酒店分销产业链中占有十分重要的位置。

任务 2　国外主要 PMS 介绍

一、ECI(EECO)

美国易可(ECI)公司最早于 1969 年开发的酒店管理信息系统,被全世界公认为酒店计算机系统的翘楚。ECI 公司是美国加州电子工程公司(Electronic Engineering CO.，EECO)所属的子公司，因此该软件也称 EECO 系统，主要利用计算机进行输入、存储、处理和输出功能，对酒店进行局部信息化。1970 年，在美国夏威夷的喜来登酒店安装了全世界第一台 ECI 酒店计算机系统。

二、HIS

HIS(hotel information system，酒店业资讯系统)所属公司酒店业资讯系统有限公司于 1977 年成立，20 世纪 90 年代初期开始投放中国市场，北京长城饭店和王府饭店是其早期客户，在中国市场的鼎盛时期其用户占高星级用户的 75% 左右，现在在中国市场大概还有 30 家的用户。HIS 丧失中国市场主要有两方面的原因。一是因为公司的战略问题，HIS 美国总部转型后主营旅游服务，将 PMS 系统的技术支持集中到了新加坡，当时还出过一个版本叫龙栈，也没能让市场起死回生；还有一个很重要的原因是中国区核心销售团队的离职，并且大部分去了竞争对手处工作。2006 年 HIS 被卖给了 ERP 厂商 SoftBrands，2009 年的时候，SoftBrands 又将 HIS 卖给了 INFOR。现在 INFOR 在国内推广的系统有 PMS、收益管理、酒店人力资源、库存、成本管理系统等。

三、INFOR

INFOR 是全球第三大企业级应用软件及服务供应商，曾经帮助 200 个国家和地区的 73 000 多客户改进运营、促进增长和快速适应业务需求的变化。INFOR 提供行业专属、以速度制胜的应用软件产品及套件，采用突破性技术提供丰富的用户体验和灵活的部署选项，包括云部署、内部部署或二者相结合。

四、Opera

Opera 系统是美国 Micros 公司在 Micros-Fidelio 系统的基础上开发的新版本，主要包含六个子系统，分别是 Opera 酒店管理系统、销售宴会系统、质量管理系统、中央预订系统、中央客户信息管理系统和外接接口系统。这六个子系统中以酒店管理系统为核心，满足不同规模酒店的要求，并将其适用范围扩展到旅游业中。目前 Opera 系统进行升级，在原有六个子系统的基础上，又增加了渠道管理、商务智能、收益管理等系统。

Opera 系统主要功能有以下几个方面。

（1）客房预订功能。Opera PMS 的客房预订模块集客户档案管理、收银、订金管理等多种功能为一体。此模块为建立、查询、更新客人预订、团队订房，以及商务团体预订等操作提供完善的功能，并提供了控制用房量、取消预订、确认订房、等候名单、分配房间、收取押金及共享房间等功能，是提供客人个性化服务的好帮手。

（2）房价管理功能。Opera PMS 中的房价管理模块为房价的设置和控制提供了便捷的工具，可以对房价及不同房间类型的销售进行管理、实时的监控和策略调整，并在系统中提供收入的预测及统计分析等功能，成为行业内同类产品中最全面、最强大、最有效的房价管理系统。Opera PMS 系统可以和 Opera 收益管理系统实现无缝连接,并向其他主流收益管理应用软件提供接口。

(3) 客户资料管理功能。Opera PMS 提供客户资料记录功能,全面记录统计包括客户、商务合作伙伴、联系人、集团、旅行社及来源等资料。客户资料包括地址、电话、会员信息、会员申请、住店历史信息及收入详情分析、客户喜好及其他相关数据,使预订及其他操作更快捷、更精确。

(4) 前台服务功能。Opera PMS 中的前台服务功能,用于为到达的和已入住的客户提供服务。此模块不仅可以处理个人客户、集团客户及未预约客户的入住服务,还设有房间分配、客户留言管理、叫醒服务、电话簿信息及部门间内部沟通跟进服务等功能。

(5) 收银功能。Opera PMS 的收银功能包括客人账单录入、账单金额调整、预付抵押金管理、费用结算、退房及账单打印。收银功能可以支持多种支付方式,包括现金、支票、信用卡和应收挂账。在多酒店模式环境下,该系统还可以支持各营业场所跨酒店相互入账。

(6) 客房管理功能。Opera PMS 中的客房管理功能能够有效监督房态,包括可用房、正在清洁房、维修房,以及房间设施的管理。同时,该系统可以管理客房打扫人员的区域分配、用工统计及客房用品,并且在房间排队的功能中可有效地协调前台和客房清洁工作,针对已经分配给客人的特殊房间,通过系统通知,安排优先打扫次序。

(7) 应收账款功能。Opera PMS 系统集成了应收账款功能,包括直接挂账、账单管理、账户账龄、支付账单、催款信、周期结算对账单及账户查询等功能,并可以在系统切换时,将原系统中处于各账龄期的应收账款余额,按账龄手工录入新系统中,作为新系统的期初余额。

(8) 佣金管理功能。Opera PMS 系统同时支持佣金管理功能,用于计算、处理、追踪旅行社及其他形式的佣金数据收集、计算及支付管理,可以支持支票打印或电子资金转账(electronic funds transfer,EFT)的方式支付佣金。

(9) 报表功能。Opera PMS 提供了超过 360 个标准报表,可以根据酒店的需求调整报表设置,并在系统中提供内置报表模块,依据客户要求,创建全新格式的报表。

(10) 设置功能。Opera PMS 可以根据酒店需求,对系统做出功能选择、参数设置及缺省代码。严谨的用户权限设置可以对系统中的用户组甚至用户的操作权限进行限制,并且可以根据客户的要求更改系统屏幕布局。

(11) 地域支持功能。Opera PMS 系统支持多货币及多种语言功能以满足全球运营商的地域支持需求。房价和收益可以由当地货币按照酒店需求换算成任何货币。Opera PMS 系统可以依据客户的语言代码,选择、控制打印相应语言的账单、登记卡等,而且支持多国地址和多种文字的输入、保存、打印,并提供多种语言的屏幕显示和信息提示。

(12) 后台接口功能。Opera PMS 可以非常方便地按照相应的格式将收入、市场分析、每日分析、应收账等数据输出,传输至酒店后台财务系统。

(13) 系统接口功能。Opera PMS 系统与上百个第三方系统设有接口,例如收益管理、电话、房控系统、电视及音响娱乐、电子锁、酒店 POS 机、客房小酒吧和叫醒服务等系统。

五、Fidelio

Fidelio 系统是一款 Dos 系统运行下的软件,性能稳定且好用。Fidelio Software GmbH

于 1987 年 10 月在德国慕尼黑成立,成立四年就成为欧洲领先的酒店软件产品,成立 6 年跃居世界酒店信息系统供应商之首。1995 年,该公司并入美国 Micros System Inc. 公司。1995 年,Fidelio Software (China) Limited 在中国香港成立。1997 年 7 月,该公司在上海成立办事处,1998 年 12 月成立上海分公司。

任务 3　国内主要 PMS 介绍

经过多年的发展和整合,目前国内主要 PMS 系统可以分为四大派系,分别是携程系、阿里系、传统系与新锐系。

一、携程系

在 2015 年 3 月,携程先后收购中软好泰与佳驰酒店软件服务商,并且与旗下慧评网合并成立了众荟,力拓酒店大数据业务。同年 5 月,携程战略性收购艺龙 37.6% 的股份,成为艺龙第一大股东,在此之前艺龙就以投资和自建的方式先后拥有住哲、云掌柜、好友三家酒店 PMS 服务商。2015 年 10 月,百度与携程达成股权置换协议,携程与去哪儿合并,而去哪儿在之前有客满满 PMS 服务商。所以携程系 PMS 逐渐形成了"中软好泰+佳驰+客栈通+住哲+云掌柜+好栈友+客满满=众荟"的格局。

1. 中软好泰

北京中软好泰公司是中国优秀的酒店软件与服务全面解决方案提供商之一,该公司成立于 1995 年。经过 20 多年的发展,中软好泰公司凭借技术与产品的持续创新能力、完善的服务支撑体系等强大的综合实力,成为中国旅游酒店业民族软件的第一品牌。2015 年年初,中软好泰公司和慧评网合并,成立北京众荟信息技术股份有限公司,顺应互联网模式和大数据时代,向服务型互联网公司转型。众荟公司通过对中软好泰、佳驰、客栈通的产品整合,打造面向高、中、低端酒店及客栈的全云态云 PMS 系统,已经为超过 5 万家酒店提供 PMS 及云 PMS 技术服务。

2. 长沙佳驰软件

2007 年,佳驰软件开始从事酒店信息化及营销管理业务。2014 年 10 月,携程正式入股佳驰软件,布局酒店大数据战略。佳驰软件通过公司多年酒店业管理研究技术的优势,依托全国强大的渠道体系和超过 5 万家的庞大酒店用户群,开创性地建立了 PMS 信息管理云计算服务体系、简单点酒店营销平台,在全球率先实践了云计算的先进理念,促进酒店业的信息化建设进入了一个全新的 IT 时代,使得酒店管系统做到管理更严谨、计算更准确、性能更稳定、可扩展性更强。佳驰软件实现了酒店自有营销和 OTA 订单与酒店管理系统的无缝对接。目前佳驰与腾讯微信、新浪微博、阿里巴巴官方展开深度合作,正在用互联网思维改造酒店行业,是旅游酒店行业的技术引领者、互联网思维的拥抱者和实践者。

3. 客栈通

客栈通于 2014 年 7 月推出,是一款由亚洲最大 OTA 携程联手中软好泰 20 年酒店管理软件技术和经验,为客栈、旅馆、旅店经营者精心打造的移动酒店管理软件,具有操作便捷、功能强大、安全可靠的优点。客栈通包含酒店房型房价设置、入住预订管理、客源渠道管理、住客管理、经营数据等功能。客栈通与携程 ebooking 系统直连,可以直接从携程接获订单。

4. 住哲

住哲连锁酒店管理软件是住哲信息技术有限公司为酒店管理精心研发的管理软件。住哲软件是采用国际通用的先进酒店管理模式,融合中国酒店管理的实际特点研发而成,按国家星级酒店标准化业务流式设计。软件吸收国内外酒店先进的管理经验,融入星级酒店科学、规范、成功的现代管理思想,结合先进的计算机技术,保证信息软件的安全可靠,充分显示了住哲连锁酒店管理软件应用于酒店管理的优越性。软件使用的是最先进的 B/S 架构,包括前台信息管理、后台信息管理、Internet 管理,采用稳定的 SQ Lserver 2000 数据库,Client/Server 和 Broswer/Server 的架构结合,操作方便、直观,便于软件功能扩充。

北京住哲信息技术有限公司成立于 2008 年 3 月,注册资本为人民币 300 万元,是专业研发酒店管理系统的高科技公司,中国云计算酒店管理系统的先行者。公司的发展模式被外界看好,并于 2009 年 8 月成功融入第一笔风险投资。2013 年 9 月,艺龙入股住哲,联手推进中小酒店信息化。基于大数据、移动互联网的大背景,住哲重新定义了酒店管理系统,一是推出全免费的酒店管理系统 PMS;二是基于云端的平台,帮助酒店减少 IT 投入、服务器、使用安装、电费等;三是提供 360 度渠道的平台,帮酒店进行直销的支撑,比如微信订房、微信自助入住、App 订房;管理 OTA 平台接入艺龙、携程、去哪儿、美团,把订单、库存接入 PMS,酒店能够及时确认订单,保证客人订单不丢失。

5. 云掌柜

2013 年 8 月,艺龙投资北京米天下有限公司,同期联合推出了云掌柜客栈管理系统,主要帮助中小酒店客栈,特别是景区客栈解决房态管理、用户关系管理、分销管理等方面问题。因此,云掌柜是从客栈 PMS 做起的酒店技术服务商,也是免费 PMS 出身的技术服务商。

针对客栈多为个体经营,房间数量较小的情况,云掌柜开创性地推出了"完全免费的 PMS"策略,所有的客栈经营者都可以免费使用云掌柜客栈管理系统全部基础功能。产品针对小房量场景化设计,融合了客栈日常的房态管理、经营数据、客户信息等必要功能。

产品基于 SaaS 服务,"云端+移动化"的设计让客栈经营者随时随地管理自己的客房生意,查看自己的生意状况,在产品发布后,不到 1 年的时间,云掌柜便实现了商家用户数突破 1 万家。截至 2016 年 11 月,云掌柜服务的客栈用户数已经突破 70 000 大关,涵盖国内外 600+目的地,并且数字还在不断攀升。客栈上线数的大幅增加,预示着中国的酒店住宿行业在新格局下呈现新的市场分配,现在云掌柜服务的客栈用户数已经超过 16 万家。云掌柜也成为目前国内最大的客栈信息管理系统全面解决方案提供商。

"十家客栈,九家云掌柜",在一些民宿集中目的地,云掌柜的覆盖数超过 90%,客栈经营者感叹:"我都已经无法想象在没有云掌柜的时候我是怎样管理生意的了。"

在完成了教育用户使用 PMS 的习惯之后,云掌柜设立了云掌柜代销平台,为其活跃的用户提供了直连全网的销售服务。云掌柜全网代销平台通过以云端 PMS 的实时库存、房态、房价等数据信息为基础,连接酒店经营者和线上所有酒店售卖渠道的标准化预订平台。上游的渠道方都可以通过接口对接云掌柜代销平台上万家酒店的实时房态和房价,同时完成酒店库存的售卖。另外,酒店经营者可以通过加盟云掌柜代销平台,在不增加维护成本、资金成本的情况下,把酒店的全部库存对接到与云掌柜代销合作的全部售卖渠道上。

云掌柜代销平台的出现,让越来越多的客栈选择了将生意托管进驻云掌柜代销平台,通过统一的 PMS 维护房态,自动化同步给全网所有的销售渠道,帮助客栈业主解决了无法及时维护多套 EBK 而造成的超售,也大大减少了管理线上生意时的信息维护量。对目前进驻云掌柜代销平台的渠道商,云掌柜为其解决了库存采购难、房态获取难、订单成交难等多种麻烦,同时接入的上游渠道商都可以获取和 OTA 无论是在价格上,还是在库存上都一样的客房商品。而对消费者,经由云掌柜代销平台推送的产品,确认速度快,订单有效率高,云端数据的实时共享让消费者可以查阅实时房态,实现像订电影票一样方便快捷的订房体验。目前云掌柜通过异业合作等方式,为客栈主提供人才招聘、人才培训、义工招募、增值商品、供应链商品等增值性业务。

作为民宿管理软件的开拓者,云掌柜一直致力于通过专业化管理工具,帮助民宿提高运营水平,整合营销资源,构建生态系统,为民宿赋能,全方位提升综合收益。

中国的民宿行业,从最早的市场培育野蛮生长,到行业的有序发展洗牌竞争,再到如今的创新破局生态竞争阶段,云掌柜陪伴着数以万计的民宿走过了整段历程,历经波澜,稳步前进,在大数据时代的背景下不断更迭产品与服务,来适配不同时代的民宿需求。

6. 好栈友

好栈友 PMS 是一款免费的客栈管理系统软件,专为客栈、家庭旅馆、民宿等中小型酒店研发,界面操作简单、易上手,支持多店管理、移动办公,手机和计算机数据实时同步,还有老板报告,为客栈经营者提供全面的经营分析数据。好栈友已打通和艺龙网的直连,来自艺龙的订单房价、房态、订单自动同步,让客栈管理更轻松、更高效。

7. 客满满

2014 年 12 月,去哪儿网正式推出面向客栈商户的客满满智能房态管理系统,支持客栈经营者在线完成房量房态、订单和客人信息管理,同时自动生成各种数据报表并配有营销推广功能。该应用为去哪儿网自主研发,从功用上来说具第三方 PMS 的优势,商户通过客满满不仅可以实时记录 walk-in 客人信息,还能稳定实现和去哪儿网、携程、艺龙等多个分销渠道的对接和数据同步。

二、阿里系

2014 年 9 月,阿里巴巴集团宣布以 28.1 亿人民币投资酒店信息服务商石基信息,交易完成后将持有后者 15% 的股份,并获得 1 个董事会席位。业内人分析,阿里巴巴相中的是石基信息拥有的国内高星级酒店信息大数据,将被用来与淘宝旅行整合,布局 OTA 市场。

1. 石基公司旗下软件

石基公司已成为国内外知名酒店管理集团及其管理的高星级酒店信息系统最主要的产

品供应商和技术服务商。通过收购和兼并,石基公司还拥有专门从事酒店连锁集团中央预订系统(CRS)和客户关系管理系统(CRM)业务的绝对控股子公司——北京石基昆仑软件有限公司,从事酒店管理信息系统开发与服务业务的绝对控股子公司——杭州西软科技有限公司,从事亚太区餐饮业管理信息系统开发与服务业务的控股子公司——Infrasys。2003年7月,石基公司与Micros公司签订中国内地市场独家技术许可协议,全面代理了Micros公司Fidelio和Opera在中国大陆的全部销售。石基公司在整个中国星级酒店信息系统市场占有25%左右的份额,在四星级以上市场占有40%左右的市场份额;在五星级酒店市场,占有超过80%的市场份额。无论从公司规模、技术水平、客户数量,还是发展速度方面,都处于行业绝对领先地位。

石基公司在2006年12月18日与当时国内最大的酒店信息系统提供商杭州西湖软件公司合并,在国资酒店的开拓上进一步加强力量。

2015年7月,石基公司与北京世纪泰能科技有限公司共同设立北京泰能软件有限公司,石基公司以现金500万元出资,占公司注册资本金额的65%,为低星级酒店提供服务。

石基信息同时公告,公司全资子公司石基(香港)有限公司以7500万元收购万达控股有限公司100%股权。万达控股为投资公司,不开展实际业务。但旗下全资子公司广州万迅自成立以来主要从事软件开发等项目,一直专注为酒店餐饮娱乐行业提供全方位的信息管理解决方案,是国内较为知名的酒店管理软件供应商,拥有超过20年酒店餐饮行业IT管理系统开发和服务经验。

公司通过与泰能软件进行技术合作,同时收购万达控股100%股权,可快速将泰能软件现有的客户,特别是星级酒店客户,通过畅联与阿里旅行进行连接,整合万达控股拥有的"千里马"酒店信息系统的各项资源,有助于推进公司与阿里旅行的合作进度。石基信息携手阿里云共同建设在线酒店及餐饮云平台,加速占据中低端酒店及餐饮入口,通过合作或收购方式,加快推进与阿里旅游的合作,将加快公司从软件供应商向平台服务商的转型。

2. 杭州西湖软件

杭州西湖软件(西软科技)有限公司,简称西软,创始人杨铭魁,公司成立于1993年6月,前身是浙江大学计算机系人工智能研究所下属的一个课题组。这是酒店管理信息系统中唯一一个采用Sybase数据库和Unix平台的产品。2007年1月,西软被中长石基收购,第一次收购比例是60%,后来逐步达到100%,2011年杨铭魁离开西软,成立杭州绿云公司,继续致力于PMS系列产品开发。

3. 泰能软件

北京泰能软件有限公司成立于1993年,多年来专注于国内旅游酒店行业的信息化研究和酒店管理系统(PMS)的研发、销售及服务工作。目前,泰能软件已经拥有业内同行最高的注册资本金(1 020万元人民币)和国际领先的Fidelio软件的技术支撑及服务管理规范,客户总数超过2 000家。

4. 千里马酒店管理软件

千里马酒店管理软件是广州万讯电脑软件科技有限公司旗下软件,软件为客户机/服务器(Client/Server)结构,是较为传统且成熟的软件,安装复杂,服务器架设上复杂,维护较为容易,适用于高端星级酒店。广州万迅电脑有限公司成立于1992年,一直专注为酒店行业提供全方位的信息管理解决方案。该公司于 2010 年取得国际性 CMMI3 的 IT 行业认证。

三、传统系

1. 金天鹅软件

长沙金天鹅软件科技有限公司创立于 2003 年,由海归博士张晓明、资深酒店管理专家何成等四人联袂创建,秉承"追求极致,永不妥协"的经营理念,倾力打造中小型酒店管理软件第一品牌。自主研发六大云系统,为酒店量身定制四大版本。汉庭、维也纳、格林豪泰、华天、尚客优、亿东国际、99 连锁等超过 30 000 家用户选择金天鹅。

2. 金蝶软件

金蝶软件创立于 1993 年,是中国财务软件市场的领跑者。金蝶软件实用性极强,专业性表现较好,增值服务、实施和二次开发的能力也不错。金蝶酒店管理软件主要依托金蝶财务管理方面的品牌影响力,在市场占据一席之位。

3. 用友软件

用友软件成立于 1988 年,是中国最大的企业资源计划(enterprise resource plan,ERP)、客户关系管理(customer relationship management,CRM)、人力资源管理、商业分析、内审、小微企业管理软件和财政、汽车、烟草等行业应用解决方案提供商。用友酒店管理软件在三星级以上酒店使用较多。

4. 佳境软件

佳境软件成立于 1999 年,在酒店业、餐饮娱乐业、商业及其他服务业软件系统开发经验丰富,目前在国内低星级酒店使用较广泛。

5. 百事通软件

百事通软件包括宾馆酒店、餐饮、娱乐、桑拿洗浴、会员管理等一系列管理软件,为中高端酒店管理软件品牌,是北京九九归一科技有限公司旗下软件。北京九九归一科技有限公司是国内领先的酒店管理软件生产商,于 2000 年成立,致力于酒店、餐饮、桑拿、娱乐、会所管理软件的研发。

6. 罗盘软件

罗盘软件是基于云计算的酒店管理系统,所属公司是北京万维罗盘信息技术有限公司。该公司是专门服务于酒店信息管理及营销的科技公司,为国家认定的高新技术企业,公司于 2006 年年初重组并获得国际著名风险基金投资,已成功为两百多个连锁品牌和两千余家各类酒店提供有助于发展的酒店管理软件、酒店解决方案及酒店营销服务。

罗盘公司结合中国特色,开创性地建立了 HMS(hotel management system)酒店信息管理云计算服务体系,在全球率先实践了云计算的先进理念,领航酒店业的信息化建设进入了一个全新的 IT 时代。这套体系涵盖了酒店前台管理、餐饮管理、仓库管理、连锁管理、会员管理、中央预订、联盟营销、酒店官网直销及渠道分销等以酒店为中心的各类应用服务。

2016 年 2 月,通过罗盘云 PMS 团队与去哪儿直连团队的共同努力,罗盘云成功实现了与去哪儿网的系统级直连。罗盘云也成为业内首个与去哪儿真正实现系统级直连的 PMS

厂商。去哪儿和罗盘云 PMS 直连后，去哪儿订单可直接进入罗盘云 PMS，同时原来需要在 E-Booking 上进行的房价、房量设置工作，现在都可以省去了。

7. 华仪软件

1979 年，清华大学教授金国芬为北京前门饭店开发了一个具有查询功能的酒店管理软件，开创了国内酒店管理软件的先河；1987 年成立华仪公司，开发了华仪酒店管理系统。

四、新锐系

1. 绿云科技

杭州绿云科技有限公司是由浙江大学计算机学院教师和一大批浙大校友联合创立的互联网高科技企业，成立于 2010 年 7 月，注册资本 710 万元，是国内专业致力于旅游酒店业信息化平台开发建设、服务和运行的高科技企业，是国内领先的中小型酒店信息化平台供应商。绿云的创始人和核心团队拥有非常深厚的酒店信息化经验和领先的技术背景，开发的 iHotel 酒店信息化平台已成为国内最领先的酒店信息平台。

2. 别样红

上海别样红成立于 2013 年，推出了基于互联网化的 PMS 酒店管理系统。酒店管理的整个过程可以通过微信平台完成，用户可以在微信公众号上自助办理入住手续，通过微信控制客房的智能门锁、微信一键退房等。借助这些功能，该系统基本实现了从酒店选房、支付到开门全程自助式操作。2015 年 1 月完成了来自华创资本 6 000 万元人民币的 A 轮融资。

3. 番茄来了

番茄来了成立于 2014 年，目前已完成千万级融资。它们以自行开发的免费客栈管理系统为入口，建立一个目的地旅游产品的 B2B2C(business to business to customer)平台，为这些客栈经营者提供机票、火车票、租车、旅行线路等产品，使客栈经营者在游客的旅行中持续获益。

知识拓展

2020 年十大酒店管理系统(PMS)TOP10

2020 年的开年突变，对酒店管理系统企业来说，增量市场的红利几乎消失，所有品牌都得在存量市场里搏杀，生存和创新是 2020 年的头号命题。

早在过去的几年，OTA 渠道在酒店行业的话语权与日俱增，许多 PMS 企业已经开始站队，或直接被收编（见图 5-1）。这些被 OTA 收编的 PMS 品牌，固然有一部分渠道流量的便利，但在失去独立性之后，出于对敏感数据的保密要求和安全性的考量，酒店在选择酒店管理系统的时候，是否会有所犹豫呢？

事实上，随着云 PMS、大数据、酒店私域流量等新产品和新理念的普及，已经有不少专业人士预测，相对独立的 PMS 品牌，会在 2020 年受到酒店投资人的青睐。如表 5-1 所示的 2020 年酒店管理系统 TOP 10，相比 2019 年稳中有变，西软与金天鹅依旧称得上"南北双雄"，交相辉映；民宿领域的细分市场，也有新生力量默默崛起。这份榜单，也许能让我们对后疫情期的酒店 PMS 市场，甚至未来整个酒店行业的趋势，有一个明晰的判断。

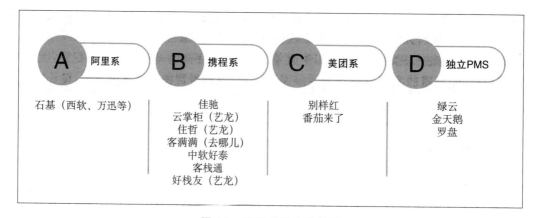

图 5-1 PMS 品牌及其归属

表 5-1 2020 年酒店管理系统 TOP10

排名	品牌名称	品牌指数	排名	品牌名称	品牌指数
1	西软	85.41	6	别样红	71.95
2	金天鹅	81.84	7	罗盘	68.29
3	中软好泰	76.18	8	住哲	67.93
4	众荟	73.78	9	简单点	65.89
5	绿云	72.69	10	云掌柜	53.27

Top1：西软　实力指数：★★★★★

石基旗下的西软，在国内四五星级酒店的市场占有率超过80%，稳居国内市场占有率第一。作为 Opera 在中国的唯一代理商，可以说一定程度上石基垄断着中国高星级酒店的酒店管理系统。进入 2020 年，石基西软践行"云＋移动"战略，全面升级云 XMS 平台，除了 PMS 功能外，云 XMS 还集成了 POS、移动产品、ITF 等模块，广泛适用于单店、集团用户。

Top2：金天鹅　实力指数：★★★★★

"北有西软，南有天鹅"。17 年的行业积淀，国内首个倡导"7×24"小时售后服务体系，功能齐全操作简单的 PMS 系统，为金天鹅积累了 10 万＋酒店投资人的口碑。2020 年，金天鹅整合 PMS 系统到云平台，自主开发核心产品——2号店长，打造酒店商业数据化服务解决方案，涵盖 IT、供应链和运营三大板块，彻底解决酒店降本增收的难题。可以说，如今的金天鹅已经成为酒店投资者首选的 SaaS 软件之一。

Top3：中软好泰　实力指数：★★★★

中软好泰针对不同类型酒店精心打造的 PMS 系列产品，专业版、企业版、国际版的系统划分满足国内外不同类型酒店的管理需要，包括传统 C/S 架构产品及基于云技术的慧云酒店管理系统，目前正在为全世界数千家酒店提供管理支持，是酒店实现管理和电子化营销的制胜之选。

Top4：众荟　实力指数：★★★★

2018 年 7 月，将 PMS（酒店管理系统）拆分为独立公司，并入携程业务范围。众荟从数据智能服务平台切入 PMS，其本身就有一定的资源沉淀。PMS 面世以来，以其友好的界面、便捷的操作而受到市场青睐。

Top5：绿云　实力指数：★★★★

基于云计算技术和 B/S 架构自主研发、运营的 iHotel 酒店信息化平台，已经形成绿云

PMS、Oracle Hospitality(Opera PMS)、数据平台、电商平台四大业务集群,以客史及会员数据为依托,用大数据技术重构线上线下一体化的酒店营销体系。

Top6:别样红　实力指数:★★★★

2018年被美团全资收购的别样红,一直以新锐的互联网思维和产品为行业熟知。旗下云PMS产品是业内真正基于互联网云端架构的酒店云管理系统,为酒店提供了一整套成熟落地的管理思想和管理体系。2019年,别样红宣布推出新的酒店收益管理产品(RMS),同样引起了广泛关注。

Top7:罗盘　实力指数:★★★★

基于云计算技术的酒店管理系统,优点在于:支持48小时断网操作,这个功能可以秒杀一众同行,成功实现了酒管系统酒——中央预订系统——酒店网站的对接。使用该系统时不需要购置服务器、硬件、软件,系统支持永久在线升级,节省系统升级和系统维护人员的成本;界面干净,操作简单,前台在2~3日内能完全掌握操作不出问题。最近两年该系统发展很快。

Top8:住哲　实力指数:★★★

住哲是同程艺龙旗下的酒店PMS服务商,其核心酒店管理系统是基于云计算的住哲连锁酒店管理系统(适用于连锁酒店)、住哲客房管家(适用于中小酒店),以及中央管理系统、移动办公PMS,另有微信订房、微信自助入住系统、手机App订房、Wap网订房等酒店网络营销产品。

Top9:简单点(佳驰)　实力指数:★★★

长沙佳驰软件有限公司成立于2007年,主要从事酒店管理软件自主研发与销售,旗下简单点酒店管理系统采用PMS信息管理云计算服务体系、简单点酒店营销平台、酒店自助开房机、简单点云PMS,多次获得业界荣誉,成为酒店管理软件行业中不可忽视的一股力量,与超过50 000家酒店建立了合作关系。

Top10:云掌柜　实力指数:★★★

云掌柜是北京米天下科技股份有限公司的核心产品。该公司成立于2012年2月9日,目前总部设立在上海,是一家致力于提高民宿运营和管理效率的一站式服务商。

受新型冠状病毒肺炎疫情的影响,2020年对酒店PMS品牌来说绝对不是最好的时代,但优胜劣汰更有利于行业的良性发展。在云PMS方面,各大厂商都站在同一起跑线,一些前瞻性的品牌也不再局限于软件,各种人性化服务也跟上了步伐。可以说,机会与压力并存,风险与未来同在。

任务4　PMS市场发展现状及问题

一、信息直连存在壁垒

尽管随着Switch技术出现,酒店业信息直连大趋势已经很明显,但直连仍然存在一定的困境,具体表现在以下几个方面。

首先，酒店与分销商实现直连需要开放 PMS 的接口，而接口的标准形式由 PMS 厂商自己掌握。国内众多品牌 PMS 厂商各自为政，互不兼容，对外系统封闭。目前中国的住宿单位多达 50 万家，PMS 多达上百种，PMS 厂商的技术实力参差不齐，接口标准复杂多样，不同的版本互不兼容，绝大部分的 PMS 均为 Client/Server 技术架构（客户端/服务器结构，即本地客户端软件），并且是封闭式，缺乏对外互联网开放接口。

其次，酒店、OTA、PMS 厂商之间相互竞争与整合，接口标准难统一。

（1）对大型 PMS 厂商来说，它们有自己的直连技术，比如石基的畅联、万讯的千里马、中软的 HT-Switch，因而大型 PMS 厂商不愿意开放 PMS 端口，相应地其客户群体也受限于原有的 PMS 客户群。对中小型 PMS 厂商来说，独立开发直连技术代价过高，而大型 OTA 拒绝它们的接入，它们只有开放端口与更多的 OTA 直连才能满足酒店的需求。

（2）对酒店来说，自然是希望直连更多的分销渠道。在中小型酒店市场，很多 PMS 是免费的。例如艺龙旗下的住哲、云掌柜、好栈友，携程旗下的松果网，青芒果的房管家均宣布免费提供 PMS 服务，但其数据挖掘等增值服务仍是收费的。此外，由于房价的透明，而且订单是实时自动化确认，酒店出于短期收益最大化的考虑，也并不希望把房源信息全部开放。

（3）对中小型 OTA 来说，市场才刚刚打开，携程的客栈民宿频道 2014 年 8 月才上线，进入市场较早的青芒果旅行网有明显的优势。因此，它们愿意接纳直连，以便获取丰富的酒店资源。

（4）对 Switch 厂商来说，它们只是第三方独立的公司，提供服务联结 PMS 和 OTA，受制于 PMS 厂商对接口的把控。同时 Switch 环节会增加技术服务费，相比所节省的人工费用，综合效益是否提升还有待验证。

二、云 PMS 普及有望

云 PMS 采用云计算技术，同时它又以 PaaS（platform-as-a-service，平台即服务）＋SaaS（software-as-a-service，软件即服务）的模式提供产品及服务，是 CRS/CRM/PMS 电子商务一体化的整合全面资源的酒店信息化平台。云计算是一种按使用量付费的模式，这种模式提供可用的、便捷的、按需的网络访问，进入可配置的计算资源共享池（资源包括网络、服务器、存储、应用软件、服务），这些资源能够被快速提供，只需投入很少的管理工作，或与服务供应商进行很少的交互。云计算被称为继大型计算机、个人计算机、互联网之后，为 IT 产业带来的第四次革命。

酒店实现云计算需要将服务端放在网络云上。所有要计算的数据都通过云端的服务器来计算，客户端完全实现无软件化，只要一个浏览器就可以在任何地方进行酒店经营管理。酒店使用云计算的优点如下。

（1）酒店行业个体不用每一家都购买服务器，统一由云服务商和云软件商解决，节省了大笔资金。

（2）酒店不用支付高昂的软件费用，因为云服务商开发一套软件，客户可以同时使用，可以分摊成本。

（3）减少故障时间及维护成本，不用请专业维护人员，统一由服务商维护。

（4）无故障永久运行，因为采用云计算技术，所以不会出现死机、当机、数据丢失等现象。

（5）接入设置简单，可以是简单的 PC、笔记本，也可以是手机、平板电脑，随时随地都可以办公。

三、免费 PMS 出现

一方面，PMS 作为酒店管理的必备软件之一，是酒店信息化和智能化的核心，对酒店经营的重要性不言而喻。然而，质量好、售后有保证的 PMS 价格昂贵，高星级酒店接入一套 PMS 需要上百万元，三星级酒店要十几万元，即使是经济型酒店，接入一套不错的 PMS，一家门店也需要上万元左右。购买和后期维护升级成本高昂，加之酒店行业竞争日趋激烈及受经济形势下行影响，目前大部分酒店，特别是单体中小酒店和客栈经营压力巨大。

另一方面，大数据的到来，使得掌握着客人住中数据的 PMS 成为众人眼中的"香饽饽"。为了得到住中数据，实现对客人住前、住中、住后情况的全面了解，以达到精准营销的目的，针对单体中小型酒店和民宿客栈等非标准住宿市场的免费 PMS 软件开始出现。这样，一方得到住中数据，另一方得到免费 PMS，减轻成本压力，达到双方共赢的效果。

目前市场上比较成熟的免费 PMS 主要有成立于 2013 年的番茄来了和云掌柜、2014 年 7 月携程与中软好泰推出的客栈通、2014 年 5 月住哲推出的客房管家、2014 年 12 月去哪儿推出的客满满、2013 年 7 月青芒果推出的青芒果房管家，以及创新型 PMS 天下房仓、艺龙旗下的云掌柜、好栈友，携程旗下的松果网等。

另外，需要厘清的是，"免费"只是一个相对的概念。虽然免费提供 PMS，但是 PMS 服务商针对基于免费 PMS 获得的酒店住中数据，以及住前和住后数据，进行数据挖掘，从而为酒店提供数据分析等值服务是收费的。

任务5 PMS 未来发展趋势

一、服务云端化、一体化、平台化

随着酒店 PMS 系统的发展，更多其他系统功能如 CRM（客户关系管理）、CRS（中央预订系统）、CCM（中央渠道管理）、RMS（收益管理系统）、CMS（内容管理系统）、Switch、BI（Behavior Identity，行为识别）等会融入 PMS，形成一个平台。这样，酒店就不需要分别购买 RMS、CCM、CMS、PMS 等，这些服务只需要一个服务商供给就可以了。

搭建围绕酒店的生态圈，核心的代码模块、API（application programming interface，应用程序编程接口）、SDK（software development kit，软件开发包）整合打包形成 PaaS 云服务，向酒店客户提供进行定制化研发的中间件平台，快速实现渠道对接（对接平台、同行合作、对接 OTA 等),实现信息直连。

二、客户端移动化、智能化、跨屏化、简便化

使用手机(微信、支付宝、App)、智能穿戴(智能手环、智能手表)、自助终端(自助入住、人脸识别)、互动电视等连接用户,可以有效减轻酒店员工的人工劳动,降低对员工系统操作技能的要求,解放人力。

三、管理端开放式、多方化

在信息直连、大数据、云计算等技术的催化下,酒店 PMS 将会成为一个容纳多种用户类型的开放式系统,员工、业主、客户、合作伙伴等都可以使用。

项目小结

本项目主要介绍了 PMS 发展历程、国外主要 PMS、国内主要 PMS、PMS 市场发展现状及问题,以及 PMS 未来发展趋势;阐明了 PMS 的含义,PMS 的战略位置和在酒店行业的重要性;还有与 PMS 相关概念的解析,比如 CRS、E、booking、GDS、TMC、Switch 等;对 PMS 市场发展的情况进行了深刻的剖析,指出了存在的问题,也提出了解决问题的方法和途径,如云 PMS 的普及,免费 PMS 的出现等。本项目还对 PMS 未来发展进行了科学的预测,其发展趋势是:服务云端化、一体化和平台化;客户端移动化、智能化、跨屏化、简便化;管理端开放式、多方化等。

案例分析

隐于城的智慧轻居生活

乐易住盐田沙头角店位于盐田国际创意港,前身是工业园区,周边是深圳大学(盐田)工业设计特色学院,形成"学院+园区"的独特风格。园区内静谧文雅,还聚合了各种文化创意商业,集食、住、游、娱乐、办公于一体。长居深圳的人可能知道,这里是深圳最美的度假点之一:拥有历史悠久的中英街,可以感受一街两制百年沧桑;背山向海,沿碧桐登山道可上青翠挺拔的梧桐山;在滨海栈道欣赏世界最长的栈道风光;也是通往大、小梅沙的必经之地。

酒店共拥有 25 间客房,共设置了 4 种房型,面积在 $35\sim52m^2$。由于客房空间开阔,乐易住对房型进行了一些优化,增加了尊享套房,由开放式起居区与休息区组成,在休息区设有可供三人安坐的沙发组合,不管是开会、待客,还是家庭使用,都非常合适。

此外,乐易住盐田沙头角店所有客房均有大面积玻璃窗,宽敞明亮,部分客房内部可以仰看梧桐山景,揽一窗葱翠。酒店的内部设计,延续了八卦岭店后现代简约装修风格,点缀有山水意境、景物装饰画,处处透露着惬意舒适。而在酒店公共空间,利用异形灯带、星空吊顶、纹路大理石等元素,将智能科技与现代工艺完美融合。

在乐易住无人智慧酒店里,没有奢靡烦扰的服务,也没有繁杂琐碎的流程。与许多传统酒店不同,住客步入酒店很难见到工作人员,所有服务由智能设备与机器人配合完成。

例如，住客办理入住时，通过自助登记终端 30 秒"刷脸"入住，免去漫长的等待时间。

在客房门禁上，乐易住并没有房卡，住客通过智能门，输入密码或手机远程开锁，减少携带房卡的麻烦，而远程开锁是目前市场上少有的便捷体验。值得一提的是，乐易住无人智慧酒店将"用科技服务生活"的理念贯穿整个入住过程。住客进入客房后，灯光、电视自动开启，空调智能设定为适宜温度，窗帘缓缓打开，为住客带来更为便捷的住宿体验。

为了弥补线下社交场景的缺失，乐易住在手机 App 上增加了社交功能，住客可在乐友中寻找共同兴趣爱好者进行交流，也可在乐友中分享景点攻略，符合时下年轻一族的使用需求。如果住客在入住过程中需要"加借物"，只需要一个电话，智能机器人会将所需的物品送上门。同时，为了满足住客随时购买商品的需求，酒店方还在门口安放了自助售卖机。

据了解，乐易住所有软、硬件都是自主研发，已在成都武侯店与深圳八卦岭店投入使用，从目前住客的反应来看，好评率颇高。乐易住相关工作人员表示："随着科技的进步，软、硬件产品升级空间非常大，未来乐易住将带来更完善的智慧住宿体验。"

请根据以上案例，回答以下问题。

酒店管理系统、智慧科技的发展会对酒店运营产生什么影响？

项目练习

一、简答题

1. 简述 PMS 发展历程。
2. 简述国外主要 PMS。
3. 简述国内主要 PMS。
4. 简述 PMS 市场发展现状及问题。
5. 简述 PMS 未来发展趋势。

二、思考题

1. PMS 是什么？
2. CRS 是什么？
3. E-booking 是什么？
4. GDS 是什么？
5. TMC 是什么？
6. Switch 是什么？

三、问答题

什么是云 PMS？

四、运用能力训练

1. 参观星级酒店，感受酒店 PMS 的各种功能，熟悉 PMS 系统的操作技能。
2. 谈谈酒店为什么要使用 PMS 系统。

项目六

酒店数字化营销

知识目标

1. 了解数字化营销的概念。
2. 了解酒店数字化营销的概念。
3. 理解酒店数字化4P营销理论。
4. 熟悉酒店数字化营销的策略。
5. 熟悉酒店数字化营销的方法。

能力目标

1. 能够理解酒店数字化营销的概念。
2. 能够熟悉酒店数字化4P营销理论。
3. 能够掌握酒店数字化营销的策略。
4. 能够掌握酒店数字化营销的方法。

任务分解

任务1　酒店数字化营销概述
任务2　酒店数字化营销实施
任务3　酒店数字化营销策略
任务4　酒店数字化营销方式及新趋势

四季酒店如何进行社交媒体营销?

任务导入

四季酒店集团通过在数字渠道讲故事和利用一体化的内容策略来与用户进行交流,以使其沉浸在品牌体验当中。四季酒店集团成为在数字渠道讲故事的品牌,它利用这一新的角色来克服经济上的不确定因素和触及全球的大量受众。2009 年,四季酒店集团开始在社交媒体平台打造其品牌知名度。也正是在 2009 年,消费者开始期待品牌能在一天 24 小时内的任何时间与其进行互动。

对很多品牌而言,它们一直以来投入在广告上的费用现在被用于数字广告和与数字渠道上的消费者进行互动消费者和营销人员都在与微小的信息进行互动,如短视频分享应用 Vine 使 6 秒长的故事短片大受欢迎。四季酒店集团的 Pizzinato 表示:"我们正在吸收一些微小的有趣信息,因为我们没有太多的时间来查看海量内容。"

奢侈品牌必须了解社交媒体,营销人员应该知道消费者在哪些渠道与品牌进行互动、他们与哪些人进行交流、他们会阅读哪些内容,以及他们对哪些内容感兴趣。尽管奢侈品牌营销人员的目标受众发生了上述的变化,但不变的一点就是来自好友和家人的推荐信息能拉动品牌的销售业绩。根据 Pizzinato 的说法,上述推荐信息是促使消费者预订旅游产品中最有力的因素,目前点评网站的数量之多正反映出这一点。收入水平较高的消费者喜欢社交媒体,乐于接受社交媒体上的评价,因此他们将不会入住一家没有任何在线点评内容的酒店。

在展望了未来的发展和思考了即将来临的趋势后,四季酒店集团制定了在数字渠道讲故事的策略。很多奢侈品牌的营销人员都处在同一个领域,因此四季酒店集团在奢侈品牌领域希望做的事情就是帮助消费者制定决策。

四季酒店集团专注于六大支柱来塑造其内容策略,这一策略从集团层面延伸到旗下各家酒店的层面。首先,该品牌将内容管理的任务交给一个单独的部门,它拥有一个中心团队来将内容传达到所有数字传播渠道。四季酒店集团的网站是其数字策略的基础,这是消费者所了解及会访问的渠道。与此同时,该渠道使得用户可以浏览四季酒店集团所提供的新鲜内容及针对各种特定类别的在线杂志。

四季酒店集团内容策略的一部分是利用用户生成内容,另一部分是在线上和线下渠道提供引人入胜的体验。上述两种做法贯穿整个内容策略,因为消费者会在不同的活动(如虚拟品酒会)当中与品牌进行互动。四季酒店集团借助 Twitter 渠道来举办品酒会,由五家酒店的调酒师所主持。Pizzinato 表示,该品酒会以互动的方式向消费者提供了一体化和专业的体验。另外,四季酒店集团在参与活动的酒店同时举办了 tweet-up 活动(包括虚拟品酒会)。

四季酒店集团利用其内容策略的其他两种方法就是观点鲜明和保持个性。四季酒店集团的内容策略观点鲜明,其中一点就是找到新的分销渠道来让产品触及更广的受众群,这类似于内容发布商的做法。如果消费者没有在线上渠道找到四季酒店品牌,这可能意味着该品牌无法触及这些消费者。因此,四季酒店集团不仅通过印刷渠道和线上渠道来发布其杂志,还利用了杂志应用 Zinio 和社交杂志应用 Flipboard。该品牌提供有关婚礼筹划的建议这一做

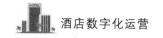

法使其获得了大量关注,尤其是在打造品牌个性和提升消费者互动方面。

四季酒店集团进行了一个专题策划,并开设了专门的Twitter和Pinterest账号向消费者提供来自酒店员工的专业建议和在四季酒店举行婚礼的新娘所分享的故事。品牌之间的合作能让品牌突出其个性,事实上,四季酒店集团将与不同的品牌(如时尚品牌Marchesa)就今年春天的婚礼专题进行合作。Pizzinato表示:"社交媒体营销并不是你做个记号、想出一些主意,然后期望它自然发生就行了,我们与业务运营团队有着密切的交流,因此我们在社交媒体方面才能做得如此成功。"

任务1 酒店数字化营销概述

一、数字化营销的概念

(一)数字化营销的定义

数字化营销是指借助互联网络、计算机通信技术和数字交互式媒体来实现营销目标的一种营销方式。数字化营销将尽可能地利用先进的计算机网络技术,以最有效、最省钱的方式谋求新的市场的开辟和新的消费者的挖掘。

数字化营销是使用数字传播渠道来推广产品和服务的实践活动,从而以一种及时、相关、定制化和节省成本的方式与消费者进行沟通。数字化营销包含了很多互联网营销(网络营销)中的技术与实践。

数字化营销的范围广泛,包括了很多不需要互联网的沟通渠道。因此,数字化营销的领域涵盖了一整套元素,如手机、短信/彩信、显示/横幅广告及数字户外广告等。数字化营销赋予了营销组合以新的内涵,其功能主要有信息交换、网上购买、网上出版、电子货币、网上广告、网上公关等,是数字经济时代企业的主要营销方式和发展趋势。

(二)数字化营销的产生

数字技术驱动数字化营销平台的产生,数字化营销平台的产生使传统营销逐渐被边缘化,催生出数字化营销。数字技术的升级推动营销方式的变革,数字化营销成为数字经济时代最重要的营销手段。由于它的生存与发展以虚拟现实为背景,表现出多媒体的存在方式、精准互动的运行方式和内容的丰富多元等表象特征,因而需要从技术的本质上加以理解。

数字化营销主要有三个途径:第一,通过传统大众媒体如数字电视进行营销;第二,利用数字技术的互联网媒体进行营销;第三,利用基于移动通信网络的手机媒体、移动车载电视进行营销。目前,数字化营销的方式主要集中在第二种和第三种途径,网络媒体和移动媒体成为数字化营销的主战场。

(三) 数字化营销的发展

在数字技术发展的背景下，互联网传播呈现出个性化的特征，根据消费者的需求，形成多维数据驱动下的精准营销。从传统的大众化"一对多"广播式到如今的"通过消费者属性定位目标受众"的时代；从传统的注重渠道曝光的营销模式，到如今的以消费者需求为中心，通过多维数据驱动，形成精准营销，并在场景化、电商化的背景下，形成完整的营销系统。

数字化营销是通过精准营销精准定位消费者，实现资源的定向投放，避免浪费，从而实现效果最大化。因此，精准性成为数字化营销的一个重要特征。数字化营销就是对大数据进行智能挖掘，将消费者需求与企业的营销目标有效结合，使企业的产品和服务更主动地到达潜在的消费者，满足消费者的需求。

对消费者来说，数字化营销就是向消费者提供智能化和精准化的信息，以消费者为中心，积极与消费者互动，使消费者更直接地参与到企业品牌价值的构建中，这是数字化营销的重点。通过数字化营销，改变消费的趋势：由功能导向型转变为参与体验式导向型；由信息告知式转变为参与互动式。

(四) 数字化营销的特点

数字化营销具有深度互动性、目标精准性、平台多样性、服务个性化与定制化等特点。

1. 深度互动性

数字技术下的广告营销传播面临转型，对企业而言，广告业需要致力于提供数字化营销传播服务；对消费者而言，智能化、精准化的信息管理目标亟待实现。营销大师菲利普·科特勒指出，如今的营销 3.0 时代，是实现产品中心向消费者中心再向以人为中心转变的时代。如何与消费者积极互动，使消费者更直接地参与品牌价值的构建，是企业在数字化营销时代的营销新中心。

(1) 互动性是数字化营销的本质特征。从本质上看，互动即与他人发生关联，这也是数字化营销本质特征的体现。在数字技术的进步与发展下，绝大部分数字媒体都具有互动的功能，信息在其中沟通交互，使消费者能够拥有双向或多向的信息传播渠道。

数字化营销的互动形式分为三种，即人际互动（数字媒介作为界面两端人与人之间的交流中介）；人机互动（消费者与日益智能化的计算机、手机等媒介进行信息交换）；人与信息互动（消费者与数字终端的内容进行互动，进行信息的生产与传播活动）。

在体验经济的大背景下，参与品牌的信息传播体验，已逐渐成为吸引受众的关键诉求点。建立在经济发展基础上的消费者素养的提高，导致其对多种品牌间的分析比较能力相适应。商品的基本功能性诉求此时已经无法满足消费者对商品价值的完整性感知，从广告信息传播的角度来说，图文设计的单向传播，也逐渐变成通过给予消费者互动体验来完成双向交流模式。

(2) 强调公众传播与自我表达。数字技术的发展赋予公众更多参与传播和自我表达的机会，在数字媒介架构的"公共空间"和"意见平台"上，消费者参与营销传播的门槛被降低。亚伦·夏皮罗定义参与互动的用户为"借助数字媒介及技术和企业发生联系的人"，这种关联体现在主动性、互动性、参与性及创造性等特征上。

数字化营销更多表现在对参与性和人性化的强调上，让目标用户对品牌的认知上升到思维和行动层面,在传播过程中进一步形成口碑效应。消费者不仅是用户,更是传播者与传播渠道,是整体营销传播互动过程中的建构与呈现的参与者。

用户在数字化营销中呈现的互动行为,可分为主动(有意)参与和被动(无意)参与两种。主动(有意)参与多指通过创意传播本身的吸引力激发消费者的好奇心,积极主动参与建构品牌价值。有效利用和引导用户的参与心理在整个营销传播过程中相当重要,无论是求知心理,还是娱乐消遣,促进其从心动到行动的过程都离不开创意设计本身的拉动力。

被动(无意)参与类型的互动体验强调对旧传播格局的突破,从传播模式上运用全新的媒介语言与用户交流,用户在不经意间潜移默化地参与广告的信息传播,虽然是以被动的形式参与品牌建构,但在广告信息本身和媒介创意巧妙结合的前提下,这种互动方式有助于广告信息的整体传播。

(3) 通过互动达成传播效果。无论营销传播如何发展,其最终目标都是促成消费者对产品的最终购买行为或者改变对品牌的态度。在数字技术发展的背景下,消费者参与品牌信息的传播和品牌价值的构建成为可能,这种与品牌传播者自发形成的互动且不可控的行为,颠覆了传统大众传播自上而下的传播机制。在数字化营销内在逻辑要求下,良好传播效果的达成大多体现在其与用户的积极互动过程中。

首先,互动是推动企业洞察消费者的有效途径。建立在数字媒体基础上的消费者互动行为,会留下可供分析和建构的数据,基于这些数据进行的消费者画像,能够准确捕捉其真实意图与需求,从而形成有效的信息回馈和有价值的市场效应。

其次,互动可探究消费者行为之上的心理层面效果。不同于传统链式效果作用机制,单纯通过媒介和渠道暴露,形成消费者对品牌的认知和购买行为,数字化营销通过互动传播,形成消费者认知基础上的对产品或品牌的动态"元认知",主张消费者思考与怀疑精神,站在消费者的角度,对广告营销效果进行重新审视与构建,形成对品牌的最佳反应策略。

最后,互动可转化为数字化营销的即时销售效果。随着移动终端的普及,消费者可利用多元化数字设备对产品进行讨论。不同于以往线性的购买方式,消费的购买路径多样,可随时与品牌建立联系,并在此基础上对其进行比对分析。在传统营销中,消费者对产品产生购买意识后,缺乏转化为即时消费行为的途径,这中间的时间差在一定程度上影响整体营销效果。而在数字化营销中,传播营销一体化,大幅降低了消费行为中的不确定因素,消费者的兴趣与关注可在数字媒体的互动中,即时转化为购买行为。

2. 目标精准性

如何通过精准定位消费者,实现资源的方向性投放,避免浪费从而得到效果最大化,逐渐成为广告主追求的目标。因此,精准性成为数字化营销的又一重要特征。国内众多的一站式营销平台,通过对大数据价值的智能挖掘,将消费者需求与广告主的品牌营销目标有效结合,使品牌更积极主动地到达潜在消费者,精准广告的"一键营销时代"正待开启。

(1) 基于大数据的精准营销。目前国内众多营销平台借助专业大数据分析技术,通过对渠道的投入产出比进行数据分析,再依据不同品牌推广的需求,对渠道进行再评估及整合优化,实现最大限度的精准营销。精准营销包含DSP、用户画像、程序化购买、智能推荐等概念。

精准数字营销可分为两个阶段:第一个阶段是通过精准推广获取更多新客户;第二个阶

段是通过精准运营,实现新用户的成功转化,并在形成交易的同时,实现消费者对企业品牌忠诚度的提升。

(2)根据"用户画像"匹配目标用户。数字技术在收集和分析消费者信息方面,提供了良好的条件。消费者的消费习惯、媒介接触规律,以及基本的人口统计学信息都能得到全方位收集。根据消费者的基础属性、兴趣、产品使用时间、喜好标签等多维度,加上对消费者的短期与长期行为进行比对分析,在技术描绘的"用户画像"基础上,用户的实际需求、客户的传播要求都被有效结合,从而告别广撒网的粗放式传播,实现精准营销。通过技术平台和营销平台的有效对接,将匹配目标用户需求的产品信息准确推送,向其投放相应的定制广告,虽说这在某种程度上存在机械化、精而不准的局限性,但目前来看,这也平衡了用户的实际需求和客户的产品诉求,达到较大程度的双赢局面。

3. 平台多样性

数字时代,数字化营销的渠道和平台逐渐多样化,除了传统的网站、App、微博、微信等社交媒体,还有各类移动直播平台、短视频等。在媒介融合的生态环境下,数字化信息的承载与表达呈现多样化特征,话语权的下放推动"人人都是自媒体"的时代来临,消费者可以在自有的营销传播渠道中分享、传播信息。

在这种大背景下,数字化营销在丰富企业营销触角的同时,会带来很多新问题,如多入口、多平台的管理与整合问题,以及各种渠道沉淀下来的数据分析与利用问题等。企业在营销传播的过程中需要关注到每一类营销传播的主体和接触点,积极构建全方位的营销传播平台,打造品牌独有的信息传播生态系统。

4. 服务个性化与定制化

服务个性化、定制化是伴随着网络、电子商务、信息等现代数字技术的发展而兴起的数字化营销特征。随着市场环境与消费者需求的变化,个性化消费、品牌体验式消费已成为消费升级的趋势,企业与产品营销需要与消费者建立更深入的沟通与交流,打造"千人千面"的营销体验。

服务个性化、定制化是在数字技术的大数据分析基础上,从策略层面精准定位网络时代的消费者,从而制定适合消费者的最佳传播方式,以反馈于品牌本身。在数字时代,用户不仅是信息的接收者,而且是信息的传播载体。不同用户发出的需求,正是数字技术在精准形成用户画像之后,制定营销策略的基础。

二、酒店数字化营销的概念

(一)酒店数字化营销的定义

酒店数字化营销是以国际互联网为基础,利用数字化信息和网络媒体的相互性来达成酒店营销目标的一种酒店新型营销方式。简单地说,酒店数字化营销是以互联网平台为核心,以网络用户为中心,以市场需求认知为导向,整合各种网络资源去实现酒店营销目的的一种行为。

酒店数字化营销是基于明确的数据库对象,通过数字化多媒体渠道,比如微信、视频、电话、短信、邮件、电子传真、网络平台等,实现营销精准化,营销效果可量化、数据化的一种高

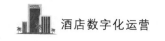

层次营销活动。

例如,在形容某个酒店生意很好,会说该酒店每天有300个客人,每个客人平均房租1000元,酒店每天收入300 000万元……这些数据可以存储在计算机财务软件中,形成报表查看和分析,据此制定酒店的营销策略,这是酒店数字化营销最基本的东西;如果再把每天进酒店消费的客人姓名、性别、年龄、职业、爱好、习惯、频率、消费金额也记录下来,这就是客户信息的数字化;如果这些客人都办理了微信会员卡,那就可以对他们进行分析、研究、洞察、推广,有针对性地做广告,进行数字化营销。

(二)酒店数字化营销的内容

随着数字时代互联网的飞速发展,仅仅"以客户为中心"已远远不够,还需要打造"以客户为中心的场景",与客户之间建立一条"快速通道"。酒店需要转变思维,进行数字化营销,积累用户数据,搭建企业私域流量池,利用技术手段实现精准营销,打造以客户为中心的场景,与客户建立更直接、更有温度的连接,从而降低营销成本,提升营销效果。

数字化营销落地需要用对方法,在开展数字化营销的初期,即使产生的成果和效果很微小,也要让全员看到和感受到数字化营销带来的变化。只有眼见为实,才能促进思考和理解,进而产生认同。可视化和讲故事可以更有效地提升酒店员工对数字营销的认知。此外,没有人比员工更了解自己的酒店,酒店在发布营销内容之前一定要咨询一下酒店各主要职能部门主管和主要员工的意见。酒店应该利用好真正接触到酒店产品的这10%～15%的员工,将他们的行业知识转化为内容。

进行数字化营销,流量是关键,流量主要分为公域流量和私域流量。公域流量是指如百度、今日头条、微博、OTA等,通过广告投入或活动方式吸引新用户,只要酒店不断投入,就可以持续不断地获取流量。私域流量是相对公域流量而言的概念,是指酒店自有、低成本、可反复利用、直接触达用户的流量,如酒店的自媒体、微信群、营销小程序等。私域管理通过小程序可提供多场景、多种玩法,如小程序邀请新用户礼赏、任务/超额积分奖励、客房服务、电子早餐券、分销及裂变等,通过酒店在微信/小程序及各类营销形式的组合,建立不同场景吸引用户并直接形成酒店的私域流量。

(三)酒店数字化营销的方向

酒店数字化营销的方向是帮助提升工作效率、管理效率和顾客满意度。当前整个酒店行业,不同档次、不同风格的酒店、酒店品牌层出不穷,但面对各自不同的细分市场,一直都存在着激烈的同质化竞争,只有不断提高管理效率,持续为客户带来优质服务,才能在同行业中脱颖而出。下面我们通过两个方面谈谈如何做好酒店数字化营销。

1. 建立适合酒店自身的会员体系

酒店的会员体系需要健康的多元化发展,一个酒店如果所有顾客都是会员就等于没有会员,因此酒店需要通过会员分层管理,提升会员营销管理质量。如果营销活动效果不好,很有可能是因为没有针对性地做精准促销。酒店应该先对客人的类别进行细分,包括新客、回头客、核心客等,再根据不同的客户群体,开展有针对性的精准促销。

对大型连锁酒店而言,完善的会员系统对塑造品牌形象、提高管理效率十分重要。比如,在数字化布局的进程中,总部位于深圳的雅斯特酒店集团一直以来创新求变,高度重视会员体系建设,并根据实际经营需求,在小程序平台上提供一系列线上会员服务。

实际上,会员营销并不是一个新概念,以前很多酒店都会提供实体会员卡,但随着信息技术的发展,大家开始更倾向于"一部手机走天下"的轻便出行方式。实体卡不仅容易遗失,而且无法区分会员等级,无法查看积分数额,无法领取丰富的优惠券,因此逐渐被"电子卡"取代。数字技术赋能下的会员体系优势在于提供一体化会员管理,降本增效,提高酒店的服务能力和竞争力。

2. 进行多渠道管理

酒店利用数字技术,针对不同渠道,提供个性化服务,推广数字化营销模式。目前酒店行业的协议客户仍然没有得到较系统化的管理,因为没有线上实时库存的同步,因此协议客户的管理效率极低。几乎所有的协议客户都会同时签订多家酒店,再根据自身需要从中做出选择,而大部分酒店的协议客户的稳定性都是比较差的。

对覆盖多区域的大型连锁酒店而言,协议客户属于长期稳定的客源,在一定程度上保证了酒店的出租率,所以尤其受到酒店的重视。而传统的协议客户订房方式存在很多缺陷,比如流程复杂,需要多次拨打电话;过于依赖销售,受人员变动影响很大;协议客户转化率较低,很难变成酒店的忠实客户。

三、酒店数字化营销的优势

(一) 经济性

酒店数字化营销最具诱惑力的因素之一就是经济性。对酒店企业而言,在数字化情况下,有关产品的特征、规格、性能及公司情况等信息都被存储在网络中,顾客可随时查看。这样就省下了打印、包装、存储及运输费用,所有营销材料都可直接在线更新,无须送回印刷厂修改,更无须专门由人员邮寄。酒店企业通过网络进行销售,不需要耗费巨资修建大楼,也无须招聘大量员工。另外,网络一旦建起来,就归企业所有,与利用传统媒介的高额费用相比,酒店通过网络进行营销的费用大大降低。对消费者而言,由于企业降低了成本,减少了销售环节,可以随时更方便地获取企业的信息,购买到优质的产品和服务。

(二) 快捷性

在互联网上,酒店企业可以及时发布自己的产品信息,获取顾客的反馈。在传统的营销当中,利用传统媒介不可避免地要支付一定的时间成本,但利用酒店数字化营销则可以节约这部分时间成本,获得即时性优势。在互联网上,客户可以迅速搜索到所需要的任何信息,对市场做出即时反应。企业可以通过电子邮件、在线客服等方式获取顾客的反馈。在网络营销中,由于信息传递的快捷性,企业和消费者之间产生了频繁、迅速、剧烈的交互作用,从而形成了不断强化的正反馈机制。

(三) 公开性

在酒店数字化营销中,酒店企业的信息对所有的消费者都是相同的,如在顾客购买前向顾客提供丰富、生动的产品信息及相关资料,顾客比较后,就可做出购买决定。

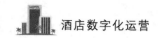

（四）全球性

互联网在全球范围内的迅速崛起，给酒店业带来新的商机，使酒店能够在全球范围内寻找目标客户，扩大酒店的影响范围，也使酒店产品销售向着区域化、全国化、国际化、全球化的方向发展，让企业进入一个更广泛、更具有选择性的全球化市场。

任务 2　酒店数字化营销实施

一、酒店数字化营销的职能

（一）品牌建设

酒店数字化营销主要目的是在互联网上建设酒店自身品牌，使知名酒店的品牌在网上得以延伸，使一般酒店快速树立品牌形象。

（二）网站推广

网站推广是酒店数字化营销最基本的职能之一。酒店网站的所有功能都要以一定的访问量为基础。因此，酒店网站推广是酒店数字化营销的核心工作。

（三）信息发布

酒店网站是一种信息载体，发布酒店信息是酒店营销形式之一，也是酒店网络营销的基本职能。信息发布的目的是将酒店信息传递给目标人群，包括顾客/潜在顾客、媒体、合作伙伴、竞争者等。

（四）产品销售

酒店数字化营销能够促进酒店的产品销售，酒店可以通过网络及时向客人推广酒店的产品和服务，如酒店的客房、餐饮、康乐、购物等。客人根据自己的出行计划，通过网络查阅酒店的产品和服务，预订需要入住的酒店与客房类型；客人甚至可以通过网站提供的视频、图片和信息，选择具体的房号，在网上办理入住登记手续。

（五）渠道拓展

酒店数字化营销是酒店销售渠道在网上的延伸，网上销售渠道不限于网站自身，还包括全球分销系统（GDS）、在线旅游专业预订网站（OTA）、供应商直销网站、旅游搜索引擎、团购网站、微博，以及建立在综合电子商务平台上的网上商店、网上店铺、旅行评论网站、限时销售网站、微博、论坛类网站、门户网站旅游频道等。

(六)顾客服务

互联网为酒店营销提供了更加便捷的在线顾客服务手段,从形式最简单的常见问题解答(frequently asked questions,FAQ),到微信和邮件列表,顾客服务质量对酒店数字化营销效果具有重要影响。酒店网站一般都会设置"联系我们"或"顾客服务"栏目,向客人提供细致的服务。

(七)关系维护

维护良好的顾客关系是酒店数字化营销取得成效的必要条件,在通过网站的交互功能、顾客参与等方式开展顾客服务的同时,也增进了酒店与顾客之间的关系。酒店能够及时了解顾客需求的信息,为顾客提供满意的产品和服务。对顾客提出的意见或者建议,酒店可以快速给予答复或者回应,从而实现双方的互动。

(八)网上调研

酒店通过在线调查表或者电子邮件等方式,可以完成网上市场调研。相对传统的市场调研,网上调研具有高效率、低成本的特点,因此,网上调研成为酒店数字化营销的主要职能之一。开展酒店数字化营销的意义就在于充分发挥各种职能,让网上经营的整体效益最大化。

二、酒店数字化营销的步骤

(一)分析网上顾客

互联网的出现使网络顾客的消费观念、消费方式呈现出新的特点,具体特点如下。

(1)需求更加个性化。在互联网上,不同的顾客可以购买到满足自己差异性需求的产品,个性化消费成为消费的主流。

(2)消费的主动性增强。消费者不是被动性地接受商家提供的产品,而是主动上网搜索,甚至通过网络要求商家满足自己的个人需求。另外,网上顾客多以年轻人为主,消费的主动性很强。

(3)选择更加自由。网上销售没有库存,不受限于实体店的货架束缚,可以提供更多的产品。

(4)购物的方便性。网上顾客可以在足不出户的情况下,通过网络购买到自己心仪的产品,节省了大量的时间和精力。

酒店要分析网上顾客,了解网上顾客的各种情况,同时也要了解自己的产品是否适合网上顾客。酒店可以先通过自己的网站窗口,了解顾客群体的基本情况及需求,通过网络获取客户的需求信息,由此确定酒店的哪些客房产品放在网上销售,确定酒店在网上的市场目标,为开展网络营销指明方向。

(二)建立顾客网络

网络技术使连锁酒店加盟企业可以建立自己的顾客网络。很多企业网站鼓励访问者注册,甚至有些网站要求访问者必须注册,注册时一般都有访问者的姓名、职业、电子邮箱等信息。通过注册,企业可以获得一定的顾客或潜在顾客的信息。在顾客消费时,可以跟踪顾客的消费过程,记录顾客的消费偏好、消费模式等,及时向消费者提供产品信息。

酒店数字化营销的主要对象是针对可能在网络虚拟市场上产生购买行为的顾客群体。根据自身的产品特点情况,酒店可以确定营销主要对象,并通过网站的内容制作吸引这些群体访问。

对酒店来说,顾客群体大致分为年轻顾客群体、商务顾客群体、休闲度假型顾客群体等。在确定酒店数字化营销的主要对象时,酒店必须了解和关注网络用户的群体分布,即通过关注网络上的顾客群体,结合酒店的产品特点,最后确定酒店数字化营销的主要对象群体。

顾客在购买后,可以对商品和购买过程进行评价、反馈,企业可以长久地保留自己顾客的资料,还可以对顾客关系进行有效的管理。明确的目标市场、完善的顾客网络是其他企业不可模仿的信息资源,对企业的发展具有重要的意义。

(三)宣传酒店产品

酒店数字化营销的目标是宣传酒店产品,提高酒店知名度,形成一定的客户群,并在近期能通过网络预订酒店的客房。客户对一个酒店客房的预订欲望是一个复杂和多阶段的过程,营销内容应当根据客户预订的决策阶段和酒店产品周期的不同阶段来决定。每一个客户对酒店的网络订房都经过了解阶段、试用阶段和使用阶段。酒店经营者必须注意每个阶段的营销内容,精心培育网络客户群,使酒店的网络订房顺利通过培育期、成长期,并进入良性循环的成熟期。

(四)组合酒店数字化营销产品

酒店数字化营销必须通过产品组合增强营销力度,增强酒店在网络上的知名度。酒店数字化营销活动有网络广告和酒店网站,网络广告和酒店网站主要起宣传、提醒、收集信息的作用。

酒店可以利用多媒体网络组合产品进行酒店数字化营销。根据经营情况及网络订房的开展情况交叉组合使用这两种方法,使酒店数字化营销达到最佳效果。该出击的时候就通过网络广告推出去,以稳定网络客户群体;同样通过精心制作网站的信息内容,把潜在的客户群体牢牢地吸引过来,在网络上树立起良好的酒店形象。

(五)管理酒店数字化营销渠道

酒店要通过数字化营销取得成功,科学地管理营销渠道是非常重要的。酒店不仅要建立自己独立的订房系统和酒店网站,还要寻求并采用更多的渠道开展网络订房和营销。随着互联网技术的迅速发展,出现了越来越多的网络推广资源,为挖掘潜在顾客商业信息提供了更多的机会,这些有价值的网络推广资源扩展了酒店数字化营销信息传递渠道,增加了酒店数字化营销的成功机会。酒店为了在网络上树立良好的品牌形象,必须不断地对各营销渠道进行信息沟通和协调,保证酒店在网络上营销的一致性、连续性和统一性。这是保证酒店数字化营销取得最佳效果的必不可少的管理内容,也是建立和维护酒店的网络形象所需要的。

（六）调整产品价格

价格不是决定消费者购买的唯一因素，但却是消费者购买时肯定要考虑的重要因素。相对于传统的商业模式而言，网上商品在面对消费者市场时，产品价格会趋于较低水平。以洲际酒店集团为例，该集团宣布可为所辖各家酒店提供55％以上的直销渠道客源，与去哪儿旅游网建立了长期稳定的合作关系，由于交易环节的减少，以及随之带来的交易费用的节省，在网上购买其产品的价格要低于门市价。

万豪国际宣布常客计划新名字——万豪旅享家

万豪国际集团2019年1月16日宣布其旗下常客计划将正式更名为万豪旅享家（Marriott Bonvoy），取代已在去年整合为一的万豪礼赏、丽思卡尔顿礼赏及SPG俱乐部，继续为会员提供丰厚的礼遇、遍布全球的酒店阵容及众多精彩体验。万豪旅享家的理念是相信旅行让人生充盈，也让世界精彩丰盛。自2019年2月13日新名字万豪旅享家正式启用起，万豪国际也将在全球市场投入超过数百万美金，展开全媒体营销推广。届时，万豪旅享家将在全球市场包括万豪国际旗下酒店店内、市场营销及销售渠道、网络、移动平台和联名信用卡等平台，以全新的品牌形象与消费者见面。

万豪旅享家代表着行业革新，它不仅是传统意义上的常客计划，也是一个旅行计划，旨在整合万豪国际在全球129个国家和地区的酒店品牌资源，从而为会员提供有关旅行的丰沛灵感，并帮助他们追寻和实现个人爱好。万豪旅享家使用简洁、大胆和现代的品牌标识，希望能够借此传达给消费者热情好客、积极乐观的品牌精神。自此，全球约1.2亿的会员可以用优惠的价格预订酒店，享受非凡卓越的会员礼遇。

万豪旅享家将推出全新的移动体验。万豪国际建议目前使用SPG俱乐部或丽思卡尔顿礼赏应用程序的会员尽快下载万豪国际手机应用程序，2019年2月13日该应用程序将自动更新成为万豪旅享家手机应用程序。SPG俱乐部和丽思卡尔顿礼赏手机应用程序将于2月13日停用。

三、酒店在线市场调研

在线市场调研的主要目的是了解酒店的目标市场并收集客人的反馈意见和建议，这是酒店数字化营销的一项重要内容，并日益成为酒店获取有价值市场信息的重要手段。在线市场调研需要经过五个步骤：明确调研的问题、确定调研计划（如调研方法、设计样本等）、收集数据、分析数据、提供调研结果并形成数据库。

（一）调研途径

酒店网站可以分为以下四类。

（1）代理类网站：这些代理类网站都有比较成熟的订房中心、票务中心作为链接。当酒店知名度不高，资金、技术力量不够，不能进行有效的数字化营销，甚至无法建立自己的网站时,便会愿意加入这种代理类网站。通过加入代理类网站,酒店不仅可以节省一大笔技术支持费用和营销费用,还能实现网上订房、成交后支付佣金,比较容易控制收益与费用情况。

(2) 咨询类网站:只提供酒店的相关情况,如地址、前台电话、客房价格等,没有预订、付款功能。

(3) 门户类网站:提供信息平台,供酒店、旅行社等相关企业开展网上业务,如携程网、春秋旅游网等。

(4) 酒店官方网站:网站信息可靠、总量大,有较大影响力的官方网站一般都是具有较强实力的连锁型国际酒店集团。

酒店在进行调研的时候,最常用的途径有两种。一种是利用酒店本身的网站,如果酒店网站已经拥有固定的访问者,就可以利用自己的网站开展网上调研。不过,目前酒店很少采取网上问卷调查的形式,一般是借助酒店优惠活动和会员积分进行营销,如万豪国际酒店集团的网站主页上有各种精选住宿优惠,还有针对会员积分的万豪旅享家。另一种是借助代理类网站,如通过携程网用奖励积分鼓励预订酒店并入住的客人对酒店产品、服务等各方面做出评价,携程网在统计评价后,给酒店推荐星级并列出具体客人评价内容,为以后在线预订的客人提供参考。

(二) 调研技术手段

1. 设立网站调查网页

由于互联网不受时空限制,调查网站可以全天候不间断地接受调查填表,成本极低,易于操作,被调查者也不受地点限制,可以主动浏览作答。中国互联网信息中心(CNNIC)就采取过这种调查方法。调查网站可以对访问者设置"过滤网",在问卷填写前设置问题来确认其是否符合调查对象的要求,对不符合的程序将自动判断拒绝其填写问卷,防止无效问卷的生成。另外,配合赠送礼物和抽取幸运被调查者的活动,将提高参与率。

2. Email 问卷调查

用 Email 发送问卷调查比传统的邮寄问卷方式在操作上简便不少,这些问卷可以同时向多个接收者发送,无须耗费大量人力进行问卷的发送和回收,不仅能节省以往传统的问卷调查中调查员的交通、住宿花费,而且调查对象的范围扩大、样本增多,从而使调查结果更符合实际市场情况。

3. 网络会议或网络实时交谈

网络会议或网络实时交谈特别适用于专家和行业领袖的意见调查,网络会议可以让被调查者在各自独立的环境中进行,相互之间一问一答引出有价值的深度探讨,对敏感性问题也不会回避。调查者可以随时调阅结果,大大缩短了调查周期,调查者反馈的信息质量也很高,减少无效或虚假的信息介入。

4. 计算机辅助调查

计算机辅助调查基于互联网用户的全景测量,根据 ICP/IP 进行,调查结果不仅记录了被调查者访问的网站,而且记录了其上传和下载邮件、收发电子邮件、聊天及计算机游戏等全部网络行为,可以为调查者提供广泛和全面的资料,形成被调查者—调查者—数据用户之间的有效循环,大大缩短了从数据收集到数据编辑的过程,时效性增强了。

5. QQS 在线调查平台

QQS(quality & quick survey)系统是一套将在线调查和在线平台管理结合在一起的在线调查软件。这个系统可以省略传统调查中很多必不可少的环节,如问卷的印刷、调查员的培训、问卷的回收、数据录入等,可以大大缩短调研周期。而且传统调查不管是入户调查、街头拦截访问还是电话调查,合适的被调查者的拒答率很高,高端人群用这些传统方式也很难接触到;而拥有大量高质量数据源的在线调查可以很快速和轻易地访问到目标人群,如城市白领、专业技术人员、高收入者等。

6. 酒店市场营销调研

酒店市场营销调研的内容应该包括对客人和对竞争对手两方面的内容。客人办理离店手续后,酒店营销部可以通过酒店营销调研系统生成的记录了解客人的背景信息和行为信息,如人口统计学方面的年龄、学历、客源地,还有客人的消费项目明细、消费偏好和特殊要求等消费行为信息,这些数据通过系统处理后存储分类,形成客人信息库,特别是 VIP 客人的相关信息更加完整。

酒店营销部在这些不断更新的信息基础上制定营销战略将事半功倍。该系统利用导航台锁定具体区域,设定与自己产品相同或相似的关键词来寻找竞争对手,仔细查看竞争对手的网址,借鉴其特色,不仅可以了解竞争对手是否做过类似的市场调研等,还能把收集的竞争对手信息进行对比分析和趋势预测。

任务3 酒店数字化营销策略

酒店数字化营销策略不仅包括传统"4P"营销理论中的产品策略、价格策略、渠道策略、促销策略,还包括品牌策略、客户关系管理策略、市场细分策略、沟通策略、便利策略、成本策略等。

一、产品策略

酒店产品不属于实体性产品,对第一次预订酒店产品的客人来说,只能通过酒店或中间商的网页来了解酒店的客房,进而做出预订决策。因此,网页设计和虚拟客房建设是酒店产品策略的重点。

(一)网页设计

酒店的网页设计有吸引力的表现有两方面:一是具有酒店独特的风格;二是方便客人的预订。网页设计具体应做到:首先,酒店的主页符合酒店宣传的一贯风格和品牌形象,如果有子品牌应该加以明确区分定位,应能够给客人比较一致和突出的印象;其次,网页重点突出、设计合理、逻辑清楚,即使是第一次访问网站的客人,也可以轻松地找到自己感兴趣的内容,避免页面的烦琐;再次,网页的内容要全面,尽量涵盖客人普遍需要的信息;最后,保证网页传输和图片下载的速度,没有无效链接、调不出图形等情况存在。

网页设计的原则是尽量缩短客人成功预订酒店的时间。另外,附上酒店详细的交通情况 3D 图,通过对酒店周边环境、交通线路和交通方式的考察,在网站上呈现客人所需的交通指导,甚至把酒店建筑、路段、交通状况及附近餐馆、便利店、购物中心等用 3D 图直观地展现在客人眼前。

(二)虚拟客房建设

从消费者行为学的角度来讲,客人往往在看到产品后才会放心购买,尤其是中国客人习惯在接触产品后再购买,但不管是旅游目的地还是酒店客房,都属于无形产品,客人只有在使用后才能确定或鉴定其质量,无法事先检验。按信息经济学对产品的划分,酒店客房产品被称为经验性产品。

技术的进步和互联网的普及使客人的这种需求以虚拟客房的形式得到满足。虚拟客房给客人主动权,以客人的视角从客房的各个角度将客房一览无余,为订房提供更加真实的参考。客人在酒店主页的醒目位置用鼠标点击按钮,屏幕会立刻从平面进入立体空间。客人选择进入房间的类型,进入后点选各种观赏角度,此角度的客房图像随之呈现出来。画外音来自一位虚拟的酒店服务员,为客人做客房介绍,包括设计风格、家具设备房间装饰、地板花纹等。

客人还可以移动鼠标查看新的服务项目,了解客房按钮的使用方法,甚至还可远眺窗外景色。酒店可以把虚拟客房放在自己网站和中间商的网站,让顾客不仅能够对即将预订的客房有一个全方位的了解,还能通过请客人设计自己喜爱的客房,从而了解本酒店客人对客房的设计偏好,持续改进客房设计和服务。

如果条件许可,酒店甚至可以推出"自由设计客房",如果客人觉得有些地方不满意,如窗帘的颜色、屏风的摆放、楼层的高低等,只要把自己的要求输入计算机,将有机会受邀再次进入虚拟客房——不过,这一次客人所看到的将是自己设计的客房,客房内的一切都是按照自己的意愿设计的。客人到店时,就拥有了一间充满自己设计元素的客房,成就感和满足感将使客人持续关注这家酒店,成为回头客,口碑效应十足。

二、价格策略

价格是酒店经营特别是营销过程中最为敏感的问题,也是酒店客人最为关注的问题,而酒店数字化营销使酒店客房的价格展现在客人面前的同时,也暴露在竞争对手酒店面前。因此,应增加客房定价的透明度,建立合理的价格解释体系,不要在不同销售渠道如酒店主页和中间商网站上定价不一致。

(一)免费

免费邀请客人试用酒店产品是引发客人好感、促使客人主动认识酒店产品和服务的常用手段。数字化营销中最早使用这种方法的是软件制造商,他们主要通过免费吸引消费者下载和试用,但试用有时间期限,或者使用进一步功能就要收费。前些年我国各地旅费券的发放也起到了刺激旅游经济的良好作用。酒店餐饮部也经常推出有限制条件的试吃券来吸引客人来餐厅,带动其他餐饮消费。

(二)折扣和优惠

由于在互联网上客房价格随时都可能受到同行业酒店的冲击,所以酒店应在网上建立客房价格自动调节系统,按照旅游的淡旺季、市场供需、其他酒店的价格变动等情况,自动进行实际的价格调整,并且定期提供优惠、折扣等形式以吸引客人。

(三)价格歧视

从经济学上来说,价格歧视是指一家厂商在同一时间对同一产品或服务索取两种或两种以上的价格。对酒店客房来说,存在挂牌价、网站价、会员价、公司价、团队价、超级优惠价等不同价格,挂牌价是针对酒店散客;网站价是让利给中间商网站以扩大客源;会员价是对老客人的回馈;公司价是为了留住经常到来的商务客人;团队价是酒店争取旅游大批量客人的价格;超级优惠价是酒店极淡季时的最低价;对广州的酒店来说,还有一个偏高的广交会价。

酒店通过价格歧视能平衡淡旺季的客源,使旺季利润最大化,淡季保本经营。但酒店应尽量避免客人知道与他住同一档次甚至是同一时间客房的其他客人所支付的价格不一样,尤其忌讳给不同的网络中间商不同价格,有时某些网络中间商为了吸引客人,宁愿损失一部分佣金来降低酒店客房的直观价格,导致客人在搜索引擎上得出五花八门的价格,从而感到无所适从,对酒店客房价格产生不信任感,酒店要对此类情况进行监控。

(四)多渠道定价

当一家酒店拥有如GDS(全球分销系统)、酒店订房中心、携程、艺龙、公司直接订房、上门无协议散客等多个营销渠道时,渠道管理的重要性就体现了出来。而这其中最关键的就是酒店的价格控制,不让客人由于对价格等信息感到混乱而对酒店失去信心。如酒店上门无协议散客的房价应与订房中心的正常预订价一致,而不是给某个订房渠道特殊价格造成人为的某个订房渠道订房量上升。

良好的定价策略通常是根据不同的细分市场和不同预订方式制订相应的价格。应根据酒店自身的定位、产品优劣及市场的接受程度和顾客对价格的不同敏感度做相应的定价。在多种渠道并行、多种价格变动复杂的同时,要确保酒店价格转化良好,避免出现价格的互串,这需要酒店的相关管理系统具有极强的联动性和可操作性。

三、渠道策略

从销售渠道来看,互联网成为酒店营销的主要渠道,因此,酒店应不断完善和改造这一渠道,可以采取多种方式,如建立会员制,为会员提供免费的服务和产品,以吸引众多的消费者。下面,我们就以组建会员网为例,具体说明酒店应该怎么做。

会员网是企业在虚拟组织的基础上建立的网络团体,可以免费享受会员服务。通常来说,酒店的会员网络由来酒店住过的消费者与常客组成,酒店为他们交流方便而专门建立了会员网络,通过消费者与常客的交流,培养他们对酒店的忠诚度,并以此形成用户黏性。在酒店营销过程中,每一位消费者都参与进来,共同促进酒店的发展。

在售后服务上,当顾客离开酒店后,酒店的相关人员会通过顾客入住的登记信息,发邮件或微信询问顾客对酒店的意见和建议,以表示对顾客的关心和重视。酒店会将消费者的信息进行分类,如从事相同的职业、来自相同的城市、处于社会同一阶层等,为他们提供彼此的联系方式,促进顾客之间的相互交流沟通。

在节假日,酒店会通过互联网向顾客发送节日祝贺及精美的贺卡。在平时,酒店也会通过电子邮件与顾客联系,如发送酒店最新推出的服务项目、征求顾客的意见、对酒店重新设计等。酒店以这种方式表达对顾客的尊重和重视,从而为顾客留下深刻的印象。

四、促销策略

(一)发送电子邮件

电子邮件是互联网传送的个人信件,酒店可以把本酒店的广告通过电子邮件直接发送给客人。电子邮件具有成本低、信息发布及反馈速度快等优点。虽然酒店可以通过多种渠道获得大量的个人电子邮件地址,但顾客不一定需要酒店所投寄的信息,从而容易导致顾客对本酒店产生不良的印象。这就要求营销人员认真分析和严格审查,根据其资料进行取舍,同时提高所投电子邮件的质量,包括措辞、文字设计、背景图案等各方面的内容。给酒店会员发送电子邮件是较为常用的一种方法。

(二)搜索引擎、门户网站和旅游专业类综合网站

著名的搜索引擎雅虎、百度、谷歌和门户网站搜狐、新浪等专门为公众提供网站查询检索服务,但客人往往不会在这些网站上预订酒店产品,而是期望在输入关键字后便可找到自己所需的酒店信息。由于同一搜索主题一般涉及的酒店数量非常多,酒店的网址有被淹没的危险,因而要求酒店的网址具有相对易查询性。

而外出旅游的客人或者出差的商务客人习惯于在旅游业综合网站上进行酒店查询预订,一般访问此类专业综合网站的客人都带有较为明确的目的——预订客房,客人只要输入旅游地名称,根据所需酒店的等级、价格,网站会列出一系列酒店名单,客人通过价格比对和品牌选择,便可以迅速地完成预订。但这种促销方式最大的问题是酒店的信息很容易被淹没在一系列酒店信息中,酒店应争取此类网站的特殊推荐机会和加入网站的主要优惠套餐。

(三)进行事件营销

事件营销(event marketing)是酒店通过策划、组织和利用具有名人效应、新闻价值及社会影响的人物或事件,引起媒体、社会团体和消费者的兴趣与关注,以求提高酒店产品和服务的知名度、美誉度,树立良好的口碑,并最终促成产品或服务销售目的的手段和方式。传统的事件营销需要借助多种媒体和邀请名人,造势过程较长、花费很高,但通过网络进行事件营销的成本则低得多。

五、品牌策略

品牌是一种名称、术语、标记、符号或设计,或是它们的组合运用,其目的是借以辨认某个销售者或者某群销售者的产品和服务,并使之与竞争对手的产品和服务区别开来。在网络中,域名是由个人、企业或组织申请的独占使用的互联网标志,并对提供的服务或产品的品质进行承诺,提供信息交换或交易的虚拟地址。域名的知名度和访问量就是酒店形象在互联网商业环境中的具体体现,酒店品牌的知名度直接决定了酒店能否在网络营销中胜出。

上海佘山世茂洲际酒店

上海佘山世茂洲际酒店(又名世茂深坑洲际酒店),位于上海市松江佘山国家旅游度假区的天马山深坑内,由世茂集团投资建设,海拔负 88 米,是于采石坑内建成的自然生态酒店。酒店遵循自然环境,一反向天空发展的传统建筑理念,下探地表 88 米开拓建筑空间,依附深坑崖壁而建,是世界首个建造在废石坑内的自然生态酒店。

上海佘山世茂洲际酒店与迪拜帆船酒店同时入选世界十大建筑奇迹中的两大酒店类奇迹,并被美国国家地理频道"世界伟大工程巡礼"、美国 Discovery 探索频道"奇迹工程"等连续跟踪报道,被誉为"世界建筑奇迹"。

酒店总建筑面积为 61 087 平方米,酒店建筑格局为地上 2 层、地平面下 15 层(其中水面以下两层),共拥有 336 间客房和套房,酒店利用所在深坑的环境特点,所有客房均设有观景露台,可欣赏峭壁瀑布。酒店设有攀岩、景观餐厅和 850 平方米宴会厅,在地平面以下设置有酒吧、SPA、室内游泳池和步行景观栈道等设施,以及水下情景套房与水下餐厅。酒店旁还配有上海世茂精灵之城主题乐园。

六、客户关系管理策略

客户关系是酒店最重要的资产,基于酒店产品和服务的提供通常是面对面发生的。酒店与客人的关系除了包含财务利益外,也会涉及情感的、社会的或心理的利益。有远见的酒店一定会开发、保护、维系自己的客户关系,这是酒店市场营销的核心任务。在互联网时代,如何在酒店数字化营销中植入信任感、亲切感等情感体验,显得日益重要和迫切。因此,酒店要重视客户关系管理,其内容如图 6-1 所示。

七、市场细分策略

市场细分是酒店根据顾客愿望、顾客需求、顾客爱好、购买动机、购买习惯、购买能力和购买行为等各方面因素,把酒店市场分为若干个需求不同的市场部分,其中任何一个市场部分都是一个在需求、习惯和行为相似的购买群体。

市场学家把市场分为同质市场和异质市场。同质市场是指消费者对商品(像汽油、食盐

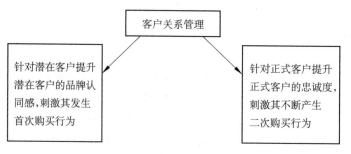

图 6-1 客户关系管理的内容

等)的需求及企业的经常策略基本上没有明显的差异。然而,现代市场绝大部分的产品需求都是有着很明显差异的,可替代性强,即异质市场。在异质市场上,没有任何两个消费者的需求是相同的,差异永远存在。酒店市场就是异质市场的典型代表。

酒店市场细分就是营销人员根据顾客对酒店产品需求的差异性,将一个错综复杂的酒店异质市场划分成若干个具有相同需求的子市场,从而确定酒店目标市场的活动过程。它可以使酒店有效地分配和使用有限的资源,并进行各种营销。

酒店市场是一个复杂而庞大的整体,由不同的顾客和群体组成,这些顾客和群体在地理位置、资源条件、消费心理、购买习惯等方面的差异性,在同类产品市场上会产生不同的购买行为。因此,针对酒店的每一个顾客群体,都要有一个合适的市场营销方案。

市场细分的目的是通过对顾客的需求差异予以定位,来取得较大的经济效益。但是对企业而言,增加产品的差异化必然导致生产成本和推销费用的相应增长。因此,市场细分必须在所得收益与所需成本之间权衡,有效的细分市场必须具备以下特征。

(1) 差异性。各个细分市场存在差异,能够被识别并对不同营销方案有不同的反应。

(2) 规模性。各个细分市场具有一定的购买力和规模,其市场容量足以使企业获利。

(3) 可进入性。细分市场之后的目标市场选择必须与企业自身状况相匹配,企业有优势进入目标市场,具体表现在信息进入、产品进入和竞争进入。

市场细分调研的结果是企业对目标消费者或目标消费者市场的选择,之后就要进行产品定位。产品定位是对目标市场选择与企业产品结合的过程,也是将市场定位企业化、产品化的工作。产品定位的目标是使产品在潜在顾客心目中占有一定的位置。

八、沟通策略

沟通策略的重点在于与消费者建立双向信息渠道,这就要求酒店数字化营销的沟通策略以市场调研为手段,了解目标消费者的网络浏览习惯,关注消费者在各种网络渠道发布的有关酒店产品与服务的评论,并对这些评论及时反馈与响应,以及掌握消费者的需求变化趋势,结合市场竞争状况,适时、适度地开展网络促销活动。在酒店数字化营销中,消费者的信息渠道类型包括酒店官网、酒店中介预订网站、门户网站、搜索引擎网站、大众社交网站、专业或专题论坛网站、个人博客与微博。酒店数字化营销沟通策略的组合因素则主要包括以下四个方面。

（一）网络公关

网络公关的目标是通过虚拟网络在真实消费群体中营造企业形象。网络信息技术突破了酒店公关活动的时空限制，扩大了公关活动受众面，以多渠道、即时性、娱乐性、个性化和互动性等特点增强了公关效果，并且更加人性化，受众在信息传播中具有平等地位，其参与具有更强的主动性和目的性。网络公关常用方法有以下四种。

1. 新闻媒体传播

在大型门户网站等第三方权威媒体平台发布有关酒店、产品与服务的新闻稿，可以借助门户网站的知名度和强大流量来提升酒店品牌与曝光度。

2. 论坛社区传播

潜在受众群体在大型论坛社区的相关板块对酒店产品与服务话题进行相互的讨论和分享，其结果往往是相约去体验酒店产品与服务，并继续分享心得。因此，网络公关可以通过论坛软文进行引导传播。

3. 问答平台传播

通过在百度知道、新浪爱问、天涯问答、腾讯问答等问答平台发布相关的信息，将酒店的产品与服务及知名度做一个精准营销。

4. 博客营销

博客已成为展现企业和个人的主要网络平台，从大型门户网站建立并经营博客，有可能成为意见领袖并获得网友关注，从而合理利用博客平台使酒店的产品与服务、知名度更加深入人心。

继续细分网络公关技术，还可以分为图片公关、论坛签名档公关、网络即时通信工具公关（如 QQ 群公关）、SNS 社区公关等方式。

（二）网站推广

网站推广的目的是让更多客户知道网站所在位置，吸引尽可能多的潜在用户访问网站，从而实现向用户传递营销信息的作用，并为其最终购买产品与服务的决策提供支持。针对网站筹建期、发布初期、增长期与稳定期的不同特点，有必要制订不同的网站推广计划。网站推广常用方法有以下三种。

1. 搜索引擎优化

面对网络的海量信息，网民习惯使用搜索引擎查找自己所需的信息。因此，如何让 Google、Baidu、Yahoo 等搜索引擎工具顺利地抓取网站的内容，让网站在搜索结果中排名靠前，是网站推广的首要问题。搜索引擎优化是针对搜索引擎对网页的检索特点，让网站建设各项基本要素适合搜索引擎的检索原则，从而使搜索引擎收录尽可能多的网页，并在搜索引擎自然检索结果中排名靠前，最终达到网站推广的目的。

2. 竞价排名

对搜索引擎优化效果不满意的企业，可以采用竞价排名方式使推广信息出现在搜索结果中（一般是靠前的位置），并且按点击付费，即如果在检索结果页面中没有被用户点击，则不用支付推广费。因此,在搜索引擎推广中,竞价排名具有以下特点:①出现在搜索结果页面,与用户检索内容高度相关,增加了推广的定位程度;②竞价结果出现在搜索结果靠前的位置,容易引起用户的关注和点击,因而效果比较显著;③按效果付费,费用相对较低。

3. 友情链接

友情链接是网民熟悉的一种网站推广方式。网站通过与一些流量大、信息量大的网站交换链接,从而实现推广自己网站目的。

除了外部的网站推广,还有必要对网站内部进行整体优化。例如,对网站架构进行优化,包括结构、分类和网站地图等;对网站页面优化,包括页面布局、页面设计和页面用户体验等,以及导航设计、链接整理与标签设计等方面。

(三) 网络广告

网络广告一般能够取得品牌宣传、网站推广、促进销售,以及收集市场调研与顾客关系维护数据等方面的效果。与传统媒体(报纸、杂志、电视、广播)广告及户外广告相比较,网络广告具有以下优势。

(1) 覆盖面广,受众群庞大,传播范围最广泛。
(2) 针对性强,直达产品与服务的核心消费群。
(3) 互动性强,通过多种方式实现互动。
(4) 效果可衡量,可以统计受众数量,准确分析、评估广告消费。
(5) 广告费用相对低,多种广告计费方式有利于选择合适的方式节省成本。

常见的网络广告形式有以下四种。

1. 网幅广告

网幅广告发布在网页显著位置(横幅、竖边、按钮、移动等),使用 GIF、JPG 等格式的图像文件,还可以使用 Javascript 等程序语言产生交互性,用 Shockwave 等插件工具增强表现力。

2. 文本链接广告

文本链接广告发布在网页的首页、重点频道等页面推荐位置,使用文字超链接方式进入相应的广告页面,属于对浏览者干扰最少,但效果较好的网络广告形式。

3. 弹出式广告(插播式广告)

弹出式广告是在网页浏览者正常登录网页时,强制弹出的广告窗口或广告页面,虽然可以选择关窗口,但这种广告总是打断正常浏览,带有强制观看的性质。

4. 电子邮件广告

电子邮件广告是通过电子邮件发送的广告,具有针对性强、费用低廉,并且广告内容不受限制等特点,但是也容易引起肆意滥发而成为扰人的垃圾邮件。

网络广告的形式层出不穷,比如视频广告,即在线视频打开之前或结束之后的广告信息。

(四) 网络促销

网络促销是对在线顾客购买行为的短程激励活动,属于利益驱动购买刺激。网络促销与网络广告的区别在于,网络广告属于信息传播的形式;网络促销是信息传播的内容(即短程消费激励活动),是针对在线消费特征,各种传统促销方式在网络市场环境中的种种演化。

常见的网络促销方式有以下几种。

1. 折扣促销

折扣促销是对目标顾客在购买产品与服务时所给予的优惠待遇。例如,优惠券方式,即在券票上有原价、折价比例、购买数量及有效时间,凭券购买即获得长期有效的优惠凭证,即会员卡和消费卡,根据会员级别与消费累积总额等给予目标顾客不同程度的优惠;现价折扣,即在现行价格基础上打折销售,如特卖会、清仓卖、捆绑销售等形式。此外,还有对目标顾客在购买产品时优惠一定数量赠品的形式,如"买一赠一"的惠赠、"加1元送××产品"的换赠、"满300元退100元"的退赠等,以及无偿附赠(小包装)、无偿试用(试用样品)等优惠方式。

2. 服务促销

服务促销是为顾客提供某种优惠服务,从而便于顾客购买和消费的促销手段。常见的方式有:销售服务,即销售前的咨询与销售后的服务;承诺销售,即对顾客给予某些承诺,如不满意退换货、退款,承诺正品销售等方式促使顾客增加信任感、放心选购;以及信用卡支付、免费送货等增加客户附加值的服务内容。

3. 竞赛促销

竞赛促销是利用人们的好胜心和好奇心,通过举办各种竞赛吸引目标顾客参与促销。例如,刮卡、摇号、拉环、包装内藏奖等形式的抽奖与摸奖;广告语、商标、体验作文等征集活动或有奖问答的竞赛;猜谜等竞猜活动;选星、形象代言人等竞选活动;印花(商标、标贴、瓶盖、印券、票证、包装物等)积点竞赛。

4. 双赢促销

双赢促销(联合促销)是两个以上的企业为了共同牟利而联合举办的促销活动。

九、便利策略

酒店可以综合运用多项网络信息技术为顾客提供便利。例如,对应酒店产品与服务的售前、售中与售后三个销售环节,酒店顾客消费可以划分为搜索评估、购买消费,以及反馈分享三个环节。

(一)搜索评估环节的便利

在顾客的搜索评估环节,消费者多关注酒店的地理位置、交通条件、品牌形象、产品与服务的供给设施及特色、价格及团购优惠、连住优惠、赠代金券、房型免费升级、免费接送、送水果与饮料、免费洗衣、按时计费、延迟退房,以及订房中心返现等优惠措施。此外,酒店周边的美食、景点、休闲娱乐设施、重要交通枢纽的条件也是消费者关注的内容,酒店可以运用电子地图、图片与文字点评等技术向顾客传播信息或互动沟通。

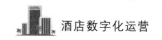

(二)购买消费环节的便利

越来越多的消费者选择多渠道购买消费,传统、标准化的预订模式很难吸引年轻一代的新用户。例如,他们喜欢在酒店官网预订、通过酒店免费电话预订、参与网络团购活动,甚至是通过手机在线预订等多种方式。因此,酒店需要为消费者提供多样化的购买消费方式。

(三)反馈分享环节的便利

在购买消费完成后,消费者的体验也并未结束。根据马斯洛的需求层次理论,消费者在购买消费完成后会产生更高层次的内在需求,期待通过各种网络渠道表达对消费者的个人体验,传播对产品与服务质量的个人评价,与其所属网络社群形成更紧密的联系。同时,这种反馈分享不仅是其他消费者搜索评估酒店的重要信息源,还是酒店发现顾客需求、解决消费投诉,以及完善产品与服务质量的互动沟通渠道。因此,酒店数字化营销需要在目标消费者常用的信息渠道中构建反馈分享频道。

十、成本策略

随着各种专业垂直搜索引擎网站的发展,消费者的比价门槛进一步降低,产品与服务的在线价格越来越透明。酒店数字化营销需要以消费者所愿意支付的成本为定价依据,这种成本除了酒店依据市场定位与品牌战略制定的价格外,还包括因为消费而产生的心理压力,以及为化解或降低相关风险而耗费的时间、精力等诸多方面。酒店数字化营销的成本策略主要包括两个方面,一是减缓消费者的心理压力,二是节约消费者的消费时间成本,主要包括以下内容。

(一)口碑效应

酒店在专业网站、论坛、酒店官方网站上,关注客人对酒店产品与服务的正负面评价,并对所有评价及时反馈,尤其是对不满意、投诉等负面评价及时反馈、补救与处理。总之,酒店要对口碑效应的网络渠道进行有效管理,优化产品与服务的质量,提高消费者满意度。

(二)专业认证

酒店通过国内外行业管理等机构的认证标准,如酒店星级评定标准、绿色旅游饭店评定标准、国际食品安全认证,以及 ISO 9000 质量认证体系等国际通用标准,以此标明酒店产品与服务所处的水平,增强消费者的信心。

(三)网页打开速度

酒店数字化营销可以通过加快网页打开速度、优化网页内容布局与站内搜索等方式,节约消费者的消费时间成本。

有研究表明,用户最满意的网页打开速度是在 2 秒以内,能够忍受的最长等待时间的中位数为 6~8 秒,如果等待时间超过 12 秒,那么 99% 以上的用户会放弃这个网页。但是,如果在网页载入等待期间能够显示反馈消息,比如一个进度条,那么最长等待时间可以延长到

38秒。总之,网页打开速度越快,用户感觉网站质量越高、越可信,反之则会恶化用户的使用体验。

还有研究显示,宽带用户愿意忍受的网页打开最长等待时间是4~6秒。比窄带用户更没有耐心,在宽带条件下3~5秒就能载入的网页,在窄带条件下可能需要20~30秒打开。因此,网站制作有必要控制每个网页的大小。此外,网页打开速度不宜过快,否则用户会增加在网站的互动频率,这可能增加服务器出现错误的概率。

(四)网页内容布局

杰柯柏·尼尔森(Jakob Nielsen)在通过测量光聚集的热度分析网页浏览者模式,并以四种颜色表示浏览者眼光聚集的热度,红色为最热,黄色为较热,蓝色为不太热,灰色为基本不热。杰柯柏·尼尔森测量了三类网页,通过比较上述网页的浏览热度区域,杰柯相·尼尔森发现网页浏览为F模式,即浏览者首先水平浏览网页最上部,其次目光下移,水平浏览更短长度的区域,最后沿网页左侧垂直浏览,其浏览热区如图6-2所示。在搜索引擎结果页面中,由于网站标题、网页摘要较宽,浏览者第二次水平浏览的区域更长,但是仍然属于F模式。

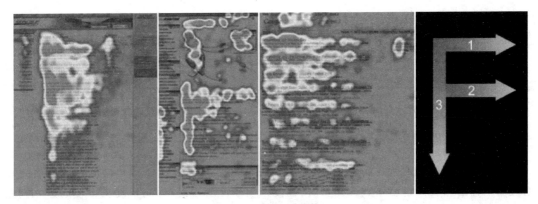

图6-2　F模式浏览热区

因此,可依据F模式的阅读行为进行网页设计。

(1)用户并不会浏览页面上的所有内容(F热区之外的大片空白区)。

(2)将最重要的信息放在头两段(F热区中的两个横向热区)。

(3)在后续的内容中,将关键词和信息放在段首,使用户在左侧纵向浏览时能更容易关注到。

根据网页浏览F模式,网页内容布局应遵循最重要信息放置于红色区域,次重要信息放置于黄色区域,其他信息放置于蓝色及灰色区域的原则。这样有利于提高信息发布的效率,以及消费者获取有用信息的效率。此外,还要从网站信息架构角度,设计组织分类和导航结构,从而让用户可以提高浏览网站的效率、有效获取信息内容。上述措施都有助于节约消费者的时间成本。

(五)站内搜索

站内搜索是所有网站都不可或缺的功能,尤其是在内容丰富的网站中,当用户无法直接从网站首页或导航页中获得目标信息时,就会求助于站内搜索。用户在站内搜索使用的短语或关键词往往能体现更细节层面的需求,直接体现用户最关注的内容或期望获取的信息。为此,站内搜索需要更好地匹配搜索关键词与网站内容的关系,帮助用户找到相关的内容。

通过分析用户每次搜索的订单转化率、交易完成率,以及每次搜索所能获取的收益等指标,可以评估内部搜索对网站的价值,以及进一步分析哪些关键词带来最大的收益。在站内搜索的分析结果基础上,可以对网站的搜索功能进行针对性的优化。例如,提供搜索结果排序的可选方式有相关性、最高评分、最新发布、最近更新和最热门等,或者组合排序方式。

此外,站内搜索还可以提供搜索结果筛选的功能,以及同义词与结果推荐的功能(用户在输入搜索关键词时可能出现拼写错误,或者用户输入模糊定义的短语)。总之,站内搜索优化是一项专业的任务,需要专门的队伍或者专业的公司来研究和改进站内搜索功能。

任务 4 酒店数字化营销方式及新趋势

一、数字化营销方式

酒店数字化营销方式有网站营销、App 营销、中间商网络营销、微博营销、博客营销、网络口碑营销、网络论坛营销、视频营销、搜索引擎营销、微信营销、网站交换链接营销、电子邮件营销、电子杂志营销、网络广告营销、网络公共关系营销、团购营销、移动互联网营销等。

(一)网站营销

酒店网站被广大消费者注意、被广大消费者认可是酒店数字化营销的基础。酒店可以通过以下方法来提高自己站点的知名度:在搜索引擎注册,为目标用户提供方便的进入网站的途径;与其他网站建立互换链接,提高站点被访问的概率;在自己的网站上建立有吸引力的网络社区、聊天室和 BBS,吸引广大用户参与相关的活动,或者酒店以个人身份登录和参与其他网站网络社区、聊天室和 BBS,通过参加讨论达到宣传、推广自己网站的目的。

一个好的网站会增加用户对酒店的信任度,是用户了解酒店的直接途径之一。因此,酒店在网站建设时,要注意以下要点。

1. 首页设计有特色

首页的设计要突出酒店行业的特殊性,具体要求如下。

(1)在设计上尽量个性化,并以动画来展示酒店的整体形象,方便浏览者多方位了解酒店。在首页上可以简要说明酒店的概况、特色、接待能力和服务宗旨,还可以介绍酒店的一些成功案例及接待过什么样的人物与举办过的某些大型活动。

(2)在房间介绍中,可推荐几个不同档次的房间来满足不同层次的消费者。

(3)在方案实现上,可结合图文效果更直观地展示。

2. 慎重设计域名

酒店网站的域名,就像每个家庭的门牌号码一样,既要好记,又要好听,可以采用数字、拼音、英语、缩写的形式。一个好的域名应该具有简洁性,避免过长的字符导致记忆的困难。设想一下用户想浏览你的网站,但是域名记不牢导致反复输入也无法准确访问,那样用户就会失去兴趣,转而选择同行酒店网站好听、好记的域名去满足需求,那样就得不偿失了。

此外,域名还应该考虑到网络的国际性,兼顾国际用户。域名具有唯一性,一个域名一旦注册成功,任何其他机构都无法注册相同的域名。域名是酒店网站重要的网络商标,在数字化营销中起到酒店网站标识的作用,在进行域名的命名时,要考虑到域名与酒店网站的名称、标识相统一。

3. 具有行业共性

建设一个网站,首先考虑酒店所属的行业特点。例如,我们随意在网上搜索酒店行业,会发现同一个行业的网站或多或少都存在着共同之处,有的是网站的设计风格类似,有的是版面、布局类似,有的是栏目架构类似。这些共同点象征着同一个行业的共性,也是用户对这一行业所熟悉的部分,所以,某些共同点是酒店在建设网站时需要借鉴和参考的。酒店网站建设会有其根本需求,具体有以下三种。

(1) 有的酒店把网站作为网络品牌的形象,所以注重品牌的塑造,重视页面的设计感。

(2) 有的酒店用网站来销售产品和服务,在网站设计上不强调浓重的设计感和创意,而是重点突出产品的展示和销售。

(3) 有的酒店突出网站与用户的互动性,采用 Flash 游戏、360 度全景、3D 等效果增强网站的趣味性等。

总之,每个网站都有自身的行业特点及酒店网站本身的建站需求,想要建设一个适合酒店自身的网站,就需要在建站前明确好网站建设的主题方向,不要大而全,也不要盲目追随,要根据酒店自身的实力做出相应判断,为酒店网站建设准确定位。

(二) App 营销

随着智能手机与移动上网设备的普及、5G 的到来,移动互联网已经成为人们日常生活工作中不可或缺的一部分,人们已经习惯使用 App 客户端上网,获取信息,互动交流。移动互联网交流互动平台已经成为众多行业营销的必争之地,酒店行业也迎头赶上,积极寻找市场新契机。

1. App 营销的概念

App 是英文 application 的简称,由于智能手机的流行,现在的 App 多指智能手机的第三方应用程序。最初,App 只是作为一种第三方应用的合作形式参与到互联网商业活动中去的,随着互联网越来越开放化,App 作为一种盈利模式开始被更多的互联网商业大亨看重,如新浪的微博开发平台、百度的百度应用平台都是 App 盈利模式的具体表现,一方面可以积聚各种不同类型的网络受众,另一方面借助 App 平台获取流量,其中包括大众流量和定向流量。

App 营销主要是指通过手机 App 来开展的营销活动。App 营销是整个移动互联网营销的核心内容,是品牌与用户之间形成消费关系的重要渠道,也是连接线上、线下的重要枢纽。

2. App 营销的优点

(1) App 是进行酒店移动营销一个非常好的选择,因为它是移动 O2O 的载体。真正的

O2O模式还需要移动端来实现,用户可以通过手机客户端随时随地发现产品价值、优惠信息等,而便携式移动终端的功能、用户身份和用户可追踪字符位置的唯一性,将促进移动O2O发展。

(2) App营销符合当下年轻消费群体的阅读习惯和购物习惯,但需要解决购买后的黏性和口碑良性传播的挑战。

(3) 目前App还在呈几何级数增长,App的市场空间不可估量,酒店行业趁早布局手机App将对占领市场起关键作用。

3. App营销的亮点

App平台是目前全新的精准营销方式,主要为酒店提供全面的营销战略服务,帮助酒店达成品牌传播、精准营销推广、门店销售、售前售后服务,从而提升产品销量。

(1) 品牌传播体现在以下方面。

① 实现对酒店的形象展示与宣传,从而有效提升酒店的形象价值。

② 对酒店的经营/服务理念进行宣传展示,有效增强现有客户及潜在客户对酒店的黏度。

③ 产品移动展厅,可对比查询产品信息及图片;最大化地营造漏斗效应,达成(店面/产品)品牌自上而下的推广需求。

(2) 精准营销体现在以下方面。

① 帮助酒店筛选、锁定目标客户群,实施有针对性和选择性的宣传诉求重点。

② 售前可通过App平台将产品/活动信息推送给目标客户群。

③ 24小时绑定潜在客户群。

(3) 门店销售体现在以下方面。

① 突破传统形式,通过图片和表格文字全面展示产品的卖点。

② 使用手机、平板电脑向顾客介绍产品性能、分享图片和可提供的选择。

③ 工作人员带着移动端,使销售更简便、更高效。

④ 更能增强消费者的用户体验,提高检索量。

(4) 售前售后服务体现在以下方面。

① 建立完善的移动售前售后服务,方便宾客,提高酒店的作业效率。

② 宾客可通过手机查询个人档案及在线提交订房预约。

③ 宾客使用手机即可在线续约,便捷快速。

④ 宾客可通过App平台快速拨打酒店网点电话,简化程序。

⑤ 第一时间把酒店的最新活动资讯、促销信息推送给宾客,更快捷、精准地完成信息推广。

知识拓展

酒店App软件开发主要功能

1. 礼宾服务

酒店在行业运营的过程中,最重视的是服务质量及客户的满意度。App应用的出现,不断满足客户的体验感。用户在下载、安装App应用之后,就可以通过App应用查询周边的景点信息、美食信息等,同时还能通过 App 应用自助办理入住、离店手续等,为用户带来更多的便利性。

2. 预订功能

在酒店的服务中,预订功能是较为重要的因素。酒店通过 App 应用为用户推送相关的产品信息、促销信息,用户一旦产生需要,就能够在第一时间通过简单的操作进入预订模式。这种线上预订的方式,符合用户的消费习惯,能够有效地为酒店带来更多的销售额。

3. 周边服务

酒店 App 软件还提供各种附加的周边效劳功能,用户能够了解酒店周边的各种旅游景点、特色小吃、风土人情等。

4. 移动在线支付

用户预订之后可以选择移动在线支付,酒店在为用户提供便捷支付环境的同时,能够便于酒店对资金的管理,可以直接将资金转到酒店,形成便捷、安全、稳定的资金链。

5. 与用户互动

酒店通过 App 软件开发可以与用户产生互动,将酒店近期的优惠信息、打折促销信息推送给用户,在节日里为用户送上温馨的祝福,以及通过收集用户反馈的信息,调整营销战略和优化服务体系,使得营销更具有针对性。

4. App 营销推广方式

App 营销对酒店来说已是大势所趋,它是一种全新的精准营销方式,当酒店有了一款用户体验感极佳的 App 后,如何更高效地推广酒店的 App,吸引用户的下载,得到用户的喜爱,这又是 App 平台营销中急需解决的难题。目前 App 推广主要有以下几种方式。

(1) 将 App 发布到各大应用市场,用户在移动市场中找到相关应用并下载。

(2) 运用二维码技术,在一切可显像图文的平台上添加二维码。

(3) 优化应用搜索渠道,将网站访问率转化为应用下载量。

(4) 通过专业性媒体、电视广告、网络广告报道,提高 App 的曝光率。

(5) 微博营销,给 App 注册微博账号,近距离地与用户进行沟通,提高影响力。

(6) 口碑营销,通过口口相传,提高 App 的关注度。

5. App 营销技巧

App 营销的优点在于切合了目前流行的无线应用、虚拟社区等,而消费者的时间日趋碎片化,它能无时无刻、无孔不入地将"植入"进行到底,无形地伴随手机、无线终端等入侵消费者生活的分分秒秒。因此,酒店要做好 App 营销,也要讲究一定的技巧。

(1) 灵活趣味促进销售。酒店所属品牌的 App 就像是一个迷你版的官网,产品信息、企业信息、动态信息、预约功能、积分查询等内容都可以在 App 上得到完美展现,被誉为酒店自营销的重要"阵地"。在这个灵活丰富的平台上,可以实现如图 6-3 所示的销售流程,促进酒店销售转化。

(2) 多种利益手段引爆用户群体消费行动。酒店 App 作为酒店品牌嫁接移动营销的手段,覆盖智能手机桌面,实时地为目标消费群体进行一对一的推送品牌、产品及活动信息,对消费者进行利益刺激和引导。通过 App,酒店将有效地把握目标用户,广告的曝光率、到达率更为精准。

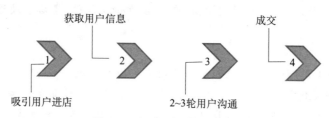

图 6-3　App 平台的销售流程

根据酒店所属品牌的消费人群设定具体的利益刺激方式,可以是实实在在的物质利益刺激,如优惠促销、诱人的奖品、丰厚的酬劳回报等,也可以从情感利益的诉求入手,如乐趣、成就感等,通过酒店 App 传达给目标用户,从而留住更多目标用户,提高销售转化率。

(3) 优质互动改善用户体验。在互联网领域的"互动"在手机移动网络同样适用。良好的互动不仅为品牌的提升带来了巨大的效果,还可以大大改善用户获取终端服务店服务的体验。酒店的 App 客户端本身就是一个良好的互动平台,既可以免费将各种信息推送给客户,又能直接通过手机实现订房预约服务,还可以提供集会员礼遇、旅游、订车、买卡等多功能为一体的服务。酒店的 App 客户端可以解决传统电话预约的诸多问题,提升服务的及时性,避免客户的流失,还可以减少人工成本,让酒店的服务重心转移到对现场宾客的关注上,是真正的多赢。

(三) 中间商网络营销

中间商网络是酒店的重要销售渠道之一。客人不可能随时都有充分的时间和精力在网上浏览、搜集信息,比质、比价,设计、组合自己的旅行线路。所以他们会经常光顾旅游中间商的网站,向旅游中间商咨询,以便做出比较满意的决策。这样就必然要求酒店与旅游中间商建立长期互惠互利的网上营销伙伴关系。

(四) 微博营销

微博营销是指通过微博平台为商家、个人等创造价值而执行的一种营销方式,也是指商家或个人通过微博平台发现并满足用户的各类需求的商业行为方式。微博营销酒店以微博作为营销平台,每一个粉丝都是潜在的营销对象,酒店利用更新自己的微博向网友传播酒店信息、产品信息,树立良好的酒店形象和产品形象。该营销方式注重价值的传递、内容的互动、系统的布局、准确的定位,微博的火热发展也使得其营销效果尤为显著。

酒店可以通过微博倾听客户的建议,参与交流,这样更加有利于酒店的营销工作。北京丽晶酒店、嘉里中心酒店等都以官方身份进入新浪微博,成千上万的消费者以酒店粉丝的形式聚集起来,关注酒店的最新动向。

(五) 博客营销

博客营销是酒店通过博客网站或博客论坛接触博客作者和浏览者,利用博客作者个人的知识、兴趣和生活体验等传播酒店商品信息的营销活动。酒店利用博客这种网络交互性平台,发布并更新酒店的相关概况及信息,并且密切关注并及时回复平台上客户对酒店的相关疑问及咨询,并通过较强的博客平台帮助酒店零成本获得搜索引擎的较前排位,以达到宣传目的。

(六) 网络口碑营销

网络口碑营销是口碑营销与网络营销的有机结合。口碑营销分为线下、线上两种,线下营销投入较大,效果监控难。网络口碑营销通过网络的快速传播、标准定位等优势,越来越被酒店所重视。网络口碑营销包括策划专业的话题,通过百度营销、互动营销、博客营销、论坛营销、信息平台营销、B2B 电商平台营销、邮件营销、QQ 群营销、微博营销和微信营销等口碑营销模式,把酒店品牌信息传播效果标准化。网络口碑营销旨在应用互联网的信息传播技术与平台,通过消费者以文字等表达方式为载体的口碑信息(其中包括酒店与消费者之间的互动信息),为酒店营销开辟新的通道,获取新的效益。

(七) 网络论坛营销

网络论坛营销是酒店利用论坛这种网络交流的平台,通过文字、图片、视频等方式发布酒店的产品和服务的信息,从而让目标客户更加深刻地了解酒店的产品和服务,最终达到宣传酒店的品牌、加深市场认知度的网络营销活动。

网络论坛营销与传统营销模式的不同还在于它特有的互动方式,传统营销模式中人与人之间的交流十分重要,营销手法比较单一;网络论坛营销则可以根据酒店产品的特性,根据特定的目标客户群、特有的企业文化来加强互动,节约开支,形式新颖多样,避免了原有营销模式的老套单一化。

网络论坛营销的产生为传统营销模式注入了新鲜血液,特别是为酒店营销者开辟了一种新的营销思路,是一种如何在创业初始阶段占领市场、推广品牌、营销产品、获得利润的模式。网络营销的兴起使得更多的酒店能够在节省开支的情况下,以一种新颖的方式将产品营销出去,避免了资金不足,品牌弱势的弊端,使酒店不断壮大,获得营销成功。

(八) 视频营销

视频营销是指酒店将各种短视频以各种形式放到互联网上,达到一定宣传目的的营销手段。网络视频广告的形式类似于电视视频短片,平台却在互联网上。"视频"与"互联网"的结合,让这种创新营销形式具备了两者的优点。

随着网络成为很多人生活中不可或缺的一部分,视频营销又上升到一个新的高度,各种营销手段和手法层出不穷,视频与互联网的结合,让这种创新营销形式具备了两者的优点:它既具有电视短片的种种特征,例如感染力强、形式内容多样、创意十足等,又具有互联网营销的优势。很多互联网营销公司纷纷推出及重视视频营销这一服务项目,并以其创新的形式受到客户的关注。如优拓视频整合行销,是用视频来进行媒介传递的营销行为,包括视频策划、视频制作、视频传播整个过程。

视频营销形式包括影视广告、网络视频、宣传片、微电影等多种方式,并把产品或品牌信息植入到视频中,产生一种视觉冲击力和表现张力,通过网民的力量实现自传播,达到营销产品或品牌的目的。正因为网络视频营销具有互动性、主动传播性、传播速度快、成本低廉等,所以网络视频营销实质上是将电视广告与互联网营销两者集于一身。

视频具有视觉影响,可以嵌入人们的头脑中。在看视频时,人们感觉更轻松,这是短视频的优点之一。此外,视频更灵活地传达品牌形象和产品的效果,会给人留下深刻的印象。视频营销不同于一般的网络营销,在营销策划上更加专业化。

(九) 搜索引擎营销

搜索引擎营销(search engine marketing,SEM)是一种网络营销的模式,是根据用户使用搜索引擎的方式,利用用户检索信息的机会,尽可能地将营销信息传递给目标用户。其目的在于推广网站,增加知名度,通过搜索引擎返回的结果,来获得更好的销售或者推广渠道。

搜索引擎营销就是基于搜索引擎平台的网络营销,利用人们对搜索引擎的依赖和使用习惯,在人们检索信息的时候将信息传递给目标用户。搜索引擎营销的基本思想是让用户发现信息,并通过点击进入网页,进一步了解所需要的信息。酒店通过搜索引擎付费推广,让用户可以直接与酒店客服进行交流、了解,实现交易。

因此,搜索引擎营销所做的就是以最小的投入在搜索引擎中获得最大的访问量,并产生商业价值。多数网络营销人员和专业服务商对搜索引擎的目标设定也基本处于这个水平。搜索引擎的发展趋势:一是将成为企业网络营销的重要组成部分;二是搜索引擎营销方式多样化;三是对提升网络营销效果有更积极的作用。

(十) 微信营销

微信营销是酒店利用微信开展的一种市场营销活动,也是酒店进行市场营销的重要战略工具,酒店微信营销包括在微信公众平台上进行酒店营销活动,利用 OTA 在微信上的服务平台进行营销活动;利用微信图文推送进行营销;个人微信号营销;微信小程序营销等。

相对传统营销来说,微信营销作为一种新兴的市场营销手段,具有一定的竞争优势。微信已经覆盖了国内九成以上的智能手机用户,而且发展势头迅猛,酒店使用微信营销可以使营销传播规模最大化。由于微信信息的准确性,酒店可以随时了解到客人的信息、爱好、地理位置等,便于酒店进行精准营销。微信具有很强的交互性,公众平台上的商家可以通过线上与客户进行交流,有利于推广酒店的产品和服务。

(十一) 网站交换链接营销

交换链接(link exchange)又称友情链接、互惠链接、互换链接等,是具有一定资源互补优势的网站之间的简单合作形式,即分别在自己的网站上放置对方网站的 Logo 或网站名称,并设置对方网站的超级链接,使得用户可以从合作网站中发现自己的网站,达到互相推广的目的。因此,网站交换链接营销是一种常用的网站推广手段,其主要作用有以下两点。

(1) 通过和其他站点的交换链接,可以吸引更多的用户点击访问。

(2) 搜索引擎会根据交换链接的数量,以及交换链接网站质量等对一个网站做出综合评价,这也将是影响网站在搜索引擎排名的因素之一。

(十二) 电子邮件营销

电子邮件营销(Email direct marketing,EDM)是在用户事先许可的前提下,通过电子邮件的方式向目标用户传递价值信息的一种网络营销手段。电子邮件营销有三个基本因素:

用户许可、电子邮件传递信息、信息对用户有价值。三个因素缺少一个,都不能称为有效的电子邮件营销。

电子邮件营销是酒店利用电子邮件与受众客户进行商业交流的一种直销方式,是酒店和现有客户沟通常用的渠道之一,电子邮件营销成本低、投递速度快、精准性和个性化、易操作是许多酒店选择使用这个沟通渠道的因素。

电子邮件营销使营销人员能长期与订户保持联系。订阅者连续几年看同一份电子杂志是很常见的。互联网上的信息令人眼花缭乱,多不胜数,酒店能数年保持与同一个订户的固定联系,在当今的互联网上是十分难能可贵的财富。酒店以这种方式建立的强烈信任和品牌价值是很少有其他网络营销方式能够达到的。酒店有任何新产品,或有打折促销活动,都能及时传达给这批长期订户,销售转化率相对较高。

(十三) 电子杂志营销

电子杂志营销是酒店利用电子杂志为载体的一种营销方式,电子杂志是一种非常好的媒体表现形式,它兼具平面与互联网两者的特点,并且融入了图像、文字、声音等相互动态结合起来呈现给读者,是很享受的一种阅读方式。

电子杂志作为一种网络营销方式,传播的是一种智慧与文化,而且在网络信息化的今天,看电子书的人也越来越多。酒店可以通过品牌联播将自己的产品在各大网站上发表,吸引读者的关注并购买。产品最终的目的是要实现利润、创造价值,因此就要通过一系列的推广方式将自己的产品推销出去,使得读者得以在自由的时间内以一种主动阅读的心态接触电子杂志的广告。

电子杂志是一个精准、快捷的传播媒体,能直接把资讯以网络传播的速度呈现给目标群体及可能的客户。权威公正的访客流量统计系统,能精确统计出酒店电子杂志的下载量,以及这些用户查阅的时间分布和地域分布,从而有助于酒店正确评估广告效果,审定广告投放策略。

(十四) 网络广告营销

网络广告营销是配合酒店整体营销战略,发挥网络互动性、及时性、多媒体、跨时空等特征优势,策划吸引客户参与的网络广告形式,选择适当的网络媒体进行网络广告投放。

借助于网络和计算机技术,网络广告迅猛发展,其形式也丰富多彩。网络广告是网络营销重要的手段之一,它的优势是目标群体受众广,能有效提升品牌知名度。对酒店企业而言,更应该使用嵌入式或者植入式广告,将产品、品牌或者具代表性的品牌元素融入一些电影、娱乐节目、网络游戏、小说等媒介当中,让消费者在不知不觉中接受产品的广告或者品牌的宣传。

(十五) 网络公共关系营销

网络公共关系是指以计算机网络即互联网为传播媒介,来实现公关目标的行为。网络公共关系思维就是公共关系意识,也可以理解为公共关系观念、公共关系思想,是一种现代化经营管理和危机公关管理的思想、观念和原则,是一种开明的经营和管理观念,是一种全新的思维方式和交往方式。

公共关系是一种树立形象的双向的交流和沟通,网络公共关系和传统的公共关系相比较更具优势,可以帮助酒店将产品介绍给更多的公众,在目标市场中建立和维护自己良好的形象,提供信息并创造新的需求,建立和巩固与顾客的关系。

酒店可以通过以下方法开展网上公关活动:一是及时监控公共论坛对酒店的评论,特别是对酒店不利的言论,并采取措施;二是与网络媒体合作,及时发布自己的新闻;三是通过虚拟社区推广产品,建设一些类似于社区性质的新闻组和广告栏,以多种方式介绍酒店的产品,及时关注社员对产品的评价和讨论,并采取措施应对突发事件;四是建立沟通的渠道,如利用虚拟社区的公告栏、新闻列表、Web 页面等方式建立酒店的沟通渠道。酒店通过互联网的交互功能,及时了解顾客的需求和倾向,加强与顾客的关系。

(十六)团购营销

随着电子商务的快速发展,团购已成为时下人们热衷的一种新的购物方式,酒店团购也随之悄然兴起。团购(group purchase)就是团体购物,指认识或不认识的消费者联合起来,加大与商家的谈判能力,以求得最优价格的一种购物方式。根据薄利多销的原理,商家可以给出低于零售价格的团购折扣和单独购买得不到的优质服务。

团购作为一种新兴的电子商务模式,通过消费者自行组团、专业团购网站、商家组织团购等形式,提升用户与商家的议价能力,并极大程度地获得商品让利,引起消费者及业内厂商,甚至是资本市场关注。

1. 团购的优势

与传统购物相比,团购具有以下优势。

(1)消费者可以获得较低的价格折扣。这是团购的最明显的优势,团购的商品相对商场价格都是相对较低的,同时大量的消费者参与到团购中来,主要是期望通过集体购买得到较低折扣的商品。

(2)消费者可以自由选择商品。消费者可以根据自己的喜好在合适的时间选择自己喜欢的商品。很多导购类团购给消费者带来更多的便利,其信息覆盖广,相对一般的团购网站具有比较大的功能,因此有更加明显的优势。

(3)商家可以在短时间内获得更多的销售额和利润。网络团购中聚集了大量的消费者,购买数额较大,可以加快经销商的出货速度,降低厂商的库存,提高存货的周转率和现金的周转率,从而提高企业的利润空间。

2. 团购的特征

酒店团购的特征如下。

(1)价格实惠。团购网站标示的酒店产品价格十分诱人,有些团购产品折扣甚至低于1折。如此低廉的价格,为团购酒店吸引了成百上千的消费者,也为酒店赚得了更多的利润。

(2)时间有限定。只要登录酒店团购网站,就会发现团购产品都有限定的购买和使用时间,通常购买时间为2~20天,消费时间为12个月。然而,随着团购市场的激烈竞争,很多团购网站甚至推出了秒杀活动,而其秒杀价格有时会远远低于团购价。

(3)数量有限制。许多酒店会限定团购产品的最低团购人数,以确保达到薄利多销的效果。倘若购买团购产品的人数达不到最低人数标准,那么就意味着此次组团交易行动失效。

(4) 交易较便利。网络团购酒店产品是一股新的潮流和时尚,只需要几分钟的时间就可以完成交易。简便的交易流程,使消费者足不出户就能购买酒店产品,不仅打破了传统的交易模式,还大大缩短了交易时间,受到当今社会的白领阶层、大学生、年轻人群的青睐。

3. 酒店团购的策略

(1) 低价也要限量。酒店团购的成功之处在于通过数量控制,让更多的用户去传播和推广以低价体验的高品质的产品。酒店可以把部分宣传费用补贴到团购售价与实际售价的价差上,最终实现多赢的局面。酒店管理方可以通过收益管理的方法,通过市场细分,对团购市场的消费者行为进行分析、预测,确定最优价格和最佳存量分配模型,实现收益最大化。事实证明,无限制的团购只会给酒店带来灾难。

(2) 应做打包价而不是超低价。在国外团购网站上,我们常常可以见到高级豪华酒店的身影,在我国的酒店团购网站,见到最多的往往是经济型酒店。酒店团购并不能一味地追求低价,这样容易造成"价低质低"。在中国,酒店业对团购这一促销方式更强调的是成本控制,而不是运用收益管理的方式和方法来促销,这显然是错误的。要知道,价格便宜并不是吸引消费者的唯一因素。对酒店来说,团购超低价可以适用于服务单一的酒店,如经济型酒店。对完全服务型的酒店而言,团购应该使用打包价,即通过打包让酒店闲置的资源有效地利用起来,为酒店创造更多的价值。

(3) 应注重团购的差异化。不少酒店服务产品单一,甚至雷同,虽然加入了团购的战团,却常常不容易被顾客记住。如果团购网站上同类型的酒店太多,则容易混淆客人对酒店的选择,因此,酒店团购需要独辟蹊径,去寻找不容易被模仿的团购模式。

(十七) 移动互联网营销

移动互联网营销为人们提供了一种全新的酒店预订入住体验。洲际酒店集团推出了基于苹果和安卓智能手机端的应用程序,在上线仅一年的时间里,通过移动设备预订的房间量就增长了近 10 倍,酒店从中获取的收益也从最初的不足 100 万美元升至 10 倍以上。洲际酒店的移动互联网营销取得了巨大的成功,对整个酒店行业来说具有战略性的意义。

在运营方面,移动互联网营销在酒店行业的应用体现在以下几个方面。

1. 在酒店行业建立直销模式

移动互联网的应用,拉近了酒店和终端客户之间的距离,让酒店可以更详细地了解客户的需求,为他们提供人性化、个性化的服务。

智能手机客户端可以实现上网和通话双功能,用户通过手机客户端不仅可以与酒店进行直接沟通,同时也可以实现随时通话,了解酒店最新的产品优惠信息,向酒店传递自己的服务要求。这样一来 OTA 这个中间商就没有作用了,而酒店也建立了一个直接通往终端客户的直销渠道。

W Hotel 推出的智能手机客户端除了提供客户预订功能之外,入住酒店的客户也可以通过客户端预订送餐服务和购买客房用品。这也是酒店从传统的互联模式走进移动互联网时代实现的一大创新和进步。

2. 减少或消灭库存房量

如果使用传统的订房网站,要就近找到酒店空房比较困难,而利用智能手机客户端不仅可以搜索到附近空房,而且更为方便和快捷。酒店通过智能手机客户端向会员客户发送当天"最后一分钟"房价,不仅可以让客户享受到更多的优惠,降低空房率,而且不破坏OTA等渠道合作伙伴的商业规则。

3. 提升客户的活跃度和参与度

在PC时代,由于客户不能随时随地在线,酒店也很难与客户之间实现实时互动。而手机移动终端的出现,可以让用户实现时时在线,酒店也可以通过各种应用加强与客户之间的联系。例如,7天连锁酒店通过"点行社区",利用"签到"获取"点币"的奖励方式鼓励客户参与,增强了与客户的互动。

4. 提升客户的满意度

通过手机智能终端,酒店可以直接与客户建立联系,并利用移动互联网的社交属性,了解客户的消费习惯及爱好,从而以此为依据提供高度定制化的酒店服务,让客户获得一种更极致的服务体验,增强客户对酒店品牌的忠诚度。中国可以称得上是移动互联网时代的引领者,在国内外酒店客户中,其中智能手机用户要占大多数,而且在上面耗费的时间也比较多。因此,移动互联网领域的服务将成为未来酒店行业的竞争焦点,酒店要想在竞争中抢占先机取得胜利,关键在于谁能最早切入移动互联网领域,开发出更好用、更人性化及服务功能更强大的智能手机客户端。

(十八)其他方式

酒店也可通过秒杀促销、网上积分促销、免费促销等方式,扩大酒店的知名度,提高酒店产品的销售量。需要注意的是,网络促销手段不是独立使用的,更多时候,酒店需要同时选择多种形式,灵活运用,才能达到吸引不同层次的消费者、增加客户满意度的效果。

二、酒店数字化营销的新趋势

随着网络用户的迅速膨胀,数字化营销已成为酒店市场营销的重要方式,它代表着酒店业在信息时代生存发展的必然方向。酒店数字化营销的广泛运用,不仅可以提高酒店产品的销量,降低酒店的运营成本,扩大酒店的市场规模,还能为顾客提供更优惠、高质量的服务体验。

(一)营销型网站将成为网站建设的主流

营销型网站就是指具备营销推广功能的网站,网站在建设之初就以日后的营销推广为目的和出发点,并贯彻到网站制作的全过程,务使每一个环节、每一步骤都考虑到营销功能的需求,使网站一上线就具备营销功能或有利于优化推广的特征。

营销型网站就是为实现某种特定的营销目标,要将营销的思想、方法和技巧融入网站策划、设计与制作中的网站。最为常见的营销型网站的目标是获得销售线索或直接获得订单。

一个好的营销型网站就像一个好的业务员一样,应当了解客户,擅长说服之道,具有非常强的说服力,能抓住访客的注意力,能洞察客户的需求,能有效地传达自身的优势,能一一解除客户在决策时的心理障碍,并顺利促使目标客户留下销售线索或者直接下订单,更重要的是它 24 小时不知疲惫,全时空地运转。

营销型网站是对网站的发展,整合了各种网络营销理念和网站运营管理方法,不仅注重网站建设的专业性,更加注重网站运营管理的整个过程,是网站建设与运营维护一体化的全程网络营销模式。

营销型网站是为了满足企业网络营销,包括以客户服务为主的网站营销,以销售为主的网站营销和以国际市场开发为主的网站营销。营销型网站实质就是企业的销售平台,是能赚钱的网站,无论线上直接交易与否,都能够获得销售线索、销售机会甚至获得成交。

(二)搜索引擎成为重要的营销工具

搜索引擎已成为人们上网获取信息必不可少的工具之一,据统计,有超过七成的用户每天都会通过搜索引擎去寻找自己需要的信息,这使得搜索引擎成为互联网上最大的流量集散中心。因此,在没有出现更好的网络方式前,搜索引擎营销无疑仍将是最主流、最重要的网络营销方式。

搜索引擎营销的实质就是通过搜索引擎工具,向客户传递他所关注对象的营销信息。搜索引擎营销和其他网络营销方法最主要的不同点在于,这种方法是用户主动创造了营销机会,用户主动地加入了这一营销过程。搜索引擎操作简单、方便,客户容易掌握,这也是为什么搜索引擎营销比其他网络营销方法效果更好的原因。

搜索引擎不仅是企业网站推广的常用手段之一,在网络广告市场中的地位也日益重要。搜索引擎营销将成为企业营销和网络营销的一个重要组成部分,形成产业化的发展趋势,可能发展成为一个相对完整的网络营销分支,也将产生更多的市场机会。

(三)网络视频广告迅速增长

网络视频广告是采用先进数码技术将传统的视频广告融入网络中,构建企业可用于在线直播实景的网上视频展台。网络视频广告正在被越来越多的广告主和广告代理商所重视,随着网络技术的发展,网络视频广告的效果不断增强,网民数量的不断增长等复合性因素,都激发着广告主在网上做视频广告的信心,网络广告的营业额将不断增长。

网络视频广告将与营销更加全面地结合,其最大的特点就在于它的定向性,把适当的信息以适当的形式发送给适当的人,实现广告的定向。这种理想的营销方式提高了广告传播的效率。

对一些视频网站而言,由于忠实的客户群越来越大,因此吸引了不少广告主的目光。与传统的网站相比,视频网站中的广告更直接、更有效。把广告安放在视频当中,当客户在观看视频的时候,自然就会看到里面的广告,而不会像其他普通网站那样,客户可以选择忽略广告或使用某些软件屏蔽广告。

5G 技术让互联网上的内容传播体验更强,超高清的视频画质让消费者观看更具吸引力与冲击感,视频营销与传播不局限于图文,而是能亲身感受到直观视频。以视频为主的内容营销与传播会成为网络营销领域的主阵地,特别是抖音、快手这类的短视频营销与传播市场,将会持续增长。

(四)博客、微信、网站和视频深度发展

如今,博客营销已经取得了快速发展,微博营销成为酒店网络营销、营销策略的组成部

分。未来酒店的网络营销还是在微博、微信、抖音、网站等。微博和抖音日均活跃用户都在1.3个亿以上(来自官方数据显示),目前这两大流量平台跟酒店的匹配度也很高,被这两大平台带红的酒店数不胜数。酒店微信网络会引领数字化营销进入全员营销时代。

视频网络广告将成为新的竞争热点,网站视频可以全方位地展现酒店整体形象、客房设施,通过生动的宣传广告吸引更多顾客前来享受。在不久的将来,将有大量视频类网站爆发性发展。

(五) VR(虚拟现实)、AR(增强现实)等新型营销方式大行其道

VR技术产生于20世纪,在21世纪终于迎来了爆发性的应用热潮,未来通过虚拟现实技术,酒店也可以在网络营销、个性化服务、增值服务、创意设计等方面表现更多的创造力,满足客户的潮流需求,实现"VR+酒店"。

传统酒店网站制作简单,仅提供一些酒店或客房图片,缺乏酒店的详细信息,如星级、功能、房间设施、房间大小、服务标准等;另外,酒店网站仅支持浏览功能,缺乏与客户互动的平台和渠道,客户无法通过网站相关信息进行高效选择判断。

借助虚拟现实技术,客人可以通过网络仿真体验酒店,酒店通过虚拟现实技术给客人提供酒店内部和客房服务设施的三维实景信息,让客人能提前了解酒店的室内外分布,更有室内实景AR/VR效果展示,实现全景看房功能,不仅能让客人身临其境地了解室内设施,直观地了解酒店房间内的各个细节情况,还能一键切换四季昼夜场景,在看客房内光照效果的同时,也能欣赏到客房外昼夜景观和场景,进而满足客人对光照要求、观景角度、无烟层等各种个性化的需求,更直接地选择心仪的楼层和房间,让选择的过程也变成一种享受。

会议和宴会活动是酒店服务的重要组成部分,将AR/VR技术与场景相结合,打造AR/VR酒店会议室、宴会厅,可以自由调节切换会议、宴会的风格及分割会场,适应不同活动对场地的需求,为客户提供更多的选择。这样可以为酒店节省成本,丰富服务内容,提升酒店消费档次;会议设施采用AR/VR技术,洽谈双方实现三维立体式全息投影方式的跨空间会谈,结合立体声和立体显示技术、环境建模技术,打造专业"一站式"VR会议及宴会服务;同时在举办婚宴或是大型会议时,酒店可以利用AR/VR全景拍摄技术记录下婚宴或会议现场;此外,酒店将这些活动素材存储到AR/VR里面,让酒店的销售人员随时带在身边,在向客户展示时,可以充分营造出现场体验感。

未来酒店可以为客户提供更便捷、快速的酒店服务。客人有服务需求,只要一个按钮或脑中一个念头就可以解决,酒店客房配备的VR系统会自动投射服务部门的客服人员的全息影像,面对面、一对一地解决客人住店过程中遇到的所有问题,省去客人等待服务的时间,同时提升服务质量和效率。酒店还可以增设VR体验项目,丰富酒店娱乐,包括虚拟场景游戏、素质拓展项目,一站式VR购物等,满足客人的多方面需求。另外,酒店可以增设心理疏导和感情陪护服务,相信未来的VR技术都能实现这些功能。

(六) 数字化营销多元化

随着多元化的网络新媒体形式不断出现,品牌广告形式也继续向多元化的方向发展,富媒体化成为未来广告发展的趋势,视频广告则将成为未来的主流形式。

传统门户网站不再是网络营销的唯一选择,网络广告载体正在向多元化的方向发展,桌

面软件、下载工具、网络游戏、电子杂志、即时通信、影音播放器等都是很好的广告投放载体。

互联网技术的迅速发展,加速了酒店在线预订的迅速提升,酒店移动客户端发展潜力巨大,点评对客户预订酒店的作用越来越大,社交、攻略等旅游媒体在市场中的地位进一步加强。酒店自助预订等在线预订进入快速成长期,各种在线旅游平台将会进一步规范化,OTA分销、旅游平台、在线直销将出现三足鼎立的局面,酒店数字化营销进一步规范和完善。随着酒店业的发展,数字化营销将成为酒店经营发展的新趋势。

项目小结

本项目主要介绍了数字化营销理论的定义和发展;解释了酒店数字化营销的概念;阐述了酒店数字化营销的4P理论;分析了酒店数字化营销的优势、酒店数字化营销的方向、酒店化数字化营销的职能和酒店数字化营销的实施;论述了酒店数字化营销的策略,即产品策略、价格策略、促销策略、品牌策略、市场细分策略、沟通策略、便利策略、成本策略、客户关系管理策略等;详细介绍了酒店数字化营销的方法,如网站营销、App营销、中间商网络营销、微博营销、博客营销、网络口碑营销、网络论坛营销、视频营销、搜索引擎营销、微信营销、网站交换链接营销、电子邮件营销、电子杂志营销、网络广告营销、网络公共关系、团购营销等;最后总结了酒店数字化营销发展的新趋势。

案例分析

香格里拉酒店集团同步全球销售系统启用虚拟现实

香格里拉酒店集团率行业之先,首次把虚拟现实体验引入全球酒店销售渠道,购置了三星Gear VR虚拟现实设备,并为旗下94家超过四分之一的酒店制作了360°全方位视频影像供体验者观赏,包括沈阳香格里拉大酒店也应用了这一技术。从此,旅游顾问、会议策划者和潜在公司客户可以佩戴VR虚拟现实设备,体验新科技的冲击力,真切地感受酒店全方位的服务设施和酒店当地景色,也可以更完善地安排宾客在酒店的入住、餐饮或会议行程。

沈阳香格里拉大酒店着眼于未来,以满足新一代具有独立思想的商旅客人和休闲客人的需求。酒店提供的免费高速无线网络无时无处不在;各处安置的手机充电站也可以随时为电子设备充电,方便快捷;此次VR技术的全面上线更加迎合了年轻旅客对尖端技术服务的关注。

观看沈阳香格里拉大酒店的视频时,体验者仿佛置身于酒店大堂,感受身边穿梭而过的人流和礼宾人员的迎宾问候;进入全新装修的客房,体验客房设计师轻轻勾勒出的时尚感和舒适感;踱步至辽咖啡,眼底尽收不限量的美食美酿,仿佛可以嗅出食物的鲜香;下一秒转身来到沈阳最大的宴会厅——奉天大宴会厅,感受奢华与美丽,以及设施先进的健身房、室内泳池与具有亚洲设计风格的水疗室带来的至尊享受;夜幕下,再次回到酒店所处的繁华商业街,在路边看车水马龙和斑斓霓虹……城市的美好之处,尽在眼底,入住酒店之余,也可以轻松规划一次城市探索之旅。

酒店的虚拟现实技术也将应用于路演巡展、行业活动、销售推广等用途。旅游专家们还可以通过与他们的客户分享这些360°视频影像。用户可以通过在线360°播放器播放这些视频,也可将它们下载到内置Oculus平台的虚拟现实设备中观看。

香格里拉酒店集团首席市场官 Steven Taylor 表示："香格里拉素来在科技方面不吝投入，引领旅游概念新趋势。正因如此，我们才大规模引入虚拟现实技术。虚拟现实设备将改变我们的销售方式，科技的进步使它更加轻便易携带，也不再价格高昂。虚拟现实正在成为当今时代的主流。"

Taylor 还表示："旅游顾问在旅行者的决定方面起着至关重要的作用。因此我们的虚拟现实设备将首先为他们服务。客户会倚重他们的意见制定度假、商务和会议计划。香格里拉的虚拟现实体验可让他们更直观、更真实地了解我们的酒店，从而能够更好地介绍给他们的客户。"

"我们要将高新科技恰当地应用在为行业伙伴和客户所提供的服务中。香格里拉的全方位360°视频不仅将有助于旅游专家们更好地了解香格里拉的产品和服务，而且将延伸出更多用途。例如，会议组织者可以在行前为公司CEO展示酒店的宴会厅情况，以便他能更充分地做好会前准备；抑或为客人展示目的地的美妙景致，让他们对即将展开的旅行更加期待。"

请根据以上案例，回答以下问题。

香格里拉酒店集团为什么要把虚拟现实体验引入全球酒店销售渠道？

项目练习

一、简答题

1. 简述数字化营销的概念。
2. 简述酒店数字化营销的特点。
3. 简述酒店数字化4P营销理论。
4. 简述酒店数字化营销的优势。
5. 简述酒店数字化营销的职能。

二、思考题

1. 什么是酒店数字化营销？
2. 营销理论的4P是什么？
3. 酒店数字化营销的功能有哪些？
4. 酒店数字化营销的策略有哪些？
5. 酒店数字化营销的方法有哪些？

三、判断题

1. 酒店网站推广的目的是在虚拟网络中营造酒店企业的形象。（   ）
2. 提出4P营销理论的是托夫勒。（   ）
3. 产品定位是潜在顾客心目中对产品的印象。（   ）
4. 网络广告不能达到促进销售的效果。（   ）
5. 去哪儿旅行网的搜索策略是水平搜索。（   ）
6. 双赢促销（联合促销）是两个以上的企业为了共同牟利而联合举办的促销活动。（   ）

四、运用能力训练

1. 分析某个酒店网站的建设情况。
2. 针对某个酒店网站提出搜索引擎优化的具体建议。

项目七

酒店数字化收益管理

📕 知识目标

1. 了解酒店数字化收益管理的概念。
2. 了解酒店数字化收益管理的基本要素。
3. 理解酒店数字化收益管理的意义。
4. 熟悉酒店数字化收益管理的主要指标。
5. 熟悉酒店数字化收益管理的主要策略。

🏅 能力目标

1. 能够理解酒店数字化收益管理的概念。
2. 能够熟悉酒店数字化收益管理的基本要素。
3. 能够运用酒店数字化收益管理的主要指标。
4. 能够掌握酒店数字化收益管理的主要策略。

📋 任务分解

任务1 酒店收益管理概述
任务2 酒店收益管理指标
任务3 酒店收益管理策略
任务4 大数据与收益管理

> **任务导入**
>
> **收益管理在酒店的实施案例**
>
> 以华美达酒店为例,说明收益管理是如何在酒店应用的。
>
> 由表 7-1 可以看出,协议散客占据华美达酒店客房比重的半壁江山,而且除自来散客外的其他账户类型(基本上为合约价位的协议客人)均低于客房 469.35 元的年平均房价(本月团会房价较以往偏高)。由此可见,协议客人(协议散客、旅行社散客、团会)是稳定华美达酒店出租率的重要保证,增加团会的接待、有选择地接纳停留时间长的协议散客、在节假日及周末淡季增加旅行团的接待,都将是稳定出租率的有效措施。自来散客则是提升平均房价的重要保证,根据外界因素的影响预测市场需求(如恶劣天气可能影响造成出租率大幅提升)、为自来散客控制各类房型配额、出台房价打包政策及周末优惠价策略,做好自来散客的维护工作,都有可能增加更多自来散客从而带动平均房价的提升。
>
> 表 7-1　基于账户类型分析(以 2021 年 6 月 10 日报表累计全年为例)
>
> | 账户类型 | 协议散客 | 旅行社散客 | 团会 | 自来散客 |
> | --- | --- | --- | --- | --- |
> | 占房比例/% | 57.20 | 15.65 | 9.42 | 17.73 |
> | 平均房价/元 | 458.24 | 457.76 | 472.39 | 656.03 |

任务 1　酒店收益管理概述

一、酒店数字化收益管理的概念

收益管理起源于航空业,收益管理理论体系的形成来自运筹学、营销学、管理学和经济学等多个学科,是多个学科聚合的产物。从酒店经营来讲,客房收入通常在总营业收入中占有较大的比重,酒店的主要收入大多来自客房。那么,如何在不同的市场环境和现有的设施设备条件下使客房收入最大化呢?收益管理为我们提供了可操作的方法。

酒店数字化收益管理是通过数据挖掘和数据分析,把合适的产品或服务,在合适的时间,以合适的价格,通过合适的销售渠道,出售给合适的顾客,最终实现酒店收益最大化的管理方法。以上定义中涵盖了五个基本要素,即产品或服务、时间、价格、渠道和顾客,对这些要素进行组合和优化便可以给酒店带来更高的收益。例如,酒店如果具备优质的产品和服务,就会更容易出售产品,以获得收益;如果能够实现产品差异化和有效的组合,则可能会获得更高的收入。

但是仅有这些是不够的,酒店还要懂得在不同的时间段内,应该卖什么样的价格,通过哪个渠道出售给哪一类的客人。这样,才能使酒店获得更多的收入。酒店数字化收益管理工作的主要任务就是寻找这五个要素的最佳组合,从而为酒店带来最大的收益。

酒店数字化收益管理的基本要素及具体内容,如图 7-1 和图 7-2 所示。

图 7-1　酒店数字化收益管理的基本要素

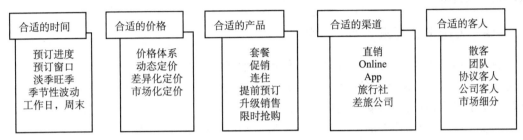

图 7-2　酒店数字化收益管理的具体内容

二、酒店收益管理的条件

酒店进行收益管理具备以下条件。

(一) 酒店产品或服务的易逝性,产品无法储存

酒店的客房、餐厅的食品、员工的服务,都是不能储存的,也不能搬运到其他地方去。如果今天有 20 间客房没有卖出去,在营业上造成的损失,就永远也补不回来了;即使明天再卖更多的房间,再卖更高的价格,那只是明天的收入,不是今天的收入,今天的损失是无可挽回了,今天那 20 间客房的价值也随着时光的流逝而消失了。

(二) 酒店市场需求具有可预测性

酒店市场需求的可预测性为酒店挖掘潜在的收益提供了条件。例如:从酒店产品角度看,有硬件产品和软件产品之分;从顾客购买行为看,可分为预约顾客和随机顾客;从市场销售角度看,又可划分为旺季市场和淡季市场。因此,酒店管理者要调查市场、了解市场,分析客人的购买行为,准确地预测市场的需求,摸清市场运行的规律,做出正确的判断和决策,再对酒店现有资源存量进行优化配置,最大限度地挖掘酒店潜在的收益,使酒店收益最大化。

(三) 酒店市场可以细分

酒店市场可以细分为商务旅游者、休闲度假旅游者、上门散客、协议散客、分销网络散客、直销网络散客、长住客、商务团、会议团、政府团、旅行团、系列团、奖励团、培训团、展销会团、展览会团等。酒店市场是在不断变化的,客人对酒店产品和服务有着不同的需求和喜好。如果酒店采用单一的销售策略或价格政策,可能会流失一部分潜在的客人,造成酒店营业收入的损失。因此,酒店要根据客人的不同需求,把酒店市场分为不同类别的子市场,采用不同的销售策略和定价政策,以适应细分市场的客人。

例如,就购买行为而言,市场存在两类顾客:一类是对价格不敏感,但对时间和服务敏感的商务客人;另一类是对价格敏感,而对时间和服务不敏感的休闲度假客人。如果采用高价策略,休闲度假客人可能选择低档次酒店或经济型酒店,以获得较低的价格,造成高价格酒店资源的闲置;反之,可能因无法满足商务客人的需求或因服务质量的限制而导致客人流失。同时,价格过低也会造成酒店潜在收益的下降。因此,酒店市场的可细分化,为实施收益管理策略打好了基础。

(四)酒店市场需求具有波动性

酒店市场需求随时间或季节而变化,任何一家酒店都有淡季、平季、旺季之分。有的酒店受所在城市旅游资源特性的影响,如在冬季大多数酒店进入淡季,而海南岛和哈尔滨的酒店却迎来了旺季;有的酒店受公共假期的影响,如在"五一""十一"旅游黄金周,各地酒店的客房都变得紧俏起来;还有的酒店受一些大型活动的影响,如广州的"广交会"、上海的世界博览会、大连的服装节等。

(五)酒店具有高固定成本和低变动成本的特点

酒店具有高固定成本、低可变成本的特点。酒店的固定资产投资巨大,大多在几千万元、几亿元,甚至十几亿元;而销售一间客房的变动成本,如水电消耗、备品的成本、做房的费用等,一般是几十元。与高固定成本相比,可变成本是比较低的。

例如,边际变动成本是指每多出售一单位产品时,需要追加的成本。当一间酒店客房的售价是100元/(间·夜),而客房的边际变动成本率为15%时,如果这一天多出售一间客房,酒店便可获得85元的经营利润。因此,酒店高固定成本和低变动成本的特点,决定了通过收益管理的方法,可以最大限度地提高收入,增加酒店经营的利润。

(六)酒店产品可以提前预订

酒店的客房和餐厅都是可以提前预订的,预订是酒店销售最重要的手段和最常用的办法。酒店的产品可以提前预订,为酒店实施收益管理策略提供了可以培植的土壤。

例如,酒店不仅面临着市场需求的多元化,而且产品可以提前预订。这就决定了酒店在产品预订中可以采取有效的控制策略。而这一策略的目的是既要保证对价格敏感度高的休闲度假客人的订房,又要留出一部分客房给订房较晚的商务客人。这些商务客人对价格的敏感度较低,通常会支付更高的价格来购买酒店的产品,从而使酒店获得更多的收益。同时,收益管理的预测技术能够帮助酒店管理者对未来酒店市场做出正确的判断和决策,从而保证酒店预订控制策略实施的准确性。

酒店业以上的特点使酒店的管理和经营面临许多其他行业所没有的问题。由于酒店的需求随时间而变化,当需求较低时,大量的客房无法销售出去,更重要的是这些客房是无法储存的产品,创造收益的机会在一夜之间永远消失了;当客房需求高涨时,又由于客房存量的限制无法满足全部客人的需求,潜在的收益又失去了。

如何平衡供给和需求之间的矛盾,一直是酒店业的重要课题。同时,酒店高固定成本、低可变成本的成本结构让酒店经营者在淡季时有了降价的余地。酒店的预订工作使酒店可以更有效地控制和分配客房资源；可以细分的市场为经营者提供了差异定价的基础。

三、酒店数字化收益管理的意义

（一）客人分类及需求预测

不同客人对酒店的需求往往不同。尽管每个酒店有自己的市场定位，但是客人的性质、来源渠道及消费特点仍有许多不同之处。收益管理的一个重要功能就是通过科学的方法对客人进行分类，并得出各种行为模式的统计特性，然后对每类客人的未来需求进行精确的预测：包括预订的迟早、逗留时间的长短、实际入住和预订的差异、提前离店和推迟离店的概率等。有了这些精确的预测，再结合各类客人对价格的敏感程度，酒店就能很好地控制资源、调整策略、提高收益。

（二）优化控制

酒店有了精确的需求预测，还必须有一套价格和收益控制体系，才能灵活、有效地利用酒店资源，使酒店收益最大化。酒店业普遍采用的优化控制方法主要包括线性规划、动态规划等。

（三）节假日需求控制

节假日往往是酒店获利的最佳时机，许多酒店在此期间一般能达到很高的入住率。但高入住率并不等于高利润率，要使得酒店收益最大化，还必须有一套完善的节假日需求预测及控制方法。

（四）动态价格设定

酒店的价格是调节酒店盈利能力的最直接的杠杆。常见的以成本为基础的定价方法虽然简便易行，但是往往缺乏灵活性，不能反映市场需求的动态变化。建立在收益管理基础上的动态价格设定方法，如实时竞标定价（bid price）、浮动定价（dynamic pricing）等则通过对市场的细分和有效控制，使得价格杠杆的功能得以充分发挥。

（五）超额预订控制

由于预订和实际入住的客人数量往往存在一定的差异，因此预测及控制这种差异，保证实际入住率是酒店经常面临的一个问题。特别是在营业的旺季，这一问题显得特别突出。对酒店而言，既要保证尽可能高的入住率，又要避免因超额预订而导致的客人无房可住的困境，因此精确的超额预订控制就非常重要。

（六）团体和销售代理管理

团体销售几乎是每家酒店都有的业务，多数情况下要提供一定的折扣。但如何定量地对这项业务进行分析，并有效地控制折扣程度和团体销售的客房占客房总数的比重，则是收益管理的重要内容。此外，代理销售也需要优化控制。

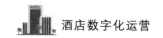

(七)酒店附属设施资源管理

星级酒店通常有许多附属设施资源,如餐厅、会议室等。收益管理系统的拓展就是进行全收益管理,不是仅对客房的收益进行预测和控制,而是对整个酒店的收益进行预测和优化。

(八)经营状况比较

酒店经营状况比较并及时反馈是保证酒店正确决策的重要途径。收益管理系统既有大量的历史数据,又包含了未来的需求预测,是一个很好的战略和战术决策工具。

(九)结合客人价值的收益管理

随着许多酒店由以利润为中心的管理转向以客人服务为中心的管理,确定每一位客人的价值,并通过相应的收益控制来区别对待,成为酒店收益管理的一个新方向。

任务 2 酒店收益管理指标

一般来讲,酒店收益管理中常用的指标有客房出租率、平均房价、每间可供出租客房收入、收益率和每小时餐位收益等。

一、客房出租率

客房出租率(room occupancy rate,Occ)是指酒店已出租的客房数与酒店可以提供出租的客房总数的百分比,是在酒店可提供出售的房间数量的基础上,通过销售出去的客房数量来衡量酒店对客房销售的能力。因此,客房出租率是反映酒店经营状况及收益高低的一项重要指标,计算公式为

$$客房出租率 = \frac{已出租的客房数}{可供出租的客房数} \times 100\%$$

其中,可出租客房总数不能包括酒店自用房、维修房(坏房),以及客人因各种原因调换出的不能用于出租的房间。

例如,一家酒店共有客房100间,5月共售出客房2735间·夜,同时每天都有1间自用房和1间维修房,那么,该酒店5月的平均客房出租率为90.03%(2 735÷3 038×100%),基数中没有包含1间自用房和1间维修房。

酒店客房出租率越高,说明实际出租的客房数量与可供出租的客房总数量之间的差距越小,客房的闲置或虚耗率越低,酒店的经营业绩越好。相应地,酒店客房出租率越低,说明实际出租的客房数量与可供出租的客房总数量之间的差距越大,客房的闲置或虚耗率越高,酒店的经营业绩越差。

实际上,客房出租率的高低会受到酒店内外部市场环境、竞争态势、客房数量、酒店档

次、产品种类及客房销售价格等多因素的影响和制约。因此,酒店在日常经营中应充分考虑到这些因素,扬长避短,最大限度地提高客房出租率。客房出租率根据时间不同,可分为日平均客房出租率、月平均客房出租率、季平均客房出租率和年平均客房出租率等。

二、平均房价

平均房价(average daily rate,ADR)是指酒店实际客房营业净收入与酒店已出租的客房数的百分比。在酒店客房产品中,由于存在着不同标准类型的客房,如标准双床房、标准大床房、单人房、套房及豪华套房等,特别是随着时代的发展和消费者对精神文化需求的不断提高,酒店也由原来传统的综合型、商务型和会议型发展到现在的度假型、主题型、时尚型、精品型、经济型及公寓式酒店等。随着酒店类型的增多,便衍生出更多类型的客房产品,如商务房、海景房、主题客房、家庭房、无烟房及带有厨房的公寓式客房等。

每一种不同类型的客房都对应着不同的销售价格,以一家有5种客房产品的酒店为例,客房价格体系中房价数量可能多达几十种。那么,用哪一种产品的价格来衡量酒店的综合价格水平呢?实践证明,用任何单一产品的价格来衡量酒店的综合价格水平都是不科学的,只有平均房价才是酒店不同类型客房综合价格水平的体现,成为代表着酒店综合价格水平的一项重要指标。其含义是将已出租的各类房间的价格进行综合折算后得出的一个平均销售价格,计算公式为

$$平均房价 = \frac{客房营业净收入}{已出租的客房数} \times 100\%$$

其中,客房营业净收入是指酒店净房费收入,不含早餐、康乐等除房价以外的收入。如果房价中包含早餐或康乐等项目,在计算平均房价中应将这些单项费用剔除。平均房价根据不同的时间段,可分为日平均房价、月平均房价、季平均房价和年平均房价等。

由于价格是酒店收益管理中的基本要素之一,实施收益管理的一个重要手段就是通过价格杠杆来调节供需平衡,使售价始终与市场需求相适应,从而实现收益最大化。因此,平均房价不仅是反映酒店综合价格水平的一项主要指标,同时也是衡量酒店收益管理工作的重要指标之一。

三、每间可供出租客房收入

每间可供出租客房收入(revenue per available room-night,RevPAR)又称单房收入或销售指数,是指酒店实际客房营业收入与酒店可供出租客房数量的百分比,是在确定的时间周期内,将客房营业净收入按客房出租率折算后所获得的每间可供出租客房的收入值,其计算公式为

$$每间可供出租客房收入 = \frac{客房营业净收入}{可供出租的客房数} \times 100\%$$
$$= \frac{已出租的客房数}{可供出租的客房数} \times \frac{客房营业净收入}{已出租的客房数}$$
$$= 客房出租率 \times 平均房价$$

由以上公式可以看出,每间可供出租客房收入指标与客房出租率和平均房价呈线性函数关系,其中客房出租率和平均房价分别为两个自变量,每间可供出租客房收入为因变量,

当客房出租率不变,平均房价提高,每间可供出租客房收入相应提高;当平均房价不变,客房出租率提高,每间可供出租客房收入也相应提高,反之亦然。

然而,在酒店经营实践中,客房出租率和平均房价这两个自变量经常成反向变动,即随着平均房价的提高,客房出租率下降;同理,随着平均房价的下降,客房出租率逐渐提高。因此,客房出租率或平均房价任何一个单项指标都无法全面反映酒店的收益业绩情况,在衡量一家酒店收益情况时,既要考虑到酒店客房的销售量,又要考虑酒店获得该销售量时的售价,二者缺一不可。

例如,甲酒店有 100 间客房,本月实现平均客房出租率 90%,平均房价为 300 元/(间·夜);而另一家同区域同档次同产品的乙酒店同样有 100 间客房,同月实现平均客房出租率 85%,平均房价为 320 元/(间·夜)。那么,甲、乙两家酒店哪一家经营的业绩好呢?

单从客房出租率指标来看,显然是甲酒店的业绩好,因为它的客房出租率比乙酒店高出了 5 个百分点,多出售了 155 间客房(假设本月为 31 天);而单从平均房价指标来看又是乙酒店经营的业绩好,因为它本月的平均房价比甲酒店高出了 20 元/(间·夜)。

让我们来比较一下两家酒店的收入,甲酒店本月客房总收入为

$$100 \times 90\% \times 31 \times 300 = 837\ 000(元)$$

乙酒店本月客房总收入为

$$100 \times 85\% \times 31 \times 320 = 843\ 200(元)$$

显然,乙酒店的经营业绩比甲酒店好,因为乙酒店比甲酒店客房总收入多了 6 200 元。

甲、乙两酒店本月的 RevPAR 值分别是 270 元/(间·夜)和 272 元/(间·夜),乙酒店的 RevPAR 值比甲酒店高出 2 元/(间·夜)。

假如乙酒店的平均客房出租率是 84% 而不是 85%,乙酒店本月客房总收入变为

$$100 \times 84\% \times 31 \times 320 = 833\ 280(元)$$

则乙酒店的经营业绩就变得不如甲酒店了,尽管乙酒店的平均房价比甲酒店高,但还是比甲酒店少挣了 3 720 元,此时乙酒店的 RevPAR 值变为 269 元/(间·夜),低于甲酒店的 RevPAR 值。

由此看出,RevPAR 值越大,客房收益越高;反之,RevPAR 值越小,客房收益越低。

四、收益率

大多数酒店经营者评价经营业绩时所用的指标是客房出租率或者平均房价。这两个指标都存在缺陷,既没有考虑房价和出租率的关系,也没有考虑二者的不同结合点所造成的营业收入的不同,即房价与出租率的乘积不同。表 7-2 就说明了这一点。

表 7-2 不同的房价和出租率组合收入的变化情况

组别	客房销售量	客房出租率/%	平均房价/元	客房收入/元
A	450	90	200	90 000
B	250	50	300	75 000
C	400	80	250	100 000

注:该酒店总客房数为 500 间。

表 7-2 中的三种组合,如果以客房出租率为标准,则 A 组为最佳;如果以平均房价为标准,则 B 组最佳。然而实际上 C 组的组合为酒店创造的收入最多。但无论采用以上哪一种标准,都没有人会选择 C 组。

如果以客房出租率作为评价标准,销售人员就会尽量多地接受团队客人的预订,忽视了那些付费较高但预订较晚的客人;同样,如果以平均房价作为标准,销售人员只会重视那些支付高价的客人,宁愿让客房闲置也不愿降低房价销售给价格弹性大的客人。无论以上哪一种做法,所产生的第一个直接后果就是酒店的收入减少。

酒店收益管理关注的焦点是如何寻找到房价和出租率的最佳结合点,收益率则是一个有效的指标,其计算公式为

$$收益率 = \frac{实际客房收入}{潜在客房收入} \times 100\%$$

实际客房收入 = 实际平均房价 × 实际售出客房数

潜在客房收入 = 门市价 × 客房总数

潜在收入是指将所有的客房以最高房价(标价或门市价)销售出去时得到的收入,实际收入是客房销售后的真正进账收入。

假设表 7-2 中酒店的门市价是 300 元,按照以上计算方法:

A 组收益率 = (90 000 ÷ 150 000) × 100% = 60%

B 组收益率 = (75 000 ÷ 150 000) × 100% = 50%

C 组收益率 = (100 000 ÷ 150 000) × 100% = 67%

根据运算的结果,表 7-2 中三组的收益率分别为:A,60%;B,50%;C,67%。以收益率为指标,C 组的收益效果最好。

通常,收益率越高,越接近理想的客房收入,当收益率接近或达到 100% 时,酒店可考虑适当地涨价;但收益率太低,意味着经营中存在着问题,应从定价和竞争等方面去查找原因,及时解决存在的问题。由于不同的客房出租率和平均房价的组合能够产生同样的收入和同样的收益率,这就为酒店在收益管理中选择和优化收益方案提供了条件。

五、每小时餐位收益

评价餐厅经营业绩的效果如何,正像酒店客房一样,需要用可量化的指标来衡量。在餐厅的经营中,多用上座率、翻台率、餐桌利用率、平均消费额和食品原材料成本率指标来评价和衡量餐厅的经营业绩情况。

然而,从收益管理的角度来看,以上指标的任何一个单项指标都不能够完整反映餐厅的业绩情况,因为其忽视了一个决定餐厅收益的重要因素,这就是每位顾客的平均用餐时间。

因此,每小时餐位收益(revenue per available seat hour, RevPASH)正是在考虑了餐厅营业收入和上座率的基础上,又考虑到每位顾客的平均用餐时间这一要素,更能够全面反映出餐厅的收益情况,成为衡量餐厅收益的一项重要指标,计算公式为

$$每小时餐位收益(RevPASH) = \frac{营业总收入}{总餐位数 \times 营业时间}$$

在酒店收益管理工作中,我们通常把以上指标作为衡量酒店收益管理工作的主要指标。

除此之外,还有一些其他常用的指标在收益管理策略的实践中也会经常用到,在此不再逐一列述。值得注意的是,由于酒店实施收益管理的目的,是通过收入最大化来驱使利润最大化,因此,衡量一家酒店经营业绩的好坏,不能只看其是否完成了年初制定的经营预算,还要看酒店所实现的业绩水平在目标市场中所处的地位。只有与目标市场进行比较,衡量自身的盈利能力或竞争能力,才能更加全面地反映出酒店经营业绩的水平。就酒店目标市场的确定来讲,一般可划定为在同区域市场中与酒店形成竞争关系的主要酒店群体或主要竞争对手。客房出租率、平均房价、每间可供出租客房收入、每小时餐位收益要用来衡量酒店自身的盈利能力或收益水平。

任务 3　酒店收益管理策略

一、预订管理

(一) 超额预订(over booking)

1. 超额预订的原因

在酒店运营中,如果事先预订的客人在抵达之前突然取消了预订或者比预订的时间晚了几天才抵达,甚至根本就没有出现,都会减少酒店的收入。事实上,这样的事情在酒店中几乎每天都在发生。为了降低客人抵达的不确定性,酒店可以采取以下措施。

(1) 核对预订。有些客人提前很长时间就预订了客房,在入住前的这段时间内,会有些客人因为种种原因而无法按期抵达或者取消了旅行。然而,不是所有的客人都会主动通知酒店。酒店在客人抵达之前应通过电话、信息、邮件或者微信与客人进行多次核对,一旦客人变更,就要迅速做出调整,并通知各个相关部门将闲置的客房重新预订或者销售给未预订客人。

(2) 增加保证类预订,预收保证金或要求信用卡担保。这样酒店就将风险转嫁给了客人,可以有效防止酒店收益的减少。

以上两种方法依然无法完全保证所有预订客人都信守自己的预订,总会有意外的情况出现。根据酒店业的管理经验,订房不到者占总预订数的5%,临时取消预订者占8%～10%。正因为如此,酒店才有了超额预订。

2. 超额预订数的确定

超额预订就是在订房已满的情况下,再适当增加订房数量。超额预订可以有效地减少客房的虚耗(虚耗指本来有需求,但没卖出去的产品),增加酒店的收益。但同时超额预订也有一定风险,一旦预订客人全部抵店,酒店将面临尴尬的局面,因此确定超额预订的幅度十分关键。幅度过大,已经订房的顾客无房可住,引起纠纷,降低酒店信誉;幅度太小,出现虚耗,酒店又将蒙受损失。

从理论上讲,最优的超额预订点是当接受一个额外预订的边际收益等于边际成本时。

当预订达到最优超额预订点时应停止预订。在计算超额预订的成本时,除了可见的一些经济成本以外,还要充分考虑到一些无形的成本,如客人转投他店后,可能再也不会光顾该酒店,酒店将永远失去了一位顾客;顾客有可能将对酒店的抱怨和不满告诉他人等。

超额预订数可由以下公式确定:

$$超额预订数 = 预计临时取消预订数 + 预计预订而未到的客人房数 \\ + 预计提前退房数 - 预计延期离店房数$$

在以上公式中可以发现,每一个决定超额预订数的因素都有预计的字样,要想计算准确,首先要保证对各项指标的预测准确。要解决这一问题的最好方法是建立一种准确的预测模型,通过该模型可以准确预测出最佳超额预订数。目前国际上流行的酒店收益管理系统,都提供了强大的预测功能和专门的超额预订模型。

对超额预订,在实践中虽然是可以理解的,但同时也有出现法律纠纷的风险。如果酒店对客人的预订进行了确认,则被视为酒店与客人达成了住房的协议关系。如果不是客人的原因,酒店单方面拒绝已经确认的客房预订,就意味着酒店违约,客人有权通过法律维护自己的权益。对这一点酒店经营者要有清醒的认识,对因超额预订而不能入住的顾客,要妥善处理,做好安抚工作。当然,在实际操作中,多数客人在获得酒店的一定的补偿后,不会再去投诉。

3. 超额预订引起客人不能入住情况的处理

如果因超额预订而不能使客人入住,按照国际惯例,酒店应该做到以下几点。

(1) 安排专人与客人进行沟通和解释,诚恳地向客人道歉,请求客人谅解。

(2) 立即与另一家同等级的酒店联系,请求援助,同时派车将客人免费送往这家酒店。如果找不到同等级的酒店,可安排客人入住级别稍高一点的酒店,超出的房费由酒店承担。

(3) 如果酒店内有了空房,在客人愿意的情况下,可再把客人接回来,并对其表示欢迎(可由大堂副理出面迎接,或在客房内摆放鲜花或者果篮等),或者给予客人房费折扣,以及免费升级房间,以避免客人的投诉和流失。

(4) 对提供援助的酒店表示感谢。

根据国际酒店业的做法,客房超额预订数量一般为预订总量的 5%~15%,但是在实际运用中,要根据每个酒店不同的情况灵活掌握。为了减少超额预订的副作用,要提高 No-Show 和预订取消率预测的准确性,采用比较小的超额预订百分比,确保超额预订的房间数量在可以控制的范围。

(二) 停留时间控制(duration control)

停留多日的客人为酒店带来的收益显然远远高于只停留一天的客人。因此,为提高酒店收益,酒店在接受一项预订时往往要求说明最短停留时间。这意味着在收益管理中,只停留一天的预订要求可能被拒绝,即使有现成的房间可以提供。例如,假设某家酒店星期三客房的需求量较大,而星期二、星期四的需求量较小。酒店在考虑是否接受某项星期三的预订时会要求客人停留三天(即周二、周三、周四),甚至可以降价为代价。如果这家酒店周二、周三、周四的客房需求量都很大,就不能接受只预订三日内任何一天的预订要求,因为这会使本来计划住三天的客人转投他店。

减少客人之间的更换时间,意味着在同一时间或者更短的时间内可以有更多的客人享受服务。虽然减少更换时间一般不被认为是收益管理的工具之一,但是它可以有效地提高每一单位产品的收益。例如,一间走客房如果及时打扫马上就能变成空房,以便再次销售;如果打扫不及时就有可能浪费销售的机会,减少酒店的收益,在旺季时这一点尤为重要。

(三) 容量控制(capacity control)

在酒店实施收益管理策略中,研究的对象主要是酒店产品。酒店产品除了存在不可储存的特点外,另一个特点为容量有限和固定,或者说在短时间内不会发生变化,最典型的代表就是酒店的客房产品。酒店客房数量的存量既是有限的,又是固定的,短时期内无法改变。因此,容量控制所要解决的问题就是如何充分利用酒店现有的存量资源来实现收益最大化。

容量也称存量,是指酒店能够提供给消费者的产品数量。容量控制是指酒店依照市场需求,为不同价格水平的客人或者细分市场就现有产品资源进行优化分配,并按分配方案出售产品来实现收益最大化的一种策略。在酒店市场处于过度需求时,通过容量控制方法,如预订限制、预留保护、竞标定价等,把现有存量的客房资源合理分配给支付意愿不同的客人或细分市场,以此来进行创收的一种容量控制方法。

容量控制在酒店实际经营中主要体现为应用不同的控制方法来实现对客房的优化分配,主要有以下三个方面的意义。

(1) 通过优化现有客房容量分配,获得更高的客房收益。

(2) 通过平衡不同细分市场中顾客的消费需求来提高客房收益。

(3) 通过把客房出售给高价客人,以此来提高客房的利润。

在酒店市场处于过度需求时,酒店客房资源通常会显得紧俏或短缺。这时正是酒店创收的好机会。但是,"先到先得"的传统经营观念却经常使得这一创收机会损失殆尽。由于很早订房的客人多为对价格敏感度较高的休闲度假群体或房价较低的旅行团体,如果酒店不对这些群体进行有效的预订控制,而是采取"先到先得"的方式接受预订,这些低价客人会较早地占用酒店有限的客房资源,从而使酒店失去了向高价客人出售客房的机会,也会因此失去应得的潜在收入。容量控制通过对客房的预留和保护,尽可能把客房出售给高价客人,从而提高客房的利润。

大多数酒店都尽可能多地预订客房,甚至很多酒店早早地就将某一特定时期的客房预订一空,并引以为豪。实际上他们失去了很多潜在的收益,因为未预订客人的房价要高于提前预订的客人的房价,晚预订的客人的房价高于早预订的客人的房价。如果把所有的客房都以较低的价格预订出去,既减少了酒店的收益,也无法满足未预订客人的需求。因此,酒店需要预测预订客人和未预订客人的不同的需求水平,根据预测结果决定有多少客房通过预订销售,有多少客房留给未预订客人。超额预订超过的不是酒店的客房总数,而是酒店决定通过预订进行销售的客房总数。这一措施可以有效地提高酒店的收益,同时又可以满足未预订客人的需要。

因此,在收益管理工作中,管理人员应特别重视对商务旅游者需求量的预测工作,并为那些较晚购买客房,但愿意支付高价的客人预留适量的客房。如果预测结果显示未来一段时间商务旅游者的需求量较低,就应以折扣价刺激休闲旅游者的需求。

另外,升档销售(upselling)也是收益管理常用的一种提高收益的方法。升档销售就是尽量引导客人购买酒店中价格较高的高档客房。例如,只对低价客房实行超额预订,一旦客房数量不够时,可动员客人改住价位较高的高档客房;或者直接鼓励前台预订员尽量推销高价客房。但要注意,这一方法只适用于那些价格弹性较低的商务旅游者。

二、定价

定价是收益管理最为重要的战略方法之一。为了达到收益最大化的目的,收益管理要求酒店在了解客人不同需要和消费方式的基础上,对不同类型的客人进行细分,然后对不同类型的客人执行不同的房费标准。酒店在一开始就对客人进行细分并且不断进行这种细分是酒店定价最基本的要素。酒店不仅需要对客人进行细分,而且要采取措施防止客人从一种消费标准降低到另一种消费标准。

价格在酒店收益管理当中有着十分重要的意义,价格不仅关系到酒店的客房收入,而且对市场需求和客人的购买力也有着重要的影响。利用价格杠杆来调节市场的供需平衡也是酒店收益管理工作的主要内容。因此,在考虑客房产品的特性、成本和市场需求的基础上,制定合理的价格,是酒店管理者的主要任务。

制定酒店客房价格的基本原理是:一般以成本或盈亏平衡方法计算的客房价格为下限价格,以市场需求为导向的销售价格为上限价格,实际市场成交价格因受市场周期波动和竞争等因素的影响,在上下限之间波动;特殊的市场时期,实际市场成交价格也可能会低于或高于销售价格的上下限。因此,客房价格主要包含基本价格、市场需求价格和市场成交价格,需要在此基础上进行客房定价。

(一)客房产品的价值决定基本价格

从酒店客房来说,创造客房产品价值的劳动主要体现在客房硬件的设计建造和日常的对客服务过程中。另外,也会因酒店所处的地理位置不同而对客房产品的潜在价值产生影响。高档次酒店(如高星级酒店或豪华酒店)由于其建造成本高,劳动时间长,对客服务项目多,服务标准要求高,产品的价值相对较大,定价也会较高;低档次酒店(如经济型酒店或廉价酒店)由于其建造成本低,劳动时间短,在对客服务方面提供的是有限的服务,服务项目相对较少,产品价值相应就小,定价也相应较低。

因此,酒店在客房定价当中应遵循价值决定价格的原理,以此作为制定基本价格的依据。基本价格并不一定是酒店的销售价格,一般为酒店的下限价格或盈亏平衡的价格,受到成本因素的制约。基本价格对酒店来讲很重要,它既是酒店制定销售价格的基础,也是酒店客房产品价值的表现。

(二)客人的支付能力决定市场需求价格

酒店客房的基本价格主要是由客房产品价值决定的,一般表现为酒店的下限价格或盈亏平衡的价格。那么,如何确定酒店的上限房价呢?这主要取决于客人的支付能力。客人支付能力强,酒店可以将房价的上限制定得高一点;相应地,客人支付能力弱,则酒店制定的房价上限就不能太高。如果制定的房价超出了客人的支付能力,将会导致客人的流失,再好的产品也会卖不出去。

客人的支付能力主要受到社会因素和自身因素的影响,社会因素主要是指酒店所在地区的政治环境、经济环境、物价指数和消费水平等;自身因素主要指消费者的职业、年龄、经济收入和消费行为等。酒店收益管理的一项主要任务就是预测、分析和研究在一定市场时期消费者的支付能力,从而制定出符合客人支付能力的客房价格,发掘市场潜在的收入。

(三) 竞争态势决定市场成交价格

市场成交价格是指酒店和酒店客房的需求者都能够接受的实际交易价格。市场成交价格除了受到产品价值和市场需求价格的影响外,主要由市场竞争态势决定。客人在选择酒店时,除了对产品的需求外,根据自身的消费能力都会事先有一个心理预期价格,这个价格在潜意识中会主导客人的选择动机,使选择的实际价格与心理预期价格相适应。

因此,对任何一家酒店来讲,客人会在处于同一地区的竞争群中选择。这是因为处于同一地区竞争群中的酒店都在出售同样的产品,所以当某一家酒店的价格与客人的心理预期价格相适应时,被客人选择的概率更大。从价格的意义上来讲,成交价格的高低取决于市场竞争的态势。周边竞争对手较多,市场竞争处于激烈态势,成交价格会低;周边竞争对手较少,市场竞争处于平缓态势,成交价格会高。

(四) 客房的定价策略

1. 单一房价策略

单一房价策略是指对所有的客人实行单一房价,房价可以根据季节和一周中的不同时间(工作日或周末)来进行调整。采用这种定价策略方便管理,也很容易对客人解释,并且不需要复杂的收益管理系统。但是这种定价策略不能根据市场需求的变化做出相应的反应,也不能根据客人的承受能力和愿意接受的房价水平做出相应的调整。有些客人可能认为房价太低了,而有些客人则可能认为房价太高而转投他店,这都会给酒店造成营业收入上的损失。如果酒店采取其他的定价策略,这种情形则可以避免。

2. 客房类型定价策略

客房类型定价策略是根据客房的不同标准(房间的大小、视野和所在楼层)分别进行定价,在酒店业最为常见。采用这种定价策略也很容易对客人解释,因为客人能感觉到房价虽然不同,但客房的标准也不同,即"一分钱一分货"。同时,这种定价策略对单一房价策略进行了改进,使酒店能够在同一天内实行不同的房价,能够获得更多的收入。

但是这种定价策略也有缺点,它不适用于那些只有一种类型客房的酒店。即使酒店拥有多种类型的客房,但能够以高价出售的高档客房也是有限的,因此限制酒店潜在收入的就是酒店产品(即客房)的水平,而非需求水平。如果目标市场是那些不愿意住太高规格客房的客人,那么这种定价策略就不合理,而且采用这种定价策略将增加前台工作人员、预订人员和销售人员的工作难度。

3. 差异定价策略

差异定价策略就是根据客人不同的需求特征和价格弹性向客人执行不同的价格标准。这种定价策略采用的客人划分标准,是一些合理的原则和限制性条件。在这种划分标准下,客人可以根据自己的需求、消费方式及愿意接受的价格水平而将自己划分到合适的房价类别中。采用这种定价策略，一方面使那些对价格比较敏感的客人可以享受低价，但他们对客房的选择余地比较小；另一方面，那些愿意付全价的客人可以随意地挑选自己所喜爱的房间。采用这种定价策略的重要作用在于：酒店在向一个细分市场的客人销售打折客房的同时，又能保证另一个细分市场的收入不会减少。

这种定价策略容易向客人解释，且每种房价都有其合理性，只要一酒店运用一个房价区分系统，就能对所有的客房进行收益管理。这种定价策略的缺点是它比其他的定价策略更难管理，它要求酒店建立复杂的预订系统和收益管理系统。

需要说明的一点是，客房类型定价策略和差异定价策略并不矛盾，二者可以而且经常被同时使用。

（五）客房价格的类型

酒店在日常经营中，需要对客房价格按类型进行划分和分类，以不同的产品价格出售给不同的细分市场。对客房价格进行划分和分类，首先要了解客房价格的类型。一般来讲，客房价格分为以下四类。

1. 挂牌价格

挂牌价格简称牌价，也称门市价、公共价格、标准价和无限制价格。挂牌价格是客房市场交易价格常见的类型之一。挂牌价格是基于无限制市场需求的情况下，根据酒店产品价值和消费者购买力来制定的，主要作用是体现酒店的档次和产品价值，也作为制定产品其他价格的参照标准，同时也是酒店客房的最高价格。由于挂牌价格是酒店在无限制市场需求下制定的客房产品的最高价格，而酒店在销售客房产品时经常会受到竞争等各种市场因素的限制，所以挂牌价格一般很难作为交易价格出售给顾客，即使在酒店客源市场需求旺盛时期，酒店也会考虑竞争因素的影响给予某些细分市场客人一定的折扣。但在市场需求极其旺盛的时候，如体育赛事、音乐会、展会、博览会、交易会等，酒店也能够以挂牌价格将客房销售出去，但需要酒店提前做好市场需求预测，才能降低因预留高价客房而导致客人流失。

一般来说，挂牌价格是指客房净房价，不含早餐或正餐。但我国多数星级酒店或高档次酒店由于所制定的挂牌价格中含有较高的利润空间，因此，为了在竞争中获得更多的市场份额，一般都含有单早餐或双早餐。但将挂牌价格作为定价参照标准时，应该剔除其中所包含的餐费价格或其他项目价格。

2. 折扣价格

折扣价格是酒店在挂牌价格的基础上给予客人一定折扣后的价格，也是酒店在日常经营中最常用的市场交易价格。折扣价格的制定不仅考虑了客房的成本要素，还考虑了市场需求和竞争因素，是能被客人接受的常用交易价格。折扣价格一般分为散客折扣价格和团体折扣价格。

（1）散客折扣价格。散客是指零散客人，没有预约，也没有规律。这类客人由于没有合同的约定，在选择消费或服务方面自主性较高，并且对所选择对象有较强烈的好感。酒店通常把人数较少，通过直接或间接渠道向酒店预订客房，或直接上门并以散客价格购买客房产品的客人称为散客。散客不一定是单个客人，可能是少数几个人，如家庭成员、亲朋好友或单位同事等。旅游行业通常以人数不超过9人的订单客数为散客。

散客折扣价格是指酒店在牌价的基础上给予散客的具有一定折扣比例的市场交易价格。散客折扣价格的种类和数量通常会受到酒店细分市场和销售渠道的制约和影响。细分市场和销售渠道不同,价格的种类和数量也不相同。按细分市场划分有商务散客价格、休闲度假散客价格、会员价格和学生价格等;按销售渠道划分通常有直销渠道散客价格和间接渠道散客价格。散客折扣价格通常划分为酒店预订中心散客价格、酒店官网散客价格、酒店会员价格、在线旅游服务商(OTA)价格、公司协议散客价格、旅行社散客价格、Walk-In散客价格和同业优惠价格等。以上价格中,即便是同一细分市场,也会因散客来自不同的渠道,价格也不相同。

通常,酒店为了巩固自有客源市场,直销渠道的会员价格比间接渠道的非会员价格更优惠。例如,酒店会员、公司协议散客和旅行社散客的价格要低于在线旅游服务商(OTA)的同类价格,而没有提前预订的Walk-In散客价格要高于在线旅游服务商(OTA)的预订散客价格。

(2)团体折扣价格。团体是指由一定数量人群组成的具有一定规模的社会群体或社会组织。就酒店业来讲,团体客人主要是指旅游团体、商务团体和公司会议等,人数一般需要在10人以上。团体折扣价格是指酒店在牌价的基础上给予团体客人一定比例折扣的市场交易价格。由于团体人数多于散客人数,对酒店产品的需求量大,消费额度高和综合消费能力强等特点,团体折扣价格一般低于散客折扣价格,酒店以此通过薄利多销的方式来获得更高的收入。团体价格体系的建立与散客类似,也会受到酒店细分市场和销售渠道的制约和影响。通常酒店把团体价格划分为政府或公司会议价格、商务团体价格和旅行团体价格等,而会议价格通常要高于商务团体或旅行团体的价格。

3. 追加价格

追加价格是指在客人现有房价的基础上,根据客人的住宿需求,需另外加收房费而执行的价格,通常有超时房价、加床价格和钟点房价格。

(1)超时房价。超时房价是指客人退房超过了酒店规定的时间,酒店将向客人收取超时房费而执行的价格。根据酒店业的规定,客人在中午12时以后,下午18时以前退房,加收半日房费;在18时以后退房,加收全日房费。在加收房费时所要执行的价格即为超时房价。超时房价通常与客人现有房价相同,但在某些情况下,超时房价也会与客人的现有价格不同。例如,某位在酒店参加会议的客人应该在中午12时前退房,如果客人超时需要加收半日房费,此时客人将不能够再享受会议折扣价格,而需要执行超时房价,而此时的超时房价可能是Walk-In价格、牌价或在牌价基础上给予客人适当优惠的价格。

(2)加床价格。加床价格是指酒店对需要在房间内临时加床的客人加收一定的费用而执行的价格。加床价格一般不采取房费打折的方式而是以单独价格的形式出现,并且价格的高低与酒店的客房价格水平成正比。多数酒店通常只设一个加床价格,即便是不同类型和档次的客房产品加床价格也都相同。对有特殊加床需求的客人,酒店才会适当地提高加床费用,一些酒店也会因受到房间面积等因素的限制而不开设加床业务。

(3)钟点房价格。钟点房价格是指为不过夜而临时休息并不超过4小时的客人制定的客房价格。通常,酒店会在市场需求不够旺盛时开设钟点房,以满足有临时休息需求的客人使用;或者虽然酒店处于市场需求旺盛时期,可以把部分客人抵达时间较晚的房间拿出来用作钟点房,以此来增加客房额外的收入。酒店钟点房价格一般是单独定价,根据客人使用时间的长短来收取费用。例如,4 小时以内收取 200 元或 2 小时以内收取 150 元等都是钟点房价格的表现形式。开设钟点房的酒店多位于机场、火车站、码头或长途汽车站等区域附近,以满足等候乘坐交通工具客人临时休息的需要;多数经济型酒店也会开设钟点房,利用其低廉的价格来吸引有类似需求的客人,达到增加客房收入的目的。钟点房一般设置在 4 小时以内,这是为了避免钟点房时间过长,而影响客房的正常出租。

4. 包价价格

包价价格是酒店为有特殊要求的客人提供的一种价格,包括房费、餐费、交通费、娱乐费等。酒店制定包价价格一是为了满足客人的需求,二是为了促销酒店的产品,用热销产品带动滞销产品。包价价格通常比单独购买包价中单项产品的总和优惠许多,通常会受到客人的喜欢。

三、预测

收益管理的所有策略和方法都离不开预测技术的支持,超额预订、容量控制、客房定价都只有在准确预测的基础上才能发挥应有的作用。在实施收益管理的过程中,预测技术主要用于需求水平的预测。需求包括两个部分,即预订客人的需求和未预订客人的需求。相对而言,对未预订客人需求的预测更为重要。

(一) 市场预测是实施收益管理策略的基础

收益管理工作的核心任务主要体现在两个方面:一方面是当酒店市场处于供过于求时,其主要任务是最大限度地减少现有存量资源的闲置;另一方面是当酒店市场处于过度需求时,则需要有效地进行资源分配和运用价格杠杆调节市场,从而实现收益最大化。酒店不仅需要分析当前的各类信息,更重要的是要注重对未来市场需求情况的研究、分析和掌握,及早制定产品预订、定价和销售等策略,从而最大限度地提高酒店的收益。例如,酒店管理者只有事先掌握未来某一天的市场需求情况,即首先要对这一天顾客的预订量进行预测,才可能为这一天实现客房收入最大化做出正确的决策。

另外,酒店通过需求预测还能够事先知道未来某一天有多少顾客愿意以更高的价格购买客房产品,就可以通过预订控制为这些高价顾客保留部分客房,从而获得更高的客房收入。在市场出现过度需求时,酒店通常都会采取超额预订策略来减少因 No-Show(未到场)或预订取消给酒店造成的空房损失。不难理解,只有通过预测提前知道未来某天 No-Show 的客人数量和预订取消的数量,才能事先计算出准确的超额预订量,最大限度地避免因超额预订量计算的不准确而导致客房闲置或超售情况的发生。因此,市场预测是酒店实施收益管理策略的基础和前提条件,如果没有市场预测作基础,要顺利开展收益管理工作是非常困难的。

(二) 市场预测为收益管理活动提供有用的信息

收益管理工作不仅需要对特定的市场指标进行预测,还需要收集、归纳和分析大量现在和未来的市场信息,如本地区旅游市场的发展情况、未来市场情况、竞争对手的情况及酒店未来经营目标等。通过对这些市场信息的预测和分析，可以形成酒店制定经营预算的参考依据，还能作为酒店确定最优销售力量配置，制订销售目标和计划的可靠依据。

（三）市场预测有益于酒店管理者做出正确决策

在酒店收益管理工作中，定价、客房分配和超额预订等策略最终是由酒店管理者（收益经理）来制定的，而预测则有益于收益经理在决策工作中趋利避害，减少决策中的不确定性。政治、经济、环境、市场、心理及自然等构成因素是处于运动和变化之中的，多数酒店在经营管理决策中都会存在一定程度的不确定性。酒店为避免在市场风险中失利，减少经营管理的盲目性，就需要通过市场预测，对未来影响酒店收益的各类因素做出准确的预见和判断，以便收益经理根据预测做出正确的市场决策。

（四）市场预测的内容

1. 市场需求预测

市场需求预测是指对特定的顾客群体在一定的时期内和一定的市场环境下所购买的酒店产品总量的预测，包括需求量和需求产品的品牌、种类和时间等变动趋势的预测。市场预测的目标是了解一定地理区域酒店总市场潜量，竞争群体的总市场潜量或某一酒店的总市场潜量，以估计本酒店未来产品的销售量、销售额及市场占有率等。

2. 市场供应预测

市场供应预测主要是指对在一定时期内可以投放到特定市场中的酒店产品资源的预测，如明年本地区或酒店周边将要增加或减少的酒店数量、床位数量或餐位数量及增加或减少后的存量等。市场供应预测的主要目的是掌握和了解本地区未来市场的竞争态势，从而根据市场可供量的预测来制定合理的产品价格。在收益管理工作中，通常需要把市场需求预测和供应预测结合起来，用于预见未来市场供求矛盾的变化趋势，合理应用价格杠杆来平衡矛盾。

3. 市场环境预测

市场环境预测是了解、预测影响酒店日常经营的主要因素，有利的市场环境因素有助于酒店增加需求、提高收益，而不利的市场环境因素会对酒店的经营带来较大的负面影响。例如，2008年北京奥运会给北京旅游和酒店市场带来很大的商机，这是因为奥运会期间市场对酒店客房及餐饮产品的需求量急剧上升，甚至出现一房难求的局面，酒店的房价也因此大幅上涨，不少酒店在此期间收入成倍地增长，这属于有利的市场事件。而2019年底暴发的新型冠状病毒肺炎疫情，一直延续到2022年，不聚集、不聚餐、不外出、不旅行成为人们生活的常态，旅游业和酒店业受到了重创，使酒店市场生意萧条，酒店企业经营艰难，形成了不利的市场环境。

收益经理应该定期分析市场环境的变化趋势，善于从中找到对酒店市场有利的因素，规避不利因素，对未来市场做出更加准确的预测，降低酒店的经营风险。

（五）市场预测的步骤

市场预测不仅要对相关市场数据进行收集和运算，而且需要对运算结果进行分析和决策。市场预测过程主要包括两个阶段：第一个阶段为归纳阶段，包括预测目标的确定、收集酒店的历史数据和对数据从事分析与提炼工作；第二个阶段为推断阶段，包括选择预测方法、实施预测和对预测结果进行比较、分析、评价。我们一般把预测分为确定预测指标、收集数据、选择预测方法、做出预测和修正预测五个步骤，并参照以上两个阶段的思路来分步实施。

1. 确定预测指标

确定预测指标（也称预测变量）是开展预测工作的基础。只有明确清晰的预测指标，才能有目的地收集与指标相关的数据，选择对应的预测方法并建立预测模型进行预测。

在酒店经营管理工作中，预测指标通常根据收益管理工作的需要来确定。常用的预测指标主要有市场潜在总需求量、客房预订量、客房销售价格、客房超订量、客房容量分配和酒店市场占有率等。指标确定流程一般是先由收益经理根据酒店未来要实现的收益目标提出预测指标，通过酒店收益管理例会讨论、分析和评价后，由酒店收益总监或总经理决定。

指标预测的主要目的是对未来市场态势提早进行估计，降低由于市场存在的不确定性而带来的经营风险，为管理者对酒店市场做出正确决策提供依据。例如，为能使酒店在直销或分销渠道中公布的未来90天的房价最大限度地满足市场需求，收益经理需要把客房的预订量和销售价格作为需要预测的指标，定期分别进行预测，从而减少因房价过高或过低给酒店造成的潜在经营损失。正是因为有了未来90天客房预订量和销售价格的预测，才能正确处理好客房出租率和平均房价之间的平衡关系，实现客房收入最大化。

2. 收集数据

要进行市场预测，必须要收集充足的数据资料。市场预测一般需要收集的数据资料有两类：一类是酒店历年经营和现在的客史资料，这类资料的收集可以从酒店客史档案或相关计算机管理系统中（如CRS、PMS等）获得，如酒店每日客房的预订量、每日各类客房的销售价格、顾客的入住天数、每日宴会预订量及每日超订量等；另一类是市场资料，包括历史、现在和未来的数据资料，包括市场供需情况、竞争对手的经营资料及市场环境意外事件等，如未来90天是否有宏观经济政策的调整、新酒店开业或老酒店关门，竞争对手是否有新产品或营销策略推出，以及有无突发的意外市场事件等。

第一类资料的收集相对比较容易，因为所需要的资料全部来自酒店内部。特别是使用收益管理系统的酒店，通过与CRS或PMS对接后，可自动提取指定的数据资料，不需要收益经理通过人工收集而付出繁重的劳动。

第二类资料的收集相对比较困难，收益经理不仅需要及时关注宏观经济动态和相关行业信息，利用各种渠道来获得该类资料，还需要组织一定力量进行市场调查，通过市场调查来获得竞争对手的资料和环境事件资料。酒店在收集资料中应注意做到广泛性和适用性的结合，如果收集的资料数量不足，会因样本量不够影响预测的质量；但资料过多，会耗费很大的人力和资金；而且资料过多，面面俱到，缺乏重点也同样会影响预测质量。

资料收集完成后，并不意味着这一阶段的工作告一段落，而是需要收益经理对收集到的资料进行过滤，即通过对数据资料和相关事件的分析和鉴别，去掉存在市场特殊性或不真实并与预测关系不密切的数据，以免给预测结果带来较大的误差。

3. 选择预测方法

进行市场指标预测需要选择合适的预测方法，并建立相应的预测模型。在市场预测工作中,有很多不同的预测方法,每种预测方法针对不同的预测指标或目标其预测结果可能会不同。如果选择了错误的预测方法,将会导致预测的结果不准确,降低预测的可信度。因此,针对不同指标选择正确的预测方法十分重要,通常从以下三个方面来选择。

(1) 预测方法要与预测指标相适应。预测指标的性质不同,其相对应的预测方法可能不同。例如,在预测酒店客房预订量时,因其随着时间和季节性的变化而变动,所以需要考虑清除季节性不规则变动的因素来进行预测,一般可选择时间序列分析法中的移动平均法或指数平滑法等。而在客房分配决策模型的选择上,由于存在着价格差异因素,则选择随机规划模型较好。总之,要根据指标的性质来分析判断和选择合适的预测方法和模型。

(2) 考虑预测周期长短的适应性因素。即使是同一预测指标,除了上面讲到的正确选择预测方法外,还要考虑预测周期长短的适应性因素,既要满足对预测结果的需求,还要看所选择的预测方法是适合进行短期预测,还是中长期预测,以提高预测的准确性。例如,移动平均法适合近期或短期的预测,而类比法或回归法则更适合中长期预测。

(3) 预测方法的选择要切实可行。在预测学科领域,有很多不同的预测方法。特别是随着科学技术的发展,新的预测方法更是层出不穷。因此,在酒店收益管理市场预测方法的选择中,应本着简单易懂,便于运用原则,来选择合适的预测方法,否则会耗费收益经理大量的时间,降低收益管理工作的效率。

在预测工作中,并非选择的模型越复杂,预测的结果就越准确,预测结果的准确与否,关键在于对模型的正确选择和运用。当然,如果酒店运用收益管理系统来进行预测,一切将变得更加简单和有效。因为系统为各类预测指标都配置相应的数学模型,通过计算机高速运算能力,提供更加准确的预测结果。

在选择预测方法时,除了需要考虑以上因素外,还要对预测指标或对象进行观察和综合分析,找到其运行和发展的规律,使实践工作经验与预测理论相结合,才能获得满足工作需求的预测的结果。

4. 做出预测

对选定的指标做出预测,是预测工作的重要环节,也是预测的最后一个阶段。一般来说,应遵循以下两个方面的原则。

(1) 选择合适的预测模型。预测的方法是多种多样的,即使是同样的预测方法,也可以有不同类型的预测模型供我们选择。例如,时间序列分析法中的简易平均法和移动平均法就有着不同的预测模型,而不同的预测模型预测出的结果也会不同,这就需要预测人员在选择中要做出正确的分析和判断。

(2) 测量预测误差。通过预测模型计算得出的预测结果只是预测的初始值,由于市场存在复杂性和随机性,而且也会因受到资料收集不全、信息不完整、预测经验不足等方面的影响,预测结果通常存在一定的误差。这需要收益经理根据相关知识和工作经验来分析判断预测结果的可行性,并经常性地对预测结果进行验证,找到存在的误差并加以修正。

5. 修正预测

修正预测存在的误差,是对预测结果进行决策的最后环节。对每次的预测,都需要进行误差分析,对超出误差范围的预测值进行修正和调整。在酒店收益管理工作中,通常需要从预测人员到收益经理乃至酒店高级管理人员来共同对预测的结果加以判断、分析和调整,最终确定预测值。

(六) 常用的市场预测指标

在酒店收益管理中,预测工作是确定未来主要市场指标的基础。酒店要掌握和了解未来市场发展态势,合理制定酒店产品价格和为不同细分市场配置客房数量,就需要对相关经营指标进行预测和分析。只有通过预测,收益经理才能确定未来酒店产品应该以什么价格出售,为不同细分市场保留多少房间,采用什么样的差别定价策略等,为酒店实现收益最大化奠定基础。酒店常用的预测指标主要有无限制需求量、客房预订量、客房销售价格、客房超订数量、客房分配量和市场份额等。

1. 无限制需求量

无限制需求量是指顾客在一个特定的时期内,在没有任何限制条件的情况下对酒店产品的需求总量,主要包括酒店已确认的需求数量和有购买意愿的潜在需求数量两大类。通常,酒店会针对不同类型酒店产品的无限制需求量分别进行预测分析,如客房、宴会和康乐等产品。

酒店预测无限制需求量的目的是掌握和了解未来某一个特定时期内酒店的市场蛋糕到底有多大,以此来分析和判断未来市场的竞争态势,从而制定有效的营销策略和价格策略。例如,当总需求量高时,酒店可通过增加直销渠道的订房、适当提高不同细分市场的房价、减少折扣价格的数量或增加无预订客人的保留房数量等方式来获得更高的收入。当总需求量低时,酒店可通过推出优惠促销活动、降低价格等级、增加折扣房数量等方式招徕顾客,以达到薄利多销的目的。预测的次数或频率可根据酒店经营需要来具体决定,没有一个严格的界限规定。如果是人工预测,通常每天至少需要预测一次;如果运用收益管理系统,系统将在人工对相关参数设置后,根据市场的波动情况进行自动预测,每天可能会进行一次或多次预测,预测的周期一般为当天多个时段或长至未来三个月。

无限制需求量的预测模型是基于已确认的需求和潜在需求的总和这一思维建立的,其计算公式为

$$无限制需求量 = 已确认的需求量 + 潜在的需求量$$

式中,潜在的需求量包括两个方面的需求内容:一方面是因酒店住宿方式控制(如要求最少住2晚)、价格的限制(如最低单日房价为500元/间)和房间数量限制(如客房已全部卖完)而被酒店拒绝的顾客数量;另一方面是因反悔而未到的顾客数量(如订了房但无故没有来的顾客、取消预订的顾客)。

在无限制需求量的预测中,潜在需求量资料的收集和分析是难点,这主要有两方面原因:一是有些酒店平时不注意记载和收集诸如No-Show或取消预订的客人的数据,预测中缺少足够的历史数据资料;二是一些有需求动机的顾客出现反悔,这些反悔的心理因素非常复杂,特别是有些反悔的顾客并没有与酒店有过接触,因而难以掌握其数量情况。因此,为最大限度地保证酒店无限制需求量预测结果的准确性,酒店平时应多注重记载和收集这方面的相关数据资料,并加以分析、判断和归纳,为预测所用。

2. 客房预订量

客房预订量是酒店收益管理预测中最常用的市场指标之一,它关系到未来某一个时期

酒店客房的出租率情况,是决定酒店客房收入高低的主要指标。这里所说的客房预订量是指酒店最终出租出去的客房数量,没有包含被拒绝的预订、No-Show 和取消预订的客房数。

客房预订量的预测是在对历史经营数据分析、归纳和提炼的基础上,结合所掌握的竞争对手情况及相关市场事件,通过选择合适的预测模型来进行预测的。酒店应每日对客房预订量进行预测,预测的频率或次数根据工作需要而定;预测的时间可以是当天的某些时段、某天或第二天以后的某个时期。酒店通常需要对未来 7 天至 90 天的客房预订量进行预测。

预测客房预订量的目的是使酒店管理者及早掌握和了解未来 90 天甚至更长时期内每天酒店客房的出租率情况,以便制定出合适的房价。因为市场需求每时每刻都在发生着变化,所以每隔一段时间就需要进行一次预测,而每次的预测结果可能会有所不同,预订量的变化为酒店实行动态定价提供了条件。

3. 客房销售价格

客房销售价格的预测与客房预订量同等重要,因为它也是决定客房收入高低的重要因素之一。客房销售价格通常是指经过需求的价格弹性分析后所得到的最佳可用房价(best available rate,BAR)。在客房的价格体系中,同一类型的客房对不同的细分市场有着不同的 BAR,用以满足不同顾客群体的需求。而且随着市场需求的波动变化,这些 BAR 还将作为标准价格衍生出不同的超值价格或折扣价格,从而形成价格的动态变化。客房销售价格的预测主要是指对酒店客房在未来某一个周期内 BAR 的预测。这一预测十分重要,它为酒店及早在不同销售渠道的定价提供了重要的参考依据。对客房未来市场销售价格的预测,可提高酒店管理者对价格决策的前瞻性,通过准确的定价来使客房收入获得最大化。由于客房销售价格与客房预订量是相互影响和作用的两个变化要素,一般会同时进行预测。

4. 客房超订数量

客房超订数量是指酒店在客房全部订满的情况下,再增加一定数量订房的行为,所增加的订房数量通常称为超订数量。酒店采取客房超订的目的是最大限度地减少因 No-Show 和预订取消现象的发生而给酒店带来的客房虚耗损失。那么,酒店要想事先知道客房的超订数量,就需要进行预测。

如果超订数量过高即出现超售,会导致预订客人被拒绝入住,酒店因需要额外安置被拒绝入住的客人而增加成本;同时,也会引起客人对酒店的不满,潜藏着失去忠诚顾客的风险,严重的还会导致法律纠纷;如果超订数量过低,会使酒店客房在市场过度需求时出现闲置,给酒店造成经济损失。因此,准确地预测客房超订数量对酒店降低客房闲置损失,提高潜在收益十分重要。

客房超订数量的预测比较复杂,要求酒店对诸如预订量、No-Show 和取消预订等方面的历史数据记录全面和完整,加之 No-Show 和取消预订客人的反悔是随机变化的,因此要认真地归纳和分析。酒店管理者在日常经营中要注重记录和留存以上历史数据资料,从而为客房超订数量的准确预测奠定基础。

5. 客房分配量

酒店在经营中经常会遇到客房分配的问题,尤其是在市场需求旺季,如何为不同的部分市场来优化分配客房,实现客房收入最大化,是酒店收益管理中的难题。一般情况下,休闲度假客人对价格比较敏感,会较早地预订客房,以求享受到较大的客房折扣价;而商务客人会因工作时间的限制,预订客房较晚,对价格不敏感,通常愿意以高价格来预订客房,首先考虑的是保障出行计划和时间。

如果酒店对客房不提前进行分配和控制,而是采取"先到先得"的订房策略,那么,就会存在酒店客房提早被折扣客人全部占用,高价的商务客人订不到房的情况,潜藏着收入损失风险;反之,如果留给商务客人的房间量过大,也可能会产生空房损失。因此,处理好接受的预订和被拒绝的预订之间的数量关系,对提高酒店收益十分重要,客房分配量的预测正是以此为目的。

客房分配量的预测是指根据预测的结果提前为不同细分市场的客人分配客房。由于多数酒店的细分市场并不是简单地由休闲度假客人和商务客人组成的,而是来自不同的渠道,如酒店会员、OTA散客、公司协议、会议团体、旅行团体及无预订散客等细分市场,这些细分市场通常都享有不同的房价,所以客房分配量的预测相对比较复杂,除了酒店收益经理依据经验数据来判断和估算外,大多数情况下需要借助酒店收益管理系统建立客房分配决策模型来进行预测。

6. 市场份额

市场份额的预测主要是为了使酒店管理者能及早掌握和了解酒店未来的市场份额情况,以便及早制定相应的营销策略来提高市场份额。市场份额的预测通常会与无限制市场需求预测结合起来,可以得到更加全面和准确的预测结果。市场份额的预测不仅需要收集和归纳酒店历年的相关数据,更重要的是需要调查和掌握竞争对手的相关信息资料,以及本地区市场的变化态势。特别是酒店周边竞争对手数量、价格及营销策略的变化,这些变化都会对酒店的市场份额产生影响,酒店在预测中要充分考虑这些因素。

市场份额的预测周期因酒店所处的市场环境不同而异,由于新的市场事件的发生会导致酒店市场份额发生变化,所以酒店收益管理系统会根据这些事件的发生定期做出预测,但预测的结果需要收益经理进行分析和判断,对存在较大误差的预测要进行及时调整和修正。

任务 4　大数据与收益管理

一、大数据下的收益管理

收益管理通过对历史数据进行统计分析,研究如何科学定价和管理库存,从而提高总收入,以增加酒店的利润。有了大数据,收益管理的预测和优化就有了基石,而且数据越具体、全面,预测和优化的结果也就越准确。

大数据的核心在于可以帮助客户挖掘数据中蕴藏的价值,而不是简单的数据计算。大数据可以借助云计算技术,针对不同领域的商业模式形成大数据的应用模式。通过计算机和互联网技术领域精英团队的参与,来为不同领域的客户服务。大数据收益管理对酒店业的经营发展非常有效,下面以2017年海南春节酒店预订趋势大数据报告为例来阐述。

2017年春节期间,海南作为我国最热门的旅游目的地之一,酒店预订稳步增长。从

图 7-3 所示预订情况看,海南省五星级(豪华型)酒店预订数量同比增长 26%,四星级(高档型)酒店预订数量同比增 17%,三星级(舒适型)酒店和二星级(经济型)酒店同比增长 7%,反映出旅游消费升级的趋势日益明显,硬件设施和服务质量较好的五星级(豪华型)酒店更是受游客青睐。

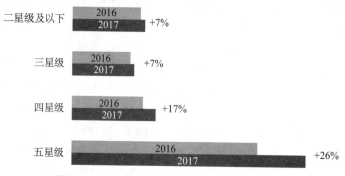

图 7-3 海南省各星级酒店市场在线预订情况

很多游客选择错峰出游,选择在春节假日前或春节假日出游,春节前 7 天、春节假日 7 天、春节后 7 天的预订订单基本持平,占比分别为 30%、39% 和 31%,如图 7-4 所示。从预订价格上看,五星级(豪华型)酒店春节假日 7 天在线预订的价格区间在 1 018 元至 2 663 元;四星级(高档型)酒店的价格区间在 364 元至 954 元;五星级(豪华型)酒店春节假日 7 天预订价格同比下降 7%,一定程度上反映出游客错峰出游的趋势,反映出海南春节假日期间酒店价格趋于平稳、呈现健康发展的态势。

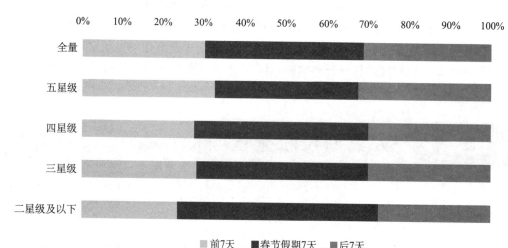

图 7-4 海南省各星级酒店市场 2017 年春节前后在线预订量对比

从在线预订量上看,春节假日 7 天,三亚湾、亚龙湾、大东海、海棠湾位居前四,博鳌、西海岸、石梅湾和神州半岛、清水湾、七仙岭分列第 5 到第 10 位,如图 7-5 所示。其中,交通便利、酒店数量较多的三亚湾在所有度假区中最受消费者青睐,春节假期 7 天在线预订量超过 53 万间。

从线上平均房价上看,春节假日 7 天,亚龙湾平均房价最高,达到 3 500 元以上;海棠湾平均房价达到 3 000 元以上;与亚龙湾的差距不断缩小;三亚湾、大东海、石梅湾和神州半岛、七仙岭等区域的酒店平均房价都超过了 1 000 元，西海岸、清水湾、棋子湾和霸王岭、金沙滩、博鳌、龙沐湾、盈滨半岛等区域的酒店平均房价水平也较高，反映出游客在春节期间出游热情高涨，旅游消费逐步成为生活的必需品，如图 7-6 所示。

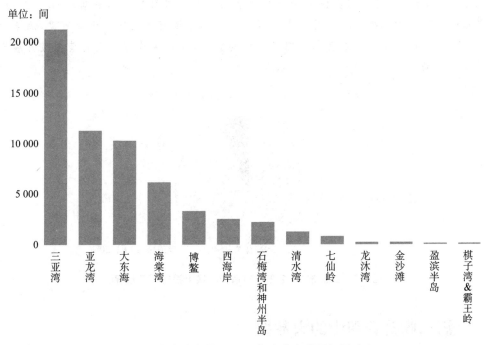

图 7-5　海南省各景区 2017 年春节在线预订量对比

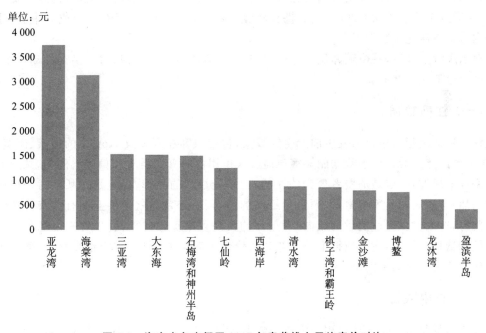

图 7-6　海南省各度假区 2017 年春节线上平均房价对比

从线上提前预订情况来看(以三亚市为例),53%的游客选择提前0~13天预订酒店。因此,春节前两周是酒店和旅游企业开展宣传促销的黄金时期;但仍有接近一半的游客会提前两周以上预订春节假日期间的酒店、制定出游行程,其中提前一个月和提前两个月的预订比例均达到20%,只有7%的游客会提前两个月以上预订春节假日期间的酒店,如图7-7所示。这一点与西方国家游客提前三个月或半年预订酒店的习惯有所不同。由此可见,海南的酒店和旅游企业应提前两个月启动春节假日期间的宣传,并在春节前两周的黄金期开展大规模宣传促销活动。

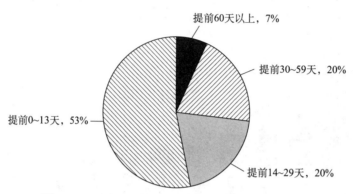

图7-7 三亚市2017年春节消费者线上提前预订情况

二、酒店收益管理中的大数据

在酒店行业,对用户行为进行大数据分析,并以此为依据进行酒店运营、定价、收益管理。比如,阿里公司通过入股石基信息,将后者拥有的国内酒店大数据和自身的线上资源相整合,共同进军酒店餐饮O2O市场。携程将旗下的慧评网与中软好泰重组成立中荟,建设了国内首个酒店业全数据平台。

对酒店行业来说,一位顾客从预订行为产生,再到入住行为完成,这一系列的动作中,通常会产生以下三类数据。

(一)住前数据

住前数据是指入住行为发生前产生的数据,包括顾客在网页及App中的搜索、浏览、预订、相关产品选择等。住前数据能够客观地反映出用户的真实需求和偏好。例如,某家酒店点击率高的房型,一定是消费者最为关注的;搜索量最多的品牌,一定是在某一时期口碑最好的酒店;某酒店的品牌搜索量、预订量最高的门店,一定是在软硬件上拥有独特优势的酒店。此外,客人付款又取消后的流向、对点评的关注程度等,对酒店管理者来说都是极具参考价值的数据。但是,住前数据中的大部分高价值内容都被OTA牢牢地掌控了,要想得到这些信息不是那么容易的事。

(二)住中数据

住中数据是指客人入住过程中形成的数据,包括房价、RevPAP、入住人数,以及客人对酒店哪类增值服务的需求最多、餐厅的哪些食品最受欢迎、客人入住和离店的时间分布、投诉事件发生的原因等。住中数据能够在一定程度上反映出酒店的整体经营状况,也是国内酒店目前掌握得最多、使用最广泛的数据。一般来说,住中数据的大部分内容能够在PMS系统中获取,另外一些内容则必须借助大数据分析工具的帮助。

(三) 住后数据

住后数据是指客人入住完成、离店之后的反馈数据,如对酒店的整体评价、对某一特定区域服务的评价,甚至客人离店之后的流向(是否有转向其他酒店消费)、希望今后享受到怎样的产品和服务等。住后数据可以较真实地反映出酒店产品及服务在客人眼中的价值,是酒店进行质量管理、新产品开发、市场营销和竞争策略调整的重要依据。不过,住后数据的获取本身就存在一定难度(可能需要针对性的回访、调查问卷等),而且国内酒店对这一部分数据的认识和使用也较晚。因此,针对住后数据的持续开发、使用,可能会成为今后酒店管理者的关注重点。

三、酒店大数据的作用

随着行业生态不断饱满,各类细分品牌涌现,市场竞争日益激烈。与此同时,消费者的需求升级,使其对服务品质、品牌文化、产品个性有了更高的要求。如何更好地探测核心客户群需求,为其提供恰当的产品与服务,决定了品牌能否在下一个竞争阶段中脱颖而出,而大数据便能够从图7-8所示的两个方面为酒店做出帮助。

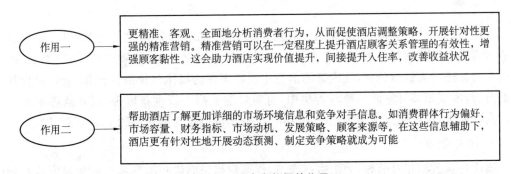

图7-8 酒店大数据的作用

近几年,随着互联网科技向各行各业渗透,大数据应用已经对酒店行业产生了翻天覆地的变化。酒店经营者凭借用户行为数据,探索市场变化规律、改善自身经营已成为可能,科技、数据力量开始显现。酒店服务业与上下游企业关系密切,但上下游的数据之间存在隔阂,酒店与出行结合在一起才有意义,这就需要把生态链打通。因此,酒店大数据应用的爆发点主要集中在开源和节流两个方面。

(一) 开源

开源可以让酒店更加精准地营销,促进获客,主要可从以下三个方面入手。

1. 交叉营销

由于酒店营销与出行的上下游有一定关系,可以根据客户属性多维度地进行刻画,将不同维度的属性与酒店的消费行为进行交叉、关联。例如,在获得航空公司等上游的信息后,大数据可以精准推荐匹配的酒店;酒店还可以根据客人的商品消费数据,在客人进店后进行捆绑销售、搭配销售相关产品;通过历史数据分析出关联数据,如情人节红酒的销量明显增长,酒店就可以提前做到预测。

2. 个性化体验

酒店卖的应该是生活,年轻人更愿意为自己的喜好买单,酒店要想为客人做出好的"生活"体验,离开大数据是行不通的。因此个性化的体验,是所有酒店都希望做到的。但是个性化的体验能够带来多高的转化率和续约率,需要对接上下游数据将其进行量化、货币化。如果个性化体验提高了8%的用户体验,带来了10%的收益回报,那么它马上就会成为爆点。

3. 动态定价模式

通常消费者会在携程、酒店官网上进行比价,因此酒店价格制定策略就显得非常关键。大数据平台将PMS、CRS、FI等不同数据相互关联,可以实时监测价格。例如,大数据平台整合了多种数据源,将同类竞争对手和各渠道上的价格每天及时汇总,结合酒店内部的基础数据(房间、人员)进行动态调整,使效益最大化。

(二)节流

节流可以减少酒店房间空置和其他资源的浪费,具体可从以下几个方面入手。

1. 节能

对体量巨大的酒店而言,能源是一块重要的成本支出项,如何优化能源安排、降低成本是酒店需要考虑的问题。酒店在积累了大量的数据信息之后,对故障设备、故障类别、故障部门等指标进行大数据分析,在庞杂的信息中发现潜在的规律和价值。例如,通过对损坏灯泡的分析,发现损坏灯泡的品牌较为集中,再对灯泡采购进行重新梳理,剔除故障率大和能耗过高的品牌,仅仅是灯泡能源这一项支出,大数据分析就为酒店节约了不少费用。

2. 运营管理

酒店行业数据相对低频,如果进行变革,需要把横跨酒店和出行等这些相对容易看到的数据采集下来,变成一个相对比较高频的数据,才可以提前预测,知道哪些场景是客人相对比较多频的场景,从而进行整合、分享。酒店通过应用大数据科学技术,改进酒店的服务,增加酒店的营业收入。

3. 选址

酒店选址决策系统是酒店一直想做但难做的,需要整合商圈、客流、市场、物业等层面的海量信息。因此,酒店选址需要在数据共享基础上打通信息壁垒,再通过对这些信息进行大数据分析,可以得出投资回收期、内部收益率等财务指标,为酒店决策提供参照依据。

四、酒店大数据应用的环节

酒店大数据的核心在于可以帮助酒店挖掘数据中潜藏的价值,而不是简单的数据计算。酒店可以从前期市场定位、营销管理、收益管理和客评管理这四个管理环节开始,通过大数据的应用来推进工作,最终构建正确的产品、赢得更多的忠诚客户,提高市场竞争力,实现收益最大化。

(一)前期市场定位

前期市场定位对建造酒店非常重要,只有酒店定位准确乃至精确,建造出的酒店与未来市场环境相适应,构建出能满足市场需求的酒店产品,才能使酒店在竞争中立于不败之地。然而要想做到这一点,就必须有足够的相关数据和市场信息来供酒店研究人员分析和判断,仅凭工作经验是远远不够的。

在酒店前期市场定位中,相关数据的收集主要来自统计年鉴、行业管理部门数据、相关行业报告、行业专家意见及属地市场调查等,这些数据多存在样本量不足、时间滞后和准确度低等缺陷,酒店研究人员能够获得的信息量非常有限,使准确的市场定位存在着数据瓶颈。随着大数据时代的来临,借助云计算和数据挖掘技术不仅能给研究人员提供足够的样本量和数据信息,还能够通过建立数学模型借助历史数据对未来市场进行预测,为研究人员数据收集、统计和分析提供了更加广阔的空间。

(二)营销管理

在酒店营销管理工作中,无论是产品、渠道、价格还是顾客,可以说每一项工作都与市场数据息息相关。酒店通过获取数据并加以统计分析来充分了解市场信息,掌握竞争者的商情和动态,知晓酒店在竞争群中所处的市场地位,来达到"知己知彼,百战不殆"的目的。

酒店通过积累和挖掘客户档案数据,有助于分析顾客的消费行为和价值取向,便于更好地为顾客服务和发展忠诚顾客,形成酒店稳定的会员客户。在传统的市场竞争模式中,由于酒店获取数据资源的途径有限,只能够依靠有限的调查数据对个体竞争者进行比较分析,无法全面掌握市场动态和供需情况,特别是竞争态势,更难以确定酒店在竞争市场中所处的地位,给酒店制定正确的竞争策略带来困难。

随着酒店营销管理理念的不断更新,原有传统营销模式已面临着严峻的挑战,对管理者准确掌握市场信息、精确了解竞争对手动态,制定合适的价格提出了更高的要求。市场竞争的分析也由原来简单的客房出租率、平均房价、RevPAR 分析转化为对竞争群的数据分析。

(三)收益管理

收益管理作为实现酒店收益最大化的一门理论学科,近年来已经受到业界的普遍关注,并加以推广运用。收益管理的含义是把合适的产品或服务,在合适的时间,以合适的价格,通过合适的销售渠道,出售给合适的顾客,最终实现酒店收益最大化。

做好收益管理有以下三个重要环节。

1. 需求预测

需求预测是通过数据的统计与分析,采取科学的预测方法,通过建立数学模型,使酒店管理者掌握和了解潜在的市场需求,以及未来一段时间每个细分市场的订房量和酒店的价格走势等,从而使酒店能够通过价格的杠杆来调节市场的供需,并针对不同的细分市场来实行动态定价和差别定价。

在市场需求旺盛的时候,酒店通过提高价格来得更大的收益;在市场疲软的时期,酒店通过推出促销价和折扣价等方式来招揽客源。通过这些方法，保证酒店在不同市场周期中的收益最大化。需求预测的好处，是可以提高酒店管理者对市场判断的前瞻性，并在不同的市场波动周期以合适的产品和价格投放市场，获得潜在的收益。

2. 细分市场

细分市场为酒店准确预测订房量和实行差别定价提供了条件，差别定价是通过对同一种酒店产品（如同类型的客房、餐食和康体项目等）按不同的细分市场制定不同价格的行为和方法，其特点是对高支付意愿的顾客收取高价，对低支付意愿的顾客收取低价，从而把产品留给最有价值的客人。其科学性体现在通过市场预测来制定和更新价格，使各个细分市场的收益最大化。

3. 敏感度分析

敏感度分析是通过需求价格弹性分析技术，对不同细分市场的价格进行优化，最大限度地挖掘市场潜在的收入。酒店管理者可以通过价格优化的方法，找到酒店不同市场周期每个细分市场的最佳可售房价，并通过预订控制手段，为最有价值的顾客预留或保留客房，较好地解决房间因过早被折扣顾客预订而遭受损失的难题。

大数据时代的来临，为酒店收益管理工作的开展提供了更加广阔的空间，需求预测、细分市场和敏感度分析对数据需求量很大，以往酒店多根据采集的酒店自身的历史数据来进行预测和分析，容易忽视外界市场信息数据，难免使预测的结果存在一定的偏差。酒店在实施收益管理过程中，如果能在酒店自有数据的基础上借助更多的市场数据，了解更多的市场信息，同时引入竞争分析，将有利于制定更加准确的收益策略，提升收益管理的业绩。

（四）客评管理

网络评论最早源自互联网论坛，是供网友闲暇之余相互交流的网络社交平台。过去顾客住店后对酒店在互联网上的评价，也就是我们常说的客评，并没有引起酒店管理者的足够重视，针对顾客反映的问题，多数酒店没有做到及时回复甚至根本不回复，日常管理中是否及时解决了客评中反映的问题就更不得而知了，这不仅拉大了酒店与顾客之间的距离，而且酒店与顾客之间的信息更加不对称，失去了酒店与顾客之间情感互动和交流的机会。

随着互联网的发展，如今的酒店客评不再是过去简单意义上的评论，已经发生了质的转变，由过去顾客对酒店服务的简单表扬与批评变为多内容、多渠道和多维度的客观真实评价，顾客的评价内容更加趋于专业化和理性化，发布的渠道也更加广泛。因此，如今的客评不仅受到酒店管理者的重视，也受到消费者的高度关注。

有市场调查显示，超过70%的客人在订房前都会浏览酒店的客评，客评成为主导顾客是否预订这家酒店的主要动机因素之一。从某种角度看，客评在互联网走进人们生活的今天已成为衡量酒店品牌价值、服务质量和产品价值的重要因素。酒店多维度地对客评数据进行收集、统计和分析将有助于酒店深入了解顾客的消费行为、价值取向和酒店产品质量存在的不足，对改进和创新产品、量化产品价值、制定合理的价格及提高服务质量都将起到推进作用。要做到这一点，就需要酒店善于收集、积累和统计客评方面的大量数据，多维度地进行比较分析，从中发现有价值的节点，推进酒店的营销和质量管理工作，从中获取更大的收益。

项目小结

本项目主要介绍了收益管理的来历、酒店数字化收益管理的概念、酒店数字化收益管理的各基本要素即产品或服务、时间、价格、渠道和顾客,对这些要素进行组合和优化便可以给酒店带来更高的收益;阐述了酒店数字化收益管理的意义;说明了酒店数字化收益管理有哪些主要指标;推荐了酒店数字化收益管理采用的主要策略;强调了酒店收益管理要有大数据思维,熟悉和了解酒店大数据,发挥酒店大数据的作用,掌握酒店大数据应用的相关环节,通过大数据促进酒店收益的最大化。

案例分析

收益管理策略在酒店的应用

新世纪国际酒店共有200间客房,这些客房都是门市价为388元的双标间,并且该酒店正处于营业旺季,需求大于客房数。有以下三种进行预售的方法。

1. 不采用超售

不使用收益管理超售方法的经理本着"先到先得"的原则,接受了200个房间的预订,认为自己已经做到了最好。

2. 超售过多

假设酒店经理根据自己的经验超额预售了15间客房,那么将有6间客房的客人无法入住,酒店就要安排这些客人到其他酒店入住。对信誉良好的酒店来说,一般会向客人支付额外的赔偿金。假设平均需支付赔偿费用200元给这6间客房的客人。

3. 应用收益管理方法和酒店收益管理系统

使用收益管理方法和收益管理酒店系统,科学计算超售所占预订总数的比率,超售8间客房。

那么入住当日,酒店在以上三种情况下的各项经营指标如表7-3所示。

表7-3 酒店在三种情况下的各项经营指标

经营指标	不采用超售	超售过多	运用收益管理方法和系统
市场总需求量/间	>200	>200	>200
客房实际销售总数/间	191	200	199
客房销售总收入/元	74 108	76 400	77 212
客房出租率/%	95.5	100	99.5
平均已出租房价/元	388	382	388
平均可出租客房收入/元	370	382	386

决定酒店收益管理业绩的既不是平均客房出租率,也不是平均房价,而是二者互动的指标——平均可出租客房收入,即RevPAR。在酒店客房销售诸多经营指标中,只有RevPAR才能最有效地反映客房收入的高低,它是客房出租率与平房价互动的结果(RevPAR=出租率×平均房价)。比较以上三种情况,不难发现,使用收益管理系统的超售功能,虽不能保证

使出租率达到100%,但不需要追加任何可变成本,仅此一天,相对过度超售:收益就增加了812元,那么一年将增加29.6万元,假设该酒店有10家分店,那么一年内可使收益增加296万元;相对不使用超售:收益一天增加3 104元,一年增加113.3万元,10家分店一年将增加收益1 133万元。

这些数据告诉我们,收益管理无论是对一家独立经营的酒店,还是对拥有数十家甚至上百家分店的连锁酒店来说,都能使收益有显著的增加。虽然过度超售短期内看起来比不使用超售的情况要好,但是从整体和长远来看,使用收益管理酒店系统将超售数量控制在合理的范围内,避免了因不使用超售而导致的较高客房空置率,也避免了因过度超售而导致的经济赔偿和酒店名誉损失。所以,使用收益管理方法和收益管理酒店系统合理控制超售,既可以增加酒店的收益,又可以降低酒店的无形成本。

根据以上案例,分析收益管理的优点在哪里?

项目练习

一、简答题
1. 简述酒店数字化收益管理的概念。
2. 简述酒店数字化收益管理的基本要素。
3. 简述酒店数字化收益管理的意义。
4. 简述酒店数字化收益管理的主要指标。
5. 简述酒店数字化收益管理的主要策略。

二、思考题
1. 大数据的核心是什么?
2. 大数据思维对酒店收益管理可以提供哪三方面的帮助?
3. 酒店大数据包括了哪三种数据?
4. 酒店大数据有哪些作用?
5. 酒店大数据应用的环节有哪些?

三、运用能力训练
训练目的:实际体验与认知国际酒店的数字化收益管理,了解数字化收益管理在酒店的具体应用。

内容与要求如下。

(1)把学生分为若干个小组,每个小组5~10人。

(2)每组参观一家当地某个国际酒店集团的酒店;了解国际酒店收益管理的方法和收益管理系统;分析国际酒店收益管理的具体做法和优点。

(3)由教师点评总结。

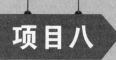

项目八
CRM 管理与运用

> **知识目标**
>
> 1. 了解 CRM 的产生和发展。
> 2. 了解 CRM 的概念和作用。
> 3. 熟悉 CRM 的系统功能。
> 4. 认知 E-CRM 的起源和效益。
> 5. 理解实施 E-CRM 的关键因素。
> 6. 了解酒店 CRM 软件操作。

> **能力目标**
>
> 1. 能够理解 CRM 的概念和作用。
> 2. 能够掌握 CRM 的系统功能。
> 3. 能够掌握 CRM 的管理目标与系统组成。
> 4. 能够掌握酒店 CRM 软件操作。

> **任务分解**
>
> 任务 1　CRM 管理概述
> 任务 2　E-CRM 的应用
> 任务 3　酒店 CRM 管理

CRM 的魔力

任务导入

随着市场竞争的不断加剧及企业间绝对差距的缩小,企业的竞争已经从简单的价格高低、质量优劣转化为服务、文化、品牌、环境、资源、管理等众多细节的较量。不过,所有这些的核心只有一个,就是最大限度地满足客户的各种需求、提高客户的满意度。这是成功战胜竞争对手的关键所在。

泰国曼谷的东方饭店几乎天天客满,客人如果不提前预订就很难有入住的机会。他们靠的是真功夫,是非同寻常的客户服务,也就是现在经常提到的客户关系管理。

一位朋友因公务经常到泰国出差,并下榻东方饭店。在第一次入住时,良好的饭店环境和服务就给他留下了深刻的印象。当他第二次入住时,几个细节更使他对饭店的好感迅速升级。那天早上,在他走出房门准备去餐厅时,楼层服务生恭敬地问道:"于先生是要用早餐吗?"于先生很奇怪,反问:"你怎么知道我姓于?"服务生说:"我们饭店规定,晚上要背熟所有客人的姓名。"这令于先生大吃一惊,因为他频繁往返于世界各地,入住过无数高级酒店,但这种情况还是第一次碰到。

于先生高兴地乘电梯下到餐厅所在的楼层,刚刚走出电梯门,餐厅的服务生就说:"于先生,里面请。"于先生更加疑惑,因为服务生没有看到他的房卡,就问:"你知道我姓于?"服务生答:"上面的电话刚刚下来,说您已经下楼了。"如此高的效率让于先生再次大吃一惊。

于先生刚走进餐厅,服务小姐微笑着问:"于先生还要老位置吗?"于先生的惊讶再次升级,心想"尽管我不是第一次在这里吃饭,但最近的一次也有一年多了,难道这里的服务小姐记忆力那么好?"

看到于先生惊讶的目光,服务小姐主动解释说:"我刚刚查过记录,您去年 8 月 8 日在靠近第二个窗口的位子上用过早餐。"于先生听过兴奋地说:"老位子!老位子!"

小姐接着问:"老菜单,一个三明治,一杯咖啡,一只鸡蛋?"现在于先生已经不再惊讶了,"老菜单,就要老菜单!"于先生已经兴奋到了极点。上餐时餐厅赠送了一碟小菜,由于这种小菜于先生是第一次看到,就问:"这是什么?"

服务生后退两步说:"这是我们特有的小菜。"服务生为什么要先后退两步呢?她是怕自己说话时口水不小心落在客人的食品上。这一次早餐给于先生留下了终生难忘的印象。

后来,由于业务调整的原因,于先生有三年时间没有再到泰国去,在于先生生日的时候,突然收到一封东方饭店发来的生日贺卡,里面还附了一封短信,内容是:"亲爱的于先生,您已经有三年没有来过我们这里了,我们全体人员都非常想念您,希望能再次见到您。今天是您的生日,祝您生日愉快!"

于先生十分激动,发誓如果再去泰国,一定要住东方饭店,而且要说服所有的朋友也像他一样选择东方饭店!于先生看了一下信封,上面贴着一枚 6 元的邮票,6 元钱就这样买到了一颗心。这就是客户关系管理的魅力。

任务 1　CRM 管理概述

一、CRM 的产生和发展

（一）CRM 的产生

CRM 是 customer relationship management 的缩写，即客户关系管理，是指酒店企业用 CRM 技术来管理与客户之间的关系。在不同场合下，CRM 可能是一个管理学术语，可能是一个软件系统，通常所指的 CRM，是指用计算机自动化分析销售、市场营销、客户服务及应用等流程的软件系统。

CRM 的目标是通过提高客户的价值、满意度、赢利性和忠实度来缩减销售周期和销售成本、增加收入、寻找扩展业务所需的新的市场和渠道。CRM 是选择和管理有价值客户及其关系的一种商业策略，CRM 要求以客户为中心的企业文化来支持有效的市场营销、销售与服务流程。

在酒店数字化运营时代，酒店业面临着激烈的市场竞争，如何开拓新的客源市场，保持现有市场份额，如何让酒店与客人之间保持信息畅通，都需要酒店与客人进行广泛交流，并获得有力的支持，这都是客户关系管理所涉及的内容。

CRM 是一种新型的管理理念、管理机制，是管理软件和技术体系的结合体，其适应了新经济发展的要求，从不断涌现的数字化运营新概念解决方案中脱颖而出，并迅速得到越来越多的酒店企业的重视和关注。CRM 所关注的是吸引、满足和保留高价值客户的运作与管理，使客户关系能够处于最佳状态，其焦点是自动化并改善与销售、市场营销、客户服务和支持等领域的客户关系有关的商业流程。CRM 应用软件将最佳的实践具体化，并使用了先进的技术来协助各企业实现这些目标。

（二）CRM 的发展

CRM 代表了企业经营和管理理论体系与实践发展的一个阶段，它不仅促进了企业建设自身核心竞争力的速度和深度，而且将保证企业核心竞争力的持续提高。那么企业应如何掌握 CRM 未来的发展趋势，成功拥有适合自己的 CRM 呢？有以下五点需要注意。

1. 客户化

CRM 未来的趋势是利用互联网和数字化技术，确保客户、客户服务人员、销售员和现场服务人员等多种用户能够拥有统一的用户界面及不同的使用权限。这就要求 CRM 应用软件可以实现客户化（定制）。客户化的焦点在于如何获得客户化，以及执行客户化时所使用的机制。为了有助于企业客户定制产品，未来 CRM 产品将主要基于元数据进行开发。

2. 集成性

一个独立的 CRM 系统已经越来越难以满足企业的需要，同时系统的多点登录及数据的重复录入,导致了业务人员的工作量及数据错误的加大,所以 CRM 与其他系统的集成要求已经越来越高。集成是一项关键而复杂的任务,是企业在实施 CRM 的过程中所遇到的最困难的任务之一。

  CRM 系统不仅反映企业的业务流程和信息结构,它也需要与内部和外部系统进行集成。也就是说,CRM 系统应当提供一种集成的客户视图,收集不同种类来源的客户信息,并能够提供对所有应用系统的统一访问。未来的 CRM 产品应当从自身角度来提高与其他系统集成的能力,集成能力在未来必将成为软件厂商竞争的焦点之一。集成性的趋势使得传统的 ERP 厂商占据了一定的优势,很多 ERP 厂商很早就通过自主开发、收购等方式拥有了自己的 CRM 解决方案,使得他们可以为企业提供集成化的解决方案。

3. 人文化

  客户对企业的满意程度既取决于企业的产品质量、管理技术水平,也取决企业对客户的人文关怀。客户关系管理是流程、人和技术的融合,其成功的关键不在于技术,而在于组织。技术应用于客户关系管理的最终目的是满足客户的需求。所以,未来的客户关系管理将从 CRM 向管理客户关系方向发展。

4. 深入化

  CRM 未来在各行各业中的应用将会越来越广泛而深入,呈现出以下特点。

  (1) 客户密集型的企业将首先广泛应用 CRM,如酒店业及现代服务业、金融、房地产等,并且应用范围会不断拓宽。

  (2) 实施差异化战略的企业将会更容易应用好 CRM。

  (3) 中端企业将会成为 CRM 应用的主流。

  (4) 企业将广泛应用分析型 CRM 来支撑运营型 CRM。

5. CRM 系统功能的进一步融合

  CRM 系统功能的进一步融合主要体现在以下三个方面。

  (1) CRM 与 ERP、SCM 的融合。CRM 注重改进企业和客户关系,ERP 注重企业的内部作业流程,SCM 注重协调企业和上下游的供应链关系,三者的结合将会更有利于提高企业的核心竞争力。CRM 与 ERP 通过不同途径去实现客户的价值,所以只有能把企业前台管理与后台管理完全融合在一起的公司才将最终取得成功。CRM 与 SCM 的集成范围一般包括销售管理、采购管理、客户管理等多方面,能使企业更有效地管理供应链,从而实现成本的节约和服务的改善,进而使大规模定制成为可能,实现需求和供应链上资源的最优化配置,获得长久的竞争优势。

  (2) CRM 与电子商务的融合。电子商务不仅仅是指网页的设计或网上商城的模式,所有可以促进批量生产转变为批量复制的手段都可以归纳到电子商务的范围中,CRM 就是其中之一。此外,基于互联网技术的电子商务,正在改变各个行业的经营模式。在传统的营销服务模式中,客户如果想得到进一步的咨询和服务,通常要经过曲折复杂的自行联络过程,使客户无法在第一时间促成交易,显得十分被动,这就是为什么 CRM 是一个非常好的战略的原因。传统企业的 CRM 普遍推行的是建立电话中心,然而建设一个电话中心的成本相当昂贵,因此有些企业不一定遵循旧的模式演化程序,而是可以脱离传统 CRM 的执行渠道,直接使用互联网达到 E-CRM 的境界。随着基于互联网技术电子商务的进一步完善,CRM 已被纳入电子商务的运营,并日益受到人们的重视。

（3）CRM 与数据仓库、数据挖掘的融合。实施 CRM 的基础是客户数据,没有较多的信息资源,CRM 就成了无源之水、无本之木。在 CRM 中,数据仓库(data warehouse,DW)的目标就是决策支持。随着数据仓库技术的应用,越来越多的企业拥有了大量的客户数据。当这些数据的规模成为海量数据时,怎样从数据的矿山中挖掘出潜在的、有价值的信息,这就需要在 CRM 中使用数据挖掘(data mining,DM)技术,从而使企业能更好地进行客户关系管理。

总而言之,无论是从发展方向、技术角度,还是从文化层面而言,CRM 都将呈现出新的特点,CRM 也将会具有更广的发展前景。可以预见,CRM 在不久的将来将会得到更多行业、更多企业、更高层次的接受与应用,在塑造、提升企业核心竞争力方面发挥其独特作用。

（三）我国 CRM 发展情况

我国 CRM 市场从 2000 年才开始启动,无论是从产品结构、区域结构、行业结构,还是从销售渠道来看,整个市场体态都还不健全,市场区域主要集中在北京、上海等经济发达的地区。拥有 CRM 产品的国内厂商主要集在上海,在其他地区还在了解 CRM 概念的时候,上海的很多厂商已经开始开发其产品。CRM 的应用行业以电信、金融等经济实力较强、信息化程度高的行业为主,这些用户一般都是国家重点行业,拥有强大的资金后盾,而且信息化建设已初具规模。

对客户关系管理系统的认识,在国内已经有较长一段时间,它所遵从的"一对一个性化服务"的企业管理理念,逐渐被国内众多的用户所熟悉和接受。在竞争激烈的信息化时代,客户关系管理系统提出的"帮助提高本产品用户营业额、扩大市场占有率及提高客户忠诚度"等功能,使得很多企事业用户对此产品情有独钟,市场需求加大。

CRM 尽管在我国市场已经获得了一些阶段性的发展,但是其发展到成熟阶段仍然还需要一定的过程,CRM 还要经过一个市场培育期。但也应该看到,CRM 本身还处于一个动态的发展过程中,这为有创新意识的企业提供了机会。

二、CRM 的概念

CRM 是以客户数据的管理为核心,利用信息科学技术,实现市场营销、销售、服务等活动自动化,并建立一个客户信息的收集、管理、分析、利用的系统,帮助企业实现以客户为中心的管理模式。客户关系管理既是一种管理理念,又是一种软件技术。

CRM 的概念中包括以下要点。

1. CRM 是一种管理理念

CRM 吸收了数据库营销、关系营销、一对一营销等最新管理思想的精华,通过与客户的个性化交流来掌握其个性需求,并在此基础上为其提供个性化的产品和服务,不断增加企业给客户的交付价值,提高客户的满意度和忠诚度,最终实现企业和客户的双赢。

2. CRM 是一种管理机制

CRM 是一种旨在改善企业和客户之间关系的新型管理机制,可以应用于企业的市场营销、销售、服务与技术支持等与客户相关的领域。CRM 在提高服务质量的同时,还可通过信息共享和优化商业流程来有效地降低企业的经营成本。

3. CRM 是一种管理软件和技术

CRM 集成了互联网和电子商务、多媒体技术、数据仓库、数据挖掘、专家系统和人工智能等当今最先进的信息技术,为企业的销售、客户服务和决策支持等领域提供了一个业务自动化的解决方案。

4. CRM 主要内容(简称 7P)

(1) 客户概况分析(profiling),包括客户的层次、风险、爱好、习惯等。

(2) 客户忠诚度分析(persistency),指客户对某个产品或商业机构的忠诚程度、持久性、变动情况等。

(3) 客户利润分析(profitability),指不同客户所消费的产品的边缘利润、总利润额、净利润等。

(4) 客户性能分析(performance),指不同客户所消费的产品按种类、渠道、销售地点等指标划分的销售额。

(5) 客户未来分析(prospecting),包括客户数量、类别等情况的未来发展趋势、争取客户的手段等。

(6) 客户产品分析(product),包括产品设计、关联性、供应链等。

(7) 客户促销分析(promotion),包括广告、宣传等促销活动的管理。

CRM 的核心内容主要是通过不断地改善与管理企业销售、营销、客户服务和支持等跟客户关系有关的业务流程并提高各个环节的自动化程度,从而缩短销售周期、降低销售成本、扩大销售量、增加收入与营利、抢占更多市场份额、寻求新的市场机会和销售渠道,最终从根本上提升企业的核心竞争力,使得企业在当前激烈的竞争环境中立于不败之地。CRM 将先进的思想与最佳的实践具体化,通过使用当前多种先进的技术手段最终帮助企业实现以上目标。

三、CRM 的系统功能

CRM 是一种以客户为中心的经营策略,它以信息技术为手段,对业务功能进行重新设计,并对工作流程进行重组,以达到留住老客户、吸引新客户的目的。目前对 CRM 的内涵和外延尚未达成共识,很多时候人们看到和谈论的只是 CRM 的表面或者诱人的前景,还有不少对 CRM 的误解。CRM 的系统功能可以归纳为以下三个方面。

(一) 销售方面

在采用 CRM 解决方案时,销售力量自动化在国外已经发展了 10 多年,近几年在国内有了长足发展。销售力量自动化主要是提高营销人员活动的自动化程度。它包含一系列的功能,如日历和日程安排、联系和客户管理、佣金管理、商业机会和传递渠道管理、销售预测、建议的产生和管理、定价、区域划分、费用报告等。例如,有的 CRM 产品具有销售配置模块,允许系统用户(不论是客户还是销售代表)根据产品部件决定最终产品,而用户不需要懂得这些部件是怎么连接在一起的,甚至不需要知道这些部件能否连接在一起。由于用户不需要技术背景即可配置复杂的产品,因此,这种销售配置工具特别适合在网上应用。自助的网络销售能力,使得客户可通过互联网选择、购买产品和服务,与企业在网上互动。

(二) 营销方面

营销自动化模块是 CRM 的最新成果,它为营销提供了独特的能力,如营销活动(包括以网络为基础的营销活动或传统的营销活动)计划的编制和执行、计划结果的分析;清单的产生和管理;预算和预测;营销资料管理;营销百科全书(关于产品、定价、竞争信息等的知识库);对有需求客户的跟踪、分销和管理。营销自动化模块与销售力量自动化模块的差别在于,它们提供的功能不同,这些功能的目标也不同。营销自动化模块不局限于提高销售人员活动的自动化程度,其目标为营销及其相关活动的设计、执行和评估提供详细的框架。在很多情况下,营销自动化模块和销售力量自动化模块是补充性的。

(三) 客户服务与支持

在酒店运营中,留住客户和提高客户利润贡献度依赖于提供优质的服务,客户只需轻点鼠标或打一个电话,就可以转向企业的竞争者。因此,客户服务和支持对酒店至关重要。在 CRM 中,客户服务与支持主要通过呼叫中心和互联网实现。在满足客户的个性化要求方面,它们的速度、准确性和效率都令人满意。CRM 系统中强有力的客户数据使得通过多种渠道(如互联网、呼叫中心等)的纵向和横向销售变成可能。当把客户服务与支持功能同销售、营销功能比较好地结合起来时,就能为企业提供很多好机会,向已有的客户销售更多的产品。

四、CRM 的管理目标和经营理念

CRM 是一种以客户为中心的经营策略和商业模式,包括企业 CRM 经营战略理念和高度信息化、网络化的现代计算机企业管理技术两个方面。CRM 软件系统是在专业的 CRM 软件商提供的 CRM 软件平台的基础上,结合企业的 CRM 经营理念和资源特征进行设计和开发的。

(一) CRM 的管理目标

CRM 是一种新型的企业运行机制,目的在于加强企业与客户的联系,完善企业与市场、销售、服务及技术之间的关系;提高业务处理流程的自动化程度,实现企业内部的高效运转;及时把握新的市场机会,占领更多的市场份额;客户可以通过选择自己喜欢的方式与企业交流,以获取最新服务信息,得到更好的服务;帮助企业充分利用客户资源。

CRM 有以下三个管理目标。

(1) 建立、促进和拓展企业"一对一"客户服务网络。

(2) 与客户建立快速、精确和可靠的沟通关系。

(3) 通过电子商务智能分析系统,最大限度地实现客户价值。

（二）CRM 的经营理念

CRM 经营理念的核心是客户，CRM 经营理念的组成是围绕建立良好的企业与客户之间的关系为基础的，包括产品、服务开发与客户市场细分，客户信息沟通与产品配送，客户关系获得和客户关系维持，理解客户与区别客户四个主要的管理思想。

1. 产品、服务开发与客户市场细分

针对客户的需要，开发产品和服务，将出现的市场概念进一步细化，使产品和服务针对更加具体的客户群体，甚至是个体客户。

2. 客户信息沟通与产品配送

信息交流是联系企业与客户的重要枢纽，通信技术、计算机技术和网络技术使得企业获得客户信息的成本大幅降低。同时，使得企业有能力迅速处理海量的客户数据。通过呼叫中心，以及自动电话应答系统、在线自动服务系统、Web 网络服务系统等新技术的实施，使得企业有能力实时处理客户要求，同时发展企业与客户之间的良好关系，减少客户流失，维持现有的客户资源。

3. 客户关系获得和客户关系维持

开发新客户、维持已有客户资源是现代商业竞争日益激烈的必然要求。据统计，通常开发一个新客户的成本是维持一个老客户成本的 5 倍。因此，CRM 的本质就是企业如何发展与客户之间的良好关系，并利用这种关系使得企业与客户在最大限度上满意。

4. 理解客户与区别客户

对所获得的客户信息进行分析，确定客户的需求和消费特点，以及客户对企业的贡献；区分普通客户和 VIP 客户，分级建立全面系统的客户档案；尽可能地提供针对性的服务，满足不同层次的客户需求。

CRM 经营理念的实现是企业的四个经营管理环节循环的过程。企业通过客户信息获得、分析、了解客户，划分客户重要度和贡献率，为客户提供个性化的商品和服务，完成一个商业循环。在为客户进行产品销售和服务过程中，可以充分利用各种信息渠道与客户进行沟通，如电话呼叫中心、电子邮件、客户服务卡等，获得的客户信息又反过来为其他三个环节服务，因此，CRM 也是一个螺旋式上升的过程。企业通过对四个环节的协同工作，互相驱动，使企业进入一个良性的经济发展循环轨道。

五、CRM 的系统架构

CRM 的系统架构与企业的需求密不可分，因此，在选择和实施 CRM 系统之前，首先要弄清企业的需求，这就是通常所说的三层次 CRM 系统架构。这三个层次确定了企业 CRM 与企业中其他系统之间的关系及企业 CRM 项目的大小，从而使 CRM 充分满足不同规模企业的需求。

（一）企业需求的层次结构

在一个企业中，有三个主要部门与客户有密切的联系，这就是市场部门、销售部门和服务部门。CRM系统首先需要满足这三个部门的需求，提高市场决策能力，加强统一的销售管理，提高客户服务质量。其次，客户关系管理将企业的市场、销售和服务协同起来，建立市场、销售和服务之间的沟通渠道，从而使企业能够在电子商务时代充分把握市场机会，也就是满足企业部门的协同级需求。最后，客户关系管理和企业的业务系统紧密结合，通过收集企业的经营信息，并以客户为中心优化生产过程，满足企业级的管理需求。

1. 部门级需求

在企业中，对CRM有着强烈需求的部门是市场、销售和服务三个部门。不同的部门对CRM的需求也不同。

市场部门主要关心以下问题：活动管理，对企业的所有市场活动进行管理；活动跟踪，对市场活动的情况进行跟踪；反馈管理，及时得到市场活动的反馈信息；活动评价，对市场活动的效果进行度量；客户分析，对客户构成、客户地理信息和客户行为进行分析；客户状态，将客户分类，从而管理客户风险、客户利润等，同时确定针对不同类别客户的市场活动等。

销售部门主要关心以下问题：销售信息，及时地掌握销售人员的销售情况；销售任务，把不同的销售任务，按销售经理制定的流程分配下去；销售评价，对各个地区各个时期及各个销售人员的业绩进行度量。

服务部门主要关心的主要问题：根据系统提供的准确信息为客户服务；一致性企业的服务中心以整体形象对待客户，使客户感觉是同一个人在为他服务；问题跟踪，能够跟踪客户的所有问题，并给出答案。

2. 协同级需求

市场、销售和服务是三个独立的部门，对CRM有着不同的需求，但是有一点是相同的：以客户为中心的运作机制。协同级将市场、销售和服务三个部门紧密地结合在一起，从而使CRM为企业发挥更大的作用。协同级在解决企业运作问题中发挥以下两方面的作用。

（1）及时传递信息。将市场分析的结果及时地传递给销售和服务部门，以便使它们能够更好地理解客户的行为，达到留住老客户的目的。同时，销售和服务部门收集的反馈信息也可以及时传递给市场部门，以便市场部门对销售、服务和投诉等信息进行及时分析，然后制定出更有效的竞争策略。

（2）渠道优化。市场部门将销售信息传递给谁、由谁进行销售等对企业的运营非常重要。渠道优化是指在众多的销售渠道中选取效果最佳、成本最低的销售渠道。

总之，通过市场、销售和服务部门的协同工作，可以实现在合适的时机拥有合适的顾客的目标。

3. 企业级需求

在大、中型企业中，IT系统比较复杂，如果这些IT系统之间相互孤立，就很难充分发挥各系统的功能。因此，不同系统之间的相互协调可以充分提高企业的运作效率，同时也能够充分利用原有的系统，从而降低企业IT系统的成本。

CRM作为企业重要的IT系统，也需要与企业的其他IT系统紧密结合，这种结合主要表现在：信息来源、利用原有系统及生产系统对CRM的需求。

（1）信息来源。市场分析需要有关客户的各种数据，销售和服务部门也需要在适当的时机掌握正确的数据。这些有关客户行为、客户基本资料的数据通常源于其他 IT 系统,因此,CRM 系统经常需要从企业已有的系统中获得这些数据。

(2) 利用原有系统。企业已有的 IT 系统中有很多模块可以直接集成到 CRM 系统中,通过对已有系统的利用,可以增强 IT 系统中数据的一致性,同时也降低了 CRM 系统的成本。

(3) 生产系统对 CRM 的需求。CRM 的分析结果可以被企业的其他 IT 系统所利用。例如,在移动通信企业中,对客户群体的分析是信用度管理的基础。

(二) 可扩展的 CRM 体系架构

要满足企业三个层次的不同需求,CRM 系统就必须有良好的可扩展性。从而使企业在不同的时期,根据企业的经营规模和 IT 系统状况,能够灵活地扩展 CRM 系统的功能。图 8-1 给出了一种可扩展的 CRM 体系架构。图中企业的其他系统如电子商务、ERP、OA 和财务等系统通过企业应用系统集成,为数据仓库和 CRM 系统提供数据。CRM 系统将系统的分析结果用于销售管理和呼叫中心管理;与此同时,销售管理、Email 等渠道将客户的反馈信息传递给数据仓库,为 CRM 系统所用。可以认为,呼叫中心只是 CRM 系统中的一个客户接触点。

在 CRM 体系架构中,各部分的功能如图 8-1 所示。

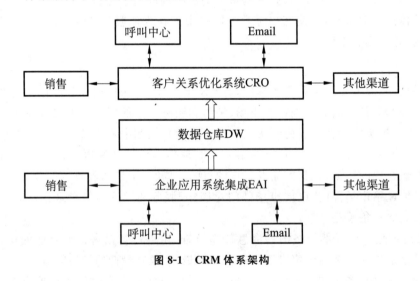

图 8-1 CRM 体系架构

(三) CRM 的系统组成

不同 CRM 软件生产厂家开发的 CRM 系统平台有较大的差异。CRM 系统的主要软件包括统一联络模块、客户数据库、电子商务智能模块、销售/服务模块和后台保障模块,如图 8-2 所示。有的厂商开发的 CRM 系统还包括商业智能模块、知识管理模块等辅助软件。不同模块分别实现收集、整理、加工客户信息和智能辅助决策等功能。

1. 统一联络模块

统一联络模块包含了企业与客户进行交流的所有信息渠道,一般包括电话、企业信息网站、传真、Email、WAP 技术和现场信息反馈等。有的企业为了适应多客户实时信息服务的

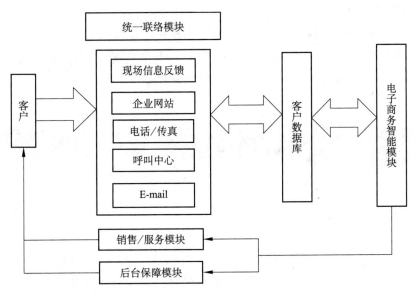

图 8-2 CRM 主要软件组成

要求,呼叫中心模块可以作为统一联络模块的辅助模块,其功能是实现 7 天×24 小时无间断语音服务。

2. 客户数据库

由统一联络模块获得的客户信息,经过自动智能分类,储存于客户数据库,满足 CRM 所需要的各种历史数据。

3. 电子商务智能模块

电子商务智能模块是 CRM 软件系统的核心,每一个 CRM 软件供应商都不会忽视电子商务,此模块可帮助企业把业务扩展到互联网上。其功能是对客户数据库中的数据进行分析,提出针对不同客户要求的解决方案和企业经营决策;预测客户市场的水平和发展趋势,监测企业 CRM 实施的效果,及时提出调整计划等。

4. 销售/服务模块

电子商务智能模块提出的解方案通过销售/服务模块得以实施,同时反馈客户对产品/服务的意见和要求,也就是完成统一联络模块中的现场信息反馈功能之一。

5. 后台保障模块

后台保障模块包括供应链(SCM)、产品配送、企业资源计划(ERP)和一般性后勤系统。其目的在于维持企业的正常运行。

6. 商业智能模块

商业智能模块的主要功能包括:预定义查询和报告,用户电子查询和报告;可看到查询和报告的 SQL 代码;以报告或图表形式查看潜在客户和业务可能带来的收入;通过预定义的图表工具,进行潜在客户和业务的传递途径分析;将数据转移到第三方的预测和计划工具;系统运行状态显示器;能力预警。

7. 知识管理模块

知识管理模块主要功能包括：在站点上显示个性化信息；把一些文件作为附件粘贴到联系人、客户、事件概况上；文档管理；对竞争对手的 Web 站点进行监测，如果发现变化，则向用户报告；根据用户定义的关键词，对 Web 站点的变化进行监测。

任务 2　E-CRM 的应用

一、E-CRM 的起源

随着 CRM 的应用，人工服务渠道中出现了新的瓶颈，这是由于传统交流方式的局限性所造成的。与此同时，基于互联网的交流渠道已经形成。这一新的交流渠道和基于其上的应用程序，有可能缓解个人服务的瓶颈，并为客户及合作伙伴提供扩展 CRM 优势的方法。这种对 CRM 系统的电子扩展就是电子客户关系管理，即 E-CRM。

E-CRM 的产生和发展完全归功于网络技术的发展。企业对 CRM 概念的关注，集中在客户的实时交互上，而互联网及在它之上运营的电子商务提供了最好的途径。企业可以充分利用基于互联网的销售和售后服务渠道进行实时的、个性化的营销。在电子商务环境中，如果企业要在争夺客户中取得竞争优势，重点在于企业对客户的关怀程度和方式。而电子化客户关系管理 E-CRM 正好是企业通过高品质电子化服务，实现对客户关怀的重要手段。

尽管 CRM 应用系统的产生归功于网络技术的发展，但在企业对互联网的应用，以及在互联网上运营的电子商务方面，在对 CRM 的关注和理解方面，并不能认为 CRM 就做好了充分的部署。互联网的观念和技术必须处于 CRM 系统的中心，只有真正基于互联网平台的 CRM 产品，在构建其客户/服务应用的根本技术上，才能够支持未来企业全面电子化运营和需要。

二、CRM 与电子商务的关系

在互联网和电子商务模式下，任何组织和个人都能以低廉的费用从网上获取所需要的信息。这为企业和客户双方都带来了莫大的好处，建立了人们积极收集信息、主动进行沟通的基础。在这一基础的支持下，CRM 系统不仅是企业的主动选择，同时也成为广大在线客户的一种必然要求。

随着 CRM 的迅速发展，许多公司发现，当用户需求成为商业流程的中心时，传统的企业运营方式在很多地方产生了不协调，这些不协调妨碍了 CRM 发挥出完整的效力。因为 CRM 直接从"客户接触点"开始为企业管理换了一种思维方式，它也往往成为企业数字化运营的第一次尝试。传统的企业面临着来自营销（新兴电子渠道）、竞争对手、企业内部、科技（互联网）等方面的挑战。

目前,CRM 和电子商务被认为是能够为企业带来更快、更高回报的两个手段。为了在激烈的市场竞争中获得优势,协调基于 CRM 和电子商务的购买流程越来越重要。企业应该把电子商务看作 CRM 整体战略的一部分,并使客户关系回报最大化。在电子商务背景下,CRM 将真正成为企业的根本任务,这与传统企业有着本质的不同。良好的客户关系管理,是企业把握顾客的真实需求、改善企业与顾客的相互关系、培植顾客忠诚度的核心内容,也是整个企业系统高效运行的必要前提。

CRM 与电子商务的关系在于,电子商务是充分地利用信息技术,特别是互联网来提高企业所有业务运作和管理活动的效率与效益;而 CRM 则是专注于与客户密切相关的业务领域,主要是呼叫中心、服务自动化、销售自动化、市场自动化、企业网站等,通过在这些领域内提高内部运作效率和方便客户来提高企业竞争力。而企业范围的电子商务平台,应该是跨越企业产品线、业务块(如生产、销售和服务)、管理层次(总部和各分支机构)、业务运作和商业智能及各种媒介(如专用网、互联网、电话、传真、电子邮件、直接接触)的立体化的管理系统,是企业的数字神经系统,应该职责明确、流程清晰、高效运作、反应灵敏、控制得力。对很多企业来讲,这样的电子商务平台将包含以下几个部分。

1. 产品设计和生产系统

如酒店安装 PDM 用电管理信息系统后,就可以获得全面、真实的动态用电数据和电能质量数据。

2. 分销系统

分销系统主要是对库存进行管理,对订单进行管理,对与销售系统有关的财务进行管理。

3. 网站

通过企业网站,企业可以向客户进行营销活动,售出商品,提供服务。很多 CRM 产品都提供这样的功能。因此,CRM 或与之名称不同但功能类似的系统是这样的电子商务平台的组成部分,也就是说,CRM 系统是电子商务平台的子集。

4. 物流平台

把货物或部分货物的仓储、运输、库存合理调度方面的工作,主要交给一个或者几个物流平台来做,企业可以专注于自己的核心竞争力,即客户分销商、产品。这方面的信息化工作是由物流公司来完成的,企业要做的工作是从他们的信息平台中读取库存、运输及财务信息,与自己的 ERP、网站等系统进行信息交互。对酒店行业来说,电子商务中涉及物流部分是比较少的,因为酒店的主要服务产品客房、餐饮都是需要客人亲临现场才能实现购买与消费过程(宴会除外)。但酒店每天大量消耗的低值易耗品、长期供应的家具与设备等需要涉及物流。

5. 呼叫中心

呼叫中心是对 CRM 系统所完成的工作,如客户档案、客户历史信息的管理,通过呼叫中心与客户进行沟通的各种渠道(如电话、Email、微信、传真、网上的服务请求、打印机)进行管理。

6. 其他组成部分

其他组成部分如服务自动化部分,包括服务请求的记录、服务任务的分派、服务备件的管理、服务方面的财务管理;销售自动化部分,包括销售员、销售队伍、销售机会的管理;市场自动化部分,包括市场活动的组织、市场活动效果的管理。

携程CRM系统的实施

1. 呼叫中心系统

携程网70%的业务是由呼叫中心来完成的,携程呼叫中心的服务准确率达到99.9%,服务质量遥遥领先于业内其他的呼叫中心。携程实现了每一个呼入电话都有分类的标准处理流程供参考,每一个订单的回复都有专人监控,每一次订单的完成时间都有统计并追踪改进。

携程服务联络中心最终要实现的四个目标是:标准化、精细化、群分化和系统化。

2. 携程网站

在网站中,为客户提供了大量实用信息,特别是景点、酒店、旅游线路方面的信息,同时还有各种优惠和折扣。

携程通过在门户网站上刊登广告提高各大搜索引擎上的排名。

在网站深度上,网站建立了大型的数据库、预订中心的技术设施和旅游景点的介绍。

3. 后台数据处理系统

(1)个性化精准营销平台服务,在提升用户旅行导购体验的同时,也为各旅游企业提升数倍营销ROI;

(2)客流预测与预警服务,能有效引导公众错峰出行,避开拥堵,并提升景区资源利用率;

(3)行业服务质量监管服务,提升对地方旅游企业服务质量的监管技术和力度,及时制止恶性事件;引导公众选择优质旅游服务,引导企业提升服务质量;

(4)景点竞品分析服务,促进各地旅游项目规划的合理布局,避免恶性竞争。

携程实时化大数据平台针对构建个性化、智能化在线旅游服务的需要,提供了强大的处理能力和算法模块,能够满足上亿用户和数万家相关企业的服务请求,在架构、技术和应用成效上都具有先进性,对业界,特别是大数据的应用企业具有普遍的参考意义和价值。

4. 实施效果

经过CRM项目的实施,携程成功突破了"瓶颈"期,在行业中保持着自己不可撼动的地位。携程不仅通过积极拓展渠道更深层次地触及用户,还用技术为用户提供精准匹配的产品和服务。

(1)提高效率。携程通过构建自己的电话呼叫等待系统,科学分配员工的工作状态,把客人打给呼叫中心电话的等待时间控制在国际通行的20秒以内,接听比例从80%提高到90%以上。

通过对员工进行专业统一化的培训,呼叫中心服务客户电话时间本来是200秒甚至300秒,经过不断锤炼,已缩减到今天的150秒左右。

(2)保留客户。据统计携程客户中,不满意或投诉客户的重复使用率达到85%。在整个携程的预订业务中,回头客占到所有做过预订客户比例的65.4%。

(3)拓展市场。据第三方权威调查机构艾瑞咨询报告显示,中国网上旅行预订市场携程的市场占有率达到57.1%,远远高于第二名艺龙12.7%的水平。此外,携程还在不断地扩展新的业务领域。

(4) 增加销售额。CRM项目的实施,使得携程前后的销售业绩成果显著,增幅明显,这对企业来讲无疑是最直接的效果和价值。酒店预订、机票预订、度假预订等预订量在国内领先,服务覆盖52个城市。

三、E-CRM 的效益

实施电子化客户管理不仅能够迅速提高客户管理的效率和质量,而且由于它大量采用当前先进的技术,因此能够高效、准确,同时低成本地处理客户资料数据,大大方便和简化了客户管理流程。电子化客户管理给企业带来的效益主要表现在以下方面。

(一) 有效地降低经营成本

1. 提供高效工作平台

电子化客户管理为企业内部的"经验共享、信息共用、关系共利"提供了一个高效顺畅的工作平台。在信息时代里,信息就意味着财富,尤其是关于客户的信息,更成为开展业务的"法宝"。但在传统的客户管理中,员工收集到的客户信息。总结出的销售经验、建立起的业务关系,一般只有员工本人清楚。

在深圳某家五星级酒店里,每月都可以接到著名企业马士基来酒店培训、开会或举办宴席的订单。酒店销售部都在传,说某某员工真厉害,给酒店带来这么好的客户。但是,这种情况没有持续多久,这位员工跳槽之后,也把他的马士基客户带到了下一家酒店。由于酒店没有关于这个客户的详细资料,而且每次接待工作都是由这位员工在做,所以当这位员工离职的时候,酒店无从与客户挂钩,而客户由于在该酒店没有"熟人",只好跟着自己的"熟人"一起离开了。

E-CRM通过先进的技术,在企业内部构建起一个基于互联网局域网的信息自动化系统工作平台,每个员工所得到的客户资料、销售经验、业务关系都存储在数据库里,员工之间可以充分地、自由地交流和共享信息资源。这样一来,避免了上述例子中所出现的不良后果,也提高了员工的工作效率,节约了企业的经营成本和开发新客户的成本。

2. 节约边际费用开支

传统上,企业由于缺乏一个高效的内部信息共享的工作平台,不得不花费大量的人力、财力和物力去聚合员工,让他们相互交流信息、传授经验,这无疑是一笔不小的费用。E-CRM的实施为企业搭建起了高效顺畅的内部信息共享的工作平台,因此大大节约了企业在这方面的边际费用开支。根据通用公司的经验,E-CRM能够为它每年节约6亿美元的开支。

3. 提供客户自助平台

自助平台是指为客户提供不依赖企业工作人员的帮助,而由自己独立地、直接地去进行有关操作的平台。E-CRM的自助为企业减少了相当的人员开支、时间、精力投入,同时也方便了客人。例如,住店客人想知道自己在酒店的消费情况,过去都是找酒店服务员才能实现,而且有时候碍于情面,不好意思问,在结账的时候就可能会遇到资金不足的尴尬问题。在实施了 E-CRM 的酒店中,通过客房 VOD 系统或者前台自助查询系统,客人可以随心所欲地关注自己的消费状况。

(二)增加企业经营利润

在实施 E-CRM 之前,企业往往难以区分高价值客户和低价值客户(因为没有完善的客户信息数据库),有时候不知不觉就把大量的资金、人力、精力都枉投在低价值客户上,造成低价值客户虽然满意了,但由于他们的经济能力、消费习惯、地域限制等因素的制约,实际上对企业的贡献并不大;与此同时,却冷落了那些高价值客户,失去了他们的好感、信任和忠诚,最终也失去了丰厚的利润来源。

著名的 20/80 原则告诉我们,其实企业 80% 的利润源于占客户数 20% 的忠诚客户。E-CRM 提供了强大的客户信息数据库功能,建立起完善的客户档案,而且可以智能地对客户进行分析、归类,克服了人工操作的种种弊端,为企业区分出高价值客户和低价值客户,聚焦于忠诚客户,增加企业的经营利润。

(三)提高客户满意度

如上所述,E-CRM 提供了强大的客户信息数据库功能,并且以无缝方式集成了各种沟通渠道,当客户来访时(不论是通过 Web、电话、传真、信函还是面访),工作人员能够根据该客户的基本信息的提示(如姓名或名称、编号、地址等)迅速地从数据库中调出他的所有在存资料,这些资料出现在接待员的计算机界面上。这样,酒店企业就能根该客户的个人资料,准确地判断出该为他提供什么服务,客户想到的酒店要做到,客户还没有想到的酒店要想办法挖掘,把服务做到客户心坎上,能够显著地提高客户满意度。

(四)有利于扩大市场份额

除了通过提高客户满意度、形成口碑联动效应来扩大市场份额之外,E-CRM 还可以通过追加销售和顺带销售等方式来扩大市场份额。追加销售是指当发现客户有新的、更大的购买需求和经济能力时,酒店就势抓住这一机会,说服客户续购本酒店商品。在 E-CRM 中,酒店能从客户信息数据库中分析出哪位客户近期可能会有新需求,并能知晓他的经济能力。于是,酒店就可以在适当的时机抓住客户,实现追加销售,扩大市场份额。顺带销售是指发现客户已经购买甲产品但尚未购买与之相关的乙、丙等产品时,酒店就为他提出适当的购买方案,建议他顺带购买本酒店提供的其他有关产品。

在市场份额的扩展上,另外一个不容轻视的问题是市场先机和主控权的抢占。E-CRM 通过高效运作的企业互联网、局域网的工作平台,使整个企业的信息资源都整合起来、流畅起来。因此,企业能较好地实现迅速调查、充分准备、及时决策、果断行动、快捷反馈、灵活调整,先人一步地抢占市场先机和主控权,巩固和扩大市场份额。

总的来说,E-CRM 给企业带来由内到外的效益和由外到内的效益。前者主要体现为自助服务系统,可以自助地处理服务要求,从而降低企业的运营成本。后者主要体现在除了具有由互联网带来的低成本优势,E-CRM 还具有满足客户的实质性需求的优势。互联网上的客户自助服务提高了服务的响应速度和服务的有效性。E-CRM 的这些优势提高了客户满足程度,进而帮助企业扩大市场份额、提高获利能力。

四、实施 E-CRM 的关键因素及需要注意的问题

(一) 实施 E-CRM 的条件

在电子商务时代,企业要想在竞争激烈的环境下,获得竞争优势并保持竞争优势,必须实施 E-CRM。E-CRM 以客户为中心,包含销售、营销和客户服务支持等基本功能。它通过分析销售活动中产生的数据,挖掘出对企业有价值的信息,将其反馈到销售活动和企业的生产制造系统中,调动企业一切资源为客户服务,以提升客户满意度和忠诚度,增加企业的销售业绩。

实施 E-CRM 的关键因素可归纳为三个条件。

(1) 对销售、营销和客户服务与支持这三部分业务流程的信息化。销售管理在 E-CRM 中体现为销售能力自动化(SFA),它对销售业务给予战术、策略上的支持,同时给出多角度的业务分析报告。

(2) 营销自动化模块与 SFA 模块互为补充,它致力于提高销售活动自动化程度的同时,更着重为营销及其相关活动的设计、执行和评估提供详细的框架。

(3) 在 E-CRM 中,客户服务与支持主要是通过呼叫中心和互联网来实现,系统中提供了多角度、全方位的客户相关数据,通过互联网、呼叫中心把客户服务与支持功能同销售、营销功能较好地结合起来,为企业提供更多的销售机会。

E-CRM 的重点是管理客户,有助于使市场的需求信息、客户资料信息、企业内部信息实现整合,使企业的内部运营过程和营销过程高效统一,有助于建立与实现真正以数字化客户关系管理为中心的企业。

(二) E-CRM 具备的功能

通过 E-CRM,企业可以将企业的客户集成到企业的服务组织、生产组织和销售组织中来;通过基于互联网的 CRM 解决方案,企业可以管理关于客户、潜在客户、合作伙伴、合同、通信、文档和需求的相关信息;通过客户门户,客户可以访问他们被允许访问的所有信息;通过 E-CRM 与其他模块的结合,企业可以提升客户管理的水平。一般企业实施的 E-CRM 具备以下功能。

1. 支持企业的远程销售

每个授权用户可以通过互联网得到并更新客户信息。即使远离办公室,客户也能存储或找到报告、报价或需求。

2. 共享客户信息

同样的安全权限层次可以得到相同的客户信息,销售部门可以知道支持部门的下一步计划,而支持部门也能知道销售计划。

3. 通过客户门户联系客户

通过互联网,客户可以浏览并处理自己的数据。企业通过电子工作流程与客户直接联系,这将有效处理需求、文档和财务事务处理,也能增强与企业客户之间的合作伙伴关

系。企业通过分销商门户为他们提供潜在客户、客户信息和合同数据、产品新闻和公司新闻。

4. 提升客户管理

企业的客户、需求、联系人、任务和财务信息都将可以显示在同一个屏幕之中。消费者的问题将在需求工作流向导的指引下,明确地标明职责并确保合适的行动。用户可以跟踪任务或者将任务和需求分配给其他人,强大的浏览功能可以使得用户跟踪这些请求的状态。此外,当用户休假的时候,还可以将已经分配好的任务委托给其他人。

5. 浏览报告和统计表

E-CRM 有强大的报表功能,系统地记录销售、营业、服务等信息,并分门别类、统计、分析,形成不同内容的报表。这些报表包括企业客户信息、销售业绩、销售预测、销售人员企业、客户需求、客户投诉及处理等。

6. 保证信息安全

通过客户和信息的角色与安全控制,企业可以授权客户访问的权限。每一次的修改都将被记录下来,没有人可以匿名操作。

(三) 实施 E-CRM 需要注意的问题

E-CRM 把电子邮件、电话和在线交流系统地整合在一起,这样可以确保企业不会对客户的情况一无所知。企业应该了解客户访问网站的时间,客户浏览了哪些网页。E-CRM 系统必须能适应市场转变,让企业迅速进行重新配置,迎合业务模式的改变,以避免传统 CRM 方案因安装时间过长而未能赶上业务发展的问题。另外,工作流程管理是 E-CRM 概念中不可或缺的一环。因为系统内各个部分必须有着紧密的联系,达到流程的顺畅,才能让企业通过互联网改善与客户、伙伴和供货商的关系,创造更大效益。具体地讲,在实施一个 E-CRM 系统时,需要关注以下三点。

1. 整合效果最重要

在设计和执行综合性客户交互软件或者创建企业广域 CRM 环境时,不同的技术和解决方案要结合到一起,要求企业详尽地了解商业过程和商业策略,确保整体优于分离的功能和效果。

2. 实时响应是要点

在网络时代,对 E-CRM 系统实时响应的要求更高。E-CRM 系统只有通过实质性的集成才能确保统一、可靠和及时的客户回应能力。

3. 围绕最终用户来设计

企业是选择由内到外还是由外到内开展 E-CRM 集成,需慎重考虑。由内到外的 E-CRM 集成是在传统的企业内部系统中加上了标准的浏览器界面,向客户提供网络交互渠道,这种系统更适用于公司内部的流程作业。由外到内的多 E-CRM 集成一方面是指对客户治理工作开展的任务替代,另一方面是使客户交互的工作流程自动化和简易化。

任务 3　酒店 CRM 管理

酒店行业作为服务业的典型,每天要接待来自四面八方的顾客,发现并留住有消费能力的回头客,就能为酒店创造稳定收入。这种行业的固有特性决定了在酒店业实施 CRM 有别于其他行业,对顾客服务的关注比起市场营销更为重要。卓越的客户服务联系建立在对客户认知的基础上。作为酒店一线员工,通过 CRM 系统提供的资料可以使顾客觉得被厚待。作为酒店管理者,从宏观角度对顾客的认知可以使管理者对酒店经营方针做出更好的决策。因此,在酒店业的日常运作和管理中,客户关系管理是保证其实现更多利润,保持其持续经营和发展的重要手段。

一、酒店 CRM 概述

(一)酒店 CRM 的发展历史

近几年来,一些跨国酒店集团通过实施客户关系管理,加强了自身获取和保留客户的能力,大大提升了其核心竞争力。目前,国际上许多著名旅游和酒店企业都引入了 CRM 管理理念,如万豪酒店集团、洲际酒店集团、希尔顿酒店集团、德国旅游集团、英国汤姆森旅游集团等,都在运用 CRM 方面取得了惊人的成绩。

在客户关系管理及产品研制开发方面,研究机构根据酒店行业特征,开发出与行业相结合的产品,如美国酒店业营销公司推出了全球酒店业客户关系管理的新产品中心俱乐部(Club Central CRM 4.0),专门应用于酒店业,为酒店经营者带来竞争的优势。中心俱乐部(Club Central CRM 4.0)是一个用户友好的应用,可使酒店收集并管理客户信息,确定核心客户,了解商业趋势,并有选择性地与目标客户群进行沟通;还可以为酒店营销管理者提供评估每次营销活动的情况及效果。

在我国,CRM 已经在银行业、证券业、保险业、电信业、IT 业、制造业等行业中应用。然而 CRM 在酒店业的应用还处在发展阶段,尤其是 E-CRM 还处在试用阶段。在酒店业竞争加剧的大环境下,特别是这几年新冠肺炎疫情对酒店业的负面影响,智能化管理与数字化运营成为推动酒店发展的重要利器。CRM 在高星级酒店的成功案例,将进一步推进酒店 CRM 的广泛应用。酒店分散和庞大的客户群体,将为实施 CRM 系统提供一个良好的发展平台。

现在,广州黑马软件公司、杭州西湖软件科技公司、江苏资深软件公司、志杰信息技术公司等国内多家软件开发商发布了他们的酒店 CRM 系统,这些系统都包括了预订管理、销售管理、服务管理、客户关怀、分析决策、销售机会挖掘、会员管理的模块。由此可见,我国酒店 CRM 已经进入了快速的发展时期。

在国内,许多酒店进行了 CRM 的有益尝试。据统计,国内四、五星级酒店都已经开始实施 CRM,并且取得了比较好的效果。比如,业界著名的北京凯莱酒店与北京联成互动业已经正式签约,由联成互动为其实施 My-CRM,其 CRM 系统具有非常强大的客户管理功能,不仅可以把客户信息基于业务动态发展反映出来,更重要的是能对业务的构成和变动进行统计。通过对客户的行为构成分析、客户的时间变动构成分析,以及客户不同阶段的构成分析,帮助酒店更详细地了解客户,从而为客户提供更优质的服务。但与国外的 CRM 相比,它在行业应用领域显得还不够成熟,比如软件功能不完备,成功的应用案例不多等方面。

(二) 在互联网环境下的酒店 CRM

随着科学技术的迅速发展,先进的计算机网络和管理软件不仅改变了酒店企业的管理和运营模式,也直接影响了酒店的竞争能力。传统的管理模式不再适应激烈的竞争,面向外部世界的 CRM 才真正使酒店全面掌握外部的顾客,成为推动企业发展的真正动力。

进入 21 世纪,酒店面对的市场环境发生了根本性的变化,市场由原来的供方主导转变为顾客主导,顾客由原来的"需求满足者"转变为"价值追求者",这对酒店而言既是挑战也是机遇。同时,酒店 CRM 也表现出以下一些新的特征。

1. 数字化

在酒店顾客数量多、变化快的情况下,顾客的特征性将转化为数字,并且存于数据之中。通过关联数字,酒店能够迅速了解顾客并做出反应。

2. 网络化

由于快速发展的电子商务,要求酒店不断对数据进行访问,所以,客户关系管理越来越多地建立在 Web 浏览上。客户关系管理必须和酒店的互联网相连,由此形成一个酒店的反馈系统。系统根据顾客和酒店管理的需要进行动态管理。

3. 智能化

客户关系管理系统能够对不同业务的顾客信息进行分析,发现顾客的心理和行为规律,评价酒店的经营活动,提高酒店管理的有效性。

4. 互动化

在客户关系管理过程中,只有立足于顾客价值这一中心,真正了解和掌握顾客,帮助他们实现价值追求、大力鼓励顾客积极参与互动性活动,才有可能最大限度地满足顾客需求,在激烈的市场竞争中获得竞争优势,为酒店创造更多的商机。

二、酒店业实施 CRM 的必要性

酒店业是一个需要获得顾客广泛支持的行业,获得了稳定、可靠、忠诚而且有相当消费能力的顾客,酒店业也就取得了成功。因此,酒店业加强客户关系管理是非常必要的。

1. 市场竞争环境的需要

随着酒店业的飞速发展,以及外资酒店、超大型餐饮企业的大量出现,酒店餐饮企业的竞争日益激烈,酒店的竞争最终体现在对顾客的竞争上。

2. 保持顾客忠诚度的需要

在酒店业竞争日益激烈的今天,除了必须有良好的住宿环境外,良好的客户服务和客户关系已经成为酒店在竞争中获胜的关键因素。在市场竞争环境中,顾客拥有更多的选择空间,他们很难盲目地保持对某一酒店的绝对忠诚,如果有一点不满就可能转向其他酒店。因此,提高顾客满意度和忠诚度必然使酒店获取更多的利润,赢得更大的市场。

3. 满足顾客个性化需求的需要

目前,许多顾客都在追求个性化消费,为了满足他们的个性化需求,客户关系管理系统以对顾客特征和历史消费进行量化分析,挖掘顾客的消费潜力,充分地在有限的资源基础上提高销售额和销售利润。另外,客户关系管理还能从顾客的消费行为进行各方面的分析,对客户流失、价值下降等情况能自动报警,给管理者提供决策依据。

在引入CRM之前,一般的酒店业也都有客户档案管理。但是,CRM与传统的客户档案管理有着明显的区别,其功能是后者远远不能实现的。

三、酒店业CRM的主要功能

酒店业客户关系管理系统的主要功能表现在以下四个方面。

1. 个性化服务,满足顾客个性化需求

当前,顾客对酒店的要求越来越高,他们不希望每次就餐总要重复一些相同的菜单菜式,这就需要服务人员去了解顾客的喜好,比如吃什么菜、喝什么酒,这对一个新服务员来说可能要花几个月的时间。但对酒店业来说,服务人员的流动性较大,服务员可能才熟悉了顾客,就被其他酒店挖走或另谋职业,这对酒店来说损失很大。

CRM可以很容易地在住店和就餐的全过程提供个性化服务,从而满足顾客个性化需求的实现。例如,在客人预订阶段,通过使用CRM系统,预订人员可以随时了解客人入住喜欢的房间类型、个人偏好;在酒店餐厅里,CRM系统能立刻查询出客人上次来店消费的时间、客人上次开的菜单、客人忌讳的菜肴,以及就餐时喜欢的座位或厅房等信息,从而能迅速开出符合客人个性化需求的菜单,减少手工操作的错误,提高了服务效率和客人满意度。

在菜肴制作环节,可以及时、方便地了解相关信息,如客人口味特征、喜好,以及更好地控制菜肴制作时间,大大提高了服务质量,为客人提供了个性化的服务。总之,通过使用CRM系统,能够详细记录每位客人的喜好,即使服务人员流失,也只要花很短的时间就能培训出了解客户的新员工,能够有效地保障个性化服务的质量。

2. 客户关怀

客户关怀的目的就是提高客户的忠诚度,如能够随时查询了解到今天哪位客人过生日或者其他纪念日,根据客人的价值排行进行相应关怀,比如送鲜花、生日蛋糕、寿面等。酒店的总经理、经理坐在办公室就能了解今天哪些客人将要来就餐,以及就餐的具体时间、就餐的厅房;对某些重要客人,如政府领导、大客户,总经理或经理则要事先迎接,提高客户的忠诚度和美誉度。

3. 主动营销

酒店利用CRM系统,可以进行主动营销,挖掘客户消费数据,增加客户消费机会,提高酒店的营业收入。例如,在特殊日子的促销,包括个人客户的生日、结婚纪念日,公司客户的公司成立日、客户即将举办的各种活动等。酒店可以通过各种方式(电话、微信、电子邮件、拜访等)关心客户、访问客户,提高客户对酒店的忠诚度。酒店通过主动营销这种方式,能够提升酒店促销的成功率,随着客户数据的积累,将能带来更多的销售机会。再如,美食节的促销。酒店为了吸引客户,保持客户对酒店产品的新鲜感,需要经常创新菜品,举办美食节活动。酒店在电视传媒上做广告,一方面成本太大,另一方面针对性不强。而利用客户关系管理系统,酒店能根据美食节的特点,举办不同类型的美食节,自动搜索出喜欢美食的客户名称,再发出邀请函。这样不仅成本低,而且具有针对性。

4. 客户行为分析

利用客户关系管理系统,可以对客户的行为进行深入分析,并以此为酒店的决策提供支持。酒店如何识别新客户,并将新客户发展成老客户,需要有数据的支持。客户关系管理系统可以自动分析,识别新客户,并根据其价值情况提供给管理者。比如,通过预订电话分析来就餐三次以上还未发展为会员的客户名单,在下次客户来就餐时,由餐厅经理主动关怀,索取客户资料,发展其成为会员。再如,在客户价值分析方面,利用客户关系管理系统,可以非常容易地分析客户的消费额、消费次数、人均消费、利润额,并可以快速地找出价值上升客户与价值下降客户;还可以对客户流失情况进行统计和分析,并能自动分析客户就餐频率变化,发出客户流失报警。

CRM,让酒店紧紧拉住消费者的手

如何才能增加、保持酒店良好的销售额?是不有只要有可口的菜肴、有舒适的客房就可以了?根据国外酒店的成功经验,把握客户消费心理,重视培养忠诚的客户,提供满足客户个性化需求的服务,已经成为酒店提高客户回头率、增加酒店销售额的法宝,这就是所谓的CRM。下面就酒店比关心的问题进行简单的阐述。

一、创建单一的客户观

酒店行业的特点,决定了酒店业实施 CRM 有别于其他行业。对顾客服务的关注,比起市场营销更为重要。卓越的客户服务联系,建立在对客户认知的基础上。作为酒店一线员工,通过 CRM 系统提供的资料,使顾客觉得被厚待;作为酒店管理者,从宏观角度对顾客的认知,有利于管理者对酒店经营方针做出更好的决策。

国际知名的希尔顿酒店集团具有丰富的定制顾客体验,通过建立顾客档案、记录顾客偏好,使得酒店能够为顾客提供量身定制的服务。比如,一个总是预订双人床的无烟房间的客人,他的信息会被存储在客户记录里。当该客人下次预订房间时,不管他身在何处,即使他不提出相关要求,他也能得到他想要的房间。

二、多层次的客户智能分析

酒店需要关注客户,根据对客户特征、购买行为和价值取向实现对客户的分层管理,就是要分离出那些对酒店具有高价值贡献率的客户,使酒店能集中精力于大客户和有潜力的客户,提高客户价值贡献率和公司收益,为酒店增加潜在的效益。酒店根据"精细营销"的策略和方法,分析已有的客户资源,制定相应措施,对 CRM 系统存储的客户信息进行分析。这要根据 20/80 规律,把精力放在对酒店贡献最大的 20% 的客户身上。根据客户在酒店的消费金额,将客户群分为 VIP 客户、主要客户、普通客户与小客户。

CRM 系统充分考虑到酒店营销的需求及特点,为酒店销售人员,特别是酒店营销管理人员的管理及决策提供了强有力的工具。通过系统自动生成的经营统计分析、趋势预测、客源结构分析、竞争对手分析、销售费用分析、客户及销售人员业绩分析等各种数据,为管理者进行市场定位、制定营销策略、掌控核心客户并进行内部管理等多方面提供了有利的依据。

三、一对一的营销与服务

酒店业是与"情感"有密切联系的行业,实施 CRM 的意义更加深远。被誉为"美国酒店大王"的斯塔特勒就说过,"酒店业就是凭借酒店来出售服务的行业"。优质服务是酒店生存的基础,CRM 系统就是提供这种优质服务的有效工具。CRM 系统让企业知道目标顾客最主要的需求是什么,然后针对顾客差异制定出和顾客需求相一致的营销计划和服务。客人感到自己不再是千人一面的无名氏,而是有价值的顾客。顾客的满意和忠诚,带来了消费额和消费次数的增长,酒店是最终最大的得益者。

四、建立酒店 CRM 系统

建立酒店 CRM 系统的途径有以下三种。

1. 顾客态度管理

通过健全顾客投诉和建议制度及定期组织顾客调查,将顾客的书面、口头投诉和建议进行登记、整理,对调查结果进行统计、分析,可以及早发现顾客态度的变化倾向,为酒店较早采取行动消除顾客的不满、巩固市场份额提供早期预警。

2. 客户数据库管理

运用电子计算机技术,将所有客户的有关信息储存起来,建立详细的客户档案,并经常对信息进行整理、分析,既可以加深对客户的了解,便于彼此沟通,又能为未来营销决策提供依据。如果再辅之营销模型和决策支持系统,更是可以为酒店决策者提供多种营销方案。

3. 客户关系管理

酒店所有的客户应通过计算机技术进行分类,并由专人管理。酒店可以考虑设立客户关系经理,为相应的客户提供专门服务。客户关系经理负责集中酒店内部的各种优势,为其所负责的客户提供对口服务,通过提升服务价值来培养忠诚客户。

五、CRM 在酒店中的应用实例

酒店 CRM 软件是现代酒店经营的必备软件,下面主要通过黑马软件餐饮 CRM 介绍及希尔顿酒店集团 CRM 应用的实例,进一步掌握 CRM 的理解与实际操作。

(一)黑马软件餐饮 CRM 介绍

客户关系管理是以服务客户理念为基础,支持企业实现以客户为中心的营销模式。黑马软件 CRM 是黑马软件食为天科技公司积累了十多年的餐饮行业开发经验,结合众多餐饮企业的客户管理,历经两年研究,开发出的客户关系管理系统,为餐饮企业对客户进行个性化服务和全方位管理提供支持。黑马软件餐饮 CRM 的主要功能模块如图 8-3 所示。

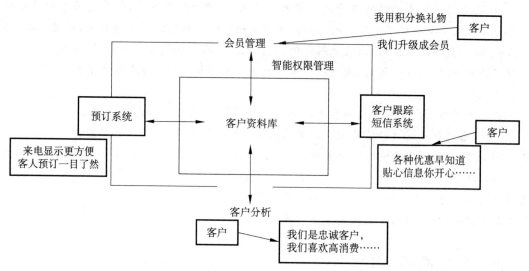

图 8-3 黑马软件餐饮 CRM 功能模块

1. 客户忠诚度分析

按累计金额及消费次数分析客户在一定时间段的消费频率,可以发现酒店企业管理在客户关系处理方面的状况。顾客忠诚度分析如图 8-4 所示。

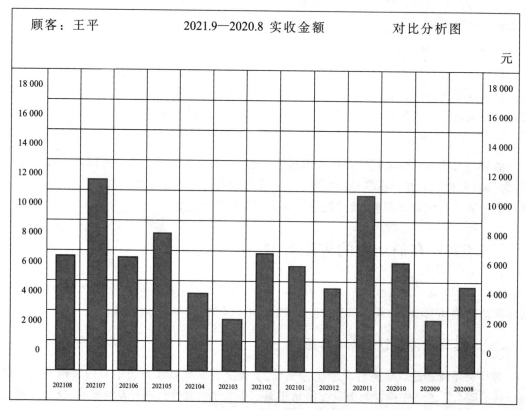

图 8-4 顾客忠诚度分析

2. 会员等级处理

酒店在经营一段时间后,会员及老客户会越来越多,在数据有了一定的基础后,可以分为不同重要程度进行客户关系处理。

3. 20/80 法则分析

80%的业绩源于20%的老客户,分析酒店餐厅当前生意是否正常,更多的业绩是否源于老客户,只有客户回头率高,生意才更平稳向上。

4. 客户群分析

酒店餐厅在开业前会有定位,在经营一段时间后,通过数据来反映客户群体主要源于哪些,对不同的客户群体可做针对性的宣传。

5. 创造更多商机点

酒店餐饮什么时候是营业的高峰时段是所有管理人员都关心的,在 CRM 软件中,可以通过相关功能提示,让管理人员发现更多商机,把握每一个商机。

6. 来电显示客户关系把握

对有申办过 VIP 卡的会员,系统在会员预订时,即时反映相关会员信息,有助于对会员的尊敬,提高会员的回头率。

7. 潜在客户的挖掘

对陌生客户的来电,系统有存储数据功能,可以记录当前客户相关信息,有助于酒店做好客户关系的跟踪服务。

8. 客户服务跟踪处理

通过短信及相关方式,方便、快捷地做好客户的服务工作,如节假日、客户生日等,做好关心客户及客户跟踪服务的相关工作。

9. 客户回头率积分管理

有了一定的会员信息,为促进会员积极消费,可设定层次标准,累计会员积分换优惠的方式,可以提高会员的忠诚度及会员的消费额度。

10. 会员储值一卡通

酒店大多是连锁化经营,不同分店同一卡享受储值、积分等各种服务,也是提高会员忠诚度及消费额的最好的一种方式。

(二)希尔顿酒店集团 CRM 应用的实例

下面通过希尔顿酒店集团 CRM 应用的实例,说明酒店业应如何正确实施 CRM 系统。

希尔顿酒店集团在世界上 100 多个国家和地区经营着超过 6 500 家连锁酒店。希尔顿酒店集团具有强烈的客户关系管理意识。集团常常在内部培训中强调以下事实:获得一个新客户比维持一个老客户的成本要高出5倍;满意的客户消费很多并愿意支付更高的价格,使酒店获得更高的利润。谈到客户关系管理时,希尔顿酒店集团高管认为,20%客户的离开是因为价格;而 80%客户的离开是因为服务质量低下、缺乏购买后的关系维持。

为此,希尔顿酒店集团开发了一套名为"H honor"的客户关系管理系统。这套客户关系管理系统的运营目标是:借助信息技术手段,与世界范围内的客户,包括旅游者、旅行社、会议组织者和旅游业协会保持联系。希尔顿酒店集团通过"H honor"客户关系管理系统实现的客户接触总数约为 500 万人次/月,6 000 万人次/年。

"H honor"的客户关系管理系统的功能包括以下方面。

1. 客户资料收集

为了方便客户资料的收集,"H honor"采取了以下措施。

(1) 鼓励浏览者在电子商务网站上注册,提供个人信息。

(2) 为注册的潜在客户提供个性化服务,包括发送符合客户兴趣的新闻、每月活动信息和特色服务信息。

(3) 记录个人或企业客户在网站上的累计预订量。

(4) 发现有价值的客户,区分其类型和价值程度。

2. 客户细分

希尔顿酒店集团认为,对不同类型的客户,必须进行细分,以便采取"一对一"的营销策略。为此,他们借助 CRM 进行了以下客户细分。

(1) 按客户类型分为:旅游者、常客、旅游批发商、代理商、会议组织者等。

(2) 按客户所在的区域分为:中国内地客人、中国港澳台地区客人、美国客人、日本客人等。

(3) 按人口、职业、收入特征细分,与特殊身份客人维持特殊关系等。

3. 与客户接触

在酒店 CRM 运用中,必须采用多种方式加强与客户的接触。为此,采取了以下方案。

(1) 在网上建立"全体代理商交流中心",进行知识交流。

(2) 通过经常沟通增加代理商的主动性。

(3) "H honor"客户服务中心通过电话、电子邮件、信件等多种途径与客户联系等。

4. 个性化客户服务

针对不同的客户特点,提供个性化的服务,是 CRM 应用的最终目的。希尔顿酒店集团的"H honor"客户关系管理系统在这方面采取了以下措施。

(1) 确认酒店的回头客,对回头客,从客户数据库中直接调出客户基本资料,提高入住登记速度。

(2) 对重要客户免去其订金。

(3) 记录重要顾客的偏好和行为习惯,为他们提供更好的服务。

(4) 为酒店集团"豪华度假(HCVC)"会员提供相互交流的机会。

(5) 为预订酒店客房的会议组织者提供会议策划津贴。

(6) 为长期合作的旅行商提供免费的"逍遥旅游"等。

项目小结

本项目主要介绍了 CRM 的产生和发展、CRM 的概念和作用、CRM 的系统功能、CRM 的管理目标、CRM 的系统组成;叙述了 E-CRM 的起源、CRM 与电子商务的关系、E-CRM

的效益、实施 E-CRM 的关键因素及需要注意的问题;简述了酒店 CRM 管理的发展历史;酒店 CRM 在互联网环境下呈现出来的新的特征;阐明了酒店业实施 CRM 的必要性;说明了酒店业中 CRM 的主要功能;推荐了建立酒店 CRM 系统的三种途径;列举了 CRM 在酒店中的应用实例;强调了实施酒店 CRM 的重要性和必要性。

案例分析

酒店 CRM:挖潜连锁服务与营销

随着互联网热潮的降温,制造业纷纷埋头上 ERP(企业资源规划),而服务业则把视角焦点落在了 CRM(客户关系管理)上。CRM 是一种旨在改善企业与客户之间关系的新型管理机制,它应用于企业的市场营销、销售、服务与技术支持等与客户相关的领域。CRM 的目标是通过提供快速和周到的优质服务吸引和保持更多的客户,提高客户忠诚度,最终为企业带来利润增长。

酒店每天要接待来自四方八面的顾客,发现并留住具有消费能力的回头客,就能为酒店创造稳定收入来源。这种行业的固有特性,决定了在酒店业实施 CRM 有异于其他行业,对服务的关注比起市场营销更为重要。通过顾客资料的不断积累,酒店对顾客越来越熟悉,并能够预知顾客的期望。作为一线员工,通过系统提供的资料,可以使顾客觉得被厚待。作为酒店管理者,从宏观角度,对顾客的认知,可以使管理者对酒店经营方针做出更好的决策,如换一下枕头的款式,可能就会使顾客有宾至如归的感觉。

1. CRM 在酒店业的发展瓶颈

可见 CRM 对酒店业是适用的,甚至可以说是必需的,只是由于一些客观因素,延缓了 CRM 技术在连锁酒店业的全面推广使用。

(1) 瓶颈一:技术含量、运作成本。首先,连锁酒店 CRM 的核心,是一个可以为成员酒店授权使用的中央客户关系信息数据库,它必须具有巨额的存储容量和极速的运算和吞吐能力,同时要通过安全的网络体系为各成员酒店访问。其中部分的数据来源可以来自中央预订系统和酒店信息管理系统,但更多的要依靠酒店员工关注顾客的需求而获得。数据库里面的资料包括顾客的基本资料、联络途径、过往的消费记录、每次入住离店的日期时间、酒店名称、房间类型、订房途径、特别服务、个人喜好、No-Show 和取消预订的记录、投诉和处理记录、累积消费积分、奖励记录、忠诚度评估等。由于部分内容涉及客人和酒店的隐私,CRM 数据的创建和使用必须经过系统认证,严格限制在连锁酒店内部授权使用。这个数据库的建立和管理,需要高度的 IT 知识和经验,以及不可低估的运作成本。

(2) 瓶颈二:商业流程。市面上 CRM 解决方案的供应厂商鳞次栉比,但并没有哪一家的产品可以直接运用于酒店。其中的根本原因在于大多数的酒店都没有一个一致的商业流程,去获知和运用客人信息。因此,要在酒店运用 CRM,首先必须经过酒店服务流程再造,建立一个客人信息收集和使用的标准体系,如由管家部/客房员工记录收集到的顾客的特殊喜好和相应的房号;按照对应房间顾客的姓名,每晚把这些信息更新到中心数据库中;在预订和排房的标准流程中,从数据库中调用这些信息。传统作业流程的改变,需要结合行业专家的智慧进行设计论证和现场试验,形成连锁酒店的服务规范,同时需要有效的培训督导,以及高素质的员工。

（3）瓶颈三：软件设计。连锁酒店庞大的顾客数量，也从技术实现上给CRM系统的软件设计提出了更高的要求。一方面要解决匹配准确性的问题，由于在顾客到来以前，酒店难以从个人证件等途径确定其唯一身份，往往需要由人工通过姓名、联系地址及电话号码、信用卡号码等辅助信息把客人和数据库里的ID对应起来，从而保证调出的资料确实来自将要服务的对象。一种折中的解决方式是为顾客发一个印有其ID的识别卡，但一则成本高，二则"周身卡"也给顾客带来不便。第二个考虑的因素是系统数据结构的灵活性，顾客提出的要求和个人喜好多种多样，诸如枕头、毛毯的数量，报纸、小吃、是否吸烟、是否看付费频道等。有些可以预测，可以归类；有些则不能，甚至是匪夷所思的。因此，系统既要保持处理自由格式数据的能力，又要能够进行快速的数据挖掘和查询，传统的关系数据库技术显然对此无能为力。

（4）瓶颈四：信息系统。另一个阻碍酒店运用CRM的因素是现有的酒店信息管理系统在当初设计时没有考虑到CRM的因素，无法与CRM数据库连通、更新和调用其中的数据。因此，酒店必须更换或改造原有的系统，但追加的投资及可能对日常运营造成的影响，会给酒店决策层带来一定的压力。

面对上述难题，在连锁酒店实施CRM，实际上无异于缔造一个全新的行业经营模式，需要具备巨额投资能力的酒店管理集团，由业内资深人士和流程改造专家引领，运用先进的商业智能和数据挖掘技术、宽带网络和安全认证技术、面向对象的数据库和XML技术进行开发，与全球预订系统、酒店信息管理系统及其他系统配套实施，并通过周密的培训计划，贯穿和渗透到酒店运营的各个基本环节，才能取得成功。

2. 连锁CRM，成就酒店诱人前景

在酒店连锁范围内成功实施CRM以后，成员酒店的服务素质和营销能力将会如虎添翼。

试想，通过与全球预订系统的信息交换，一个新客人进行第一次预订时，他的个人喜好可以被记录下来，进入客户关系数据库。酒店在为客人安排房间时，运用这些资料可以使得客人称心满意之余获得意外的惊喜。酒店可以改变销售习惯，和客人主动进行沟通，如果发现一个客人好几个月没有光顾酒店，可以通过发送电子邮件给他一个特别的优惠政策，鼓励他下次出差时选择入住。集团总部如果发现某个重点客人经常光顾旗下的商务酒店，可以邀请他下次度假时光顾酒店的度假村。经过与客人进行几次这样的互动，酒店就可以从客人的回复里面收集到更多的个性化信息，从而增强与客人的联系。

连锁酒店实现全面的客户关系管理，让客人感到自己不再是千人一面的无名氏，而是有价值的顾客。客人的满意和忠诚，带来了消费额和消费次数的增长，成员酒店是最大的得益者。

根据以上案例，回答以下问题。
1. 连锁酒店如何成功实施CRM管理？
2. 建立连锁酒店CRM系统需要什么技术支持？

项目练习

一、简答题

1. 简述 CRM 的产生和发展。
2. 简述 CRM 的系统功能。
3. 简述 CRM 的管理目标。
4. 简述 CRM 的系统组成。
5. 简述 E-CRM 的起源。
6. 简述 CRM 与电子商务的关系。
7. 简述 E-CRM 的效益。

二、思考题

1. CRM 的概念是什么?
2. CRM 的作用是什么?
3. 酒店 CRM 有哪些新的特征?
4. 酒店业实施 CRM 有哪些必要性?
5. 酒店业中 CRM 的主要功能表现在哪几个方面?
6. 建立酒店 CRM 系统有哪三种途径?
7. CRM 的经营理念是什么?

三、运用能力训练

训练目的：实际体验与认知酒店 CRM 系统，能够进行酒店 CRM 软件操作，掌握酒店 CRM 的系统功能。

内容与要求如下。

（1）把学生分为若干个小组，每个小组 5~10 人。

（2）每组参观一家当地某个国际酒店集团的酒店；了解该酒店应用 CRM 软件管理客户关系的效果；分析各组参观酒店 CRM 软件管理的具体情况。

（3）由教师点评总结。

项目九

服务质量数字化管理

🚩 知识目标

1. 了解酒店服务质量的含义。
2. 了解酒店服务质量的组成。
3. 熟悉酒店服务质量的管理方法。
4. 了解酒店服务质量管理的要素。
5. 理解酒店服务的特点。
6. 了解酒店服务质量的特点。

🏅 能力目标

1. 能够理解酒店服务质量的含义。
2. 能够掌握酒店服务质量的管理方法。
3. 能够熟悉酒店服务质量管理的要素。
4. 能够掌握酒店服务质量的特点。

📋 任务分解

任务1　服务质量管理概述
任务2　顾客满意与顾客忠诚
任务3　大数据与服务质量
任务4　大数据与酒店点评

文华东方酒店的服务质量管理

两位大学教授前往马尼拉参加会议,他们在文华东方酒店预订了客房。文华东方酒店声称能够提供"不仅体现其自身利益,更重要的是体现客人、员工和股东的利益"的个性化服务。这种服务承诺是为了与总公司"成为全球公认的最豪华的酒店集团之一,在每一家连锁酒店都为客人带来不同寻常的满足感"的目标相一致。事实上,这个酒店集团由于其出众的服务和优异的管理而经常荣获国际大奖。

两位客人被告知他们将在机场享受到酒店的专人接机服务。一切都正常,他们一下飞机,就很快找到接机服务员。这名服务员告诉他们这项服务的费用,然后他们就乘坐豪华轿车迅速抵达了酒店。

到达酒店后,他们受到了门童的接待,并把他们带到前台。前台一位笑容可掬的女士向他们表示欢迎,为他们办理了入住手续,然后把他们领到了客房。在去客房的途中,她着重介绍了酒店及客房的各种有特色的服务。两位客人从年轻女服务员的介绍中看出了第一个问题。在不经意之间,她透露接机服务员只向他们推荐了酒店最贵的豪华轿车的迎接服务,实际上,从机场到酒店还有同样可靠的出租车服务,费用要便宜得多。想到他们有限的经费,再想想服务员不告诉他们乘坐出租车这一选择,两位客人开始怀疑服务员只向他们介绍豪华轿车服务是不是想"宰"他们。但是在他们受到热情的接待后,他们决定把这次的经历归结于自己运气差。

第二天,两位客人打算步行10分钟去会议地点。因为那时正在下雨,他们就走到服务台,请求借一把伞。在四处找了5分钟之后,服务员抱歉地说所有的免费雨伞都借出去了。客人接受了解释。但考虑到当时是台风季节,于是客人就想最好还是为以后几天预订两把雨伞。这个请求马上被记录下来。

当天晚上,其中一位客人想用客房的直拨电话给家里打电话。他仔细研究了电话的计费方法,最后算出如果加上服务费、各种税费及外汇兑换费用等,每分钟他大概需要花5元。打完电话后,他就急着查看账上的收费情况是不是这样。当他得知他打的4分钟电话需要交费45元时,可以想象他们是多么震惊!他检查了最初的话费计算,发现最初计算的费用是对的。他把这个情况反映给客房部经理。客房部经理做了调查,承认服务指南上的电话计费方法容易让人产生误解,并向客人保证她会考虑怎样解决这个问题。

后来的3天一直在下雨,两位客人一再要求借雨伞,但都没有借到。他们不相信像文华东方这样的酒店会没有足够的可供出借的雨伞,也不明白为什么老是得不到每天预订的雨伞。质问了服务台后,他们终于明白他们的怀疑是对的:服务部根本没有可供借用的雨伞,他们一直受到欺骗。但是两位客人被告知他们可以在酒店的零售店购买雨伞。两位客人决定向酒店的管理层进行投诉,他们写了一封投诉信,表达了对雨伞欺骗事件、豪华轿车欺骗事件、误导性电话收费指南的不满。他们在信中还对如何防止此类事件的再次发生提出了建议。

很快,一名客房服务员来到了他们客房,赠送给他们一篮奇异的水果,还带来一封楼层经理的信件。接着服务部经理来了,并承担了"雨伞问题"的责任。她为给客人带来的

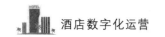

不便表示道歉,并且向两位惊讶的客人赠送了两把雨伞,还为他们提供免费的豪华轿车送机服务。

不久客房部经理来了,告诉他们有关电话费问题的解决办法。她很有礼貌地解释电话费用没有错,但是她对服务指南所造成的误解表示道歉。为了安抚客人,她提出给客人的电话费打10%的折扣。过了一会儿,他们又得到了驻店经理的道歉信。这位经理对服务部未能借给客人雨伞承担了全部责任。

此外,酒店还设法防止类似问题的再次发生。当天晚些时候,这两位客人亲眼看见前台的员工忙着往柜子里摆放雨伞,以供将来客人借用。酒店还马上通知机场的接机服务员以后必须告知每一位客人所有的交通选择。至于电话收费,酒店及时修改了服务指南,清楚说明了电话的计费方法。

任务1 服务质量管理概述

一、酒店服务质量的含义

酒店服务质量是指酒店服务是否符合客人的期望,它并非一成不变的,不同层次的客人在不同时期和情况下,对同一产品、服务或过程的质量往往具有不同层次的期望。

本书认为,酒店的服务质量是指酒店以其所拥有的设施设备为依托,向客人提供各种服务来满足客人的需求。从酒店的角度来说,服务质量则是酒店提供并满足客人需要的程度;从消费者的角度来说,酒店的服务质量是消费过程中获得的物质和精神需要的综合体验。

二、酒店服务质量的组成

酒店服务质量是有形产品质量和无形产品质量的统一,有形产品质量是无形产品质量的凭借和依托,无形产品质量是有形产品质量的完善和延伸,两者相辅相成。

(一) 有形产品质量

有形产品的质量指酒店提供的设施设备和实物产品及服务环境的质量。

1. 酒店设施设备的质量

设施设备是酒店给客人提供服务的主要物质依托,从一定程度上来说,客人对酒店档次高低的感受与配套设施设备的条件有很大的联系。设备设施的配置及其运转状态的好坏是酒店服务质量的重要内容。酒店设施设备由客用设施设备和供应用设施设备组成。客用设施设备也称前台设施设备,是直接供客人使用的那些设施设备,它要求做到设置科学、结构合理、配套齐全、舒适美观、操作简单、使用安全、完好无损、性能良好。供应用设施设备也称后台设施设备,是指酒店经营管理所需的不直接和客人见面的生产性设施设备,要求做到安全运行,保证供应。

2. 酒店实物产品的质量

(1) 菜点酒水质量:酒店管理者必须认识到饮食在客人的心目中占有的重要位置,以及不同客人对饮食的不同要求,要保证酒店饮食产品富有特色和文化内涵,要求在安全卫生的基础上保证原料选用准确,加工烹制精细,产品风味可口。

(2) 客用品质量:客用品是酒店直接供客人消费的各种生活用品,包括一次性消耗品和多次性消耗品。客用品质量应与酒店星级相适应,避免提供劣质产品,数量应充裕,能够切实满足客人需求,供应要及时,并保证安全与卫生。

(3) 商品质量:酒店应做到商品品种齐全、结构适当、陈设美观、价格合理、杜绝假冒伪劣商品、符合客人的购物偏好等。

(4) 服务用品质量:服务用品是指酒店在提供服务过程中供服务人员使用的各种用品,要求品质齐全、数量充裕、性能优良、使用方便、安全卫生。

3. 酒店服务环境质量

服务环境质量是指酒店的服务气氛给人带来感官上的美感和心理上的满足感,它主要包括独具特色、符合酒店等级的酒店建筑和装饰,布局合理且便于到达的酒店服务设施、服务场所,充满情趣并富于特色的装饰风格,以及洁净无尘、温度适宜的酒店环境和仪容端庄大方的酒店员工,同时要求酒店安静、轻松、和谐、舒适、愉快、美观、雅致。

(二) 无形产品质量

无形产品质量是指酒店提供的各项服务的质量,包括以下方面。

1. 礼貌礼节

礼貌礼节是以一定的形式传输给客人表示尊重、谦虚、欢迎、友好等态度的方式,要求服务人员以"宾客至上"为宗旨,把礼貌待客、尊重宾客放在第一位,用规范的服务用语和热情的行为举止来赢得客人的好感,将礼貌礼节贯穿于酒店服务的始终。

2. 职业道德

职业道德是员工在酒店内所遵守的行为规范的总和,酒店员工应遵循旅游职业道德规范。职业道德要求员工做到热情友好、真诚公道、信誉第一、文明礼貌、不卑不亢、一视同仁、团结协作、顾全大局、遵纪守法、廉洁奉公、钻研业务、提高技能,真正做到敬业、乐业和勤业。

3. 服务态度

服务态度是酒店服务人员在对客服务中所体现出来的主观意向和心理状态,要求服务人员具有敬业爱业的思想,以主人的身份,热情友好地接待宾客,为宾客排忧解难,尽最大努力满足宾客的需求,虚心听取宾客意见。

4. 服务技能

服务技能是指酒店服务人员在不同场合、不同时间、对不同宾客提供服务时,能适应具体情况,灵活恰当地运用操作方法和作业技能以取得最佳的服务效果,从而所显现出的技巧和能力;要求服务人员熟悉本职任务,掌握操作规程,善于把握客人心理,针对不同场合、不同时间、不同对象,根据具体情况灵活应变地进行有效的接待服务。

5. 服务效率

服务效率是指员工在其服务过程中对时间和工作节奏的把握,应根据客人的实际需要灵活掌握,要求员工能以最小的劳动量,最短的劳动时间,取得最大的效果。

6. 安全卫生

安全卫生是指酒店在环境气氛上要制造出一种安全的气氛,给客人心理上的安全感,并且注意酒店的清洁卫生,包括酒店各区域的清洁卫生、食品饮料卫生、用品卫生、个人卫生等,要求员工明确工作人员的岗位职责,建立卫生安全质量检查制度及考核标准。

(三) 其他

除了上述内容外,酒店服务质量还包括员工的劳动纪律、服务的方式方法、服务的规范化和程序化等。

三、酒店服务质量的管理方法

质量是企业的生命,是现代企业竞争力中最根本的要素。酒店只有采取有效的服务质量管理方法,建立一套完善的质量管理体系,才能真正提高酒店服务质量,为客人提供令其满意的服务,使酒店取得良好的经济效益,在市场竞争中立于不败之地。目前,酒店中通常采用的服务质量管理方法主要有以下四种。

(一) 酒店全面质量管理

酒店全面质量管理是指酒店为保证和提高服务质量,组织酒店全体员工共同参与,综合运用现代管理科学手段,控制影响服务质量的全过程和各因素,全面满足客人需求的系统管理活动。它要求以系统观念为出发点,通过提供全过程的优质服务,达到提高酒店服务质量的目的。

1. 以客人为导向

酒店管理必须始于识别客人的需求,满足并超越客人的要求,才能获得继续发展下去的动力和源泉。正确理解客人需要和识别潜在的客户需要,成为搞好酒店质量管理的关键。比如在客房中增加网络设备,以提高客人对信息需求的方便性,便是为了满足客人需求,提高客人感知价值的一种手段。

2. 全员参与管理

酒店要提供的优质服务需要前台人员和后台员工通力配合才能实现。所以,全面质量管理要求全体员工都参加质量管理工作,并把每位员工的工作有机地结合起来,从而保证酒店的服务质量。

3. 全方位的管理

全面质量管理就是要针对酒店服务质量全面性的特点,对酒店有形产品质量和无形产品质量、前台服务质量和后台工作质量等所有服务质量的内容进行全方位管理,而不只是关注局部的质量管理。

4. 全过程的管理

酒店服务质量全过程管理是对服务前的组织准备、服务中的对客服务和服务后的善后处理这一全过程的管理。因此,全面质量管理一是要以预防为主,防患于未然;二是要求酒店内部树立"如果你不直接为客人服务,那么,你就应为为客人服务的人服务"的观念,即强调工作的下一个环节就是你的客人,就是你服务的对象,你必须负责让其满意,最终使得酒店服务过程中的每一个环节都符合酒店质量管理的要求。

5. 全面运用各种管理方法

全面质量管理要求酒店管理者能够灵活运用各种现代管理方法,对影响酒店服务质量的各种因素,包括人的因素、物的因素、客观因素、社会因素、内部因素、外部因素等进行控制,提高服务质量,使宾客满意。

6. 持续改进

这是全面质量管理的核心思想和目标。酒店必须要持续改进才能持续获得宾客的支持,才能获得不断的利润进而持续发展。全面质量管理不只是一种管理方法,更是一种主动寻求不断和系统融合的改进理念。

(二) PDCA 管理循环

PDCA 管理循环是由美国管理专家戴明首先提出的,所以又称"戴明环"。PDCA 管理循环包含计划、执行、检查、行动四个阶段,反映了质量管理活动的规律,体现了全面质量管理的思想方法和工作步骤。PDCA 循环是提高产品质量、改善企业经营管理的重要方法,是质量保证体系运转的基本方式,现已成为国际上公认的科学管理方法。

1. 计划阶段(plan)

计划阶段是建立改善的目标及行动方案。酒店通过市场调查、用户访问等,可以摸清客人对酒店产品质量的要求,确定质量政策、质量目标和质量计划,分析服务质量现状,找出存在的问题,分析主要原因,提出应达到的质量目标和实现目标的措施方法。目标和计划必须具有明确的目的性和必要性,酒店要规定质量管理目标所应达到的质量标准、完成目标的时间和要求,以及由谁、以采用何种方式和手段来完成,最后实现质量管理的目标。

2. 实施阶段(do)

实施阶段又称执行,是指依照计划执行。该阶段是酒店管理者根据质量管理计划所制定的目标,组织部门及员工具体实施的阶段。

3. 检查阶段(check)

检查阶段是酒店对实施质量管理计划的效果进行检查,确认是否依计划进度在实行,并和实施前进行比较,以确定质量管理计划的实施是否有效,是否达到预定的目标。

4. 行动阶段(action)

行动阶段对已解决的质量问题提出巩固措施,使之标准化、程序化和规范化,防止原来的问题再次发生。该阶段总结成功的管理经验,使之标准化,形成管理制度加以推广应用。同时,吸取失败的教训,提出本轮 PDCA 循环悬而未决的问题,自动转入下一循环。

PDCA 管理循环的四个阶段缺一不可,并不断旋转循环。PDCA 管理循环法作为思维方法,是一种科学的工作方式,它揭示了管理工作的一般程序,符合实践—认识—实践的认识规律。只要自觉地、严格地按照这个规律工作,遇到问题具体分析,抓住主要矛盾,落实措施,就能更好地完成酒店服务质量管理工作。可以说,PDCA 的意义就是不满足现状。只有 PDCA 四个阶段都完成并且不断地循环下去,才会使酒店服务质量问题来越少,酒店服务质量不断提高并最终趋向于零缺陷。

星级酒店的服务感觉真好

王先生和朋友乘坐的出租车刚刚停在酒店的大堂门口,面带微笑的门童立刻迎上前去,并躬身拉门问候:"欢迎光临!"王先生和朋友一边说笑一边走下了出租车,门童扭头对正准备进酒店的王先生说:"先生,您是否遗忘了公文包?"王先生一听,停止了说笑,忙说:"哎哟,是我的公文包,谢谢,谢谢。"门童将公文包递给王先生,同时又写了一张小条子递了过去,这张小条子上写着这辆出租车的号码,随后门童迅速引领客人进入酒店大堂。

王先生来到前厅接待处,接待员礼貌地问候:"你们好,欢迎光临。请问有没有预订?"王先生说:"我们已经预订了一个标准间。"接待员随即请王先生出示证件,并熟练地查阅预订,立即为客人填写了入住登记表上的相关内容,并请王先生预付押金和签名,最后说:"王先生,你们住在 1605 号房,这是你们的房卡和钥匙,祝你们入住愉快。"在王先生办理入住登记手续时,行李员始终恭立在他们的身边,为他们看护行李箱。

行李员刚带着王先生和他的朋友走出电梯,客房服务员就已经在电梯门口恭候了,在热情的问候后,将他们带到 1605 号房间门前。打开房门后,客房服务员开始介绍客房的设施和服务,行李员将客人的行李放在了行李架上,同时随手将客人脱下来的外套挂在衣架上,随后,在征求客人同意后,告辞退出。

王先生和朋友经过一天的旅行,已经非常疲惫了。当他们躺在柔软的床上,听着悠扬的音乐,欣赏着舒适豪华的室内装潢,回忆着进入酒店的整个过程时,王先生满意地对朋友说:"这真是星级酒店的服务啊,我们要的就是这种服务!"

(三)因果分析法

因果分析法是将某一问题通过因果图表现出来,因果图又称特性要因图、鱼刺图或石川图,由日本质量管理专家石川馨最早使用的,是为了寻找产生某种质量问题的原因,发动大家谈看法,做分析,将大家的意见反映在一张图上,就是因果图。用因果图分析问题产生的原因,便于集思广益。因为这种图反映的因果关系直观、醒目、条理分明,用起来比较方便,效果好,所以得到了许多企业的重视。

使用该法首先要分清因果地位;其次要注意因果对应,一定的结果由一定的原因引起,一定的原因产生一定的结果,因果是一一对应的,不能混淆;最后要循因导果,执果索因,从不同的方向用不同的思维方式进行因果分析,这也有利于发展多向性思维。按照事物之间的因果关系,知因测果或倒果查因。因果预测分析是整个预测分析的基础。

因果分析法是以结果作为特性,以原因作为因素,逐步深入研究和讨论项目目前存在问题的方法。因果分析法的可交付成果就是因果分析图。一旦确定了因果分析图,就应该对之进行解释说明,通过数据统计分析、测试、收集有关问题的更多数据来确认最基本的原因。确认了基本原因之后,就可以开始制定解决方案并进行改进了。

(四) QC 小组活动

QC 小组即质量管理小组,最先出现在日本。QC 小组是开展服务质量管理活动的基本组织单位,是全员参与质量管理活动的一种有效的组织形式。QC 小组的人数不宜过多,以 3~30 人为宜。QC 小组遵循"自愿参加,上下结合"与"实事求是,灵活多样"的原则。"自愿参加,上下结合"是指通过管理层的组织,充分发挥一线服务人员的积极性、主动性、创造性,由员工自己挤时间、创造条件自主地开展工作,实现自我控制、自我提高的目标;"实事求是,灵活多样"是指开展 QC 小组活动要从酒店实际出发,以解决质量管理实际问题为出发点,实事求是地筹划 QC 小组的组建工作。

QC 小组的形式可自下而上组建,也可自上而下建立,即由各班组发起建立或由酒店管理部门会同各基层单位协商建立,可以在本部门组建,也可以跨部门组建,以方便活动、易出成果为目的。QC 小组活动按 PDCA 程序进行,要求选题适宜、策划充分、现状清楚;工作目标要明确、对策要具体、方法要得当;及时检查,并全面总结。

四、酒店服务质量的特点

(一) 酒店服务的特点

1. 直接性

一般商品是先生产后消费,即由生产到消费不是直接的,而是要经过中间环节。这就意味着商品生产者能够主动调整生产的产量、时间和节奏,检测产品的质量,对不合格的产品可以重新生产。对不满意的商品,消费者可以不去购买;对有质量问题的商品,消费者可以要求退货或维修。而酒店服务则不同,它的生产与消费是同步的。酒店服务产品不能通过销售渠道被送到外地出售,服务人员向客人提供各种服务的过程就是客人的消费过程,酒店服务产品的生产场所就是服务产品的销售场所。服务产品要受到客人的直接检验,具有直接性的特点。这些对酒店服务提出了更高的要求。

2. 无形性

酒店提供的服务产品是无形的,具有非物化和非量化的特点。酒店不能像其他企业那样,向客人具体地描述其服务产品,客人也不可能在购买某一项服务之前进行检验或试用。因此,酒店必须有自己独特的营销方法,并把酒店声誉、酒店形象和特色作为经营活动的基础。酒店只有在经营中标新立异、独树一帜,才能在竞争中立于不败之地。

3. 不可贮藏性

酒店服务的不可贮藏性是由服务的直接性决定的。一般商品通过交换,购买者获得所有权,出售者失去所有权,商品的转移即所有权的转移。商品如果一时卖不出去,可以储存起来以后再销售。而酒店服务是一种时间产品,客人在消费时只是购买它的使用权,而不是所有权,当客人离店时使用权也就随即终止。酒店服务因受设施和时间等因素的限制,不能提前生产产品并贮藏起来满足未来的需求。例如，对客房服务产品，如果当天房间没有出租，服务就无法进行，当天的房价就无法实现，酒店的收入就要受到损失。酒店服务产品的这一特点，要求酒店应不断提高服务质量，吸引更多的客人来酒店消费。

4. 差异性

酒店的服务产品在不同酒店之间存在着差异，即使同一家酒店提供的同一种产品或同一员工在不同时间内所提供的服务也是不相同的。酒店服务的差异性决定了酒店必须制订一套科学的服务质量标准。酒店的服务产品要求员工不断学习，提高业务素质，改进服务质量，提升服务技能水平，满足客人的需求。

5. 多样性

酒店服务具有多样性。酒店接待的客人来自不同的国家和地区，他们的社会背景、消费层次、消费习惯、兴趣爱好、生活经历、生活习俗、职业、年龄、性格等诸多方面都不相同，因此，他们有着不同的旅游动机和需求。为了满足客人的不同需求，酒店就要扩大服务范围，增加服务项目，尤其是在细微之处。

酒店服务的这一特点，要求酒店服务人员要善于观察和了解客人的需求，有针对性地提供服务。酒店服务的特点决定酒店经营的中心环节必须是服务。因此，酒店必须贯彻"宾客至上，服务第一"的宗旨，不断提高服务质量。

（二）酒店服务质量的特点

酒店作为服务性企业，它所提供服务的产品质量有别于一般企业的商品质量，有自己独特的产品质量特性。要提高酒店的服务质量，必须正确认识酒店服务质量的特点。归纳起来，酒店服务质量的特点主要包括服务质量的有形性与无形性、服务质量的整体性和全面性、生产消费的同时性、服务质量的共性与个性、服务提供的员工关联性、服务质量的情感交融性等。

1. 服务质量的有形性与无形性

酒店的服务质量是由酒店内实物形态的物质提供和酒店服务人员的服务劳动相结合所共同决定的。酒店实物形态的服务包括酒店设备设施、实物物品等满足客人基本生活需要的有形部分，客人使用完后，这种形态依然存在，这就决定了酒店服务质量的有形性；酒店服务人员的服务劳动对酒店的服务质量也有着决定性的作用，他们在满足客人基本物质生活需要的同时，通过亲切的服务态度和礼貌的言谈举止等，满足客人心理上的需求。他们提供的服务是无形的，随着劳动活动的结束，其使用价值也消失了，但是却留给客人美好的体验和感受。因此，酒店服务质量是有形性和无形性的结合。

2. 服务质量的整体性和全面性

酒店服务质量并不是一次或一段时间内就能评定的，酒店服务是一个整体，包括客人在酒店住宿消费的所有时间内所享受到的服务，无论中间哪一个环节出了差错，都会导致服务失败，使酒店服务质量大打折扣，这就是酒店服务质量整体性的具体体现。另外，酒店服务以满足客人需求为出发点。客人在酒店住宿过程中，涉及衣、食、住、行、娱、购等各个方面，要充分满足客人的各种需求。酒店服务质量除了整体性以外，还需具有全面性。酒店员工必须树立全面、系统的服务质量观念，才能保证酒店的整体服务质量。

3. 生产消费的同时性

酒店产品不像其他产品,从生产到消费,中间要经历一系列的环节。酒店为客人提供的产品和服务有一个最大的特点就是生产和消费同时进行。酒店服务员为客人提供服务的同时,客人也在消费和使用,酒店产品没有"可试性",客人在购买消费体验的同时也在检验服务质量的好坏,质量不好也不能退货,这都是酒店产品服务质量所表现出来的特性。

4. 服务质量的共性与个性

酒店服务质量的评价需要综合考虑酒店的有形服务和无形服务。有形服务是以实物形态表现出来的,这部分产品在不同的酒店具有共性,它们都是用来满足客人基本物质生活需求的;无形服务则是酒店为客人所提供无实物形态的服务,具有个性化,不同的酒店会针对不同客人的需求而提供个性化的服务,这部分服务是酒店服务质量能否保持稳定的关键。在酒店业竞争不断加剧的今天,酒店员工的无形服务逐渐成为酒店服务质量高低评价的依据,也是酒店提升服务质量的关键所在。

5. 服务提供的员工关联性

酒店产品的服务主要通过员工的对客服务表现出来,员工是酒店服务的直接提供者,酒店服务质量的高低与员工的工作状态密切相关。从客人的角度考虑,酒店的服务质量主要是由酒店提供服务的效率、客人精神和情感上的需求及对所下榻酒店环境舒适的需求三部分决定的。而酒店员工的服务技巧、服务效率和服务的标准化程度直接影响到酒店服务的效率,员工的外表形象、服务态度、职业素养等都直接或间接影响到客人精神需求的满足度,而酒店的环境在很大程度上也需要酒店员工的精心营造。

从客人进入酒店直至离开,他所得到的是各部门员工所提供的带有密切关联性的服务体系,只要有一个环节的服务出现质量问题,就会破坏客人对酒店的整体印象,影响其对酒店的评价。100次服务中只要有1次服务不能令客人满意,客人就会全盘否定以前的99次优质服务,还会影响酒店的声誉。可见,作为酒店服务的主要提供者,员工与酒店服务质量有着很大的关联性。

6. 服务质量的情感交融性

客人是酒店服务质量的直接感受者和评价者,客人所享受的服务主要由酒店的员工提供,在员工与客人面对面的服务过程中,必然会产生一定的情感交流。一方面,员工努力为客人营造"宾至如归"的感觉,极力为客人创造"家"的氛围;另一方面,客人在享受酒店所提供服务的同时,在心理上必将对酒店产生一种亲切感和归属感。这样,即使酒店员工在为客人提供服务过程中有意料之外的缺憾或不足,客人也会予以宽容和谅解。除此以外,酒店服务质量的情感交融性不仅能使客人满意,甚至还能在此基础上提高客人的忠诚度。因此,酒店在着力打造和提升酒店服务质量的时候,必须充分考虑并利用其情感交融性,尽可能提升酒店产品的服务质量。

五、酒店服务质量管理要素

酒店服务质量由五个基本要素构成,这五个要素基本涵盖了酒店服务质量的属性,也是酒店服务质量管理的主要标准。

（一）可靠性

可靠性是客人消费酒店产品所看重的一大属性。可靠性要求酒店在提供服务的过程中不折不扣，严格遵守服务操作规程，保证酒店服务质量的标准，确保客人的消费权益不受损害。例如，必须兑现向预订客人承诺的客房。

（二）反应性

反应性是指为酒店客人提供各种服务的愿望及反应的快慢程度。研究表明，在服务过程中，等候服务的时间长短是关系到客人的感知服务质量优劣的重要因素，让客人等待或不及时解决问题都会给质量感知带来消极的影响。因此，酒店提供各项服务时应尽可能减少客人等候的时间。服务效率始终是客人关心的问题，服务效率低下可能会导致酒店失去已有的客人。希尔顿酒店集团用"快"字作为自己的服务特色，通过高效率服务来迎合现代社会的消费者，尤其是商务客人的需要。

（三）保证性

保证性是指酒店员工所具有的知识、礼貌礼节，以及表达出自信与可信的能力。这包括完成服务的能力、对客人的礼貌和尊敬、与客人有效的沟通等。酒店员工亲切友好的问候和微笑将缩短客人与新环境之间的距离；员工高超、熟练的操作技能和非同一般的应变能力可使客人倍感放心和安全。为此，员工应尽可能拓宽知识领域，在服务过程中需要掌握记忆、表达、分析、理解、公关等方面的能力和技巧。

（四）移情性

移情性是指设身处地地为酒店客人着想并对他们给予充分的关注，这体现了酒店对客人的关心、体贴与尊重程度。服务人员的友好态度，对客人无微不至的关怀，能够最大限度地满足客人情感上的需要，反之则会让客人感到不快与失望。

（五）有形性

有形性是指酒店通过一些有效的途径传递服务质量形式。这是酒店员工对客人更细致的照顾和关心的有形表现，如床头的晚安卡、天气预报等。由于酒店产品的无形性，经营者常常在服务设施与酒店建筑等硬件上下功夫，力求给客人以美感和关爱。

任务2 顾客满意与顾客忠诚

一、顾客满意

顾客满意是指企业为了不断地满足顾客的要求，通过客观、系统地测量顾客满意程度，了解顾客的需求和期望，并针对测量结果采取措施，一体化地改进产品和服务质量，从而获得持续改进的业绩的一种经营理念。顾客满意经营理念关注的焦点是顾客,核心是顾客满意。其主要方法是通过对顾客满意度指数的测定来推进产品和服务,满足顾客的要求。目标是赢得顾客,从而赢得市场,赢得利润。

顾客满意把顾客是否满意作为衡量各项经营活动和管理活动的唯一尺度,围绕顾客进行产品开发、生产、销售、服务。这种立足于顾客的营销策略,追求的结果是贡献,反映的是顾客价值,通过为顾客创造价值,实现企业价值。尤其是顾客满意把顾客进行科学分层,即分为忠诚层顾客、游离层顾客和潜在层顾客,把重点放在巩固老顾客(忠诚层顾客)上,不断吸引游离层和潜在层顾客,在经营中不是毫无目标地去扩大市场,这就保证了企业对顾客研究的细化和服务的针对性。

同时,顾客满意强调全过程和差异性,追求顾客在消费了企业提供的产品与服务之后的满足状态,追求在顾客总体满意基础上,因人而异,提供差异性服务。另外,顾客满意也强调在满足顾客全方位的需要的同时,满足社会需要,即一方面要满足顾客物质需要和精神需要,另一方面要强调维护社会利益、社会道德价值、政治价值和生态价值。这些理念都是与具有高文化属性的市场经济相适应的,反映的是一种积极的企业经营理念。

(一) 顾客满意的内涵

在顾客满意理念中,顾客满意具有某种特定的意义,主要包括以下几个方面。

1. 横向层面

横向层面包括以下五个方面。

(1) 理念满意,即企业经营理念带给顾客的满足状态,包括经营宗旨、经营哲学满意和经营价值观满意等。

(2) 行为满意,即企业全部的运行状况带给顾客的满足状态,包括行为机制满意、行为规则满意和行为模式满意等。

(3) 视听满意,即企业以其具有可视性和可听性的外在形象给顾客的满足状态,包括企业标志(名称和图案)满意、标准字满意、标准色满意,以及上述三个基本的应用系统满意等。

(4) 产品满意,即企业产品带给顾客的满足状态,包括产品质量满意、产品功能满意、产品设计满意、产品包装满意、产品品位满意和产品价格满意。

(5) 服务满意,即企业服务带给顾客满足状态,包括绩效满意、保证体系满意、服务的完整性和方便性,以及情绪和环境满意等。

2. 纵向层面

纵向层面包括以下三个逐次递进的满意层次。

(1) 物质满意层次,即顾客对企业产品的核心层,如产品的功能、质量、设计、品种等所产生的满意感。

(2) 精神满意层次,即顾客对企业产品的形式层和外延层,如产品的外观、色彩、装潢、品位、服务等所产生的满意感。

(3) 社会满意层次,即顾客对企业产品和服务的消费过程中所体验到的社会利益维护程序,主要指顾客整体(全体公众)的社会满意程度。它要求在企业产品和服务的消费过程中,要维护社会整体利益的道德价值、政治价值和生态价值。

(二)顾客满意经营理念在酒店中的运用

顾客满意经营理念强调要从顾客视角出发来开展酒店的一切经营活动,以实现顾客满意和企业目标实现的目的。现代酒店企业的顾客满意经营理念通常是指"让客价值"理论。

1."让客价值"理论的提出

美国市场营销家菲力普·科特勒提出了"让客价值"(customer delivered value,CDV)的新概念,其含义是顾客购买一种商品或服务,要付出的是"顾客总成本",而获得的是一笔"顾客总价值",而"顾客总价值"与"顾客总成本"的差值就是让客价值,用公式可表示为

$$让客价值=顾客总价值-顾客总成本$$

顾客在购买商品时,总希望把有关成本降到最低限度,而同时希望从中获得更多的实际利益,以使自己的需要得到最大限度的满足。因此,顾客在选购商品时,往往在价值与成本两个方面进行比较分析,从中选择价值最高、成本最低的,即以"顾客总价值"最大的商品作为优先选购的对象。图9-1揭示了让客价值的构成要素。

图 9-1 让客价值的构成要素

酒店要在竞争中战胜竞争对手,吸引更多的顾客,就必须向顾客提供比竞争对手更多"顾客价值"的产品,只有这样,才能使自己的产品进入顾客的"选择组合",最后使顾客购买本企业的产品。为此,酒店可以从两方面改进自己的工作:一是通过提高饭店的产品、服务、人员及形象的价值从而提高产品的总价值;二是降低生产和销售成本,减少顾客购买产品或服务的时间、精神和体力的耗费,从而降低货币与非货币成本。

(1)顾客购买的总价值。顾客购买的总价值是指顾客购买和消费产品或服务时得到的一组利益,它主要由产品价值、服务价值、人员价值和形象价值构成。

① 产品价值。产品价值是指产品的功能、特性、品质、种类与款式等所产生的价值。产品价值是顾客选购产品或服务的首要因素,因此在一般情况下,它是决定顾客购买总价值大小的关键因素。产品价值是由顾客需求来决定的,不同的顾客对产品价值的要求不同;在不同时间,顾客对产品价值的要求也不同。例如,随着生活水平的提高和商品的丰富,顾客更看重产品的特色,要求产品能体现品位和时尚等。

② 服务价值。服务价值是指企业伴随产品或服务实体向顾客提供的各种附加服务,即为满足顾客对产品或服务的外延需求提供的服务,包括产品介绍、售后服务,以及其他各种承诺等所产生的价值。如今,服务价值是构成顾客总价值的重要因素之一。在提供传统意义上产品或服务的同时,向顾客提供不断延伸的、额外的、更完善的服务,已成为现代企业提

高竞争力的重要途径。

③ 人员价值。人员价值是指企业员工的价值观念、职业道德、质量意识、知识水平、业务能力和工作效率,以及对顾客需求的应变能力和服务水平等所产生的价值。如果企业的人员价值能使产品或服务"增值",就会使顾客顺利完成其购买行为,并在使用过程中能继续得到满意的服务,从而产生满意的感知;如果企业的人员价值使产品或服务的价值贬值,就会令消费者的购买决策过程受挫、受阻,甚至取消,或在使用过程中产生不满和抱怨。人员价值的这种作用往往是潜移默化的、不易度量的。

④ 形象价值。形象价值是指企业及其产品或服务在社会公众中形成的总体形象所产生的价值。良好的形象是酒店的一种战略资源,是酒店的无形资产。如果一家酒店及其产品或服务能以良好的形象出现在社会公众面前,那么就会在顾客心中不断地提高它的知名度和美誉度,就会大大提高社会公众对饭店的信任度和认同度。良好的形象会对饭店的产品或服务产生巨大的支持作用,赋予它较高的附加价值,从而使顾客获得精神上和心理上的深层次的满足感、信任感。

(2) 顾客购买的总成本。顾客购买的总成本是指顾客为购买和消费产品或服务时所耗费的时间、精神、体力及所支付的货币资金等,它包括货币成本、时间成本、精神成本和体力成本等。

① 货币成本。货币成本是指顾客购买和消费产品或服务的全过程中所支付的全部货币。顾客在购买产品或接受服务时首先考虑的是货币成本的大小,因此货币成本是构成顾客总成本大小的主要的和基本的因素。

② 时间成本。时间成本是指顾客在购买和消费产品或服务时所花费的时间。例如,顾客在消费酒店餐厅所提供的服务时,常常需要等候一段时间才能进入正式消费阶段,顾客的这种等候就产生了时间成本。等候时间越长,顾客的时间成本就越高。在服务质量相同的条件下,顾客等候消费的时间越短,购买该项服务所花费的时间成本也就越少,购买成本也越小,由此带来顾客购买的满意感受就越强。随着人们工作和生活节奏逐步加快,尽可能减少时间成本越来越成为普遍的要求。

③ 精神成本。精神成本是指顾客购买和消费产品或服务时,在精神方面的耗费与支出,比如顾客在购买和使用产品或接受服务时,因为购物环境、服务态度、产品和服务功能等方面的原因,产生了忧虑、紧张、不安全、不舒服、不方便的感觉,造成了精神负担,这时顾客就要产生精神成本。对无经历的陌生性购买和需要反复谨慎做比较的选择性购买行为,顾客一般需要广泛、全面地收集商品信息,因此,需要付出较多的精神成本。

④ 体力成本。体力成本是指顾客购买和消费产品或服务的过程中,在体力方面的耗费与支出。凡是需要顾客付诸体力的活动,就会使顾客支付体力成本。

2. 提高让客价值的途径

酒店企业可从以下五个方面提高让客价值。

(1) 确定目标顾客。酒店要十分清楚地掌握顾客的动态和特征,首先应区分哪些是对本酒店有重要影响的目标顾客。酒店要通过分析细分市场的贡献程度,锁定这些目标顾客,运有酒店的财力、物力等各种资源,把市场营销的重点对准他们,以获得更大利润。

(2) 降低顾客成本。顾客成本是顾客在交易中的费用和付出,它表现为金钱、时间、精力和其他方面的损耗。酒店经常忘了顾客的交易过程中同样有成本。酒店对降低自己的交易成本有一整套的方法与规程,却很少考虑如何降低顾客的成本。酒店要吸引顾客,首先要评估顾客的关键要求,其次设法降低顾客的总成本,提高让客价值。因此,分析和控制成本不能只站在酒店的立场上,还要从顾客的角度进行全面系统、综合的评价,才能得到正确的答案。为此,酒店应鼓励从事顾客服务工作的员工,树立顾客总成本的概念和意识,不要把眼光只盯在酒店的成本上。

(3) 理顺服务流程。酒店要提高顾客总价值、降低顾客总成本而实现更多的让客价值,使自己的产品和服务满足并超出顾客的预期,就必须对酒店的组织和业务流程进行重新设计。酒店应认真分析业务流程,进行重新规划和整理,加强内部协作,建立一个保证顾客满意的企业经营团队。酒店要实现这种业务流程重组,必须首先以顾客需求为出发点,来确定服务规范和工作流程;然后,以此为标准重新考虑各个相关部门的工作流程应该如何调整,以相互配合,达到预期的目标。让酒店所有经营活动都指向一个目标,就能为顾客获得更多的让客价值。

(4) 重视内部顾客。顾客的购买行为是一个在消费中寻求尊重的过程,而员工在经营中的参与程度和积极性,很大程度上影响着顾客满意度。据研究,当企业内部顾客的满意率提高到85%时,企业外部顾客满意度高达95%。一些跨国企业在他们对顾客服务的研究中,清楚地发现员工满意度与企业利润之间是一个价值链的关系,即利润增长主要是由顾客忠诚度刺激的;忠诚是顾客满意的直接结果;满意在很大程度上受到提供给顾客的服务价值的影响;服务价值是由满意、忠诚和有效率的员工创造的;员工满意主要来自企业高质量的支持和激励。

(5) 改进绩效考核。成功和领先的酒店都把顾客满意度作为最重要的竞争要素,经营的唯一宗旨是让顾客满意。因此,他们在评价各部门的绩效指标和对管理人员、营销人员的考核指标时都是顾客满意度以及与顾客满意度有关的指标。如果管理人员和营销人员的目的只在于成交,成交又意味着顾客的付出,这就使买卖双方站在了对立的立场。以顾客满意度作为考核的绩效指标,便使双方的关系发生了微妙的变化。他们的共同点都在于满意。而利益的一致使双方变得亲近,服务也更发自内心,这样酒店的销售量自然也会不断提高。

二、顾客忠诚

(一) 顾客忠诚的概念

顾客忠诚是指企业以满足顾客的需求和期望为目标,有效地消除和预防顾客的抱怨和投诉,不断提高顾客满意度,在企业与顾客之间建立起一种相互信任、相互依赖的质量价值链。

顾客忠诚理念侧重于企业的长远利益,注重于将近期利益与长远利益相结合,着眼于营造一批忠诚顾客,并通过这个基本消费群去带动和影响更多的潜在消费者接受企业的产品与服务。以顾客忠诚度为标志的市场份额的质量取代了市场份额的规模,成为企业的首要目标。顾客忠诚度的高低一般可以从以下六个方面进行衡量。

1. 顾客重复购买的次数

在一定时期内,顾客对某一品牌产品重复购买的次数越多,说明顾客对这一品牌的忠诚度越高;反之,则越低。由于酒店产品的特性等因素会影响顾客重复购买的次数,因此,在确定这一指标的合理界限时,需要根据不同产品的性质区别对待,不可一概而论。

2. 顾客购买挑选的时间

消费心理研究者认为,顾客购买商品都要经过挑选这一过程。但由于依赖程度的差异,顾客购买不同产品时的挑选时间不尽相同。因此,从顾客购买挑选时间的长短上也可以鉴别其对某一品牌的忠诚度。一般来说,顾客挑选时间越短,说明他对这一品牌的忠诚度越高;反之,则说明他对这一品牌的忠诚度就越低。

3. 顾客对价值的敏感程度

顾客对企业的产品价格都非常重视,但这并不意味着顾客对各种产品价格的敏感度相同。事实表明,对顾客喜爱和信赖的产品,顾客对其价格变动的承受能力强,敏感度低;而对他所不喜爱和不信赖的产品,顾客对其价格变动的承受能力弱,即敏感度高。因此,我们可以根据这一标准来衡量顾客对某一品牌的忠诚度。

在运用这一标准时,要注意产品对顾客的必需程度。产品的必需程度越高,人们对价格的敏感度越低;而必需程度越低,则对价格的敏感度越高。当某种产品供不应求时,人们对价格不敏感,价格的上涨往往不会导致需求的大幅减少;当供过于求时,人们对价格变动就非常敏感,价格稍有上涨,就可能滞销。

产品的市场竞争程度也会影响人们对产品价格的敏感度。当某种产品市场上替代品种多了,竞争激烈,人们对其价格的敏感度高;如果某种产品在市场上还处于垄断地位,没有任何竞争对手,那么人们对它的价格敏感度就低。在实际工作中只有排除上面几个方面因素的干扰,才能通过价格敏感指标来科学地评价消费者对一个品牌的忠诚度。

4. 顾客对竞争产品的态度

人们对某一品牌的态度变化,在大多数情况下是通过与竞争产品的比较而产生的。因此,根据顾客对竞争产品的态度,能够从反面判断其对某一品牌的忠诚度。如果顾客对某一品牌的竞争产品有好感、兴趣浓,那么就说明对某一品牌的忠诚度低,购买时很有可能以其取代前者;如果顾客对竞争产品没有好感、兴趣不大,则说明其对某一品牌的忠诚度高,购买指向比较稳定。

5. 顾客对产品质量问题的承受能力

任何一种产品都可能因某种原因出现质量问题,即使是品牌产品也很难幸免。如果顾客对某一品牌的忠诚度高,则对出现的质量问题会以宽容和同情的态度对待,不会因此而拒绝购买这一产品。如果顾客对某一品牌的忠诚度不高,产品出现质量问题(即使是偶然的质量问题),顾客也会非常反感,很有可能从此不再买该产品。当然,运用这一标准衡量顾客对某一品牌的忠诚度时,要注意区别产品质量问题的性质,是严重问题还是一般性问题,是经常发生的问题还是偶然发生的问题。

6. 购买周期

购买周期是指顾客两次购买产品间隔的时间。购买周期是非常关键的因素,因为如果购买周期较长,顾客就可能淡忘原有的消费经历,竞争对手就会乘虚而入。企业可以通过有效的方式,保持与老顾客的联系。显然,顾客忠诚度的高低是由许多因素决定的,并且每一因素的重要性及影响程度也都不同。因此,衡量顾客忠诚度必须综合考虑各种因素指标。

(二)培育忠诚顾客的意义

忠诚的顾客是成功企业最宝贵的财富。美国商业研究报告指出,多次光顾的顾客比初次登门的顾客,可为企业多带来20%~85%的利润;固定客户数目每增长5%,企业的利润则增加25%。对酒店企业来讲,培育忠诚顾客的意义可以归纳为以下三点。

1. 有利于降低市场开发费用

任何企业的产品和服务都必须被市场所接受,否则这个企业就不可能生存下去,而市场开发的费用一般是很高昂的。由于酒店产品与服务的相对固定性,建立顾客忠诚更有特殊意义。如果能引导顾客多次反复购买,就可以大大降低市场开发费用,而且老顾客出于对企业的忠诚、对该企业产品与服务的高度信任和崇尚,还会吸引和带来更多的新顾客。在企业推广新产品时,也由于忠诚顾客的存在,可以很快打入市场、打开销路,从而节省新产品的开发费用。

2. 有利于增加酒店经营利润

越来越多的酒店企业认识到,建立一批忠诚顾客是企业的依靠力量和宝贵财富,多次惠顾的顾客比初次登门者可为企业带来更多利润;随着企业忠诚顾客的增加,企业利润也随之大幅增加。

3. 有利于提高酒店竞争力

酒店企业之间的竞争,主要在于争夺顾客。实施顾客忠诚战略不仅可以有效地防止原有的顾客转移,而且有助于酒店赢取正面口碑,树立良好形象。借助忠诚顾客的影响还有助于化解不满意顾客的抱怨,扩大忠诚顾客队伍,使酒店企业走上良性循环发展之路。

三、顾客忠诚理念在酒店的运用

顾客忠诚理念侧重于企业的长远利益,注重培养一批忠诚顾客,强调企业要以满足顾客的需求和期望为目标,有效地消除顾客的抱怨和投诉,不但可以提高顾客的满意度,而且可以在企业与顾客之间建立起一种相互信任、相互依赖的质量价值链。那么,酒店经营者如何培养忠诚顾客队伍呢?

(一)消费者非常满意理论

美国营销大师菲力普·科特勒曾提出"消费者非常满意的理论"。该理论认为,顾客在购买一家企业的产品以后是否再次购买,取决于顾客对所购产品的消费结果是否满意的判断。如果产品提供的实际利益低于顾客的期望,顾客就会不满意,就不会再购买这一产品;如果产品提供的实际利益等于顾客的期望,顾客就会感到满意,但是否继续购买这一产品,仍然具有很大的不确定性;如果产品提供的实际利益超过了顾客的期望,顾客就会非常满意,就会产生继续购买的行为。因此,顾客的购后行为取决于他的购买评价,而购买评价又源于购买结果。企业要创造出重复购买企业产品的忠诚顾客,就要使顾客感到非常满意(见图9-2)。

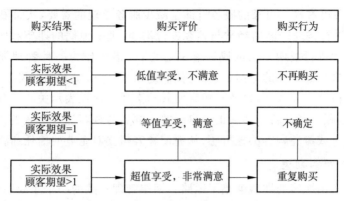

图 9-2 购买结果与购买行为的关系

让顾客比 100% 还要满意一点

肯德基餐厅的墙上总会写着"101%的顾客满意"几个字,那是肯德基所做的郑重承诺。要让顾客101%地满意,成为顾客的最爱,需要努力倾听与回应顾客的心扉。

有一次,在肯德基餐厅,两位聋哑客人好不容易排到队伍的最前面,他们时而指着点餐盘,时而又指向其他顾客所点的餐饮,让收银员一时摸不着头脑。幸好值班经理及时赶到,用简单的手语与他们交流,没过多久,两位客人就端着丰盛的食物满意地离开了柜台。事后,值班经理笑着说,因为餐厅常有一些聋哑客人光顾,为了方便他们点餐,他在空闲时就跟他们学简单的手语。

有一位 90 多岁的老爷爷,每逢周一都要到南京的某肯德基餐厅用餐。几次下来,员工们都认识他了,每次都会准备好他爱吃的糖醋酱、他爱坐的靠背椅。每次用餐后,餐厅总会派员工护送老爷爷到路口,为他找好出租车。肯德基在让顾客充分感受用餐快乐和超值服务的同时,不断推陈出新,为顾客提供更好的饮食选择。

对酒店来说,顾客对产品的期望源于他们过去的购买经历、朋友和同事的介绍及企业的广告承诺等。因此,要超越顾客期望值,关键在于酒店首先要将顾客的期望值调节到适当的水平,在调整好顾客期望值的同时,设法超越顾客期望值,给客人一份意外的惊喜。

1. 做好顾客期望管理

酒店可以通过自己对顾客所做的承诺进行管理,可靠地执行所承诺的服务,并与顾客进行有效的沟通,对顾客的期望进行有效的管理。

(1) 保证承诺的兑现。明确的服务承诺和暗示的服务承诺这两项都完全处在酒店的控制中,对这些承诺进行管理是一种直接、可靠的管理顾客期望的方法。但仍有许多酒店避开了这种方法,而喜欢用过分的承诺来引诱顾客。酒店通过切实可行的努力以确保对顾客所做的承诺能够反映真实的服务情况,将使酒店从中获益。而酒店过分地进行承诺,则会损害顾客对酒店的信任,破坏顾客的容忍度。顾客对服务的期望是相当关键的。很明显,酒店应该将精力集中在他们的基本服务项目上,并用明确的描述(如广告和人员推销等)和暗示性的方法(如服务设施的外观和服务价格等)为服务提供反映客观现实的说明。

(2) 重视服务可靠性。可靠的服务有助于减少服务重现的需要,从而限制顾客的期望。

(3) 与顾客进行沟通。酒店经常与顾客进行沟通(理解他们的期望和所关心的事情,对他们所接受的服务进行说明),会鼓励顾客的容忍,并借此作为一种管理期望的有效方式。酒店通过与顾客进行经常性的对话,加强与他们的联系,就可以在问题发生时处于一个有利的地位。酒店积极地发起沟通,以及对顾客发起的沟通迅速地表示关心,都传达了一种合作的感情,而这又是顾客经常希望却又很少得到的。酒店与顾客进行有效的沟通,有助于在服务问题发生时减少或避免顾客的挫折感,从而使顾客树立对企业的信任和容忍。

2. 设法超越顾客期望

期望管理为超出顾客的期望铺垫了道路。期望管理失败的一个主要原因是无法超越顾客的期望。受到管理的期望为超出顾客的期望提供了坚实的基础,酒店可以利用服务传送和服务重视所提供的机会来超出顾客的期望。

(1) 进行优质的服务传送。在服务传送过程中,顾客亲身经历了酒店提供的服务技能和服务态度,有助于保持更低的期望和更大的容忍,从而使超出这些期望成为可能。酒店每一次与顾客的接触都是一次潜在的机会,可以使顾客感到他得到了比自己的经验期望更好的服务。而那些只是机械地执行服务,对顾客十分冷淡的员工就会浪费这些机会。

(2) 利用服务重现。服务重现工作是一个绝好的超出顾客期望的机会。在处理这些服务问题时,过程方面尤其重要。虽然在服务重现期间顾客对结果和过程方面的期望都会比平时更高些,但过程方面提供了更大的超出期望的机会。同样,顾客在服务重现期间将比在日常服务期间更加注意服务的传送过程。他们往往会以"内行"的眼光来审视服务的重现过程。因此,服务人员如果以全身心的投入来对待顾客并且反应灵敏,就能使顾客安心,酒店可以利用服务重现来使顾客感到惊奇并通过特别的服务超出他们的期望。

(二) 客户关系管理的推行

在现代市场竞争中,酒店企业的生存不再是靠一成不变的产品来维持,而是要靠为顾客创造全新服务、全新价值,换取长期的顾客忠诚,形成竞争者难以取代的竞争力,并与顾客建立长期的互惠互存的关系,才能得以生存。在当今竞争激烈的市场环境中,越来越多的酒店企业开始通过客户关系管理来赢得更多的顾客,并且提高顾客忠诚度。这部分内容已在关于 CRM 的章节中进行了阐释。

针对服务质量的客户关系管理需要着重关注以下四个方面。

(1) 不断识别顾客,分析顾客的变化情况,具体做法包括将更多的顾客资料输入数据库中;采集顾客的有关信息;验证并更新顾客信息,删除过时信息;分析顾客发生变化的状况和趋势;研究顾客消费行为有何变化,有没有规律性。

(2) 识别不同顾客对酒店的影响,抓住重点顾客或"金牌顾客"。不同的顾客对酒店有不同的影响,酒店可以从以下方面进行识别。

① 哪些顾客是酒店的"金牌顾客"(对酒店贡献和影响较大的顾客)。

② 哪些顾客导致了酒店成本的较大变化。

③ 酒店本年度最想和哪些顾客建立业务关系,选出几位顾客。

④ 上年度有哪些大客户对酒店的产品或服务多次提出抱怨,列出这些大客户名单。

⑤ 去年最大的客户今年是否也做了许多预订,找出这个客户。

⑥ 是否有顾客只预订本酒店一两次，却多次预订其他酒店，找出这些顾客。

⑦ 客户对本酒店的效益影响如何，根据客户对本酒店的价值（如市场花费销售收入、与本酒店有效业务的年限等），按重要程度分为 A、B、C 三类，以进行分类管理。

(3) 加强与顾客接触，分析联系通道的质量和接触效果。以下做法，酒店均可有选择地采用。

① 给酒店的顾客联系部门打电话，看得到问题答案的难易程度如何。

② 给竞争对手的顾客联系部门打电话，比较业务水平的不同。

③ 把顾客打来的电话看作一次销售机会。

④ 测试顾客服务中心的自动语音系统的质量。

⑤ 对酒店内记录顾客信息的文本或纸张进行跟踪。

⑥ 分析哪些顾客给酒店带来更高的价值，与他们更主动地对话。

⑦ 通过信息技术的应用，使得顾客与酒店做生意更加方便。

⑧ 了解对顾客抱怨的处理效果。

(4) 根据分析的结果，提出改善顾客关系的对策。这些对策通常可从以下几个方面考虑。

① 改进顾客服务过程中的效率，节省顾客时间。

② 发给顾客的邮件更加个性化。

③ 替顾客填写各种表格。

④ 询问顾客，他们希望以怎样的方式、频率获得酒店的信息。

⑤ 找出顾客真正需要的是什么。

⑥ 征求名列前 10 位的顾客的意见，看酒店究竟还可以向这些顾客提供哪些特殊的产品或服务。

⑦ 争取企业高层参与顾客关系管理工作。

⑧ 推行顾客关系管理，可以使现代酒店企业在培育顾客忠诚的同时，促进酒店组织变革适应新时代企业管理的需要。

赢得顾客忠诚的十种方法

(1) 保持与老顾客的经常联系。

(2) 特别为顾客举办促销活动。

(3) 把通常收服务费的项目，免费提供给老顾客。

(4) 赠送其他非竞争性企业所提供的赠品券给顾客。

(5) 不预先通知地赠送顾客免费的礼品。

(6) 让顾客得到想要的东西。

(7) 当顾客需要时，必须随时随地为他服务。

(8) "额外"服务使企业与众不同。

(9) 记住顾客的名字。

(10) 设立顾客俱乐部。

四、顾客满意与顾客忠诚的区别

（一）两者的一致性

满意是忠诚的基础，两者有直接相关关系，满意且忠诚的客户才是稳定的顾客。

（二）两者的差异性

顾客满意度侧重于顾客过去的经历和想法，仅反映过去的行为；顾客忠诚度却可以预测未来的消费行为趋势，忠诚度研究对公司的利润增长、品牌建设有着重要的意义。

（三）顾客满意度

顾客满意度是指顾客对企业及企业产品/服务的满意程度。顾客满意度也是客户对企业的一种感受状态，并且在这种感受状态下更容易激发交易行为的发生。

在竞争日趋激烈、以顾客为导向的市场环境中，越来越多的酒店开始追逐顾客满意度的提升。但是，很多酒店追逐的效果并不尽如人意。我们发现，酒店如果只是追求顾客户满意度往往并不能解决最终的问题，因为很多时候酒店的顾客满意度提高了，并不意味着酒店的利润就立即获得改善。

只有为酒店贡献利润的顾客才是直接的价值顾客，而且价值顾客对酒店的利润贡献也有高低之分。因此，酒店应该对稀缺的经营资源进行优化配置，集中力量提升高价值顾客的满意度；与此同时，也应该关注一下潜在的高价值顾客，渐进式提高他们的满意度。从全部顾客满意，到价值顾客满意，再到高价值顾客满意，最后到高价值顾客关键因素满意，这是酒店提升顾客满意度价值回报的流程。

（四）顾客忠诚度

顾客忠诚是从顾客满意概念中引出的概念，是指顾客满意后而产生的对某种产品品牌或公司的信赖、维护和希望重复购买的一种心理倾向。顾客忠诚实际上是一种顾客行为的持续性，顾客忠诚度是指顾客忠诚于企业的程度。

顾客忠诚表现为两种形式，一种是顾户忠诚于企业的意愿；另一种是顾客忠诚于企业的行为。而一般的企业往往容易把这两种形式混淆起来，其实这两者具有本质的区别，前者对企业来说本身并不产生直接的价值，而后者则对企业非常具有价值；道理很简单，顾客只有意愿，却没有行动，对企业来说是没有意义的。企业要做的是，一是推动顾客从"意愿"向"行为"的转化程度；二是通过交叉销售和追加销售等途径进一步提升顾客与企业的交易频度。

顾客满意度不等于顾客忠诚度，顾客满意度是一种心理的满足，是顾客在消费后所表露出的态度；但顾客的忠诚是一种持续交易的行为，是为了促进顾客重复购买的发生。衡量顾客忠诚的主要指标是顾客保持度（customer retention），即描述企业和顾客关系维系时间长度的量；顾客占有率（customer share），即顾客将预算花费在该公司的比率。

满意度衡量的是顾客的期望和感受，而忠诚度反映的是顾客未来的购买行动和购买承诺。顾客满意度调查反映了顾客对过去购买经历的意见和想法,只能反映过去的行为,不能作为未来行为的可靠预测。忠诚度调查却可以预测顾客最想买什么产品,什么时候买,这些购买可以产生多少销售收入。

任务 3　大数据与服务质量

一、酒店网络点评管理与分析概述

　　酒店需要经常对酒店服务质量做考评,来检验酒店的经营管理是否出现了某种程度的偏差。考评形式多种多样,如聘请第三方公司做神秘客调查,收集社会舆情的信息等。这些信息涉及酒店产品和服务的方方面面,包括酒店整体框架项下的品牌形象、位置、交通、价格等内容;客房项下的各项服务及产品,客房内的寝具、用品、洗衣等内容,客房的清洁度,服务的及时响应等;餐饮项下的餐食品种、菜品质量、餐具清洁、餐台摆放等。如何通过大数据来驱动酒店服务的质量管理,是酒店经营者迫切需要解决的问题。

　　当前,中国旅游业与酒店业迎来了大数据时代。随着电子商务网站、社交型网站和第三方评论网站的发展,以及在旅游、酒店行业的普及应用,网络上出现了大量的顾客对酒店的点评内容。现在从全国各大中文网站上可采集到的酒店顾客点评数量已超过千万级。这些点评内容实际上是客人在网络环境下对酒店所提供的产品与服务的问卷调查结果,是客人在体验酒店产品和服务后对酒店满意度的真实回答。对这些点评进行有效的收集和分析,可以取代传统的问卷调查方式,同时还能够弥补传统问卷调查的有限性和局限性。

　　酒店顾客满意度指数(hotel customer satisfaction index,HCSI)是网络点评与分析中的常用指标,它是指某一酒店在一段时间内能够满足顾客期望的程度。这一指标可以反映酒店在一段时间内的服务质量。

　　在数字化技术迅速发展的今天,互联网和移动网络成为信息交汇的重要平台,网络点评的信息随时随地地进入人们的视线,每时每刻都在影响着人们的消费行为。由于这些网络点评是顾客亲身的体验和感受,具有一定的可信度,对潜在顾客产生一定的影响力。因此,关注网络点评,就是关注酒店企业的效益。

二、网络点评管理与分析方法

（一）文本挖掘与情感分析

　　大数据时代的来临促进了语言处理技术的快速发展,文本挖掘的方法成为更可靠和更常用的研究方法。文本挖掘指的是从文本数据中获取有价值的信息和知识,它是数据挖掘中的一种方法。文本挖掘中最重要最基本的应用是实现文本的分类和聚类,前者是有监督的挖掘算法,后者是无监督的挖掘算法。

文本挖掘是应用驱动的,它在商业智能、信息检索、生物信息处理等方面都有广泛的应用,如客户关系管理、自动邮件回复、垃圾邮件过滤、自动简历评审、搜索引擎等。文本挖掘的主要用途是从原本未经处理的文本中提取出未知的知识,但是文本挖掘也是一项非常困难的工作,因为它必须处理那些本来就模糊而且非结构化的文本数据,所以它是一个多学科混杂的领域,涵盖了信息技术、文本分析、模式识别、统计学、数据可视化、数据库技术、机器学习及数据挖掘等技术。近年来,文本挖掘方法在旅游业和酒店业开始应用。然而,就酒店网络点评内容的研究而言,目前的大部分研究主要是对内容特征属性、评论内容分词的统计分析和聚类分析。

情感分析(sentiment analysis)又称意见挖掘(opining mining),随着大数据文本挖掘研究的深入,它开始应用到网络点评这种非结构化的自然语言处理文本中。情感分析是指通过语义分析技术对文本的主客观性、观点、情绪、极性的挖掘和分析,对文本的情感倾向做出分类判断。情感极性一般分为两极,即正面的赞赏和肯定、负面的批评与否定。也有学者在正面和负面之间加入了中性。另外有些学者采用情感极性强度分析网络点评,将顾客满意度分为很不满意、不满意、一般、满意和很满意五个等级。情感分析在大数据环境下对企业洞察顾客、制定市场营销策略和商业模式创新起到了重要作用。

每条网络点评都是顾客对酒店设施及服务的真实反馈,但是这种非结构的文字并不利于科学的数据分析。因此,酒店有必要基于情感分析技术,利用计算机对自然语言形式的网络点评进行采集与分析,自动抽取顾客在点评中针对酒店软件和硬件等方面所表达出来的观点和态度,将用自然语言描述的用户点评,转化为结构化的用情感数据库形成文本的情感词集合。其中,顾客在点评中所表达的对酒店软硬件某一方面的看法及情感态度,可以理解为该顾客在点评中对酒店该因子进行了一次满意程度的"投票",并可以被转化为顾客对酒店该方面的情感表达。

顾客的情感分为正向和负向,具体的点评文本挖掘与情感分析流程如图 9-3 所示。

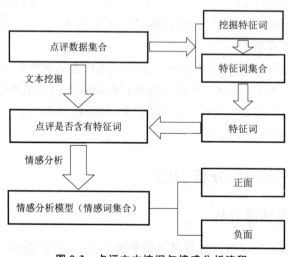

图 9-3　点评文本挖掘与情感分析流程

网络点评分析样例如表 9-1 所示。

表 9-1 网络点评分析样例

点评数据	酒店特征	情感词
地理位置好,很多景点就在附近,服务让人觉得很棒。酒店地理位置好,酒店环境也不错,服务态度很好!大堂门面比较不美观。	位置	"好"
	服务	"很棒""很好"
	环境	"不错"
	大堂	"不美观"

⇩

分析结果

特征词	情感极性	频次
位置	正面	2
服务	正面	2
环境	正面	1
大堂	负面	1

(二)数据采集与处理

下面以《2021中国住宿业市场网络口碑报告》说明酒店网络点评分析中的数据采集与处理方法。

2021中国住宿业市场网络口碑报告

报告采集2016—2020年的口碑数据,基于国内外15大主流点评网站(网站主要包括携程等、OTA、去哪儿等元搜索网站,以及大众点评等点评网站)的酒店点评进行语义分析和综合评测,共采集线上超过60万家酒店,点评条数超过1.65亿条,主要分析近2年网络口碑的变化,从点评内容出发,探索全国酒店网络口碑发展趋势,解析不同类型消费群体对酒店软硬件的服务诉求差异。

以下为中国住宿业市场网络口碑概述。

1. 2020年全国酒店住宿业 慧评得分表现优异

慧评得分是通过综合网络点评中的顾客观点数和表扬率两方面因素客观地反映酒店口碑的综合表现。2020年全国酒店住宿业慧评得分为87.21,为历年最高得分,较2019年上升了1.7分,如图9-4所示。受新型冠状病毒肺炎疫情影响,消费者出行入住需求大幅减少,点评数也随之减少,2020年全国酒店住宿业观点数较同期下降27.6%,但表扬率提升了2.7个百分点,首次超过90%。新型冠状病毒肺炎疫情推动行业洗牌,倒逼行业高质量转型,众多酒店开始不断完善SOP流程,制定精细化运营管理机制,行业整体服务水平提升,消费者也对酒店服务给予了更高的认可,如图9-5所示。

2. 点评数与市场需求呈正相关,点评波峰多出现在周末或小长假

从全国点评数的变化趋势来看,点评数与市场需求呈正相关,疫情暴发后,需求急转直下,点评数也随之大幅度下滑,随着国内疫情逐步稳定,需求缓慢恢复,点评数随之增长。

整体点评趋势呈现明显的波动状态,消费者点评时间较为集中,波峰多出现在周末或小长假过后,如图9-6所示。

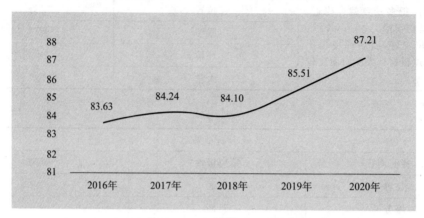

图9-4　2016—2020年全国酒店慧评分变化趋势

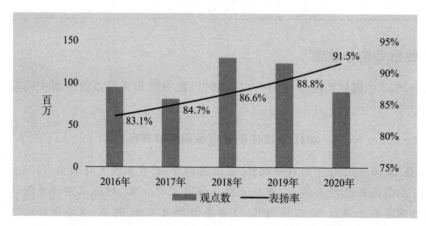

图9-5　2016—2020年全国点评观点数 & 表扬率变化趋势

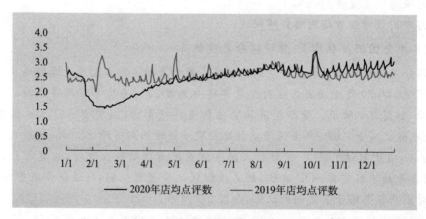

图9-6　全国店均点评数日变化趋势

3. 消费者点评时间呈"U形"分布状态,离店3天内点评比例达53.5%

消费者点评时间呈"U形"分布状态,2020年离店3天内点评比例达到53.5%,且离店当日点评比例较去年同期有所增加,超过30天以上点评数明显减少,如图9-7所示。如果客人离店很长时间才点评,容易出现记忆偏差。因此,目前很多OTA对点评时间做出了限制,如携程规定客人最晚写点评时间是离店后6个月以内,酒店在为客人提供服务的同时,也应加强在店点评的引导。

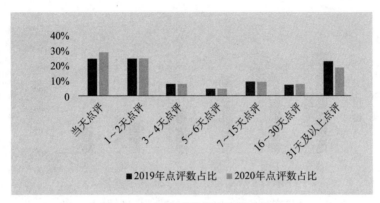

图9-7 全国酒店表扬率日变化趋势

4. 表扬率整体高于去年同期,数据波谷均出现在节假日过后

新型冠状病毒肺炎疫情让酒店住宿业深受重创的同时,也是对酒店业的一次大考。2020年全年表扬率基本均高于同期,一方面客流量骤减,人手不足服务水平跟不上的情况减少,随之差评投诉相应减少;另一方面新型冠状病毒肺炎疫情下各酒店都在积极"修炼内功",升级卫生服务标准,客户满意度也明显提升。从数据趋势来看,几个数据波谷均出现在节假日过后,节假日期间的服务质量管控仍应作为酒店服务管理的关注重点,如图9-8所示。

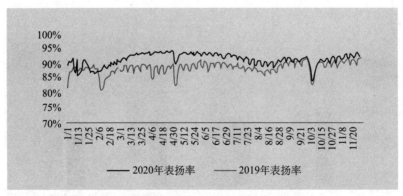

图9-8 全国酒店表扬率日变化趋势

5. 消费者对住宿品质要求不断提升

通过语义分析进一步了解酒店住宿业在不同服务维度的表现与变化趋势。点评是消费者对酒店服务最真实的反馈,不同服务的观点数,一方面反映消费者对该项服务的关注

度,另一方面反映酒店在营销中的"有形展示"是否做得到位,酒店是否做好了客人住店的每个流程的服务设计,为客户留下记忆点。从关注度来看,2020年消费者对位置、设施、餐饮的关注度有所下降,转而更加关注服务,同时卫生、价格维度的关注度也有小幅提升。从表扬率来看,2020年酒店住宿业六大维度表扬率均有上升,其中设施、卫生维度提升明显,分别增长5.7个、3.8个百分点,除设施、餐饮,其他维度表扬率均超过90%,如图9-9所示。酒店住宿业不仅专注于服务质量的全面提升,也更加重视围绕消费者触点的营销展示。

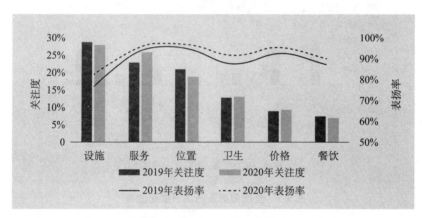

图9-9　全国酒店消费者六大维度关注度 & 表扬率

6. 酒店愈加重视线上口碑管理,加强对消费者点评的回复

据统计,80%的客人在预订酒店之前会先看6~12条评论,他们中99%会仔细查看酒店的点评回复。恰当的酒店回复是酒店专业态度的展示,尤其是针对非好评内容的恰当回复能避免差评负面效应的扩大。调研显示,62%的消费者表示,相比那些对客户评论置之不理的酒店,消费者更愿意选择积极回复客户评论的酒店,由此可见点评回复的重要性。2020年酒店点评回复率明显提升,说明酒店开始越来越重视线上口碑管理,如图9-10所示。

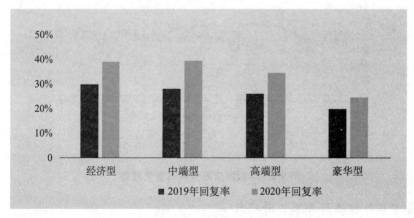

图9-10　全国不同等级酒店点评回复率对比

任务 4　大数据与酒店点评

一、酒店点评管理

对酒店行业而言,顾客体验的是酒店的产品与服务,顾客体验的感受一方面会留在顾客的记忆中,另一方面会以点评的方式抒发并分享。点评网站、社交网站和自媒体平台是展示顾客体验感受的重要媒介,同时也服务于体验经济,是酒店自我评估服务质量及产品质量的重要渠道。

1. 酒店点评管理的意义

体验经济对服务行业,特别是酒店业提出了更高的要求,大数据时代、新媒体的发展,都对酒店业提出了严峻考验。社会化媒体已经深入企业运营的整个过程中,酒店企业所处的公众信息环境发生了变化,酒店企业应建立一套行之有效的舆情监管安全体系,系统性地应对社会化媒体给企业带来的潜在威胁,铸就酒店口碑与提升服务。

随着科技和网络的发展,如今的酒店点评不再是过去简单意义上的评论,已经发生了质的转变,由过去顾客对酒店服务简单表扬与批评变为多内容、多渠道和多维度的客观真实评价,顾客的评价内容更加趋于专业化和理性化,发布的渠道也更加广泛。因此,如今的酒店点评不仅受到酒店管理者的重视,更是受到顾客的高度关注。

据了解,超过70%的顾客在订房前都会浏览酒店的点评。因此,酒店的点评成为主导顾客是否预订这家酒店的主要参考依据。由此可以看出,酒店的点评现在已经成为顾客衡量酒店服务质量和产品价值的重要因素。从不同方面和渠道收集酒店顾客的点评数据,再进行分析而和研究,可以帮助酒店进一步洞悉顾客的消费心理和消费行为,深入了解酒店产品的质量,以及存在的问题。这样有利于改进酒店的产品,提高服务质量,从而提高顾客对酒店的美誉度和忠诚度。

2. 酒店点评管理的内容

顾客在体验过程中的情感表现,除了通过直接的神态、表情、语言和行动变化表现出来以外,能够长存的并且对其他顾客的消费行为有影响力的情感表现方式即网络点评信息。据慧评网的酒店慧评系统创建并统计的酒店点评数据库显示,每年三大OTA(携程、艺龙、同程)、垂直搜索网站(去哪儿)及三大点评网站(大众点评、驴评、到到)共收录酒店点评信息近800万条,覆盖4万多家国内酒店,平均每天产生2万多条点评。除此之外,消费者在自媒体平台上(以微博为主)发布的酒店体验感受信息更是浩如烟海。

点评管理是酒店现实情况的反馈,消费者对酒店的评价涵盖方方面面,如位置的便利性、服务人员的服务态度等,酒店对这些反馈首先要做到及时的监控与回复,这样可以帮酒店认识到其在消费者心中的形象,进而通过用户分享的真实数据重构解析,可以发掘需要提高和改善的方面。酒店对发生的一些特殊事件及时磋商处理且回应恰当,做好服务补救,甚至可以提高顾客的满意度和忠诚度。

3. 酒店点评管理的方法

由于网络点评具有及时性、交互性、扩散性的特征,酒店经营者如何智慧地利用点评、扩大好评的正面效力,降低差评的负面影响,是大数据时代体验经济对酒店业赋予的机遇与挑战。酒店点评管理可通过以下方法进行。

(1) 建立一站式点评管理。顾客点评在 OTA、垂直搜索网站、点评网站上公开化、透明化,差评犹如放大镜,酒店的管理漏洞、劣质服务尽显无疑。酒店无权阻止顾客对其进行评论,更无法限制评论内容。倘若差评在网络平台上蔓延,势必折损酒店的口碑与声誉。因此,酒店建立一站式点评管理功能,搜集整合并实时更新主流点评平台上的顾客点评信息显得尤为重要。

(2) 分类处理点评信息。庞大的点评数据、复杂的点评内容常常让酒店管理者束手无策,酒店应采用先进的语义分析技术,将所有点评信息分类处理。除酒店整体情况外,酒店还应将监管项目细化,例如按"服务—前台服务—check in/out"划分为一、二、三级,尽量覆盖顾客体验过程中的方方面面。酒店各部门可通过相关维度的点评展示了解掌握实时的顾客反馈。

(3) 建立点评实时预警。网络信息的传播速度之快增加了差评的影响力度,酒店对差评抓取与处理的滞后性,阻碍了危机处理的效率,有损酒店的形象与口碑。酒店舆情监管系统必须建立点评实时预警功能,不断自动更新抓取的信息,并及时将预警邮件发送到酒店设置的预警邮箱。对酒店而言,快速地获取预警信息,为黄金 4 小时内进行危机处理奠定了坚实的时间基础。

(4) 建立微博监控。近年来,新浪微博用户已超过 3 亿,用户平均每天发布超过 1 亿条微博。微博俨然成为公众吐槽最频繁的平台之一。酒店要监控顾客在微博平台上对酒店的不满宣泄,防止其病毒式地蔓延,让酒店管理者费尽心思。因此,酒店舆情监管系统建立"微博监控"功能极为重要,通过对酒店名称设置的多条关键词,每 10 分钟更新一次新浪微博上所有对该酒店的微博,快速跟进微博的评论和转发。

(5) 建立多维度竞争分析。国内酒店行业的激烈竞争由来已久,国内外酒店品牌竞相争夺国内市场。酒店舆情监管系统必须建立多维度竞争分析,实时了解同城同星级酒店平均情况的对比分析,甚至掌握竞争对手的相关数据,从不同维度了解酒店与竞争对手的差异。

众荟数据智能服务平台

众荟数据智能服务平台,基于国内外 34 个点评渠道,采集点评数据超过 2 亿条,提取用户观点超过 5 亿个,付费用户超过 1 万,以数据科技和人工智能技术为基石,对内产品研发、对外技术融合,聚合酒店住前、住中、住后全量数据,结合深度学习、自然语言处理、语音识别、语音合成、人机对话、知识图谱等 AI 技术,为各种规模的酒店提供灵活易用的数据智能产品和服务,覆盖数据分析过程中的各个环节,使酒店洞悉数据间的复杂关系,获得全新的客户行为和市场洞察,助力酒店做出更智慧的商业决策,强化酒店运营、营销、服务能力;改善酒店顾客满意度并提高收入,为酒店提供多维度的分析报告,提高酒店数字化运营能力。

众荟数据服务平台提供数字化解决方案,从运营、营销、住中服务等全流程帮助酒店实现以数据为驱动的智能化转型,行之有效地为酒店降本提效、增加利润,让酒店经营在数据智能的赋能下变得更轻松、更简单,其具体功能如下。

(1) 酒店点评。实时监控国内外主流 OTA 点评数据,按照观点维度和点评时间进行分类管理,周期性监控慧评得分变化趋势,分析点评来源和客人出行目的,辅助酒店渠道营销。

(2) 点评管理。实时监控并展示国内外主流点评渠道宾客点评内容。

(3) 点评分析。进行多维度深度分析与整理点评数据,及时获悉客人反馈。

(4) 竞争分析。按需设定,掌握酒店与竞争对手的各项数据,有效提高点评得分。

(5) 回复分析。24 小时内点评回复,提高宾客满意度,是直接有效的酒店营销窗口。

(6) 点评数据化。先进的语义分析技术,细分 1 300 个相关维度,精准洞察客人真实情感,深度挖掘点评价值。

(7) 运营精细化。一站式管理网络点评,收集住店客人反馈;量化质检考核,自行设定多维度持续质检,及时发现运营短板,提高核心竞争力。

(8) 品牌提升可视化。直观呈现酒店品牌表现,品牌情况一目了然,为酒店营销策略的制定提供有效依据。

(9) 口碑管理移动化。移动端"掌上慧评",满足酒店管理人员移动办公需要,集合舆情预警、日报查看、点评分析、行业热点等功能,随时随地掌握酒店管理及运营水平。

(10) 竞争对手差异化。通过点评追踪,洞悉竞争对手七大维度优劣势,利用大数据及人工智能技术,挖掘酒店独特卖点,提高酒店品质。

(11) 掌上用户画像慧评。基于用户酒店住前、住中、住后全数据,以用户标签形式,勾画用户的信息全貌,分析用户的行为习惯和消费能力等,个体画像可用于个性化服务或营销,群体画像也可用于决策支持等应用场景。

(12) 酒店差评管理攻略。随着在线预订酒店的普及,差评对酒店带来的负面影响越发严重,不仅有损酒店口碑,还会对酒店收益造成难以估量打击,因此做好差评管理成为酒店必不可缺的功课。差评管理攻略通过阐述如何避免差评产生,如何降低差评出现带来的影响,不同类型酒店最易引起差评的服务有哪些,帮助酒店远离差评,提升口碑。

(13) 酒店点评回复手册。恰当的回复相当于对酒店进行了二次营销,可以提升酒店品牌力,然而很多酒店在回复客人时使用千篇一律的模板,从客人角度来讲显得枯燥、机械、不真诚,酒店如何回复点评才更有价值?在回复的过程中应注意哪些问题?酒店点评回复手册提供了答案。

二、新闻管理

新闻管理即管理行业及竞争对手动态信息,可以了解行业走势,包括国家政策对酒店行业带来的影响、一些酒店突发恶性事件对酒店业整体带来的后果等。根据迈克尔·波特的五力模型,酒店行业面临着来自竞争对手、潜在行业竞争者(如房地产商)、替代厂商(如非标准住宿业)、供应商和目标顾客五方面的压力。因此,酒店不仅需要关注整个行业的动态,还需要了解国家政策等多方面的信息。酒店如果利用好新闻媒体这个风向标,就可以适时而动,发现一些新理念与技术趋势,及时把握住机会。此外,通过对新闻动态的实时管理,可以了解酒店企业所处的舆论危机,并对该危机进行持续的关注和引导。

三、社交媒体管理

社交媒体管理是管理自媒体的动态信息。随着人们对社交软件的依赖度增强,社交媒体的重要性与日俱增。酒店要注意监控人们在社交媒体上发布的关于酒店的言论,并注意与他们互动。在合适的情况下,酒店应及时介入即时营销,推出新的营销方案。有些酒店甚至利用小视频、短剧等形式,充分展现酒店特色,吸引社交媒体上的转发和关注。

随着社交媒体的流行,酒店也不得不通过创新的方式来与顾客保持联系。就在很多酒店穿行于各大社交网站之际,一些酒店却独辟蹊径,利用社交媒体开展线下活动。通过整合特定社交媒体主题的展览和社交活动,很多酒店为顾客带来了围绕社交媒体主题的真实体验。

Twitter 主题的酒店:Sol Wave House

位于西班牙马略卡岛的 Sol Wave House 酒店(图 9-11)就是一家完全以 Twitter 为主题的酒店。顾客可以登录 Sol Wave House 的定制化 App,然后通过 Twitter 来与酒店的其他顾客进行互动、分享照片和发送私人信息,他们还可以通过 Twitter 向酒店礼宾人员发送服务请求。顾客只能通过 Sol Wave House 的 WiFi 网络服务来使用其定制的 App,这是因为该酒店希望为顾客建立一个虚拟社区,以分享信息和图片。酒店通过 Twitter 来提供客房内的一些设施和服务。

图 9-11 Sol Wave House 酒店

比方说在客房内张贴"#补充冰箱内的饮品"(#Fill My Fridge)标签,如果顾客需要酒店补充迷你酒吧中的饮品,那上述信息将促使他们在发 Twitter 时包含标签的内容。Sol Wave House 还提供"Twitter 派对套房"(Twitter Party Suite),它不同于该酒店提供的其他种类的客房。酒店还在客房内张贴了另一个标签"♯有问题请随时联系"（♯AskMe700），以鼓励用户在使用 Twitter 向礼宾人员寻求帮助时添加这一标签。

　　Twitter 主题还延伸到了酒店客房以外的服务当中，比方说泳池边的每张躺椅都对应一个号码，顾客只需在发 Twitter 时包含躺椅号码的标签（♯BaliBed5）就能提交服务请求。Sol Wave House 在社交媒体应用方面类似于乌斯怀亚伊维萨海滩酒店，无论这种做法是否仅是一种噱头，它们都是非常值得关注的。旅游品牌似乎将更充分地利用社交媒体趋势，以在深受欢迎的市场（如地中海地区的海滩度假胜地）与其竞争对手形成差异化。

四、官方网站管理

　　官方网站作为酒店自身运营的平台对展示酒店评价起着关键性的作用。官方网站一方面要全面地展示酒店的优势，延长顾客在酒店停留的时间，引发顾客更多的自愿性消费，另一方面要保持内容的真实性，提供主动式的数据，以更贴近客人关切的视角，将内容清晰明了地展现出来。以网络点评、新闻和社交媒体组成的被动式数据，由于内容较分散，需要先收集再整理分析。为做好客户体验，发挥官方网站的最大价值，酒店要做好以下六个方面的优化工作。

　　1. 合理清晰的网页布局

　　当酒店顾客有预订的意向时，酒店官方网站是他们的第一站。顾客访问酒店网站，首先映入眼帘的就是整个页面设计。所以，清晰合理且具有独特风格的页面模板可以让顾客轻松浏览。一个完善的页面布局由两部分组成：一是前期的宏观布局，二是后期的优化和微调。前者要先调查分析，对顾客需求进行预测，在此基础上做好宏观页面布局。但是，前期的布局不一定能够完全解决顾客的需求，所以后期的数据研究就至关重要了。酒店可以通过统计后台的数据来分析顾客是通过搜索哪些关键词来到酒店官网的、来访的主要意图是什么、为什么离开等。酒店结合百度的相关搜索就可以很好地对顾客行为进行判断，然后对页面的布局做出合理的调整，把顾客最需要、最关注的东西放在最明显的位置。

　　2. 保证页面访问速度，提高内容质量

　　网页打开速度的迟缓直接影响顾客的体验，这无疑会增加网页的跳出率。因此，网页所选的空间和服务器一定要速度快、够稳定，而且页面上的图片、flash 等要进行压缩或者减量处理。一般来说，一个页面整体加载完的时间应该控制在 7 秒以内。网页仅仅拥有速度和美观度的模板是远远不够的，顾客来到酒店网页不是来欣赏网页布局和设计的，是来判断到底在这家酒能获得怎样的体验。因此，官方网站的内容是网页的灵魂，高质量的内容会得到顾客的认可，同时会让网页在搜索引擎中获得更好的排名。酒店网页上的内容一定要做到精炼和清晰，不能杂乱无章。

　　3. 确保网站移动端的访问正常

　　酒店的网站在移动端不仅要具有设计的兼容性和内容的可访问性，在许多情况下，酒店提供的内容还必须是简单精确的，以方便顾客在使用屏幕较小的设备时也能快速查看并精细阅读。酒店要分别查看各个浏览器流量的跳出率数据，检查不同浏览器的跳出率是否相近。如果有某个浏览器的跳出率过高，那有可能是因为在该浏览器中存在兼容性问题，酒店需要安排相关的排查工作。浏览器兼容性问题是网页上线之前就应该做检查的,它可能成为导致高跳出率的一个很重要的原因,因此在网页上线前就应该调试好。

4. 减少无关的关键字

检查网页上是否存在一些高跳出率并且带来较多流量的关键字,分析这些关键字是否与网页的主题相关。如果关键字与网页主题关系不大,应减少这类关键字的优化与推广,因为这些关键字流量并不会对酒店业务有明显帮助。

5. 提高网页交互性

酒店可以在其官网与顾客的交互性方面下些功夫。例如:在网页中搜集个性化评论和留言,使用评分插件,可以每周或者每月推出一个评论之星,把留言最精彩的顾客或评论最中肯的顾客排在首位,以此鼓励更多顾客进行留言和互动。另外,酒店还可以开辟一个问答服务或讨论专区。这种新颖的方式不仅能够降低网页跳出率,而且能提高酒店官网的访客黏度。

6. 根据用户的访问意图做优化

分析顾客访问意图是酒店进行网页内容设计的最佳灵感来源。根据顾客所使用的关键字,优化着陆页面的内容,从而为顾客提供更好的体验以满足他们的预期。这一做法通常用于付费搜索和显示广告的优化。当广告文案和着陆网页的内容不匹配时,必然会导致跳出率较高,酒店必须要保证内容与用户搜索关键字的一致性,才能获得较低的跳出率和较高的转化率。

靠创意服务提升社会化媒体关注度的酒店案例

1. 安达仕酒店:接待人员以轻松的方式为顾客提供服务

凯悦集团旗下的品牌安达仕酒店不再使用传统的前台接待模式,而是安排酒店人员在顾客走进酒店时向他们表示欢迎,并在大堂的任何地方为他们提供服务。一位商务旅行专栏作家 Joe Brancatelli 表示:"他们会请你坐下,然后为你提供一杯免费的红酒或咖啡。安达仕酒店大堂的咖啡厅全天候都有员工为你提供饮品。然后接待人员会使用平板电脑来为你办理入住,当你喝完饮料并签名后,他/她就会送你到客房入住。"华尔街安达仕酒店的总经理 Toni Hinterstoisser 表示:"我们酒店专注于以轻松的方式提供一流的服务。"

2. 布拉迪斯拉发喜来登酒店:提供 Instagram Moments 册子

摄影师和旅游博客作者 Jen Pollack Bianco 在入住喜来登酒店时,发现了一本名为 Instagram Moments 的册子。该册子还附有一封短信:"我们知道您喜欢通过 Instagram 来分享自己拍摄的照片,我们想您应该会喜欢这本小册子,里面有我们精心挑选的 25 张最能展现布拉迪斯拉发的照片。"该酒店的做法充分证明:简单地向顾客表现酒店对他们的关注可以为顾客留下极深的印象。

3. 那不勒斯丽思卡尔顿酒店:通过 Facebook 反馈信息提供个性化服务

那不勒斯丽思卡尔顿酒店询问它的 Facebook 粉丝喜欢什么样的咖啡口味。如果你答复了这一问题,那当你入住该酒店时,服务人员可能就已经在你的咖啡中添加了适量的糖,因此你不需要另外再提出要求。这一细节还能被应用在其他渠道。

4. 雅高酒店:社会媒体提升顾客忠诚度

雅高酒店在其位于费城、芝加哥、纽约和华盛顿的索菲特酒店和诺富特酒店尝试了很有创意的做法:它们先确认哪些忠诚会员将在当月入住酒店,然后查看他们公开的社会媒体资料,以了解顾客的兴趣和偏好。雅高集团北美地区的电子商务总监 Magali Jimenez Bervillé 表示,在完成上述工作后,酒店会选择一份礼物,以"将顾客的认同度提升至另一个水平,一个更高的层次"。酒店会送什么礼物呢?如果顾客喜欢美食,那酒店将向他们提供全天参观芝加哥 Tru 餐厅的机会,并为他们提供芝加哥水塔索菲特酒店的晚餐。如果顾客喜欢钓鱼,那酒店将提供圣地亚哥湾的生态友好钓鱼旅程。如果顾客喜欢豪华汽车,那酒店将提供一张礼品卡,让他们可以驾驶法拉利或兰博基尼跑车。

5. CitizenM Hotels:提供有趣的免费服务

CitizenM Hotels 了解顾客的需求,并根据其要求来提供相关服务,因此获得了成功。除了提供免费无线网络和电影,该酒店不断推出一些很酷的新服务。比如,位于阿姆斯特丹的 CitizenM Hotel,在顾客外出之前,会向他们提供免费的咖喱鸡饭。

6. 芝加哥康拉德酒店:提供睡眠服务菜单

一些酒店会提供枕头菜单,但芝加哥康拉德酒店在此基础上更进一步,它提供综合枕头菜单、助眠草本药物、睡帽、睡前巧克力、保湿护肤用品、温泉矿物保湿面膜和睡眠机等。该酒店还针对这些服务创建了单独的网站:Conrad Chicago Sleep Menu。

7. 摩根酒店集团:创建音乐播放列表

很多酒店都忽视了音乐这一必不可少的体验因素,这一强大的工具可以使全球旅行者对某个地方产生感情。摩根酒店集团就充分利用了这一工具。该集团为旗下的每家酒店都创建了音乐播放列表。

8. 文华东方酒店:提供目的地信息

文华东方酒店集团将内容营销提升至一个新高度,它推出了在线杂志 Destination MO,读者可以在该杂志上找到任何信息,包括名人推荐信息,以及如何在城市中找到最完美的"时刻"。

9. 洲际酒店集团:提供礼宾视频

洲际酒店开始创建有关酒店礼宾人员提供目的地建议的视频。该酒店集团还通过 Skype 或苹果公司 Facetime 的实时视频会话来提供礼宾服务,以通过各种数字渠道提供更高水平的服务。

10. 雅乐轩酒店:利用全息图像提供礼宾服务

雅乐轩酒店正在试验一种与《星际迷航》类似的技术,让顾客可以通过新的方式来获得信息和当地商家的产品。雅乐轩酒店的大堂将会摆放一个真人大小的纸板模型,一张全息图像会投射在这个模型上。顾客可以使用它们的智能手机来下载和保存信息。

项目小结

本项目主要阐述了酒店数字化服务质量的含义、组成、特点和管理方法;解释了酒店服务质量管理的基本要素;科学地分析了顾客满意与顾客忠诚的辩证关系,以及顾客满意与顾客忠诚在酒店中的运用；说明了顾客满意的内涵和顾客忠诚的概念；推荐了消费者非常满意的理论；强调了培育忠诚顾客的重要意义；介绍了酒店点评管理、新闻管理、社交媒体管理和官方网站管理。酒店通过收集、积累和统计点评方面的大量数据，多维度地进行比较分析，从中发现有价值的信息，最大限度地发挥酒店大数据的作用，改进酒店的产品和服务，增加酒店的营业收入，提高客人的满意度和忠诚度，加强酒店服务质量的管理，从而提高酒店的服务质量。

案例分析

董事长的满足感

比利时某计算机公司董事长穿梭于北京与布鲁塞尔之间已经有多年，开始时是与中方政府官员洽谈筹建一个项目，项目洽谈成功后又多次前来研究项目筹建的具体事项。现在项目已经就绪，董事长先生又专程前来检查开业前的准备工作。每次来京，他都下榻在京都饭店的一个豪华套间内，他自己都说不清已经来过京都饭店几次了。

董事长来到早就为他准备好的房间里，一切与往常一样，照例先洗浴，再稍事休息。当他打开衣柜取睡衣时，一个惊喜的发现让他眼前一亮。原来，睡衣的左胸部位绣上了他的名字，因为是金线绣的，所以十分醒目。他记得上次来北京还是两个月之前的事，那时也是这样的一件睡衣，没有什么特别之处，短短两个月，他便受到如此特殊的重视和礼遇，顷刻间，一种自豪感油然而生。

他从洗手间走出，到沙发上坐下，抽出一支烟，随手从茶几上拿起火柴，无意中发现自己的名字也被印在了火柴盒上，而且是烫金的，他不由得又一次惊喜。他走南闯北，到过世界各地很多五星级饭店，这样高档次的礼遇还是平生首次享受到。他拿着火柴盒前后左右仔细端详起来，烫金工艺还真精巧，于是不禁赞叹道："真难为了京都饭店的真心实意。"

根据以上案例，回答以下问题。

董事长为什么高兴？酒店满足了他的什么需要？

项目练习

一、简答题

1. 简述酒店服务质量的含义。
2. 简述酒店服务质量的组成。
3. 简述酒店服务质量的管理方法。
4. 简述酒店服务质量管理的要素。
5. 简述酒店服务的特点。
6. 简述酒店服务质量的特点。

二、思考题

1. 顾客满意的定义是什么？
2. 顾客忠诚的概念是什么？
3. 酒店顾客满意度指数是什么？

4. 酒店网络点评有什么特征?

5. 如何做好客户体验,发挥官方网站的最大价值?

三、运用能力训练

训练目的:实际体验与认知酒店数字化服务质量管理,了解数字化服务质量管理在酒店的具体应用。

内容与要求如下。

(1) 把学生分为若干个小组,每个小组5~10人。

(2) 每组参观一家当地某个星级酒店;了解各家星级酒店数字化服务质量的管理方法;分析各家星级酒店数字化服务质量管理的优点。

(3) 由教师点评总结。

项目十

酒店电子商务数字化发展

知识目标

1. 理解酒店电子商务的概念。
2. 了解酒店电子商务的特点。
3. 了解酒店电子商务的功能。
4. 熟悉酒店电子商务系统。
5. 熟悉酒店电子商务模式。
6. 了解酒店电子商务的发展趋势。

能力目标

1. 能够熟悉酒店电子商务的特点和功能。
2. 能够懂得酒店电子商务系统的运营。
3. 能够熟悉酒店电子商务的优势。
4. 能够掌握酒店电子商务的发展趋势。

任务分解

任务1　酒店电子商务概述
任务2　酒店电子商务系统的构成
任务3　酒店电子商务模式
任务4　酒店电子商务的发展

华住酒店集团电子商务

华住酒店集团作为通过酒店会员电子商务实现数字化转型的先驱者,长期以来经营稳定,其会员体系"华住会"既是华住的会员俱乐部,又是一个高效、简单、温情的酒店预订平台。目前,"华住会"拥有1.6亿会员,"华住会"会员,可以入住体验分布在全国1 308个城市、分属17个品牌的6 896家中任意一家酒店的会员权益。

华住酒店集团用DTC(直接面向客户销售)理念建立会员体系,为华住酒店集团带来了更高的客户忠诚度,反复、循环为华住业绩助力。入住华住旗下经济型酒店品牌汉庭的客人有90%~95%都是华住会员,中档酒店品牌全季的会员贡献率在70%~80%,中高档酒店的会员贡献率在50%~60%。"华住会"是怎么做到这些的呢?

1. 全渠道引流触达用户

"华住会"从OTA到门店和企业拓客渠道触达目标客群,集中引流到私域流量池(会员小程序/App)并激活用户。在还没建立起流量池之前,来到店里的客人无非两类:散客、OTA平台客户,"华住会"需要把他们转化为会员。华住的做法是利用免费WiFi、充电宝,客人注册成为会员就能免费上网、使用充电宝;通过企业渠道引流,将企业差旅系统与华住直连,订酒店、费用结算、发票、续住等烦琐的问题一键搞定,不用自己操心,关键是如果客人是华住会员,住宿所得积分却能归到自己的账户下,而非公司。因此,会有很多人在出差时入住华住酒店并加入会员,且自己出游时依旧选择华住。

2. 全员营销计划激活用户

华住酒店集团还通过受邀体验/付费购买快速转换用户为会员,创造越来越多入住场景数字化触点,不断提升会员活跃度。例如,如果你是铂金会员,便有两个金会员的邀请名额,也就是说,直接跨过星、银、玫瑰金会员直接变成金会员。

3. 会员制电商转化为会员

"华住会"可按不同会员等级价格优惠与套餐来提供预订服务,个性化优惠与套餐实现从预定到入住的无缝体验。会员消费与活跃积分可以立减实惠。会员的积分制度,每消费1元,得1积分,每100积分,可当作1元现金抵扣。积分可以用于抵扣房费,也可以在华住会APP上的商城购买商品、兑换福利、用积分拍房费等。华住打破了传统"积分制"相对孤立和古板的模式,把积分打造成一种内部流通"货币",可在多种场景消费或赚取。

4. 会员权益实现留存

"华住会"的层级会员权益(如免费/加倍积分/增值服务)为会员提供专属的折扣优惠,增强用户黏性,刺激用户持续消费,其会员层级及权益如图10-1所示。

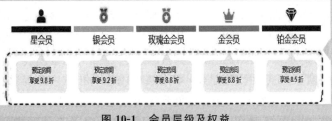

图 10-1 会员层级及权益

"华住会"专属的品牌增值服务和福利提升价值体验可以给会员提供特权福利,增强品牌认可度,构建品牌良好口碑,其特权福利如图10-2所示。

图10-2 特权福利

凭借电子商务与会员体系,华住酒店集团实现了DTC自有渠道营收贡献85%,全球同行最高,销售费用率行业最低;领先行业解决一线运营难点和用户痛点,人房比0.17业内最低,服务人员薪资比行业平均高32%,用户入住体验NPS高40%;RevPAR领先行业其他竞争对手,疫情恢复在同行最快。

与此同时,"华住会"的会员规模仍在不断增长,2016—2020年会员人数增速维持在两位数以上,5年平均增速达29%,远高于同行;会员贡献夜间量比达75%,位列全球十大酒店集团TOP1,会员规模的商业价值被持续兑现;会员贡献拉动DTC营收提升并降低整体营业费用率,10年间的营业费用率中位数为25%,远低于竞争对手,节省的成本可让利于会员,实现会员获客和留存持续增长。

任务1　酒店电子商务概述

一、酒店电子商务的概念

酒店电子商务是指通过互联网和通信技术实现酒店商务活动各环节的电子化,包括通过网络发布、交流酒店基本信息,以电子手段进行酒店宣传、促销,开展酒店服务、酒店产品在线预订与支付,实现酒店顾客信息收集与整合等,也包括酒店内部流程的电子化及管理信息系统的应用等,是电子商务在酒店这一行业中的具体体现。

随着互联网技术的不断发展,互联网不仅改变了人们的商务模式,也改变了人们的生活,电子商务也逐渐成为人们必须适应的新的商务交易模式。电子商务从20世纪后期出现后,在短短几十年的时间就成为信息化时代的标志性事物。从本质上来说,电子商务是人类追求高的工作效率,促使商务活动信息化不断发展的结果,也是一种新的经济形态,在企业、市场甚至是国家经济运行中扮演着越来越重要的角色。

酒店电子商务是采用数字化电子方式进行酒店信息数据交换和开展商务活动的。从应用层次来看,酒店电子商务可分为两个层次:一是面向市场,以市场活动为中心,包括促成酒店交易实现的各种商业行为,如网上发布信息、网上公关促销、市场调研、网络洽谈、网上询价、网上交易、网上支付、售后服务等;二是利用网络重组和整合酒店内部的经营管理机构,实现酒店内部电子商务,即酒店信息管理系统。

酒店电子商务不仅是指酒店电子交易,也包括应用现代网络信息技术手段进行的有商业目的地发布、传递、交流酒店信息的活动。电子商务是通过电子技术和手段在商务中的运用,其运营成本低、用户范围广、无时空地域国界的限制,通过网络预订获取酒店产品,从而向酒店客户提供更加个性化、人性化的服务。

综上,酒店电子商务是指采用数字化电子方式进行酒店信息数据交换和开展商务活动,是在互联网的广阔联系与传统信息技术系统的丰富资源相互结合的背景下,应运而生的一种相互关联的动态商务活动。

二、酒店电子商务的特点

(一)时空性

酒店行业利用网络的许多增值服务,如全球分销系统(global distribution system,GDS)使酒店预订信息或相关信息可以在世界各地的客户之间共享,突破了地域时空的限制,酒店在线预订功能24小时不间断地提供服务,使酒店产品的销售可以随时随地在线售卖,世界各地的客户均能了解到酒店销售的相关信息。

(二)聚合性

传统酒店面向顾客的产品是提供住宿,但是建立电子商务平台,通过新兴的互联网推广方式却是将酒店各个方面的信息资源、服务资源、客户资源集中起来,同时能够连接整合旅游行业的上下游产业。例如,互联网把金融服务机构、旅游营销机构、航空公司等也集合起来,形成一个巨大的产业链条,使酒店和客户之间能够充分利用B2C的交易方式进行买卖。酒店利用网络平台充分体现了酒店的供求消息、信息的更新、客户的在线预订功能的整合聚集效应。

(三)个性化

随着旅游行业的电子化发展,出现了各种新兴的旅游方式,由传统的观光旅游到商务旅游的转换,旅客的组团方式也朝个性化自助游的方式转变。旅游酒店作为旅游发展的三大支柱产业之一,全天面对散、小各种客户的多种预订需求也提出了更高的要求。电子商务的在线预订功能刚好适应了这种个性化需求的发展。

(四)经济性

网络经济是当今利用电子商务模式出现的一种新的虚拟经济。著名的网络经济法则——梅特卡夫(Metcalfe)法则指出,互联网的价值等于节点数的平方,在互联网中,当用户的数量增加时,用户之间的交易机会将以成倍的速度增加,网络总的交易机会正比于互联网节点数目的平方,每一位新的用户将会给其他网络用户带来额外价值。如今,电子商务运用于旅游酒店为全球的旅游者和旅游企业所应用,信息资源会随着网络节点的增加而被广泛地利用,共享的人也越来越多,刚好体现其酒店电子商务发展的巨大潜力。

(五) 方便性

在电子商务环境中,人们不再受地域的限制,客户能以非常简捷的方式完成过去较为繁杂的商业活动。比如通过网络银行能够全天候地存取账户资金、查询信息等,同时使企业对客户的服务质量得以大大提高。在电子商务商业活动中,从业人员有大量的人脉资源开发和沟通,从业时间灵活,完成工作要求非常方便。

(六) 安全性

在电子商务中,安全性是一个至关重要的核心问题,它要求网络能提供一种端到端的安全解决方案,如加密机制、签名机制、安全管理、存取控制、防火墙、防病毒保护等,这与传统的商务活动有着很大的不同。

三、酒店电子商务的功能

(一) 提升酒店形象,塑造独特品牌

在网络营销的模式下,酒店可以通过建立网站,把酒店的承诺和特色服务展现在网络上面,为客人展示本酒店区别于其他酒店的特色,这是传统的营销模式所不能做到的,可以让客人不用亲自到酒店,就能感受到酒店真诚和良好的自我形象,从而在无形中提升酒店的形象,塑造独特的品牌。

(二) 拓宽酒店的销售渠道

互联网提供的全球性的、面向大众的服务,增强了开展电子商务的酒店的服务能力,顾客不会再受某个酒店地理位置或者其他条件的限制。酒店电子商务可以通过互联网向全球的潜在目标顾客提供网上信息查询服务,进行酒店网上宣传活动,并通过网上预订系统,让潜在的顾客在任何时间、任何互联网遍及的地方进行酒店预订,不仅方便快捷,而且能够为顾客最大限度地节省金钱和节约时间成本,同时也拓宽了酒店的市场营销渠道。

(三) 加快酒店的销售速度

酒店电子商务使酒店不需要到处去散发酒店简介和宣传单等印刷品,也不再完全依赖于在电视、报纸上登广告等宣传手段,这样就节省了信息传递的时间,可以大幅度减少销售环节。在一般情况下,电视和报纸广告这些环节不仅费用高,而且需要较多的时间。但是通过酒店网站或者在一些商业门户网站上进行宣传则很迅速,而且酒店能够以一种富有吸引力的、高度可视化的方式展示本酒店的特色或提供相关服务信息,从而能够鼓励潜在顾客加快购买决策,迅速进行网上预订;酒店网上预订系统也可以帮助顾客完成预订过程中所有的环节,提高酒店的销售速度。顾客的增多,自然也就提高了酒店的入住率,提高了经营收入。

（四）降低酒店的采购成本

酒店业可以通过互联网进行采购管理。利用互联网采购酒店业务所需设备，可快捷了解和分析所需设备的各方面情况，很方便地进行价格比较和规模采购。电子商务的开展，将酒店业售前、售中和售后的全过程服务变得清晰直观起来，将酒店制订需求设备的配置计划、查询价格、预订设备、支付结算、货物配送等所有环节在互联网上串联起来，为比价选购奠定了方便的条件，进而缩减了以往酒店业采购设备所需要的大量的人力、时间、物力乃至财力上的成本。所以，电子商务将酒店业的采购设备的成本控制到了以往采购所不能达到的最低限度。

（五）降低酒店的管理成本

虽然酒店电子商务的开展要求酒店构建内部管理信息系统和网站，在建设时期需要投入较多的资金，但是从长远角度看，酒店电子商务的开展能够有效降低酒店开支和管理成本，提高整体效益。例如，酒店电子商务利用电子数据交换、电子工具大大减少了各种交易、订货过程和营销过程中的资金花费。利用互联网上的酒店网站，发布产品的销售信息和所需物品的采购信息，不仅速度快捷、覆盖面广，还可以减少纸质印刷品及其发行的费用。在互联网上进行酒店宣传活动，与传统的媒体（比如电视广告等）相比，费用更加低廉。另外，电子商务还能够完善酒店财务管理，实现自动统计分析、库存管理、资金流向一目了然，有效地节省了人力资源成本。

（六）实现酒店个性化营销，为顾客提供个性化服务

酒店电子商务的最大潜在价值在于它可以将高度专业化的市场进行细分，进一步促使商家和企业对顾客的需求有更为广泛和具体的了解，有利于向广大顾客提供他们所需要的信息、产品及服务。通过电子商务，商家和企业可以获得更多关于顾客的想法、兴趣、爱好，以及特殊需求等更具体的信息。这一点对酒店企业来说显得非常重要。目前，酒店业的竞争越来越激烈，顾客的个性化要求也越来越高，实现个性化营销将是现代酒店生存、发展的必要条件，是现代酒店的一个重要特征。顾客通过访问酒店网站发送的购买信息，可以使酒店企业进行更为准确的市场预测，以便采取更有效的促销措施，有针对性地对顾客进行广泛的宣传。

（七）虚拟形象化酒店产品，增强先期体验性

酒店产品在顾客未体验过的时候，要想得到顾客认可，只能通过宣传，这是因为酒店产品具有无形性和无体验性的特点，即酒店产品是生产和消费同时进行的，只有购买并消费了酒店产品，才能真正体会到酒店产品的信息和服务。这就导致顾客在预订、购买酒店产品时，会因为没有先期的体验而犹豫不决，或者做出不正确的选择。酒店可以利用互联网虚拟酒店技术，将酒店大量的产品信息有形化，顾客可以身临其境地体验到产品和服务，进而取得顾客群体对酒店产品的信任度。

（八）完善酒店内部管理

随着酒店规模的不断发展，员工数量的不断增多，酒店内部管理更加复杂。酒店可以借

助电子商务的力量,实现企业网内部的信息共享、工资结算、财务累计、核心数据存储、员工电子档案的建立、评奖评优、上下班打卡监督等,有利于提高酒店内部管理效率。

任务 2　酒店电子商务系统的构成

一、酒店电子商务网站

酒店电子商务系统是指在电子虚拟市场进行商务活动的物质基础和商务环境的总称。传统的电子商务系统最基本的组成包括电子商务站点、电子支付系统和实物配送系统三个部分,它们能实现交易中的信息流、货币流和物流的畅通。电子商务站点为客人提供网上信息交换服务,电子支付系统实现网上交易的支付功能,而实物配送系统是在信息系统的支撑下完成网上交易的关键环节。

由于酒店服务(产品)的特性,酒店电子商务一般不涉及大宗实物的配送,而是顾客身临其境地进行现场消费,所以酒店电子商务系统与传统电子商务系统有所不同。基于互联网模式和安全加密技术的酒店电子商务系统,提供互联网实时在线的电子交易平台服务,能更好地节约成本、提高效益。酒店电子商务系统由酒店电子商务网站、酒店的计算机接口系统和酒店的计算机管理系统三个部分组成,在互联网上实时连接。

酒店电子商务网站包括以下三部分。

1. 酒店互联网站点

酒店互联网站点是指酒店在互联网上建设的具有营销功能的、能连接到互联网上的 www 站点,如凯悦酒店集团的站点 www.hyatt.cn、7 天连锁酒店的站点 www.7daysinn.cn 等。网络用户可以通过互联网这个信息平台进入这些网站,互联网站点起着承上启下的作用,一方面,它们是酒店在互联网上的形象窗口,将酒店有关信息及时地在网上公布,酒店的同业合作伙伴(如传统旅行社、携程等)和顾客可以直接通过网站了解酒店,并通过网站与酒店进行沟通、开展预订等业务;另一方面,它们将顾客的注册信息及预订信息等回传到酒店的内部系统。

酒店建设的互联网站点应该具有预订功能。网页设计得直截了当、清楚和便于交易,直接有助于在线预订。万豪国际酒店集团在重新设计自己的网页之后,拥有自己的预订引擎,网站上展示了酒店设施的图片,还有许多刺激消费的促销信息,使在线预订获得了迅猛增加。法国的雅高酒店集团的网站也是做得比较好的例子,雅高集团每 17 秒就能接到一个预订,这说明在线预订呈现快速增长的趋势。

酒店通过互联网可以与所有利益集团进行联系,除了通过在线预订与顾客进行联系,还可以通过互联网进行电子采购与供应商进行联系,与同业、合作伙伴进行联系等。总之,除了电子商务、电子销售、电子采购,互联网还能帮助酒店发展其价值链并实现很多其他方面的企业功能,如电子理财、电子人力资源等。

雅高酒店在线

雅高酒店在线除了直接面向顾客提供在线预订之外,雅高还针对其合作伙伴推出了一个附属计划。Accorhotel Affiliates 系统能使互联网合作伙伴在自己的网页上增加链接,直接将用户引到"雅高酒店在线",其合作伙伴包括那些与集团业务相关的网站(如旅游、家庭、老年人、高尔夫、天气等方面的网站)。这样,只要轻轻点一下,网络冲浪者就能直接进入集团的实时在线预订系统,直接预订集团在世界任何一家的分店。这使得雅高酒店能在互联网上吸引更多的眼球,使销售机会成倍增加。任何网站如果想成为集团的附属网站,只需要在"雅高酒店在线"的"成为附属"页面下进行登记注册即可,注册确认后就可以得到一个密码,每个附属网站都可以随时在线实时汇报预订细节并核对酬金数额。

2. 酒店外部网

为了方便同业紧密的合作伙伴进行信息资源共享,保证交易安全,在互联网上通过防火墙来控制不相关的人员或非法人员进入企业网络系统,只有那些经过授权的人员(即面向合作伙伴)才可以进入网络,一般将这种网络称为外部网(Extranet)。酒店在组建电子商务系统时,应该考虑采用不同的策略通过外部网络与其合作伙伴进行联系。例如,中央预订办公系统(central reservation office,CRO)、全球分销系统(global distribution system,GDS)就是典型的外网系统,其目的均是方便销售代理(合作)进行酒店预订。这些系统是通过外部网有效地进行管理,促进了企业之间的沟通,使合作伙伴之间能够共享信息和程序。

3. 酒店内联网

内联网(Intranet)又称企业内联网,是用互联网技术建立的可支持企业内部业务处理和信息交流的综合网络信息系统,通常采用一定的安全措施与企业外部的互联网用户相隔离,对内部用户在信息使用的权限上也有严格的规定。内联网是互联网技术在企业内部的实现,它能够以极少的成本和时间将一个企业内部的大量信息资源高效、合理地传递给每个人。

内联网为企业提供了一种能充分利用通信线路经济而有效地建立企业内联网的方案,通过内联网,企业可以有效地进行财务管理、供应链管理、营销管理、客户关系管理等。酒店可以用特定的硬件和软件在酒店内联网的外围创建防火墙,阻止外部用户进入。例如,现在酒店使用的酒店管理系统就是侧重内部管理的系统,用于酒店运营的管理。

二、酒店的计算机接口系统

(一)计算机硬件系统

在目前运营的酒店中,计算机是酒店管理系统和电子商务网站建设的基本条件。同时,计算机的配置情况,决定着电子商务系统的应用模式,对酒店的管理模式也有一定的影响。因此,酒店根据自身的条件和电子商务的发展目标,配置符合实际要求的局域网计算机系统是电子商务的重要内容。酒店计算机系统的配置方式有以下几种。

（1）集中式系统：信息处理集中在一台主机上，终端机只有屏幕、键盘及通信设备，本身没有处理能力。

（2）分布式系统：利用通信网络，把分散的计算机连在一起，将统一的数据库分布在系统各节点中进行管理。

（3）客户机/服务器系统：将一台强大的计算机和若干相对功能较弱的计算机连接起来。

（二）酒店通信网络系统及设备

通信线路与网络设备是组建企业网络的基础设施。线路与网络设备的选用，不但影响着数据的传输速度，而且对计算机网络的整体性能，甚至对酒店管理系统整体功能的发挥，都起着至关重要的作用。

三、酒店的计算机管理系统

（一）数据库及管理系统

数据库是综合的计算机数据集合。将酒店的各种信息数据化通过酒店内联网，将各种流程产生的信息纳入统一的数据库中，数据库的信息可以按照各种方式调用或进行统计分析。

（二）酒店计算机管理软件

数据库的建立将酒店相关的信息转换成数字形式，大大方便了信息的存储和查询，但酒店内部的信息流是一个复杂的收集、加工、传递的过程，只是建立数据库及数据库管理系统是远远不够的，酒店还需要建立酒店信息管理系统。基于计算机管理的酒店信息系统是由一系列程序组成的，承担前台管理（包括客房预订和客房管理等）和后台管理（包括财务管理、库存管理和酒店内部管理等）功能。同时，多种独立的应用系统也可以与酒店管理系统连接在一起，常用的接口包括微机、POS、电话计费系统、电子门锁系统、能源管理系统、辅助客户服务和顾客自助服务系统等。通过这些系统的连接和应用软件的支持，可以实现酒店经营管理流程自动化，提高工作效率。

知识拓展

千里马酒店前台系统功能介绍

1. 以营销为龙头，将收益最大化

完整的公关营销模块，包括房价策略、折扣控制、会员积分、房价计划及套票等功能。房价计划使酒店在展会等旺季能够灵活浮动房租，使酒店的收益达到最大化。完善的套票管理功能，将部门收入自动分拆，并提供一卡通套票方案，为客人提供方便，同时也加强了对套票使用的管理和监控。另设有短信平台，方便酒店与住客的即时沟通，以及将新的酒店资讯提供给客户，有利于酒店的促销推介和对客公关。

2. 帮助酒店做好收益管理

提供完善的市场类别分析体系,通过对每日、每月的经营及预算情况进行多角度的比较分析,帮助酒店制定科学的市场细分策略;提供完善的业绩分析体系,包括对主要客户订房及入住情况的分析,对客源、销售等情况的系统分析,通过对每周、月度、年度的业绩进行排行比较,帮助酒店筛选出优质客户;通过时间区间的贡献分析,帮助酒店选取出优质的客户组合;通过纵向及横向的比较分析,帮助酒店实现房价收入达到最大值并保持平稳。

3. 快速的客人服务流程

服务流程快速顺畅,在极短的时间内即可完成预订、入住、退房等操作,真正做到酒店放心,住客称心。

4. 为客户提供贴心的个性化服务

详尽的客史档案,将住客的特殊喜好一一记录,并设置保密房提示功能,使酒店能够轻松提供以客为先的个性化贴心服务,提高客人的满意度和忠诚度,即使客人离开了,仍能为酒店创造出更多潜在和持久的收益。

5. 国内独创穿透功能

所有模块重点体现穿透及关联操作,从眼前的操作可以一直查询穿透至明细的交易记录,追根溯源,方便快捷。

6. 人性化的系统,美观方便易用

清晰及流畅易用的操作界面,人性化的提示设置,充分体现了易用性和顾客至上的设计。

7. 准确及多元化的报表系统

销售分析报表帮助酒店解决大量的统计工作,辅助有关部门进行销售分析和成本控制分析,帮助做出有利的经营决策。管理分析报表配合酒店管理,有效做好成本控制;严谨的监控机制,防止收入流失,防止"跑、冒、滴、漏"等情况发生。

8. 强大完善的接口系统

通过对一千多个客户的软件实施工作,千里马掌握了大部分酒店关联业务系统的接口技术,包括门锁卡、储值卡、语音卡、交换机、电话、VOD、宽带计费、公安户籍报送,以及与各大订房网站及售房渠道连接,实现网络订房等接口技术,解决了与前台系统相关的各个系统的业务和自动收费的问题。

9. 弹性设置——酒店自定义各类设定

酒店可自定义屏幕格色、工作视图、运行参数、使用角色、操作权限、结账/夜核流程、报表/账单/表单格式等。

10. 功能强大的应收系统

应收信用卡功能,处理前台与餐饮向应收挂信用卡,自动计算信用卡佣金,处理银行对账,生成信用卡管理报表。

11. 深度的账龄分析功能,满足客户的不同分析要求

酒店可自定义账龄区间范围(可达 10 个区间),如小于 30 天、31～60 天、61～90 天、91～180 天、181 天～1 年、1～2 年、2 年以上。

12. 对账单成批生成打印

酒店在月底结账时只需轻击一键,系统即可将当月符合条件的对账单成批生成打印。

任务 3　酒店电子商务模式

一、酒店电子商务模式分析

随着酒店在线市场交易规模的逐年扩大,酒店电子商务市场格局逐渐形成,并且呈现多种模式并存的状态。提供网上酒店预订的运营商主要有以下四类。

(1) 产业链上游企业(主要指酒店官网)。

(2) 在线代理商(如携程、艺龙、阿里、同程网等)。

(3) 平台运营商(如淘宝、京东旅游频道)。

(4) 网络媒介和营销平台(点评网站如马蜂窝、到到网;垂直搜索引擎网站如去哪儿网、酷讯等;社交媒体平台如人人网、微博等)。

以上四种酒店在线预订渠道分别代表不同的酒店电子商务模式。酒店电子商务模式被认为是酒店企业获取利润的方式,每一个酒店电商企业都想在激烈的市场竞争中取得优势、获得利润。

酒店是以提供服务为主的行业,酒店产品具有无形性、空间性、消费的即时性、不可储存性、季节性等特点,这些特质与互联网和信息技术相结合,创造出了很多前所未有的电子商务模式。酒店产品的时间性和不可储存性的特点意味着酒店产品只有销售出去,才能实现其时间段上的价值;也就是说,酒店产品比其他有形产品需要更高的销售效率。

由于酒店产品的无形性、季节性等特点,使得酒店产品更适合提前预订。又由于其空间性、生产与消费的同时性等特点,使得酒店产品无物流产生,适合进行在线预订。酒店在线预订是酒店电子商务的交易功能,也是其最核心的功能。因此,在多种酒店电子商务模式中,是否具有交易功能,即实现酒店产品在线预订是模式区分的分水岭。

二、四种酒店电子商务模式

酒店电子商务模式可以分为无交易功能的初级模式、无交易功能的复杂模式、单一交易功能的中级模式、多功能综合的高级模式。

(一) 无交易功能的初级模式

无交易功能的初级模式主要包括信息发布、信息收集等。信息发布和信息收集功能比较简单,一般不会单独存在,几乎任何其他模式下都会包括这两项功能。例如,酒店官网的产品信息介绍、顾客留言等板块就是这两种功能的体现。除此之外,一些政府或酒店行业协会的网站也属于这种模式。

(二) 无交易功能的复杂模式

无交易功能的复杂模式虽然没有交易功能,不提供在线服务,但其融合了多种功能,体现了在线预订功能以外的其他交互关系,创造了多种顾客价值,具有多项盈利来源,是酒店电子商务模式的主要组成部分,包括酒店招聘、虚拟社区、点评网站、搜索引擎、酒店电子媒体等模式。

例如,最佳东方网(www.veryeast.cn)是我国较专业、权威的酒店招聘品牌,也是客户量最大、访问量最多、数据最丰富的行业招聘网站。最佳东方网定位是为酒店寻找合适的人才、为求职者寻求合适的酒店雇主,通过搭建酒店和求职者沟通的平台,满足供需双方的需求,以此为基点提供许多相关延伸产品,满足顾客更多个性化需求。最佳东方网的盈利模式主要有:一是按月向会员酒店收取会员费;二是通过举办现场招聘会,收取展位费;三是收取广告费;四是通过提供酒店培训、人才测评、人力资源管理等增值服务获取增值服务费。

酒店点评网通过收集顾客真实的点评信息,并借助电子商务推荐系统形成酒店推荐指数,以此来为顾客选择酒店及产品提供参考。全国领先旅游点评网——到到网(www.daodao.com)提供旅行者的真实评论,帮助旅行者制订全套旅行方案,并提供预订链接。到到网的定位是"到到网提供酒店、客栈、度假村、旅行度假产品的评价和建议,以及旅行指南和其他更多的旅游信息"。到到网的盈利收入分为三种:一是点击收费,在到到网上打开某个酒店或旅游的评论页面,都有相应的广告商链接,如携程、艺龙等旅游预订网站,可供网友选择,网友点击进入相应的网站,到到网后台会进行统计,与相关合作方分成;二是品牌广告,在到到网的侧栏或者页面位置,常常配以图片或者 Flash 形式的广告,这些广告主多为酒店集团、旅游局或其他旅行服务机构;三是到到网通过为各类酒店提供通用的管理平台,使得酒店可以自助上传自己的预订方式,从而获得更多的直销订单,到到网从中收取订单分成。

酒店业是一个信息依赖型行业,但面对浩如烟海的酒店信息,顾客要找到适合自身需求的酒店信息需要付出非常多的搜索成本,为了解决这个难题,垂直搜索引擎就诞生了。垂直搜索,是针对特定的专业领域或行业的内容进行分析挖掘,精细分类,过滤筛选的专业搜索。

去哪儿网(www.qunar.com)是中国领先的在线旅游媒体和专业的旅游搜索引擎,去哪儿网凭借领先的垂直搜索技术,为旅行消费者提供国内外机票、酒店、火车票、度假和旅游指南的专业搜索服务,并利用先进的数据挖掘和智能推荐等技术手段,通过实时整合、辨识、处理海量旅行产品数据,为用户提供最新最准确的旅行产品价格和信息,从而帮助用户高效地比较、选择适合自己的旅行产品。

以去哪儿网为代表的酒店垂直搜索引擎和酒店产品网站合作,有竞价排名和返佣两种模式盈利。竞价排名是依靠出售酒店产品网站的关键词排名来收费,返佣则依靠用户通过搜索引擎光顾酒店产品网站产生的点击费或消费额收费。

电子媒体是传统媒体的电子化,酒店电子媒体以提供酒店行业信息、咨询、培训和管理为主要内容,以大量专业信息为核心带动其他服务项目的发展,用户订阅费、广告费、培训费等是其主要收益来源。定位于酒店咨询培训品牌的酒店电子媒体——先之酒店业教育培训网(www.9first.com)专注于酒店的信息研究、培训和整合工作,网站通过提供大量免费的酒店专业研究信息撬动多方盈利功能,如全球酒店职业资格认证、企业商学院、企业培训等,与之相对应的盈利项目包括:专业报告及电子刊订阅费、培训费、项目咨询费、广告费等。

(三)单一交易功能的中级模式

单一交易功能的中级模式能够进行在线预订,从而实现酒店产品销售功能,但除交易功能以外的其他功能很少涉及,功能单一,结构简单,酒店销售收入是其主要收益来源,主要包括电子商店,即传统商店的电子化,该类网站包括单体或多个单体酒店联合销售网,如旅程订房网、中华酒店信息网等。由于该种模式相对简单,模式单一,影响力较低,在我国酒店电子商务模式中并不具有代表意义。

(四)多功能综合的高级模式

有些酒店电子商务是以在线预订为主体、多种功能综合的高级模式。这些高级模式以向顾客提供大量的酒店预订信息和交易为核心,并通过商业模式设计创造不同的顾客价值,从而实现盈利,这是我国酒店电子商务中的主流模式和主要收益来源,主要包括连锁酒店官网、在线代理商、平台运营商、团购等。

连锁酒店官网往往以酒店预订为核心,同时有信息介绍、网络营销、会员管理、酒店论坛等多个功能,利用完善的网站建设实现网络低价直销是这些酒店的主要销售模式。代表性网站比如希尔顿连锁酒店(www.hilton.com),它是业内少数能实现企业门户网站和数据库实时对接的电子商务平台,通过电子商务和会员制的"IT思维"的运营模式实现网络直销,大大减少对第三方的依赖,从而让利于顾客。

以携程(www.ctrip.com)和艺龙(www.elong.com)为代表的酒店在线代理商具有庞大的酒店会员数量,利用精准搜索、低价、团购、秒杀、特惠等多种营销及定价方式进行在线销售,长期占据了酒店在线分销市场60%以上的市场份额,是酒店电子商务模式的领头羊,代理佣金是其主要收入来源。

酒店平台运营商,即利用自身的技术和资源为酒店提供交易平台,广告费和管理费是其主要收益来源,如阿里旅行(www.alitrip.com)。团购网站是一种新型电子商务模式,它通过将消费者联合起来提高与商家的议价能力,使消费者能以较低的价格购得商品。携程、艺龙等都开辟了专门的酒店团购模式,美团(www.meituan.com)、拉手网(www.lashou.com)也有专门的酒店团购频道,销售返点是其主要收入方式。

任务4 酒店电子商务的发展

一、电子商务在酒店业的应用

随着消费者阅历的增加,消费者前往不同的旅游目的地游览,获得了许多不同的旅游体验,对新的旅游目的地的心理预期也相应地提高了。这使得各酒店必须及时掌握消费者、竞争对手及最先进管理理念的相关信息,引进或寻找最适合各酒店或中国酒店业的管理模式,并不断更新完善相应的酒店客房及其他服务,为消费者提供细致、个性化、有针对性、最符合消费者需求的产品,以期在行业竞争中立于不败之地。

电子商务在酒店业的应用,实际上应该包括针对酒店内部的内联网系统和针对外部的外部网系统两个部分。对内的内联网系统可以用于为客人提供自助服务,如自助结账、自助预订商务娱乐消费项目等。对外的外部网系统,可以用于寻找上游的供成商,通过进行价格和相关服务的对比达到降低成本的目的。

同时,对外的外部网系统可以用于进行客房相关信息的发布、对酒店的客房产品进行宣传和网络营销,接受在线预订。因此,酒店需要形成一个广泛、及时、迅速、互动且直接面向整个社会的营销网络,以有效宣传酒店的产品、服务,增强酒店的品牌形象力,从而提高酒店的市场占有率。

酒店电子商务应用主要有针对消费者的电子商务,以及针对企业的电子商务两种形式。企业对消费者的电子商务(B2C)即顾客与酒店之间的电子商务,是酒店利用网络实现与客户的双向交流,酒店了解客户所需,在线对客户进行如客房、餐饮及娱乐等的产品宣传并完成预订。而企业对企业的电子商务(B2B)即酒店利用互联网建立起的与旅行社、旅游代理商、银行系统、交通运输等相关部门的电子商务。

目前,我国酒店电子商务应用已具备一定的规模,尤其是高星级酒店的信息化程度较高,普遍已建立起酒店电子商务系统,一些酒店还建立起与国际同行之间的高速信息通道,一般都拥有自己的网站,并且开通了网上订房或加入了酒店中央预订系统(CRS)或全球分销系统(GDS)。而比率较大的低星级酒店和其他类型酒店的信息化建设、利用电子商务的程度较低;经济发达地区的酒店信息化及电子商务应用水平明显高于经济欠发达地区;国际酒店管理集团所属的外资和合资酒店的信息化、电子商务应用水平比国内酒店高;多数连锁酒店成员采取既独立建立网站,又在连锁集团的总网页下建网页的做法。虽然酒店电子商务模式有着巨大的市场潜力,但其发展成熟还需要长时间的探索。

二、酒店电子商务的优势

酒店电子商务是当今酒店业发展的必然趋势。酒店通过特有的系统连接上国际互联网,向全球多姿多彩、声情并茂地展示酒店的风貌、特色,推销客房和各种服务,并可依此组成酒店连锁业,结成战略联盟,以强劲灵活的营销手段向广大市场进军。酒店电子商务可以向众多的客户提供面对面的营销方式,开拓市场的广度和深度,这些都是平常方式下的人力、物力所无法与之比拟的。酒店电子商务代表了最新和最有效的营销方式,为酒店开发客源市场带来了无限的商机,其优势体现在以下方面。

(一)增加酒店的经营产品

酒店电子商务的开展首先给酒店业经营增加了新的服务产品,满足了市场的新变化。因为游客,特别是商务客人,他们需要在旅途期间仍然得到互联网服务,于是电子商务的开展使得酒店增加了对客服务的内容,为客人带来了方便。

(二)完善酒店的采购管理

酒店通过互联网采购设备,不但可以很方便地实现比价购,而且可以方便地实现规模采购和享受常客优惠。综合国内采购管理的经验,酒店做好这项工作的关键是充分应用市场竞争规律,即充分利用比价原则。对数额较大的采购项目,如果能够保持3个以上的产品信息,一般就可以采用多种选优决策方式,做好管理控制。快捷、可靠的信息源是解决这个问题的根本。电子商务的开展提供了售前、售中和售后的全过程服务,包括从酒店需求服务的配置计划制订、价格查询、预订、支付、配送等所有环节,比价选购也十分方便,可以为酒店节约大量的人力、财力和物力成本。因此,电子商务必将改善酒店采购成本的控制。

(三) 为客人提供方便快捷的服务

互联网将酒店产品的信息集中在一个平台,展示在客人面前,提供B2C的直接预订渠道,客人只需按其需求进行选择、确认即可。

(四) 拓宽酒店的销售市场,扩大预订消费群体

互联网使得酒店业务有可能延伸到以往从未到达的地方,将酒店产品信息传递到世界各地,并将对酒店产品有需求的客人与酒店相连接,使酒店产品信息在空间上得到前所未有的拓展。因此,电子商务可以给酒店业经营增加新的销售渠道,扩大预订消费群体。

(五) 使酒店产品有形化,增强预订群体对酒店产品的信任度

酒店产品具有无形性的特点,客人在预订、购买这一产品之前,无法亲自了解所需产品的信息,互联网可以提供虚拟酒店和大量的酒店产品信息。通过网络,客人可以随心所欲地了解酒店产品,对酒店产品产生预先的体验。这样,酒店网络预订不仅培养和扩大了消费群体,而且使无形的酒店产品有形化,增强预订群体对酒店产品的信任度。

三、酒店电子商务与信息化、数字化

(一) 酒店信息化支持酒店电子商务

酒店管理信息系统软件的功能除了支持前台和后台的管理业务以外,为了适应互联网应用的普及,必须支持来自网络的一些业务,即电子商务。关系客户的消费查询、所有客户的网络订房、酒店开展的网络营销、客户消费需求的网络调查,这些都是酒店电子商务的内容。这些电子商务内容从酒店自己的网站、电子分销商、综合旅游网站或门户型网站汇集到酒店管理系统的相应部门,实现无缝的电子化处理。

对酒店而言,盈利是根本。若要加快酒店行业的信息化进程,就应当首先从能够为酒店创造或提高经济效益的项目着手。建立一个基于互联网络的全球酒店客房预订网络系统已经不再是难事。无论是酒店集团、连锁酒店还是独立的酒店都可以加入成为该系统成员,并且享用全球网络分销系统。旅行社、会议团队、散客都可以利用计算机直接访问该系统,从中得到某酒店的详细资料,包括酒店的出租状况,并能立即接受预订和确认。

(二) 酒店电子商务加快酒店信息化发展

电子商务在酒店的广泛应用促进了酒店的信息化发展,体现在以下三个方面。

1. 开展网上宣传

互联网及电子商务的发展为酒店开设了一条新的市场营销渠道,信息化酒店开展网上宣传是电子商务在酒店业应用的必然内容。信息化酒店网上宣传的开展是以信息化酒店网站建设为开端的。

2. 网上采购

为了满足客人的需要,为顾客提供各方面的优质服务,酒店在日常经营管理中要消耗大量原材料、食品、饮料、客房用品等,这些物品均来自不同的供应商。信息化酒店的服务质量和服务水平同购进物品的质量和物品库存时间有着十分密切的关系,而且物品质量与物品价格也有很大的关系。因此,信息化酒店的采购工作非常重要。酒店电子商务的出现,为解决这一难题提供了可能,信息化酒店通过互联网实现网上采购,确保采购的质量与价格。

3. 网上销售

对酒店来说,实现网上销售在信息时代已经成为一种必然,这是信息化酒店的重要内容之一。酒店实现网上销售的主要方法是创建自己的网站,设定预订页面,并同酒店管理信息系统中的网上预订系统连接起来,实现酒店内联网与互联网的互联。网上销售的实现是电子商务在信息化酒店的最为重要的应用。

(三) 酒店电子商务促进数字化运营

1. 现有资源数字化,实现增值经营

酒店电子商务一方面把更多的酒店设施设备数字化,如对客房电视进行数字化系统升级,将传统电视改造成集多语种智能服务、客房服务、营销推广、信息发布、视频点播等为一体的人机交互平台。这种改造的成本不高,但却能够为酒店带来较高的投资回报。另一方面拓展 WiFi、微信、官网等功能,增加互动模块,如客人在连接酒店无线网络的时候,自动领取酒店优惠券,增加了酒店与客人的互动性。

2. 构建丰富的客人住店场景,更多地占有客人的碎片化时间

酒店电子商务一方面利用微信、App 的移动属性,将订房、洗衣、订餐等服务转移到移动端,优化客房的传统服务流程,提高服务效率。另一方面引入智能设备,对传统设施进行改造,实现自助入住、微信开门、智能客控等,增强了客人的体验感。

3. 借力移动互联网,提高管理效率

酒店电子商务以智能手机为载体,将酒店日常房务管理移动化、流程简单化、架构扁平化,建立起"线上响应,快速服务"的新型服务模式,实现管理与服务的有效链接,提高管理效率。同时,酒店电子商务利用大数据和云计算,做好客人的个性化体验,实现人与服务的链接。

4. 打造智慧酒店生活圈,实现数字化经营

酒店产业链正在从供应商到酒店再到客人的关系,转变为酒店与合作商共同服务客人的关系。供应商与酒店一起合作,通过围绕营销、管理、服务三个中心,共同打造移动互联网生活圈,实现数字化经营,共同服务于酒店客人。

5. 大数据有助于酒店的市场定位

随着网络和信息技术的不断普及，人类产生的数据量正在呈指数增长，云计算的诞生更是直接把我们送进了大数据时代。大数据开始向各行业渗透辐射，也影响着酒店业的管理和运营。酒店行业要想在市场竞争中取胜，就需要拓宽酒店行业调研数据的广度和深度，从大数据中了解酒店行业的市场构成、细分市场特征、消费者需求和竞争者状况等众多因素，在信息数据收集、管理、分析的基础上，提出更好的解决问题的方案，保证企业品牌市场定位独具个性，提高企业品牌市场定位的行业接受度。

在传统情况下，分析数据的收集主要来自统计年鉴、行业管理部门数据、相关行业报告、行业专家意见及属地市场调查等，这些数据多存在样本量不足、时间滞后和准确度低等缺陷，研究人员能够获得的信息量非常有限，使准确的市场定位存在着数据瓶颈。

随着大数据时代的来临，借助数据挖掘和信息采集技术不仅能给研究人员提供足够的样本量和数据信息，还能够建立基于大数据的数学模型，对未来市场进行预测。当然，依靠传统的人工数据收集和统计显然难以满足大数据环境下的数据需求，这就需要相关数据公司自动化数据采集工具的帮助。

6. 大数据成为市场营销的利器

从搜索引擎、社交网络的普及到智能移动设备，互联网上的信息总量正以极快的速度不断暴涨。每天在微博、微信、新闻评论、电商平台上分享的各种文本、照片、视频、音频、数据等信息高达几百亿甚至几千亿条，这些信息涵盖了商家信息、个人信息、行业资讯、产品使用体验、商品浏览记录、商品成交记录、产品价格动态等海量数据。这些数据通过聚类可以形成酒店行业大数据，其背后隐藏的是酒店行业的市场需求、竞争情报，显现着巨大的财富价值。

在酒店市场营销工作中，无论是产品、渠道、价格还是顾客，可以说每项工作都与大数据的采集和分析息息相关，以下两个方面又是酒店行业市场营销工作中的重中之重：一是通过获取数据并加以统计分析来充分了解市场信息，掌握竞争者的商情和动态，知晓产品在竞争中所处的市场地位；二是企业积累和挖掘酒店行业消费者档案数据，将有助于分析顾客的消费行为和价值取向，便于更好地为消费者服务和发现忠诚顾客。

7. 大数据创新酒店行业需求开发

随着论坛、博客、微博、微信、电商平台、点评网等媒介在PC端和移动端的创新和发展，公众分享信息变得更加便捷自由，而公众分享信息的主动性促使网络评论这一新型舆论形式得以发展。微博、微信、点评网、评论板块的上亿条网络评论形成了交互性大数据，蕴藏了巨大的酒店行业需求开发价值，值得企业管理者重视。

网络评论最早源于互联网论坛，是供网友闲暇之余相互交流的网络社交平台。在微博、微信、论坛、评论板块等平台随处可见网友使用某款产品的优点点评、缺点曝光、功能需求点评、质量点评、外形美观度点评、款式及样式点评等信息，构成了产品需求大数据。

同时，消费者对企业服务及产品的简单评判演变得更加客观真实，消费者的评价内容也更趋于专业化和理性化，发布的渠道也更加广泛。作为酒店行业企业，如果能对网上针对酒店行业的评论数据进行收集，建立网评大数据，然后利用分词、聚类、情感分析了解消费者的消费行为及价值取向、评论中体现的新消费需求和企业产品质量问题，以此来改进和创新产品,量化产品价值,制定合理的价格及提高服务质量,则会从中获取更大的收益。

四、酒店电子商务的发展趋势

酒店电子商务有以下发展趋势。

(一) 智能化

国际酒店业经历了近百年的发展历程,但是它始终追求着信息化和数字化的新创意。从电算到联网,酒店信息化服务系统跨越了数代升级,但探索的步伐从未停止过。酒店智能化是酒店信息化发展的趋势之一,智能化的概念给酒店业带来了经营管理理念的巨大变革。这一变革要经过不断地建设和发展,逐渐形成一个涵盖数据采集、信息保存、信息处理、传输控制等的系统。这些信息库的建立将成为酒店信息化管理和办公自动化的重要基础,从前台客人入住登记、结账到后台的财务管理系统、人事管理系统、采购管理系统、仓库管理系统,都将与智能管理系统连接、融合,构成一套完整的酒店信息化体系。

随着软硬件技术的迅猛提高,酒店电子商务网站规模不断增大,与消费者需求日益个性化之间的矛盾可有望得到解决。智能化虚拟导购机器人在未来的网站中可以依托云计算等技术对网站海量数据资源进行智能化处理,从而实现为消费者提供更加人性化的服务。同时,利用智能技术,人们能够实现多种跨平台信息的更为有效、迅捷的融合。

例如,根据网民消费者在操作过程中所表现出的操作特性,以及从外部数据库中调用的消费者历史操作资讯,然后有针对性地生成优化方案,及时、迅速地满足消费者的个性化即时需求,最终提高消费体验,增大消费转化率,增加消费者满意程度及网站黏性。在B2B领域,信息也将依托智能技术而进一步商品化,各种信息将会被更加智能化地收集和整理,以便被商业用户所定制。智能化数据分析功能可帮助商业客户从简单的数据处理业务提升到智能的数据库挖掘,为酒店企业提供更有价值的决策参考。

(二) 网络化

以数字化和互联网经济为主要特征的信息化冲击,使网络化建设业已经成为酒店业整个信息化的重要组成部分,于是以宽带高速数据网络为核心的数字化酒店应运而生。数字化酒店的含义不仅仅是酒店有宽带接入线路,方便客人,还包含以下内容:在网上创建公司网站可供客户浏览,进行互动式的数据查询;有自助服务功能,有市场销售、宣传推广、订房管理的功能;运行突破业务电算化功能的酒店管理 HMIS 系统;以互联网为基础,方便员工的移动办公系统和面向社会的电子商务系统。

(三) 个性化

酒店需要科技带来新的服务提升,更需要科技给管理带来新的变革。科技给酒店带来的不仅是效率化、数字化的管理,更为客人带来了丰富多样的便捷服务,从酒店环保设计、计算机管理应用到网络预订、视频技术、宽带网络,无一不显示出科技的存在。由此可以看出,只有一流的科技,才能有一流的酒店,科技助长了酒店业的发展,让我们更为迫切地感受到科技的力量。因此,在未来的酒店信息化和数字化建设中,对科技的投入将越来越大,其中一个重要内容就是实现数字化酒店的个性化服务。

例如,基于客户管理积累和建立的"常住客人信息库"记录了每位客人的个人喜好,客房智能控制系统将根据数据库中的信息实现:光线唤醒;虚拟现实的窗户,提供由客人自己选择的窗外风景;无匙门锁系统,以指纹或视网膜鉴定客人身份;自动感应系统,窗外光线、电视亮度、音响音量和室内温度及浴室水温等可以根据每个客人的喜好自动调节。酒店数字化的最终目的是为客人提供更为优质的服务,只有挖掘客人的深层次的需求,才能为酒店带来更好的效益。

(四)标准化

确立酒店信息化和数字化行业标准势在必行。有的软件公司并不了解酒店行业特性,提供的产品具有不同型号,或者是不符合酒店业行业规范,并且不同厂商的产品之间的兼容性很差,这样造成很大浪费。酒店信息化和数字化行业标准的确立,也将为酒店信息化和数字化产品供应商提出新的要求。未来的酒店信息化和数字化需要的是一个开放的、共享的平台,这就要求作为酒店信息化和数字化产品的供应,需要开放应用架构,提供软、硬件接口和标准规范,为用户的应用拓展构建一个开放的业务平台。

通过标准化接口,可以集成酒店信息化和数字化系统上下游多个供应商的产品,与各厂商形成紧密的合作伙伴关系,推出更多有针对性的解决方案。传统酒店市场也会随着酒店信息化和数字化的逐渐成熟而发生转变,从而更好地促进整个酒店行业朝着更为有序、高效的方向发展。

(五)规范化

市场将进一步得到健全和规范。产品与服务的提供方在售前的品质保障、售中的宣传推介、和售后的服务兑现等方面将随着市场的完善和相关法律及奖惩措施的出台而变得更加规范自律。不但假冒伪劣商品在将来的生存空间越来越小,而且随着地球环境的不断变化和社会价值的逐步转变,环保低碳的共识将会在消费者之间慢慢产生,进而影响到酒店业领域,将环保等理念融入酒店行业。在这一进程中,一些相关法律法规的颁布,将迫使从业者们通过规范化运营来获取竞争优势。

(六)分工化

电子商务在不断发展的进程中,越来越多的专业服务型网站将填充到整个行业链条的各中间环节,将会出现越来越多的处于消费者和网站两个链环之间进行专业化资源对接的网站,在诸多中间环节如网站与广告推广之间、与银行支付系统之间都将出现专业化的分工机构来提升整体行业链条的效率,降低系统成本。这类网站在功能和应用方面都将会不断进行创新。

(七)数字化

大数据为酒店电子商务的发展插上腾飞的翅膀。通过大数据技术,对酒店电子商务的商品交易信息、价格信息、品牌信息及消费者个人的属性信息,还有消费者对商品的评论和反馈留言等信息进行整理分析建模,可以对酒店电子商务消费者进行人物画像分析,准确了解消费者的消费习惯、消费心理及品牌喜好,进而对产品的销售模式与销售方向进行调整,以促进消费的持续增加。

云计算可以提升酒店电子商务运营效率。利用云计算的相关技术,通过网络将分布在各地的资源连接起来,虚拟地构建一个可无限扩展的"资源池"。云计算技术能够为酒店电子商务企业提供扩充的服务器设施、增加存储容量,针对海量数据能够进行快速并且有效的处理,云计算降低了酒店电子商务企业运行的成本,实现应用资源和工具的"即需即用,灵活配置"。

(八)人才化

对酒店而言,信息化和数字化是一个工具、一种手段,有利于提高酒店的经营管理和服务。酒店的经营管理能力和服务水平的高低直接影响酒店的经济效益和竞争力。虽然目前阶段我国高级技术人才辈出,却大多投身于高新技术领域,而服务行业层面的服务型技术人才却非常缺乏。因而,这也成为酒店开展数字化和信息化服务的一个短板。根据酒店业数字化的发展,酒店业需要大力培养既懂得电子商务技术,又具备经营和管理等多方面知识的复合型人才,促进酒店信息化和数字化的可持续发展。当然,这不仅需要酒店予以足够重视,同时也需要高等院校等其他社会力量的大力配合。

项目小结

本项目主要阐述了酒店电子商务的概念、酒店电子商务的特点和酒店电子商务的功能;分析了酒店电子商务系统由三个部分所组成,即酒店的电子商务网站、酒店的计算机接口系统和酒店的计算机管理系统;解释了酒店网上预订有四类运营商,即产业链上游企业(主要指酒店官网)、在线代理商(如携程、艺龙、阿里、同程网等)、平台运营商(如淘宝、京东旅游频道)、网络媒介和营销平台(如点评网站:马蜂窝、到到网;垂直搜索引擎网站:去哪儿网、酷讯等;社交媒体:人人网、微博等);说明了酒店电子商务的四种模式,即无交易功能的初级模式、无交易功能的复杂模式、单一交易功能的中级模式、多功能综合的高级模式;列举了酒店电子商务的优势;说明了电子商务加快酒店信息化的发展、促进酒店数字化运营;介绍了酒店电子商务的发展趋势。

案例分析

超豪华数字化酒店

酋长国宫殿酒店位于阿拉伯联合酋长国首都阿布扎比的西北海岸边,北面和西面临海,是一座古典的阿拉伯皇宫式建筑。酋长国宫殿酒店是迄今为止最为奢华、最为昂贵的酒店,斥资 30 亿美元修建,该酒店被认为"简直是为国王而建的"。远远看去,它有点像清真寺,也有点像传说中的辛巴德或阿里巴巴时代的皇宫。每座宫殿都有一个传说的故事,具有很浓的民族色彩。这座与阿联酋总统府仅一街之隔的宫殿式酒店,远看像一座巨大的城堡,拥有 1 300 多米长的黄金海岸线,如图 10-3 所示。

酒店装修用的全部是最新材料和技术,酒店的圆顶用最新照明技术、防腐特殊材料和纯金制造,一到晚上就会自动发光,金光闪闪,永不掉色。据说,这个圆顶还是世界上最大的圆

图 10-3 酋长国宫殿酒店

顶建筑。酒店总共用了 19 万立方英尺进口大理石，1 002 盏施华洛世奇水晶装饰枝型吊灯（单是特别定制的水晶吊灯，就需要 10 名清洁工打理）。酒店还设有私营沙滩，两座池塘，其间散布着一些按摩浴缸。

酒店共有 394 套客房，分为总统套间、宫殿套间、海湾豪华套间、海湾套间、钻石客房、珍珠客房、珊瑚客房和豪华客房 8 种。16 套宫殿套间位于酒店的六层和七层，每套面积达 680 平方米。每个套间有 7 名专门的服务员在门外 24 小时待命，随时听候客人的吩咐。客人入住前，服务员会把套间里的计算机等设备的语言选择调整为客人最熟悉的语种，让卧室、客厅和餐厅里的电视上播放客人喜欢的电视节目或音乐。

奢华也许只能满足人们的虚荣心，酒店内无所不在的高科技才真正提供给人们实实在在的享受。人们在酒店 100 公顷区域内的任何一处都可以享受到无线上网的乐趣，即使是在游泳池边和私人沙滩上。客房内的高科技更是令人咋舌。入住的顾客会领到一个价值 2 500 美元的掌上计算机。这个小巧的计算机带有一个 8 英寸大小的彩色显示屏，装有 Linux 系统，与电视、立体声音响及其他装置相连。人们通过它可以设定叫醒电话、下载电影、录像或召唤服务员。酒店工作人员也通过类似的装置来遥控电视、灯光、声响和空调。

"你可以躺在床上安排一切，"凯宾斯基酒店集团营销经理说："你不需要跑来跑去，也不需要打电话。"

这座超豪华酒店所有房间都配备了号称"二十二世纪的设施"：50 英寸或 61 英寸的交互式等离子电视、无线高速互联网接入是该酒店所有客房的最低标配，套间配备更加高级，还有先进的笔记本电脑和集打印、扫描和传真等功能于一体的办公设备。客人在普通客房内能通过一个专门的触摸屏来控制房间内的所有设施，如灯光、空调温度、室内游戏和娱乐节目。客人通过交互式电视，能足不出户就购买酒店商场里的东西、发出房间服务指示，或结账退房。

根据以上案例，回答以下问题。

酋长国宫殿酒店数字化运营体现在哪些方面？

项目练习

一、简答题

1. 简述酒店电子商务的定义。
2. 简述酒店电子商务系统的组成。
3. 简述酒店电子商务网络包括哪些网站。
4. 简述酒店的计算机接口系统包括哪些部分。
5. 简述酒店的计算机管理系统包括哪些部分。

二、思考题

1. 提供酒店网上预订的有哪四类运营商?
2. 酒店电子商务模式分为哪几种?
3. 酒店电子商务有哪些优势?
4. 酒店电子商务如何加快酒店信息化发展?
5. 酒店电子商务如何促进数字化运营?
6. 酒店电子商务有哪些发展趋势?

三、运用能力训练

训练目的:实际体验与认知酒店电子商务,了解电子商务在酒店的具体应用,加强对酒店电子商务数字化发展的理解。

内容与要求如下。

(1) 把学生分为若干个小组,每个小组 5~10 人。

(2) 每组在网上搜索一家酒店电子商务的网站;了解酒店电子商务的网站设置和具体内容;分析酒店电子商务网站的优点和不足。

(3) 由教师点评总结。

参 考 文 献

[1] 凯莉·麦奎尔.大数据管理对酒店业实施数据分析[M].张荣,孟唤,译.北京:人民邮电出版社,2018.

[2] 容莉.互联网+酒店运营手册[M].北京:化学工业出版社,2020.

[3] 穆林.信息化的酒店管理[M].北京:中国轻工业出版社,2017.

[4] 张胜男.酒店信息化管理[M].北京:化学工业出版社,2013.

[5] 李勇.互联网+酒店[M].北京:人民邮电出版社,2016.

[6] 陆均良,杨铭魁.酒店电子商务[M].北京:清华大学出版社,2019.

[7] 胡新桥.酒店管理与经营全案:互联网思维创新酒店管理和运营模式[M].北京:化学工业出版社,2019.

[8] 马卫,李微微.酒店信息智能化[M].北京:中国旅游出版社,2018.

[9] 吴联仁,李彬,谷慧敏.酒店电子商务:从信息技术到数据技术[M].北京:旅游教育出版社,2016.

[10] 袁宇杰.酒店信息化与电子商务[M].2版.北京:北京大学出版社,2014.

[11] 瞿立新,邵映红,曹翔.酒店电子商务[M].北京:高等教育出版社,2017.

[12] 陈为新,黄崎,杨荫雅.酒店管理信息系统教程——Opera系统应用[M].2版.北京:中国旅游出版社,2016.

[13] 章勇刚,沙绍举,孙娴娴.酒店管理信息系统:Opera应用教程[M].北京:中国人民大学出版社,2019.

[14] 许鹏,梁铮.酒店管理信息系统教程实训手册[M].2版.北京:中国旅游出版社,2016.

[15] 郑红,颜苗苗.智慧酒店理论与实务[M].北京:旅游教育出版社,2020.

[16] 栗书河,李东航.酒店电子商务运营管理[M].北京:中国轻工业出版社,2016.